Der Mann ist sozial und sexuell ein Idiot. Er organisiert menschliches Leben in einer Gesellschaftsform, in der nur er zu bestimmen hat. Alles ist von ihm für ihn eingerichtet. Der Mann interessiert sich in dieser Gesellschaft ernsthaft nur für den Mann.

Männer erfinden Waschmittel und Bomben, machen Gesetze und Fernsehserien, führen Lokomotiven und Kriege, stehen Gerichten vor und Kirchen, haben Frauen und die Macht.

Kein Wunder, daß unsere Welt bis in die feinsten Verästelungen eine technologische, vom manomanischen und instrumentellen Männerverhalten geprägte Welt ist.

Die Expansion der Frauenbewegung mit ihren Unabhängigkeits- und Autonomieerklärungen veranlaßt endlich viele Männer, anstatt Menschheitsfragen zu stellen und zu beantworten, über Männer nachzudenken.

Nun zeigt sich aber, wie schwer dieser Prozeß in Gang zu setzen ist. – Gepanzerte Ritter und Einsiedlerkrebse sind es gewohnt, in fremde Weichteile zu stechen, um nicht von panischer Angst ergriffen zu werden, sobald ihre eigenen weichen Seiten erkennbar werden.

Männer scheinen bis heute große Schwierigkeiten zu haben, ihre eigenen Gefühle und Emotionen auszusprechen. Folge dieser Unfähigkeit ist, daß das Seelenleben des Mannes weitgehend unbekannt ist. Der Mann ist in diesem Bereich unterentwickelt.

Solange der Mann sich nur nach außen wendet, in vermeintlicher Objektivität und Sachlichkeit aufgeht, bleiben ihm aber wesentliche Teile seiner Person verborgen. Dabei wirken in ihm unbekannte Wünsche und verborgene Phantasien handlungsleitend und bestimmen damit die entscheidenden Voraussetzungen seines Handelns und Fühlens.

In der Reihe MANN innerhalb des rororo-Sachbuchprogrammes werden Autorinnen und Autoren veröffentlicht, deren Arbeiten eine Atmosphäre erzeugen, die Männer ermuntert, sich stärker mit den eigenen Gefühlen zu befassen.

Es wird Autoren geben, die ihr Innenleben offenbaren und mit den Mitteln des persönlichen Bekenntnisses Männer bewegen wollen, ihre Erfahrungen mit denen der Autoren zu vergleichen. Andere werden zu beweisen versuchen, daß mit nur geringen Veränderungen alles beim alten bleiben kann. Und es wird Autoren geben, die als einzige Rettung vor der Männergesellschaft «Patriarchat» den «Untergang des Mannes» fordern.

In der Reihe werden Sachbücher, Lesebücher zu Schwerpunktthemen, Romane und Bildbände erscheinen.

Zu diesem Buch

Vater und Söhne sind seit einiger Zeit zum Thema geworden. Nun auch der Vater im Himmel und seine irdischen Söhne? Frauen haben ja schon längst den Patriarchen-Gott des Christentums mit ihrem Zweifel überzogen und über die Feministische Theologie ganz neue religiöse Zugänge zur Wirklichkeitserfahrung gesucht. Auf der Männer-Seite blieb es eher still, so als hätten die Söhne über den himmlischen Vater nichts zu sagen, nichts zu klagen, ihn nichts zu fragen. Doch die äußere Ruhe täuscht. Im Innern von Männern – in dem Raum, über den sie normalerweise so ungern sprechen – ist längst ein Wandel im Gang: die religiöse Absicherung des Patriarchates bröckelt, die alte erfahrungsferne Dogmatik verliert ihre Glaubwürdigkeit, der alte Gott in der Seele genießt nicht mehr den Vorzug der Selbstverständlichkeit.

Bei dieser inneren, männlichen Entthronung ist es egal, ob «man» glaubt oder nicht glaubt, sich selber als religiös identifiziert oder nicht. Denn die Prägung einer Kultur, die nach wie vor ein männliches Gottesbild zur Identifikation anbietet, erreicht alle – unabhängig von ihrem Taufschein oder ihrer Kirchensteuereintragung.

In der Männerliteratur fehlt bislang dieser Teil der Auseinandersetzung mit der eigenen Geschlechtsrolle. Es wurde Zeit, daß Männer anfangen, sich darüber Gedanken zu machen, was ihre Beziehungen zur Religion mit ihrer Geschlechtsrolle zu tun haben. Das vorliegende Taschenbuch will dieses Nachdenken einleiten.

Der Herausgeber:

Siegfried Rudolf Dunde, geb. 1953, Diplom-Theologe, Diplom-Psychologe und Soziologe (Dr. phil.), früher Religionslehrer und Schulpsychologe, heute in einer oberen Bundesbehörde tätig, Herausg. von «Katholisch und rebellisch», rororo aktuell Bd. 5351

Siegfried Rudolf Dunde (Hg.)

Vater im Himmel – seine Söhne auf Erden

Männer und Religion

rororo

Rowohlt

Umschlagentwurf: Thomas Henning und Claus Pfitzner
Lektorat: Jürgen Volbeding

Originalausgabe
Veröffentlicht im Rowohlt Taschenbuch Verlag GmbH,
Reinbek bei Hamburg, Juni 1986

Satz Bembo (Linotron 202)
Gesamtherstellung Clausen & Bosse, Leck
Printed in Germany
1080-ISBN 3 499 18203 3

Inhalt

Vorwort

In patriarchalischen Gesellschaften ist das Hauptthema der Mann oder besser: die Männer und ihre Beziehungen untereinander. Vor allem tritt das Verhältnis zwischen Vater und Sohn ins Zentrum der Aufmerksamkeit, es wird zum Kern der mythischen Selbstverständigung. Vater-Sohn-Mythen bestimmen das Denken und religiöse Empfinden in vaterbeherrschten Kulturen. Immer wieder tauchen dabei Tötungserzählungen auf: in der persischen Sagenwelt mordet der Held Rustum unerkannterweise seinen Sohn im Zweikampf, erst im Sterben offenbart dieser seine Identität; Abraham will Isaak auf Gottes Geheiß hin töten; Jesus Christus stirbt am Kreuz gemäß väterlichem Willen. Das gleiche Motiv kehrt immer wieder. Väter töten ihre Söhne – oder lassen sie töten. Zwischen Vater und Sohn herrscht eine Liebe, die die Zerstörung will. Gehorsam wird zur Selbstaufgabe, der nachwachsende Konkurrent muß ausgelöscht werden.

Dabei spielen diese Mythen patriarchalische Wünsche nach, ohne zu fragen, ob neue religiöse Botschaften dies überhaupt zulassen. Die Opferungs- und Lösegeldtheologie hat die Lebensverheißung der jesuanischen Botschaft umgedeutet in ein Tötungsritual, das nicht mehr dem Evangelium dient, sondern der Befriedigung alter männlicher Selbstausrottungswünsche. Denn wo zwischen Männern Zuneigung blühen könnte, herrschen insgeheim Mißtrauen, Angst und Haß. Der Mann aus Nazareth ruft seine Anhänger zu grenzenloser Liebe auf. Seine Mitmänner vertragen solche Botschaft nicht, zudem diese weder vor Frauen noch vor Außenseitern haltmacht. Wer alle gleichermaßen ins Reich Gottes lädt, zerstört damit irdische Herrschaft und deren ideologische Grundlegung, daß erst Gehorsam und Wohlverhalten gegenüber den Oberherren die Zugangsberechtigung zum «Himmel» verschaffen. Deshalb mußte der Zimmermannssohn sterben – im Tod blieb er noch seiner Maßlosigkeit in der Liebe treu, um die Maßlosigkeit des Männerhasses auf ihresgleichen bloßzustellen.

Das neu «bekehrte» Geschlecht jedoch verharrte gerne in anachronistischen Denkschemata. Die Treue Jesu Christi wurde zur alten Opfermasche umgedeutet. Religion gewann so erneut die Funktion, das Bestehende – darunter vor allem die Verteilung von Macht und Lebenschancen – zu festigen. Der neue Glaube wollte andersartige Umgangsformen zwischen den Menschen stiften, aber insgeheim sickerte der blutige Vater-Sohn-Konflikt durch: Immer wieder neidet der Ältere dem Jüngeren Leben und Jugend und will ihn vernichten, obwohl er sich andererseits nach dessen Liebe sehnt. Der Sohn will ebenfalls Zuneigung empfangen und geben, spürt jedoch und erzeugt Abneigung. Im Alltag werden daraus Konkurrenz und Verdrängungskämpfe unter Männern – die dann Frauen gar nicht erst als ernsthafte Rivalinnen in Betracht ziehen.

Die christliche Religion hat zwei Jahrtausende lang die Männerherrschaft so gut wie unangetastet gelassen, ja sie noch gestützt. Insofern blieb sie ein Unterdrückungsinstrument. Andererseits wirkte die Botschaft von der Menschenliebe eines armen Mannes aus Nazareth durchaus als kräftige Befreiungsmacht. Immer wieder entstanden reformatorische, revolutionäre, verändernde Bewegungen, die nicht nur alte Dogmengefängnisse, sondern auch uralte Machtverhältnisse in Zweifel zogen, manchmal sogar sprengten. Die Geschichte der christlichen Religion lebt in dieser Spannung zwischen Anpassung und Widerstand, Erstarrung und Veränderung, Ausbeutung und Emanzipation; sie lebt aus Glauben und Zweifel, aus Kritik *durch* Religion und Kritik *der* Religion.

Männer und Religion: Was haben sie miteinander zu tun? Ich möchte Ihnen als Antwort sieben Ideen zur «Religionspsychologie des Mannes» vorstellen:

1. Männer lieben geistige Nüchternheit. Den Zugang zur Realität suchen sie am liebsten über die Rationalität. Ihr altes Mißtrauen gegen die Anarchie der Begeisterung ist ungebrochen. Kein Wunder, daß sie sich gerne ans Dogma halten, an die durchdenkbare Struktur der Glaubenstheorie. Das hat zwei wichtige Folgen für die religionspsychologische Lage des Mannes: entweder konstruieren Männer geschlossene und ausschließende Systeme, produzieren also Wahrheit und Häresie zugleich, oder sie werden glaubensabständig, verdächtigen religiöses Denken der Irrationalität. Kanon oder fauler Zauber, so lautet dann die Frage. Entscheidend ist nicht, was gut oder schlecht für die religiöse Erfahrung sein könnte, sondern die richtige oder falsche Logik. In der Konsequenz wird dem Geist dann verboten zu wehen, wo er will. Begeisterung stört, herrschaftsfreie Veränderung ängstigt. Am Ende bleibt es bei der starren dogmatischen Position, die Wirklichkeit immer nur aus der gleichen Perspektive betrachten mag.

Deshalb antworteten Männer auf die Frage: «Glauben Sie, daß die Religion auf die meisten Probleme und Fragen unserer Zeit eine Antwort geben kann, oder ist sie zuwenig zeitgemäß und überholt?» im Juli

1982 zu 57% mit der Meinung «ist überholt» (gegenüber 44% der Frauen; «kann Antwort geben» meinten 29% der Männer und 38% der Frauen; siehe bei: Elisabeth Noelle-Neumann/Edgar Piel, Allensbacher Jahrbuch der Demoskopie 1978–1983, München–New York–London–Paris 1983, 117). Ähnlich eine Allensbach-Umfrage im gleichen Jahr, die feststellte, daß Männer viel weniger als Frauen glauben, die Kirche passe in die heutige Zeit (ebd., 126; Werte: Männer 4,8 – Frauen 5,9 bei je 10 möglichen Punkten).

2. Der Vater im Himmel übernimmt die Züge des Vaters auf Erden. Nicht alle Männer werden Väter, aber alle Männer sind Söhne, die Vater-Sohn-Beziehung ist ein Prägestempel für ihr Leben (selbst wenn sie Waisen sind: dann besteht die Beziehung wenigstens zum phantasierten Vater). Männer können sich daher mindestens mit der Lage des Himmelssohnes identifizieren. Sie wissen ja, wie Väter sind: so übermächtig und so zuneigend, so hart und so milde, so zornig und so freundlich. Die «Nachfolge Christi» eignet sich also auch psychologisch glänzend für Männer. Da können die alten Vater-Sohn-Konflikte, der Kampf um die Macht, das Opfer der Pläne des Jungen zugunsten der Wünsche des Vaters, die Rettung des Nachkommen aus der Gefahr durch die Macht seines Erzeugers, neu aufgelegt werden. Männer bewegen sich in der Religion auf eigenem Geschlechtsterrain. Frauen begegnen dem leibhaftigen Himmel immer im Gegengeschlecht, es sei denn, eine katholische Variante versetzte Maria an die Pforte des himmlischen Palastes.

Bis in die Gesangbuchtexte reicht die Projizierung des Vater-Sohn-Verhältnisses: «mein Vater, der mich schützt von Mutterleibe (!) an» (EKG, Evangelisches Kirchengesangbuch 111) – «Vater unser im Himmelreich, der du uns alle heißest gleich Brüder sein (Zwischenfrage: wo sind die Schwestern?) und dich rufen an» (EKG 241) – «‹Geh hin, mein Kind, und nimm dich an der Kinder, die ich ausgetan zur Straf und Zornesruten; die Straf ist schwer, der Zorn ist groß, du kannst und sollst sie machen los durch Sterben und durch Bluten.› / ‹Ja, Vater, ja von Herzensgrund, leg auf, ich will dir's tragen; mein Wollen hängt an deinem Mund, mein Wirken ist dein Sagen.›» (EKG, 62).

3. Aber Männer bringen nicht nur ihren Vätern Opfer, erfüllen nicht nur die offenen oder geheimen Befehle ihrer Erzeuger, sie opfern auch selber: den anderen Mann, den Gegner, den Irrtumsträger. Männer streiten gerne und grenzen voller Lust aus. Glaubenskampf und Häresieabwehr setzen solche Lust voraus. Die Scheiterhaufen der Vernich-

tung vertilgen die Konkurrenten auf dem Felde der Mission (die «Irrgläubigen») zum Wohle der eigenen Überzeugung – und sei es nur durch eine Hinrichtung mit Worten, in der Debatte, im «brüderlichen» «Dialog».

Doch ist andererseits dieses männliche Streitverhalten Ausdruck von Aktivität aus Angst vor dem Verlust der Selbstbehauptung. Fatalismus und Schicksalsgläubigkeit, auch dies zeigen Umfragen (vgl. Noelle-Neumann / Piel, 1983, 123), sind bei Frauen weitaus verbreiteter als bei Männern. Während Frauen sich eher als Schachfiguren auf dem Brett des Welttheaters verstehen, behaupten Männer leichter die Urheberschaft ihres Glücks oder Unglücks. Sie müssen deshalb auch die Durchsetzung ihrer Meinung üben; der Sieg der Wahrheit hängt – so glauben sie – von ihrem Einsatz ab. Das Geltenlassen mehrerer Wahrheiten schafft für sie allzu schnell eine Konkurrenz, die zu den Waffen ruft.

4. Der alte paulinische, dann reformatorische Grundsatz zwischen Gesetz und Glaube basiert auf der Zweiteilung von Gehorsam und Vertrauen. Wer gehorcht, überträgt seine Verantwortung auf einen Höheren, der alles besser weiß und der seinen Willen notfalls erzwingen kann. Vertrauen beruht auf gegenseitiger Sensibilität, auf Intimität und Sicherheit durch Verläßlichkeit. Psychologisch steht hinter dem Paar «Gesetz oder Glaube» das Elternpaar, Vater und Mutter. Luthers Kampf um die Rechtfertigung aus dem Glauben ist ohne seine Familiendynamik nicht denkbar (siehe: Erik Homburger Erikson, Der junge Mann Luther, Reinbek 1970): sein Schmerz trieb ihn dazu, den persönlichen Konflikt zugleich generell, zugleich für andere zu lösen. Indem er sich den väterlichen Befehlen entzog und seinen Schuldgefühlen darüber zu entkommen trachtete, entdeckte er eine Glaubensbewegung, die seine Mitmenschen ebenfalls ersehnten. Wenn ich den Vatergehorsam breche, darf ich mich dann dennoch gerechtfertigt fühlen? Kann ich und darf ich mich an mütterliches Zutrauen zurückbinden? In der mühevollen (Wieder)entdeckung des Vertrauens auf die Gnade hat die Reformation dem überstarken Vatergehorsam die Muttererlaubnis entgegengestellt. Daß der Protestantismus dann doch zu einer Religion mit Vaterantlitz geworden ist, mag diesem Konflikt der Ansprüche von Gesetz und Glaube entspringen, der tendenziell, aber nicht endgültig gelöst ist: Auch im religiösen Zusammenhang ist die Leistungs- und Werkgerechtigkeit nicht ausgerottet worden.

5. Der Vater rechnet die Schuld auf und verteilt die Strafe. Ein himmlischer Richter wacht rigoros über die religiöse (und in der Folge auch politische, denn religiöse Motivation kann leicht in politische abwandern; vgl. Gerhard Schmidtchen, Was den Deutschen heilig ist, München 1979) Tugendsamkeit. Auf unbestechlicher ethischer Waage liegt die Perfektheit oder die Untauglichkeit. Zwar: Rechtfertigung aus dem Glauben rettet – wenn sie Vertrauen, kein Sprücheklopfen ist – das Herz des Sünders. In ihr wird die unvermeidliche Einbindung in die Welt abgearbeitet. Dennoch bleibt oft die Angst vor dem Richter über den Wolken. Ob da die Erfahrung des abends nach Hause kommenden Vaters dahintersteckt, dem die Mutter alle kindlichen Missetaten auftischt, damit dieser sie sofort ahnde? Jedenfalls ist die Bestrafungsinstanz gleich doppelt besetzt: auf Erden wie im Himmel.

6. Mit dem männlichen Richter verbindet sich das Meßbare, das Äußere, das Tun. Auch der Legalismus. Die Innenwelt bleibt fremd. Ritus und Seelenkenntnis sind Bereiche für Frauen; emotionale Erkenntnisse entziehen sich männlichen Zugangsweisen zur Realität. Das zeigt sich schon in den Kirchgängerzahlen: 1983 besuchten 5 % der männlichen Protestanten regelmäßig den Gottesdienst gegenüber 7 % der weiblichen – bei den Katholiken lauteten die Zahlen 25 und 38 % (siehe Noelle-Neumann / Piel, 1983, 128). Und was geschieht in den Kirchenräumen? Wer predigt das Wort? In der Regel: ein Mann. Wer trägt den Gemeindegesang, jenen Weg gemeinsamer Ergriffenheit? In der Regel: die Frauen. Religiöse Erfahrung besitzen sie meist in reicherem Maße als Männer. Frauen unterziehen ihren Innenbereich eben nicht dem grundsätzlichen Zweifel, der sich in Männern eingenistet hat.

Meditative Erlebnisse ziehen daher auch eher Frauen an. Wie in Gebetszirkeln sind in Meditationskursen an den Volkshochschulen vornehmlich Frauen vertreten. Männer gehen, wollen sie wirklich einmal «sinnen», lieber alleine im Wald spazieren, denn sie schätzen das einsame Denken. Frauen besitzen einen leichteren Zugang zu Tiefenerfahrungen, nämlich den gemeinschaftlich getragenen, in der Kirche, in der Gruppe.

7. Aus der geschlechtsrollenspezifischen Verteilung religiöser Erfahrungswelt spricht die Verleugnung des Körpers, wieder in männlicher Variation. Die Spiritualisierung der christlichen Religion war nicht möglich ohne die Abwehr des Erdhaften, Ursprünglichen, der *leiblichen* Extremsituationen von Geburt und Tod. Männer lern(t)en, den Leib zu bändigen, sich selber – vornehmlich physisch – zu beherrschen;

dies war von Anfang an eine ideale Parallelerscheinung zur ideologischen Aufladung der Weltbemächtigung im calvinistischen Berufsethos.

Vielleicht läßt es sich überspitzt so formulieren: Männer treten für die Verweltlichung der religiösen Motivierung ein, Frauen für den Religionsbezug der weltlichen Motivierung. Männern ist ihr Beruf heilig, Frauen veredeln ihren Alltag mit religiöser Bedeutung. Mag dies auch nur *tendenziell* gelten: dieser Unterschied bestimmt die Lebens- und Glaubensstile beider Geschlechter. Ob sich daran etwas ändern wird, liegt nicht nur an den Frauen und der feministischen Theologie. Dazu sind auch die Männer nötig.

Heute gelingt es vielleicht wieder, die Entfesselungskraft der Religion – und ihrer Kritik! – zu entdecken. Feministische Theologinnen haben angefangen, die einseitige männliche Perspektive in Glaubenslehre und Glaubenspraxis über Bord zu werfen und ganzheitliche Zugänge zum Glauben zu finden. Die ersten Antworten aus der Männerwelt sind rar. Doch die nächsten müssen kommen, wenn Freiheit – auch im christlichen Sinne – möglich werden soll. Dieser Band ist als kleiner Baustein für eine männliche religiöse Selbstkritik gedacht. Er will Leser einladen, diesen Weg mitzuschreiten, und Leserinnen, den Männeraufbruch mit kritischer Solidarität zu begleiten.

Ich danke den Autoren für ihren Mut, sich zu diesem Thema zu äußern, etwas von sich preiszugeben (immer noch ziemlich ungewöhnlich für Männer).

Noch ein Wort zu den hier abgedruckten Beiträgen: In den meisten Texten sprechen Männer ihre Erfahrungen aus, sie schildern Erlebnisse und Hoffnungen, beklagen Enttäuschungen und kritisieren Mängel, machen sich und anderen Mut und reflektieren das Erfahrene. Sie beschreiben ihre Geschichte mit dem Vatergott und der Vaterreligion; dabei können die Beziehungen zum eigenen – «irdischen» – Vater und zu den Vätern in jeglicher Gestalt natürlich nicht ausgeblendet werden. Einige Beiträge haben religiösen Appellcharakter: im kirchlichen Sprachgebrauch heißen sie «Predigten», «Gebete» oder ähneln diesen Formen – sie sind legitime Zeugnisse männlicher Auseinandersetzung mit Religion; ihre Frömmigkeit mag Anstoß erregen, sie ist aber ehrlicher Ausdruck persönlicher Überzeugung. Andere Beiträge bringen verwundertes oder erbostes Erstaunen über das Fehlen von Lebensspuren in der Religion (vor allem von Sexualität im Gottesbild des Christentums – sehr im Gegensatz zu anderen, nichtchristlichen Religionen) zum Ausdruck; sie wollen niemandes religiöse Gefühle verletzen, sondern hart provozieren zur Frage: «Was fehlt?» und dabei ihre Erfahrungen der Tiefenpsyche unzensiert einbringen. Der Vorwurf der Obszönität muß sich gegen die Verteidiger einer Geschichte richten, die durch jahrhundertelanges Unterdrücken den Mangel hervorgerufen hat, nicht aber gegen die Autoren.

Ein besonderes «Dankeschön» gilt Christoph J. Schmidt und Gustav A. Krieg, die mir nützlichen Rat und gute Hilfe zuteil werden ließen. Jürgen Volbeding, dem Lektor, weiß ich mich für sein Engagement sehr verbunden.

Siegfried Rudolf Dunde
Bonn, im Februar 1986

Hartmut Jean Kostors

Der Kelch, der an keinem vorübergeht

Im voraus

Als ich die Liste der namhaften Autoren in die Hände bekam, begann ich zu schlucken. Doch das hat sich schnell gelegt. Ich habe einfach begonnen, in Vergangenem zu kramen. Längst verschollene Begebenheiten kamen zutage, vergessene Stationen tauchten plötzlich aus der Versenkung auf, so daß ich meinem heutigen Sein ein wenig auf die Schliche gekommen bin.

Es kann durchaus sein, daß den Leserinnen und Lesern manche Erfahrungen meiner Glaubensentwicklung vertraut erscheinen. Und vielleicht gibt es dann ja auch den einen oder anderen, der ebenfalls mit dem allmächtigen Vater-Gott der Kindheit und Jugend aufräumen möchte.

Vater sein ist schwer; Vater haben noch viel mehr

Vom lieben Gott, von seiner unendlichen Liebe und Barmherzigkeit wollte mein Vater nichts wissen. Kamen Gespräche im Bekanntenkreis auf dieses Thema, konnte er sehr ärgerlich werden. Zu verstehen ist das. Besonders für die Kriegsgeneration, zu der auch er gehört, ist das Gerede von Gottes Liebe und Barmherzigkeit zum beißenden Hohnwort geworden. Schlagkräftigstes Argument ist die laute Frage, wie Er denn so etwas Schreckliches zulassen konnte. Auch die richtige Gegenrede, daß doch skrupellose Menschen dafür verantwortlich waren, kann dieses irrationale Empfinden nicht entkräften.

So wurde die Existenz Gottes verschwiegen, im schlimmsten Fall aber erbittert bekämpft und verneint.

Mein Vater, ein großer, kräftiger Mann mit riesigen Händen, hatte von daher immer mehr den Sinn fürs Praktische, Irdische, Berechenbare, während ich eigentlich mehr die Neigungen meiner Mutter mitbekommen habe: das Schöpferische, Künstlerische und Religiöse. Von Zeit zu Zeit gab Vater dann seiner speziellen Pädagogik nach, in der nicht unbedingt Argumente zählten. So setzte es Hiebe, die nicht von schlechten Eltern waren. Einen kleinen Jungen kann es dabei das Fürchten lehren. Und so lernte ich es sehr eingehend kennen. Der Exodus in die Innerlichkeit hatte begonnen.

Und wenn Gott unser Vater im Himmel war, wie meine Mutter mir versicherte, dann konnte das nichts Gutes bedeuten. Nicht lügen, pünktlich sein, ordentlich seine Hausaufgaben und Pflichten erledigen, sich artig benehmen und so weiter. Na ja, Sie werden verstehen, wie man sich da fühlt als kleiner Wicht.

Wenn ich versuche, mir die Empfindungen von damals zu vergegenwärtigen, muß ich schon eine unbeschreibliche Traurigkeit gestehen. Ich glaube, es war so etwas wie: Ich bin allein, keiner hilft mir. Ich bin auf mich selbst gestellt. Heute kann ich das so sagen; damals war das wohl kaum möglich.

Und dann kam immer Onkel Fritz. Auf den haben sich mein Bruder und ich stets gefreut. Er war immer so gutmütig und geduldig und hatte weißes Haar. Erzählen konnte der. Viele interessante Episoden aus seinem Leben. Dabei erwähnte er auch Jesus, den Sohn Gottes, der gut zu den Menschen war. Das hat mich tief beeindruckt, und ich wollte mehr wissen über ihn.

In der Schule hatten wir dann eine alte Lehrerin mit roten Fingernägeln und goldenen Kettchen am Handgelenk. Auch sie erzählte Geschichten aus der Bibel über Jesus und seinen Umgang mit den Menschen.

Es konnte nicht anders sein: Religion wurde wichtiger für mich als Rechnen, sehr zum Leidwesen meines Vaters, dem ich deshalb häufiger in die Hände fiel.

Die Jesusvorstellung hatte ein konkretes Bild. Ein Mann mit langen Haaren, der ganz sanft und lieb ist und keiner Fliege etwas zuleide tut. Wenn ich es mir recht überlege, hat damals schon das religiöse Suchen nach einer irgendwie gearteten Heimat oder bedingungslosen Geborgenheit begonnen.

Auch zum Kindergottesdienst ging ich gerne, denn da war Schwester Frieda. Freundlich und gutmütig erzählte sie biblische Geschichten, die für ihr eigenes Leben von allergrößter Bedeutung waren. Und das überzeugte.

Ein Hort der Ruhe

Aus familiären Gründen hatte ich die große Chance, ein halbes Jahr im Pfarrhaus zu wohnen. Noch heute sehe ich das Haus vor mir, die alten Möbel, die große Standuhr mit dem dumpfen Gong und den freundlichen Garten. Besondere Faszination übte auf mich das Arbeitszimmer aus. Hohe Regale mit Büchern, der Talar am Bügel. Überall atmete ich Ruhe ein. Bei Tisch wurde gebetet, mit einer Selbstverständlichkeit, die ich vorher noch nicht gekannt hatte.

Und die Botschaft des warmherzigen Pastors konnte ich begreifen: Jesus macht dein Leben gut. Ich bin sicher, daß dieses Erlebnis meinen weiteren Lebensweg maßgeblich beeinflußt hat. Gott sei Dank!

Der Kelch, der an keinem vorübergeht

Eltern und Großmutter meinten, es sei an der Zeit für den Konfirmandenunterricht. Nützen könne er nicht viel, meinte Vater, schaden könne er aber auch nicht. Dieses Argument ist heute genauso modern wie damals. Ich kann nicht gerade sagen, daß ich den Unterricht aufregend fand. Was sagt einem Jugendlichen schon das schöne Lied «O Haupt voll Blut und Wunden»?

Wenn ich an meinen Konfirmator denke, fällt mir ein hochgewachsener, schlanker Mann ein, feinsinnig, unverständlich fabulierend und erschreckend gelehrt. Wenn ich so sein müßte wie er, dann könnte ich wohl nie wirklich Christ sein. Wie dumm von mir damals!

Aber der Gottesdienst selbst wurde mein Ort. Hier empfand ich eine wohltuende Ruhe, eine hochsteigende Ehrfurcht. Es hatte etwas von Zugehörigkeit, Gehörtwerden, Entlastetsein von tausend häßlichen alltäglichen Belastungen. Hier durfte ich sein, der ich war.

Orgelmusik, gemeinsames Singen und Beten, flackernde Kerzen rühren etwas ganz tief in mir an. Und wenn ich die Predigten höre, weiß ich, daß ich gemeint bin. Das lasse ich mir nicht nehmen. Auch von keinem spöttischen Lächeln.

Die Konfirmation ist ein besonderer Tag für mich. Die ausgebreiteten Hände des Pfarrers über mir: «Ist jemand in Christus, so ist er eine neue Kreatur. Das Alte ist vergangen; siehe, es ist neu geworden.»

Ein beeindruckender Spruch, der mich nachdenklich macht. Bin ich jetzt wirklich Christ? Ist Gott in meinem Leben wirklich wichtig? Fragen, die mich nicht loslassen, zumal ich mir Gott als Vater im Himmel nicht vorstellen kann.

Der gemütliche Herr in Schwarz

Religion wird drittes Abiturfach. Das hat die äußerst angenehme Begleiterscheinung, daß ich der verhaßten Mathematik endgültig Lebewohl sagen kann.

Pfarrer J. ist katholisch, freundlich und rund, sehr rund, eigentlich zu rund. Aber er weiß uns alle zu fesseln. Wir spüren: Der hat etwas zu sagen. Und genau das wollen wir hören. Er hat seinen festen Glauben gefunden, und das will ich auch.

Wir lesen querbeet. Sartre, Camus, Heidegger, Jaspers, Barth, Tillich, Luther und Rahner. Eine fremde, nie geahnte Welt der Gedanken tut sich auf. Es ist nicht leicht. Manchmal verstehe ich nur Bahnhof, und so frage ich. Und ich brauche keine Angst zu haben, denn der gemütliche Herr in Schwarz nimmt sich Zeit und hat Verständnis.

Glauben wird zum Verstehen, Begreifen, Umgreifen der Bedeutung des Jesus aus Nazareth für unser Leben heute.

Faszinierend sind für mich die vielschichtigen Erklärungs- und Wirkungsweisen dieses Jesus Christus. Dem Geheimnis Gottes auf der Spur zu sein nimmt mich in Beschlag. Vom allmächtigen Vater ist längst nicht mehr die Rede wie seinerzeit im Konfirmandenunterricht. Hingegen höre ich Begriffe wie Prinzip der Liebe, Geist der Versöhnung, das Neue Sein. Diese Begrifflichkeiten sind Beschreibungen Gottes, die mich vom herkömmlichen Vaterbegriff entfernen.

Entscheidung

Und was nun? Will ich mehr erfahren? Will ich den eingeschlagenen Weg mit Gott konsequent weitergehen? Und immer wieder den inneren Zweifel, ob ich nicht doch zuwenig Glauben habe. Doch dann ist es heraus. Ich will. Zu Hause ist der Teufel los. Mutter freut sich. Vater tobt. Daß ihm das passieren muß. Der eigene Sohn will Theologie studieren. Das ist doch nicht einträglich. Da kommt man doch nicht weiter. Aber mein Entschluß steht fest.

Studienjahre

Der Abschied von zu Hause wird wider Erwarten schwer und tränenreich. Ein neuer, wichtiger Lebensabschnitt hat begonnen.

Schon vor Studienbeginn muß ich anfangen, Hebräisch zu lernen.

Man frage mich bitte nicht, ob ich es lustvoll getan habe. Jedenfalls ist die erste Hürde schon vor Semesterbeginn genommen.

Jetzt beginnt eine unschöne Zeit. Die lebensfremde Atmosphäre auf dem «Heiligen Berg» in Wuppertal ist mir unangenehm. Ich begegne einer Schar von Auserwählten, die anscheinend schon alles wissen. Aber sie tragen ihr Wissen nicht nur im Kopf, sondern auch in Aktenköfferchen, damit sie immer alles dabeihaben. Sie werfen mit Bonmots theologischer Potenzen um sich, was mich eher verängstigt als ermutigt.

Kein gemütlicher Herr in Schwarz mehr da. Vielmehr wissende Herren Professoren, denen die Fakten und Fremdwörter nur so aus dem Mund fallen. Was soll ich denn hier? Ich kann doch nicht mitreden, weil ich nichts weiß. Ich denke, ich schaffe es nie, dort Fuß zu fassen.

Die hohe Kunst der Systematischen Theologie und die Akribie der biblischen Exegese sprengen meinen Kopf. Ich weiß nichts damit anzufangen. Sehr deutlich spüre ich eine Diskrepanz zwischen wissenschaftlicher Theologie auf der einen und Glauben/Leben auf der anderen Seite. Das hatte ich nicht erwartet. Und das macht mir keinen Spaß.

Und dann höre ich wieder öfter vom richtenden Vater-Gott, der mein Leben begutachtet und beäugt. Auch damit bin ich nicht einverstanden. Von dauernder Kontrolle mag ich nichts hören.

Da ich nun auch noch Griechisch gelernt habe (bewundernswert!), sehe ich keinen Grund mehr dazubleiben. Trotzdem lasse ich einige Freunde und Freundinnen zurück, die ich auch heute noch oft sehe. Ich gehe nach Bonn. Voller Erwartung besuche ich einen Universitätsgottesdienst. Eine herrliche Kirche nimmt mich auf. Doch was bekomme ich zu hören! Der Gottesdienst artet zu einer spitzfindigen Vorlesung im Talar aus. Der Verstand kommt auf seine Kosten, das schon. Wo aber werden die anderen Saiten meiner Existenz angerührt, der Wunsch nach existentieller Akzeptanz durch die Nähe Gottes? Unbefriedigt und ärgerlich gehe ich nach Hause.

Ein Gedicht Rilkes wird mir zum ständigen Begleiter während meiner neun Studiensemester in Bonn:

Die Blätter fallen, fallen wie von weit, als welkten in den Himmeln ferne Gärten.
Sie fallen mit verneinender Gebärde. Und in den Nächten fällt die schwere Erde aus allen Sternen in die Einsamkeit.
Wir alle fallen. Diese Hand da fällt. Und sieh dir andre an. Es ist in allen.
Und doch ist Einer, welcher dieses Fallen unsagbar sanft in seinen Händen hält.

Dann mache ich eine bedeutungsvolle Entdeckung, als ich in einem Dogmatikrepetitorium die Theologie Schleiermachers darstellen soll.

Ich lese da etwas von dem «Gefühl der schlechthinnigen Abhängigkeit». Dieses tiefgreifende Bewußtsein, daß ich auf Gott angewiesen bin, finde ich plötzlich schwarz auf weiß in der theologischen Literatur wieder. Das ist für mich so etwas wie eine Versöhnung mit der Theologie. Das motiviert mich tatsächlich, auch bei anderen nachzuschlagen, andere Konzepte eingehend zu studieren. Selbst wenn sie mich wegen ihrer bedingungslosen Absolutheit ärgern.

Eines schönen Tages steht das Philosophikum ins Haus. Was tun? Rein zufällig stoße ich auf Martin Buber, den tiefgläubigen jüdischen Denker und Theologen. Sein Denken vom Dialogischen im Gottes- und Glaubensbegriff läßt mich nicht mehr los.

«Alles wirkliche Leben ist Beziehung», schreibt er in «Ich und Du». Ein Ich begegnet einem Du. Und so auch Gott. Er teilt sich uns mit in einem Beziehungsgeschehen. Von daher ist zu Gott nicht primär über gedankliche Systeme zu kommen. Vielmehr begegnet er uns da, wo wir uns im freudigen Ausgeliefertsein, Angewiesensein auf sein unvergängliches Gegenüber einlassen.

Nicht allein die Beziehungsqualität des Glaubens, auch die machtvolle Sprache M. Bubers beeindrucken mich. Ein Beispiel ist dieser Satz: *«In jeder Sphäre, durch jedes uns gegenwärtig Werdende blicken wir an den Saum des ewigen Du hin, aus jedem vernehmen wir ein Wehen von ihm, in jedem Du reden wir das ewige an, ein jeder in seiner Sphäre.»* Doch der theologische Alltag läßt nicht viel Zeit für derartige Schwelgereien. Ich muß nacktes Faktenwissen anhäufen, weil die theologische Prüfung bevorsteht. Natürlich zweifle ich oft an dem effektiven Nutzen all der Dinge, die ich in mich hineinstopfe, wenn ich an das Pfarramt denke. Aber was sein muß, muß sein! Und außerdem freue ich mich darauf, endlich in der Gemeinde arbeiten zu können. Doch meine Befürchtung ist, daß eher ein Kamel durchs Nadelöhr geht als ich durchs Examen. Weit gefehlt. Es hat auf Anhieb geklappt.

Schritte in die Praxis

Während meines Vikariats in Bonn-Beuel und auch meines Hilfsdienstes in der Kirchengemeinde Wevelinghoven am Niederrhein hat mich das Werk M. Bubers nicht losgelassen. Es hat Eingang gefunden in meine Arbeit und meine theologische als auch christliche Existenz.

Gott ist für mich zum redenden und handelnden Weg-Gott geworden.

Auf unerwartete Weise ereignet er sich zwischen Menschen oder einem Menschen gegenüber in konkreten Lebensvollzügen. Die Qualität dieser Begegnung wird jeder anders erfahren: brüder- oder schwesterlich, väterlich, partnerschaftlich, kritisierend oder stabilisierend.

Das Sich-selbst-Ereignen Gottes, sein Geschehen unter und zwischen uns ist das Fundament meiner pastoralen Praxis. So erlebe ich Aussagen der Bibel als direktes Reden, das mich verändern oder mir Mut machen will. So erlebe ich das Gebet als intime Zwiesprache, die mich aufbaut.

In Seelsorge, Predigt und Gebet versuche ich dies begreiflich zu machen. Hier ein Kollektengebet von 1983:

Göttliches Du, guter Geist, Phantasie der Liebe, Helfer der Bedrängten,
komm herab in Herzen und Gedanken,
senk dich hinein in uns, deine Gemeinde, deine Geschöpfe,
werde unser Weggenosse,
damit wir Richtung bekommen im Leben,
damit wir Menschen einander Brücken bauen zwischen den Abgründen dieser Welt. Amen.

Hartmut Jean Kostors
Geb.: 11. 8. 1955 in Mönchengladbach
Studium der Ev. Theologie in Wuppertal und Bonn
Semesterzahl: 13
Erstes Theologisches Examen: Herbst 1981
Vikariat in Bonn-Beuel vom 1. 10. 81–30. 9. 83
Zweites Theologisches Examen: Herbst 1983
Hilfsdienst in der Ev. Kirchengemeinde Wevelinghoven am Niederrhein
Beginn 1. 10. 83
Seit 22. 9. 85 Pfarrer der Ev. Kreuzkirchengemeinde Wuppertal-Elberfeld
Ledig
Besondere Kennzeichen: Katzenliebhaber
Ständiger Begleiter: Kater Ramses

Erhardt Güttgemanns

Fiktives Interview zum Thema «Gott-Vater» und / oder «Gott-Mutter»

Das folgende Interview ist insofern «fiktiv», als es sich um einen literarischen Kunstgriff handelt. Es treten auf: ein Fragesteller, vorgestellt etwa in der Person des Herausgebers, Herrn Dr. Dunde, ein Antwortender, vorgestellt als meine eigene Person, und ein Psychoanalytiker, der nach dem Abschluß gewisser Gesprächsgänge eine Bewertung des bisherigen Gesprächsverlaufs vornimmt und dem nächsten Gesprächsgang eine bestimmte Richtung zu geben versucht. Die in meinen Antworten enthaltenen Tatsachenbehauptungen sind nicht «fiktiv», sondern autobiographisch.

Frage: *Ist Gott für Sie eher ein Mann oder eine Frau?*

Antwort: Ob Gott ein Mann oder eine Frau ist, halte ich für eine ziemlich kindische Frage, und ob ich mich als männliches Wesen als seinen «Sohn» im gleichen Sinne empfinde wie gegenüber meinem leiblichen Vater, erscheint mir ebenso fraglich. Dennoch halte ich die *psychologische Frage* für sinnvoll, ob die Beziehungen zu meinen leiblichen Eltern in der entscheidenden frühkindlichen Entwicklungsphase das spätere *Bild* einer möglichen Gottesbeziehung vorgeprägt haben. Diese Frage bezieht sich nämlich auf meine eigenen seelischen Strukturen, über die ich vielleicht etwas weiß, während ich über Gottes *«Sein»* auch als Theologe nicht mehr weiß als andere Menschen auch.

Frage: *Zu wem hatten Sie denn als Kind stärkere Beziehungen, zu Ihrem Vater oder zu Ihrer Mutter?*

Antwort: Ich halte es für ganz natürlich, daß bei mir wie wahrscheinlich bei den meisten Kindern die *Mutter* überwog. Mein *Vater* war über 45 Jahre Metallarbeiter in ein und demselben Betrieb, in dem auch ich später in den Semesterferien ebenfalls Geld für mein Theologiestudium verdiente. Ich arbeitete in der Spätschicht zwischen 18 und 4 Uhr, ziemlich genau in der gleichen Abteilung wie mein Vater. Aufgrund dieser Erfahrungen kann ich nachempfinden, wie wenig Kraft und Muße mein Vater mit seinen Spätschichten während meiner Kindheit für mich haben konnte. Dennoch kommen bestimmte Bilder in mir hoch, wenn ich an *Schlüsselszenen* denke, in denen ich ihn als Vater erlebt habe, der sich nach dem Aufstehen gegen 12 Uhr vor allem am frühen Nachmittag dem nach 10 Ehejahren und wohl auch nach mehreren Fehlgeburten doch noch geborenen Sohn zuwendete.

Frage: *Geht es zu weit, Sie um eine dieser Schlüsselszenen zu bitten?*

Antwort: In meinem Elternhaus gab es eine Reihe von *Büchern*, an die ich mich genau erinnern kann. Es gab die Traubibel mit schwarzem Ledereinband, Goldschnitt und Silberbeschlägen, die die Lederkanten und den Goldschnitt schützten. Dann gab es ein von meinen Großeltern mütterlicherseits vererbtes, in braunes Leder gebundenes homöopathisches Hausbuch mit Originalrezepten von Samuel Hahnemann; daneben ein anderes medizinisches Buch, dessen Durchblättern mir erst in späteren Jahren gestattet wurde. Es enthielt nämlich Modelle des männlichen und weiblichen Körpers, deren farbige Papierlagen man einzeln umschlagen konnte. Dabei konnte man nicht nur auf die Unterschiede zwischen Mann und Frau, sondern auch auf so kaum glaubliche «Umstände» aufmerksam werden, daß bestimmte Modelle kleine Kinder im Bauch der Mutter zeigten. Diese Modelle durfte ich natürlich als drei- bis achtjähriger Knabe nicht sehen, und deshalb war dieses Buch immer sorgfältig in einem Schrank verschlossen. Übrigens sind einige dieser Bücher noch heute in meinem Besitz, nachdem beide Elternteile verstorben sind.

Frage: *Wollen Sie damit sagen, daß Sie Ihre Eltern nicht als Mann und Frau empfunden haben, und inwiefern sind diese Bücher Kern einer Schlüsselszene in Ihrem Erleben des Vaters?*

Antwort: Die *Schlüsselszene* spielte sich mit zwei anderen Büchern ab, die mein Vater mir zu Weihnachten bei Woolworth kaufte. Beide Bücher waren in blauer Hartpappe gebunden und trugen vorne ein Umschlagbild, das ihren Inhalt als *Beziehungen zwischen Menschen* zusammenfaßte. Ein Bild zeigte vier halbwüchsige Knaben in langen, mädchenhaft wirkenden Kleidern, im Stil den Bildern von Ludwig Richter ähnlich. «Die Geschichte von den vier Heymonskindern» war der Titel; wie ich heute weiß, handelt es sich dabei um ein von Ludwig Tieck 1797 wiederentdecktes Volksbuch. Das andere war wahrscheinlich das 1776 von Friedrich Müller, dem sogenannten «Maler» Müller, verarbeitete Volksbuch und Puppenspiel von «Golo und Genovefa». Ich kann mich an diese beiden Bücher deshalb noch so gut erinnern, weil mein Vater beim Vorlesen der ungewöhnlich und mittelalterlich klingenden Namen manchmal Schwierigkeiten hatte. Ich achtete darauf, ob er sich noch einmal verhaspeln würde, und außerdem fand ich die Namen ziemlich seltsam, da ich niemand unter meinen Spielkameraden kannte, der so merkwürdige Namen trug.

Frage: *Die Schlüsselszene hängt also mit dem Vorlesen dieser Bücher durch Ihren Vater zusammen. Erinnern Sie sich noch an Einzelheiten dieser Volksbücher?*

Antwort: In der Tat ist der «Volkstümliches» vorlesende Vater der entscheidende Aspekt der Szene. Normalerweise wird doch unterstellt, dies sei die Aufgabe der *Mutter*, und ich empfinde meinen Vater in dieser Szene eher als «mütterlich», zumal wenn man bedenkt, daß der Metallarbeiter mit den schwieligen Händen, die im «Stangenzug» feurig glühende Kupferstangen in das Walzwerk zu stoßen hatten, auf den ersten Blick kaum vorherbestimmt waren, Bücher umzublättern. Ich bin sicher, daß er in dieser Beziehung im Kreise seiner Arbeitskollegen eine Seltenheit darstellte. An Einzelheiten des Inhalts kann ich mich natürlich nicht mehr erinnern, denn ich war damals gerade sechs Jahre alt und sollte in die Schule kommen.

Frage: *Ich finde es ungewöhnlich, daß Ihr Vater Ihnen als kaum Sechsjährigem bereits derart anspruchsvolle Bücher vorlas, zumal Sie selber eher die* Mutter *als «Märchenerzählerin» erwartet hätten. Halten Sie es eigentlich heute im Rückblick für pädagogisch vertretbar, Sie im Vorschulalter mit derartigen Themen zu konfrontieren?*

Antwort: Die *Mutter* kam natürlich auch als Erzählerin und Vorleserin vor, etwa mit dem «Gestiefelten Kater»; aber dies ist mir als *Bild* für die damals gestifteten Beziehungen nicht so einprägsam geblieben wie die Szene mit dem Vater und dem «blauen Buch». Die Inhalte dieser Erzählungen kann ich heute in Literaturlexika nachlesen, und ich komme da wohl ins Staunen über Themen wie unglückliche Liebe, ungezähmte Leidenschaft bis hin zu Betrug und Mord, über zwiespältige, schwache Charaktere und «Bösewichte», an denen die deutsche Romantik so hing. Von daher könnte man tatsächlich bezweifeln, ob die Lektüre durch den Vater «pädagogisch geschickt» gewählt war. Aber auch mein Vater war ja durch seine Eltern, meine *Großeltern*, geprägt, und mein Großvater Johann Georg und meine Großmutter Caroline Hermine müssen unbedingt ins Spiel kommen, wenn man danach fragt, wie Gott sich in mir als Bild gestaltete.

Analytiker: *Bevor ich Sie beide der Auslotung der Beziehung zu weiteren Personen überlasse, darf ich auf dreierlei hinweisen, das mir am bisherigen*

Gesprächsgang aufgefallen ist. Einmal fällt mir auf, daß Sie zwar die Mutter *als Hauptbezugsperson angegeben haben, von ihr aber nur in Nebengedanken sprachen und sich eher dem* Vater *zuwendeten. Zum anderen haben Sie anscheinend das immer wieder hochkommende Thema der* Sexualität *systematisch verdrängt. Zum dritten finde ich es bezeichnend, daß Sie die* Beziehungen *über* Bücher *und* Lesen *laufen lassen. Gab es denn keine andersartigen Beziehungen?*

Frage: *Alle drei Bemerkungen lagen auch mir auf der Zunge. Wollen Sie zu ihnen jetzt etwas sagen?*

Antwort: Als Sie mich fragten, ob ich meine Eltern denn nicht als Mann und Frau empfunden habe, habe ich dies eigentlich verneinen müssen. Aus dem im Schrank verschlossenen medizinischen Buch geht zur Genüge hervor, daß die *Sexualität* der Eltern eher ein Tabu als ein gedankliches Thema war. Dennoch finde ich es bezeichnend, daß sie sowohl in den genannten Volksbüchern als auch in meinem Hinweis auf meine Großeltern verdeckt wiederkehrt, wie ich gleich erzählen möchte. Daß ich eher meinen *Vater* herausgestellt habe, könnte ja auch der Versuch einer «Wiedergutmachung» an ihm sein. Immerhin habe ich meiner *Mutter* bisher ein *Buch* gewidmet, nicht jedoch meinem *Vater*. Im übrigen verstehe ich von psychoanalytischen Gesprächsverläufen viel zuviel, als daß Sie die drei erwähnten «Merkwürdigkeiten» so ohne weiteres als Indiz für «Verdrängung» auslegen dürfen. Es könnte ja gerade meine Absicht sein, den Eindruck der «Verdrängung» zu erwekken, um Sie auf entscheidende *Umstände meiner «religiösen Sozialisation»* hinzuweisen. Ich komme auf die *Mutter* zurück, nachdem ich vorher meine *Großeltern* väterlicherseits behandelt habe.

Frage: *Inwiefern haben Ihre* Großeltern *mit Ihrem* Gottesbild *zu tun, und wer überwog in Ihren Beziehungen, der Großvater oder die Großmutter?*

Antwort: Ich bin seit dem 17. Jahrhundert der erste Erstgeborene, der einen anderen Vornamen als *Johann Georg* trägt: Laut «Ahnenpaß» hießen alle ersten Söhne so, also auch mein Vater und mein *Großvater*. Dieser war bis kurz vor seinem Tode sein Leben lang Weber, und das noch mit beinahe 75 Jahren. Er gehörte, ebenso wie meine *Großmutter*, die ein Jahr vor ihm verstarb, zu einer religiösen Gemeinschaft, die sich in England «Plymouth-Brüder» nannte und von John Nelson Darby 1826 gegründet worden war. Diese Gemeinschaft verlangt von ihren Mitgliedern die «Würdigkeit» für die Zulassung zum Abendmahl und glaubt, ähnlich wie die Adventisten, an die baldige Wiederkunft Christi. Außerdem betont sie in ihrem Katechismus die Notwendigkeit der

«Bekehrung». Mindestens drei weitere Verwandte, die meine Großtanten väterlicherseits waren, waren oder sind Diakonissen dieser «Evangelischen Gemeinschaft», die in Hamburg und Wuppertal Zentren hat und z. B. größere Krankenhäuser betreut. Meine *Großmutter* kam aus dem heute noch sehr «religiösen» Siegerland und ist mir immer also ebenso «fromm» wie mein Großvater erschienen. Auch hier gibt es mehrere *Schlüsselszenen*, an denen ich meine religiöse Sozialisation verdeutlichen kann.

Frage: *Dominierte in diesen Schlüsselszenen eher das männliche oder das weibliche Element?*

Antwort: Ich möchte eigentlich beide Elemente als gleich behaupten: Mein *Großvater* war trotz seiner äußerlichen «Einfachheit» ein sehr gebildeter Mann. Ich erinnere mich noch an eine Szene, wo er mit mir, dem kaum 12jährigen, über *Literatur* sprach und sich z. B. darüber verwunderte, daß ich niemals vorher den Namen von Franz Grillparzer gehört hatte. Er schwärmte mir auch von Fjodor Michailowitsch Dostojewski vor, und wir sprachen nach meiner Erinnerung auch von Lew Nikolajewitsch Tolstoi. Allen dreien ist, in einer gewissen Vereinfachung, das Thema «Schicksal» gemeinsam. Spätestens an dieser Stelle muß auffallen, daß mein Großvater nicht nur meinem *Vater* den Umgang mit dem *Buch* vorgeprägt hatte, sondern daß auch die Thematik meiner «blauen Bücher» als *Schicksalsthematik* bezeichnet werden kann. Ich vermute, diese Thematik kam bei meinem Großvater aus einem inneren Erleben, denn er hatte aufgrund eines medizinischen Kunstfehlers ein Bein verloren, nachdem das Bein unter dem Gipsverband für eine unwesentliche Verletzung vereitert war und amputiert werden mußte. Außerdem war mein Großvater jahrelang für die «Deutsch-Nationalen» im Stadtrat, und meine Großmutter sowie mein Vater haben eigentlich immer gesagt, er sei dort mit seinem geraden und aufrichtigen Charakter immer nur ein Aushängeschild gewesen, das man habe «ausnutzen» können. Es war ganz sicher auch mein *Großvater*, der mir mit der *«Menge-Bibel»* Lust gemacht hat, kurz nach meiner Konfirmation 1949 ein griechisches Neues Testament zu kaufen und mit meinem Großvater über die «richtige» Übersetzung zu streiten. Mein Großvater hatte bereits meinen *Vater* im Geiste seiner «Plymouth-Brüder» erzogen, so daß auch ich etwa zwei Monate nach meiner Geburt durch eine «Haustaufe» in die «Evangelische Gemeinschaft» kam, aus der ich erst mit der Konfirmation ausschied.

Frage: *Wieder scheint mir das männliche Element zu überwiegen. Gab es denn auch eine Schlüsselszene mit Ihrer* Großmutter?

Antwort: Als meine Großmutter am 15.9.1949 verstarb, waren mein Großvater, meine Eltern, der jüngste Bruder meines Vaters mit seiner Familie sowie auch ich selber im Krankenhaussterbezimmer versammelt. Meine Großmutter segnete uns Kinder und richtete sich trotz ihrer Gallenkoliken im Bett auf und rief: «O Jesus, nimm meine Seele bei dir auf!» Mein Vater rief: «Sie sieht Jesus!» und wir alle waren tief bewegt. Ich habe mir eigentlich immer gewünscht, auch einmal einen so gläubigen Tod zu haben wie meine Großmutter. Ihre Sanftheit, aber auch ihre klaren, fest in die Luft gerichteten Augen, das Lächeln der gütigen Frau sind mir noch heute nicht nur auf Fotografien ein bleibender Eindruck. Dabei hätte diese Frau Anlaß genug gehabt, mit ihrem Leben zu hadern: der Mann ein Frühinvalide, der dennoch im Alter arbeiten mußte; von sieben Kindern lebten nur noch zwei; die anderen waren z. T. an Typhusepidemien oder bereits in der Kindheit verstorben. Ihre Wohnung war im Krieg zerstört worden, ihrem jüngsten Sohn mußte nach einer Schlacht in Flandern ebenfalls ein Bein amputiert werden, und Deutschland, an das sie so sehr geglaubt hatte, lag in Schutt und Asche. Ich finde, daß ich meine Großeltern eigentlich als eine *Einheit* empfunden habe, zu der sowohl der männliche als auch der weibliche Teil beitrug: Beide Großeltern hatten viel mit meiner *Mutter* gemeinsam, in der sich gewissermaßen drei Beziehungen verdichteten, als beide Großeltern tot waren.

Frage: *Sie erwähnten eben die Notwendigkeit einer* «Bekehrung», *die man in dieser religiösen Gemeinschaft forderte. Hat es ein solches Erlebnis auch bei Ihnen gegeben und hing es mit Ihrer Beziehung zu den* Großeltern *zusammen?*

Antwort: Ja, in der Tat. Zusammen mit meinen Großeltern, aber wohl mindestens auch mit meiner Mutter, war ich zwischen 1946 und 1949 mehrfach in Veranstaltungen der «Zeltmission». Ich würde heute die Ebene des Erlebens eher als ein «Jesus-Erlebnis» denn als Erleben Gottes bezeichnen, und ich bin sicher, daß Bilder von Caspar David Friedrich wie etwa das bekannte «Kreuz im Gebirge» (1808), das bei meinen Großeltern im Wohnzimmer hing, aber auch Bilder von Ludwig Richter sowie eine *Bibel* mit Bildern von Julius Schnorr von Carolsfeld eher eine religiöse Imago (idealisiertes Bild) in Richtung *«Jesus-Minne»* prägten als das Bild Gottes selber.

Analytiker: *Zu diesem Gesprächsgang möchte ich anmerken, daß Sie inzwischen das Problem der* Sexualität *erneut verdrängt haben. Ihren Ausdruck «Jesus-Minne» empfinde ich als sehr verräterisch; die drei Großtanten lassen auch darauf schließen, daß es beinahe eine Familientradition zu sein scheint, die Mann-Frau-Beziehung in einer Jesusbeziehung zu sublimieren. Darf ich deshalb darum bitten, nun endlich zu Ihrer* Mutter *zu kommen und ohne Umschweife Auskunft darüber zu geben, ob Ihr bewußtes Erleben eines Menschen als* Mann *oder als* Frau *Einfluß auf Ihr Gottesbild hatte? Mir scheint, daß die Männer bei Ihnen überwiegen; Gott scheint für Sie doch eher ein «Mann» zu sein, so daß der* «Mann Jesus» *kaum ein Wunder ist!*

Frage: *In der Tat haben Sie versprochen, Sie würden gleich erzählen, wie das Thema* Sexualität *in Ihren Beziehungen zu den Großeltern «verdeckt» wiederkehre; auch habe ich nicht ganz verstanden, wieso das gleiche Thema in den «blauen Büchern» ebenfalls «verdeckt» zum Zuge kommt. Könnten Sie uns dies nun erzählen?*

Antwort: Beiden mir vorlesenden Männern, meinem *Großvater* und meinem *Vater*, ist im Umgang mit mir gemeinsam, daß sie den nicht einmal pubertierenden Knaben mit anspruchsvoller *Literatur* konfrontierten, zu der dann mindestens bei meinem Großvater auch die *Bibel* gehörte. Sie behandelten mich – den Nachkömmling, der leider auf Geschwister verzichten mußte – im Grunde wie einen «Mann», mit dem man wie mit einem Erwachsenen umgehen kann. Meine Kindheit wurde durch das Erleben eines radikalen Verlustes «abgeschlossen»: Waren bereits die Grundschuljahre durch die zunehmenden Bombenangriffe auf das niederrheinische Industriegebiet und durch ständige Unterrichtsunterbrechungen, durch nächtliche Fluchten unter «Christbaumlicht» hin zum schützenden Bunker und durch Sitzen im eigenen Keller gekennzeichnet, so fand ich bei Kriegsende 1945 und nach meiner Rückkehr von einer «Evakuierung» in die Nähe von Magdeburg mein Elternhaus beim letzten Bombenangriff auf meine Heimatstadt «ausgebrannt» vor: Sämtliche Spielsachen, alle die schönen Jugenderinnerungen, die Musikinstrumente, die ich einmal erlernen sollte, waren verloren. Was lag da näher als die «Flucht in die Literatur», die von den «Vätern» kam? Jedenfalls war mein *Großvater* für die *«Aufklärung»* zuständig; er hatte wohl nicht so viele Hemmungen wie meine Eltern. Die «blauen Bücher» enthielten mit ihren z. T. schwülstig wirkenden Liebesszenen auch genug Stoff zum Nachdenken, und wenn zu Weihnachten die altbekannte und doch immer wieder neue Freudenbotschaft von der Menschwerdung Gottes vorgelesen wurde, so mußte mir schon bald auffallen, daß meine

Mutter beim Vorlesen die Schwangerschaft der Maria überschlug, während mein *Großvater* sie anstandslos vorlas. Da haben Sie nun endlich die verlangte «Aufklärung» über die *lesende Mutter!*

Frage: *Es kommt mir kaum glaublich vor, daß Sie sich daran noch so gut erinnern; ist Ihnen auch hier eine Schlüsselszene im Gedächtnis geblieben, die das* Bild der lesenden Mutter *in Ihnen verfestigt hat?*

Antwort: Weniger eine Schlüsselszene als das allgemeine Bild eines beinahe feierlichen *Ritus*: Die zu Anfang erwähnte, mit Silber beschlagene *Traubibel* meiner Eltern wurde nicht nur zu Weihnachten von meiner Mutter aus dem Wohnzimmerschrank geholt, sondern sie las auch sonst darin. Auch meine Mutter kam aus einer religiösen Familie, obwohl sich diese auf einer etwas anderen Ebene, nämlich auf dem «niederrheinischen Reformiertentum», ansiedelte. Jedenfalls: Wenn ich an die *Bibel* denke, fallen mir meine *Mutter* und mein *Großvater* gleichzeitig ein, und ich kann nicht sagen, wer von beiden überwiegt. Meine Mutter öffnete jeweils vorsichtig die Silberschließen, um weder sie noch den Goldschnitt zu beschädigen, und las in der Bibel mittels zweier verschiedener Methoden. Die eine kann man als «fortlaufende Lektüre» und als «typisch reformiert» bezeichnen. Die andere habe ich später auch bei Augustin gefunden: Wohin ihr Finger traf, das sollte die Stelle sein, die für den jeweiligen Tag galt.

Frage: *Halten Sie das heute nicht für einen* Aberglauben?

Antwort: Man könnte diese zweite Methode auf den ersten Blick dafür halten. Aber ich halte diese Einschätzung angesichts der auch in der mütterlichen Linie vorhandenen tiefen Frömmigkeit für voreilig und letztlich für unsachgemäß. Es kommt mir heute jedenfalls eigenartig vor, daß beinahe das früheste, mir noch als Erwachsenem lebendige *Kindheitserlebnis* auch einen Bezug zu dieser zweiten Methode hat. Als etwa Dreijährigen nahmen mich meine Eltern mit ins Rheinhessische, wo «Onkel Schorsch» und «Tante Hannchen» ein kleines Weingut hatten. Mit dem Ochsenkarren fuhren sie «Vitriol» und andere Essenzen auf den Weinberg, um mittels großer, auf dem Rücken getragener Kupferspritzen die Weinstockschädlinge zu bekämpfen. Es war für mich unglaublich romantisch, auf der «Braunen» reitend zu sitzen und wenigstens einige Meter der Kutscher dieses Ochsen- und Kuhgefährts zu sein. Diese schon damals alten Leute, deren Verwandtschaft mit meiner Mutter mir nicht mehr klar ist, hatten in ihrer Wohnstube ein in violettes Samt geschlagenes *Kästchen*, in dem sich seltsame kleine Röllchen befanden. Als ich später, inzwischen zehn Jahre alt geworden, ein Röllchen herausholte, entdeckte ich darauf einen *Bibelspruch*, den man als «Losung» des Tages «ziehen» konnte. Aber ich weiß genau, daß dieses seltsame Kästchen schon in meiner frühen Kindheit in dieser Wohnstube vorhanden war. Denn wenn ich an meine frühesten Erinnerungen denke, fallen mir auch die merkwürdigen Gerüche wieder ein: In der Wohnstube roch es «plüschig-altmodisch», auf dem Hof nach «Vitriol» und Gülle und im Stall nach Heu und Weinessig. Solche Eindrücke vergißt man nicht so leicht, ebensowenig wie ich den Geruch von nach Bombenangriffen brennenden Häusern vergessen kann.

Analytiker: *Mir fällt an Ihren Antworten dreierlei auf. Einmal setzen Sie an die Stelle der* Beziehungen zwischen Ihren Eltern *ständig Beziehungen, die Sie selber zu anderen, z. B. entfernteren Personen, hatten. Zum anderen erscheinen diese anderen Personen eher als* «Paar», *bei dem man nicht klar zwischen Mann und Frau unterscheiden kann. Drittens erscheint die Gottesbeziehung beinahe durchgehend als* Lesebeziehung, *die man auch als Beziehung zur Bibel als einem Stück «Literatur» bezeichnen kann, so daß Ihre Berufung zum Bibelwissenschaftler beinahe als zwangsläufig erscheint. Ich bewerte diese drei Punkte mit allem Vorbehalt als* Mangel an personaler Beziehung *zu Gott, die anscheinend als Mangel personaler Beziehung zwischen den Eltern vorabgebildet ist. Ich darf Sie beide bitten, sich im anstehenden Gesprächsgang auf diese drei Punkte zu konzentrieren.*

Frage: *Das Bild des lesenden* Vaters *empfanden Sie eher als «mütterlich»; gibt es ein entsprechendes Bild Ihrer* Mutter, *das Sie eher als «väterlich» empfinden?*

Antwort: Sie beide unterliegen nach meinem Eindruck in der Tat einem doppelten *Denkfehler*. Einmal verwechseln Sie die *biologische Sexualität* mit einem «väterlichen» oder «mütterlichen» *Seelencharakter*, der erfahrungsgemäß bei beiden biologischen «Geschlechtern» in irgendeinem *Mischungsverhältnis* vorhanden ist; auf diesem Hintergrund empfinde ich die Frage nach dem eher «väterlichen» oder «mütterlichen» *Gottesbild* als falsch gestellt: Gott ist wohl eher eine *Mischung* von beidem. Zum anderen halte ich den Begriff *«personale Beziehung»* in bezug auf *Gott* für nichtssagend: Was unter Menschen eine «Person» ist, auch wenn man die Sexualität in irgendeiner Form «verdrängen» oder sublimieren kann, kann ich mir vorstellen. Aber eine *«Person Gott»*, bei der man die «personale Beziehung» nicht einmal am Rande als Beziehung sexueller *Differenz* denken darf, kann ich mir schlechterdings nicht *vorstellen*. Insofern halte ich auch die Frage nach dem *«Gottesbild»* für falsch gestellt. Was nun die *«väterliche Mutter»* anbelangt, so kommt mir ein Bild in Erinnerung, das allerdings eher an traditionell-typisch «männlichen» oder «weiblichen» *Berufen* orientiert ist. Ich glaube, daß einem Kind in dem entscheidenden Prägestadium eher die Berufe der Eltern auffallen und sich einprägen als die biologische «Zeugungsfunktion». Wenn ich selber mich in meinem *Beruf als Bibelwissenschaftler* ebenfalls in einer «Gottesbeziehung» stehend sehe, so liegt das auf der gleichen Linie. Man kann durch allzuviel *Psychologie* auch die *Theologie* überfremden.

Frage: *Welchen Beruf hatte denn Ihre* Mutter?

Antwort: Sie hatte in einer Spinnerei gelernt und hat bis zu ihrem Tode immer die *Handarbeit* bevorzugt. Sie dürfen ja nicht vergessen, daß ich einer der wenigen Professoren bin, die aus einer *Arbeiterfamilie* hervorgegangen sind. In meinem väterlichen «Ahnenpaß» stehen ab und zu einmal gehobene Handwerker wie Feinmechaniker oder Uhrmacher, ganz gelegentlich auch Apotheker, sonst jedoch überwiegend einfachere Arbeiter, worauf ich immer stolz gewesen bin. Beim *Bild der «männlichen» Mutter* schwebt mir eine Fotografie vor, die meinem Kindheitsbild entspricht: Im blauen Anzug der Fabrik rackert sich meine Mutter mittels eines schweren Spatens in unserem großen Garten ab, in dem es weitgehend schweren Boden gab. Dieses Bild empfinde ich eher als «männlich». Wahrscheinlich verdanke ich beiden, Vater wie Mutter, meine Lebenseinstellung, daß *Arbeit* nicht schändet, auch und gerade, wenn die körperliche Arbeit als ungeeignet für einen «Schreibtischtäter» wie mich gilt. Es gibt manchmal Menschen, die meine eigenen handwerklichen Fähigkeiten erstaunlich finden, wenn sie von dieser Familienvorgeschichte nicht wissen.

Frage: *Wenn ich Sie richtig verstanden habe, bringen Sie Ihr Gottesbild eher mit dem* Beruf *als mit dem Erleben des Vaters als «Mann» und dem Erleben der Mutter als «Frau» zusammen. Gilt das eigentlich auch für Ihren eigenen Beruf?*

Antwort: Ich möchte mir die *Alternative* in dieser Form nicht stellen lassen. Der «Vater / Mann» oder die «Mutter / Frau» sind mir ohne deren schon in der Kindheit, aber auch später miterlebten Beruf *nicht vorstellbar*. Daß ich meinen Großvater mit dem Fahrrad aus der Fabrik abholte, als er schon über 70 Jahre alt war, kann der heutigen «sozialen Gesellschaft» ja auch nur unglaublich vorkommen! Vielleicht darf man es als *«reformiertes Erbe»* bezeichnen, wenn der Beruf integraler Bestandteil der Gottesbeziehung ist. Jedenfalls ist für mich immer wesentlich gewesen, daß auf meiner Arbeit *«Gottes Segen»* ruhen sollte. Ob dies tatsächlich der Fall ist, mögen dann andere oder meinetwegen auch die sog. «Nachwelt» entscheiden.

Analytiker: *Ich darf Ihnen abschließend dafür danken, daß Sie das in diesem Interview behandelte* Problem *nicht theoretisch und abstrakt, sozusagen «wissenschaftlich», sondern sehr freimütig durch Aspekte Ihrer eigenen* Lebensgeschichte *behandelt haben. Ich habe jedenfalls genug Material erhalten, um eine genauere* Analyse *des Gottesbildes eines Wissenschaftlers und der Geschichte seiner Entstehung vorzunehmen.*

Antwort: Auch wenn ich die Details meines Lebens sowie der in diesem Interview genannten Personen nicht ausdrücklich zu diesem Zwecke preisgegeben habe, kann ich eine derartige «Verwertung» natürlich nicht verhindern.

Interviewer: *Sie scheinen viel von dem Ausspruch des* Juvenal *zu halten: «Difficile est satiram non scribere» (Iuv., sat. I, 30).**

Antwort: Gestatten Sie mir zu dieser Bewertung noch drei Bemerkungen. Erstens sind die *reformierten* Traditionen meiner Großeltern und meiner Eltern darin für mich prägend geworden, daß ich zwischen «Gottesdienst» und «Alltag» nicht unterscheiden kann; der Alltag der *Arbeit* ist als solcher «Gottesdienst». Zweitens halte ich aus diesem Grunde Ihre ironische Bewertung der *«Jesus-Minne»* meiner Tanten, die Diakonissen waren oder sind, für unsachgemäß. Diese Tanten *dienten* Gott gerade mit ihrer ganzen Arbeit an kranken Menschen und waren eben darin «fromm». Drittens ist das *Buch* und das *Lesen*, auch in meiner wissenschaftlichen Arbeit, das *Arbeitsmittel*, durch welches ich Gott zu dienen versuche. Ich halte darin mein *Gottesverhältnis* für genauso «personal» wie bei Menschen, die ein anderes Gottesbild haben. *«Männlich»* ist an dieser Arbeit die Härte der Bemühung; *«weiblich»* ist an ihr die Ausbildung der Empfindung für feinste Nuancen am Sinn der Hl. Schrift. Insofern verdanke ich meinen Ahnen beinahe alles, was meine «Frömmigkeit» ausmacht. Meine Antworten mögen von Analytikern satirisch auswertbar sein; sie sollten eine Form des Dankes und insofern eine *Arbeit am Bild der Eltern* und damit ein indirekter *Dank an Gott* sein.

* Deutsch: «Es ist schwierig, keine Satire zu schreiben.» Nach Friedrich Schiller ist die Diskrepanz zwischen «Ideal» und «Wirklichkeit» das Maßgebende für eine Satire. Ob mein «fiktives Interview» dem Thema dieses Buches und damit dem «Ideal» gerecht geworden ist, indem ich die «Wirklichkeit» meiner religiösen Sozialisation geschildert habe, mag der Leser entscheiden.

Erhardt Güttgemanns, Prof. Dr.,
geb. 1935,
Promotion 1963, Habilitation 1970,
Professur (C 3) 1980;
Fachgebiete: Neues Testament,
Judentum, Philosophische
Anthropologie, Linguistik, Semiotik;
geschieden 1985.

Stephan Wehowsky

Ist der Vater nicht der Krieg?

Dem griechischen Naturphilosophen Heraklit wird der Satz zugeschrieben: «Der Krieg ist der Vater aller Dinge.» Dieser Satz richtet sich in seiner Konsequenz gegen die christliche Religion. Wenn der Krieg der Vater aller Dinge ist, dann ist der Krieg Gott. Da dieser Gedanke in der griechischen Naturphilosophie formuliert wurde, kann damit nicht der christliche Gott gemeint sein. Allein, diese Bemerkung ist spitzfindig: Der christliche Gott ist doch Liebe. – Sind wir da so sicher?

In gewisser Weise kann ich sagen, daß der Krieg mein Vater ist. Und zwar ist er in mein Leben mit einer Deutlichkeit getreten, die der meines Vaters nichts nachsteht. Ich bin zwar kein Kind des Krieges, jedenfalls ist mir nicht bekannt, daß ich dem Krieg meine Entstehung zu verdanken hätte. Aber ich denke, daß der Vater für das individuelle Bewußtsein nicht so sehr als Erzeuger wichtig ist, sondern in der Weise, welche Rolle er im Leben spielt.

Und in dieser Hinsicht ist der Krieg ganz ohne Zweifel mein Vater. Als Kind wurde ich mit Kriegserinnerungen konfrontiert; sie interessierten und faszinierten, erschreckten und erschütterten mich auch. Ich bekam auch sehr schnell mit, daß der nächste Krieg vorbereitet wurde: die Ankündigungen von Luftschutzübungen, die Frage des Zivilschutzes überhaupt, der Korea-Krieg etc. etc. blieben mir nicht verborgen.

Diese Verklammerung der Vergangenheit mit der Zukunft, das Grausen, das ich empfand, als ich Filme über die Nazizeit sah, und das Erschrecken darüber, daß die Zukunft ähnliches bereithalten kann, dieses beides hat mein Lebensgefühl geprägt.

Unsere Existenz ist fragil wie selten zuvor in der Geschichte der Menschheit. Sicher, es hat schon immer Katastrophen gegeben, die ganze Regionen mit ihren Gesellschaften heimgesucht haben. Die Pest des Mittelalters, der 30jährige Krieg oder Naturkatastrophen wie das Beben von Lissabon, um nur diese Beispiele zu nennen, haben die Menschen in ihrer Existenz getroffen und verwandelt. Doch alle Ereignisse der Geschichte vor der Neuzeit fielen entweder nicht in die Verantwortung des Menschen oder aber sie wurden verarbeitet, indem klar zwischen Gut und Böse unterschieden werden konnte. Keine Tat blieb im Prinzip ungesühnt, denn die Täter waren ausgrenzbar, und wenn sie nicht hier gestraft wurden, so doch im Jenseits.

Heute ist es anders. Die Täter leben unter uns, wir selber gehören zu ihnen und haben das Bewußtsein einer ungeheueren Verantwortung, die wir gar nicht wahrzunehmen vermögen. Wir sind als Kriegsgewinnler aufgewachsen und leben von geborgter Zeit. Es drückt sich schon viel Hoffnung in der Erwartung aus, daß die ganz große Katastrophe – verschuldet von Menschen – ausbleibt. Dies meine ich mit Brüchigkeit der Existenz, also wesentlich mehr als die Tatsache, daß das einzelne Leben durch Krankheit, Unglück oder sonstiges entstellt oder vernichtet werden kann.

Es ist vielfach behauptet und beklagt worden, daß es in Deutschland nie eine wirkliche Vergangenheitsbewältigung gegeben hat. Diese Behauptung ist in vieler Hinsicht blaß, denn es wird selten ganz deutlich, in welcher Weise eine Vergangenheitsbewältigung gemeint sein könnte. Ich kann sagen, was ich nicht bewältigt habe, und dies sind zwei Dinge:

Ich bin nie damit fertig geworden, wozu Menschen fähig sind. Was stimmt alles nicht an unserer Kultur, wenn dieselben Väter, die jahrelang brav ihre Pflichten erfüllt haben, andere Länder überfallen, um dort Dinge zu tun, die sie zu Hause nicht einmal zu denken gewagt hätten? Wieviel Aggression, wieviel Sprengkraft hat sich unter der Oberfläche angesammelt? Und dieselben Väter kommen nach dem Kriege zurück und betreiben den «Wiederaufbau».

Und damit hängt das zweite zusammen: Kaum werden die Trümmer des einen Krieges mehr oder weniger auf- und weggeräumt, wird bereits der nächste Krieg vorbereitet bzw. ohne Protest hingenommen. In den 50er Jahren der Korea-Krieg, dann Vietnam etc. etc. Was ist es um das Bewußtsein, daß es vorgeführt bekommen kann, was Vernichtung bedeutet, und dennoch unfähig ist, gegenwärtige und zukünftige Vernichtung zu begreifen und entsprechend zu reagieren?

Es wird viel darüber spekuliert, ob die Katastrophen unserer Geschichte etwas mit dem neuzeitlichen rationalistischen Denken zu tun haben. Wie auch immer diese Frage im einzelnen beantwortet wird, sicher ist, daß das aufgeklärte Bewußtsein selber durch diese Katastrophen in höchstem Maße erschüttert worden ist. Die mehrfach erfolgte Demonstration, daß alle Werte, Bräuche, Sitten, Ordnungen und Strukturen in unvorstellbarer Weise deformiert werden können, hat die an sich schon selbst-reflexive europäische Rationalität zusätzlich sämtlicher äußerer Haftpunkte beraubt. Die Realität taugt nur noch dem Naturwissenschaftler oder Ingenieur zur Demonstration, Reflexivität aber wird an der Realität irre. Ja, da es keine Haftpunkte in der menschlichen Kultur selber mehr gibt, wird das Bewußtsein schlechthin fragwürdig. Es steht ständig im Verdacht, sich selbst und andere zu täuschen. Selbstreflexivität wird zum infiniten Regreß, über den die Realität in ihrer Barbarei und Unvernunft souverän triumphiert. Orientierungslos geworden, verflüssigt sich das Bewußtsein und löst sich selbst fast auf: wenn die Realität derartige Ungeheuer gebiert, liegt es dann nur am Schlaf oder einer reinen Unfähigkeit der Vernunft? Resignation breitet sich aus, und die Politik machen derweil die anderen, die vom Zweifel nicht Angekränkelten.

Vergangenheitsbewältigung hätte eigentlich Gegenwartsbewältigung sein müssen: ein Ernstnehmen der Tatsache, daß die menschliche Existenz voller Widersprüche, Abgründe und Brüche steckt, und die Bearbeitung der Frage, wie vor diesem Hintergrund wenigstens das Schlimmste verhindert werden kann.

Letzteres hätte wesentlich durch die Kirchen gefördert werden können. Denn immerhin besitzt das Christentum eine Anthropologie, die um die Widersprüche der menschlichen Existenz weiß. Doch haben sich die Kirchen auf eine Position zurückgezogen, von der aus sie darauf verzichteten, die bedrängenden Fragen der Zeit zum Kern christlichen Glaubens vorstoßen zu lassen. Indem sie scheinbar den Glauben rein erhielten, überließen sie die Welt sich selbst und hielten Gott so weit aus dem Irdischen heraus, daß der Krieg als Vater aller Dinge den christlichen Gott letzten Endes auf subtile Weise ablösen konnte, indem er ihn nämlich weiterhin auf seinem imaginierten Thron sitzen ließ.

Der Protestantismus hat es nicht verstanden, auf die Erschütterungen, die dieses Jahrhundert gebracht hat, eine adäquate Antwort zu finden. In den Kirchen wird gesungen und gebetet, an den Universitäten wird Theologie getrieben, als wäre nichts geschehen. Genau dieses war ja auch die Absicht eines nicht ganz unbedeutenden protestantischen Theologen, nämlich Karl Barths. Virtuos Methoden neuzeitlichen Denkens verwendend, immunisierte er das kirchliche Bewußtsein gegen den Ansturm moderner Ungewißheit. Er führte zum Dogma zurück, indem er dem Nicht-Wissen polemisch die unbegreifbare Sicherheit des Glaubens gegenüberstellte. Er bot einen transzendentalen Halt, zu dem er allerdings alle Brücken des Verstehens abgebrochen hatte. Doch fragt es sich, ob das durch die Katastrophen dieses Jahrhunderts erschütterte Bewußtsein damit zufriedengestellt werden kann, daß man es allein auf eine unbegreifliche jenseitige Glaubensgewißheit verweist. Genügt es, gegen den Strudel der Fraglichkeiten lediglich erneut Dogmen zu beschwören?

Mir hat diese Lösung jedenfalls nie genügt, und ich habe stets den Theologen Paul Tillich dafür bewundert, daß er aus dem Ersten Weltkrieg eine andere Konsequenz zog: aus dem Grauen des Krieges heraus thematisierte er Verzweiflung, Angst und Abgrund, um auf neue Weise ein Verständnis dessen, was mit Gott gemeint sein könnte, zu gewinnen. Er verabschiedete viele liebgewordenen Vorstellungen herkömmlicher christlicher Theologie, gewann damit aber die Möglichkeit, dem Krieg als Vater aller Dinge das Terrain streitig zu machen.

Leider blieb er eine vereinzelte Erscheinung. Die protestantischen Kirchen haben es stets vorgezogen, ihre eigenen fruchtbaren Denkansätze als Kinderstreiche abzutun und reuevoll vor dem Thron des Vaters Abbitte zu leisten. Sie kamen damit sogar einem weitverbreiteten Bedürfnis nach dem Kriege entgegen: nicht zu denken, zu vergessen, Bestätigung dafür zu finden, daß im Grunde alles in Ordnung ist. Wie geht dies besser, als wenn man den alten Herrn im Himmel unberührt läßt? Für alle diejenigen aber, die durch den Gang der Welt wirklich erschüttert waren, konnte diese Art Heilsarmee keine wirkliche Heimat bieten.

Läßt sich nach allem, was passiert ist, eine christliche Religion denken, die im guten Sinne vom Vater im Himmel und im emanzipierten Sinne von seinen Söhnen auf Erden zu sprechen weiß? Eine Frage, die in diesem Zusammenhang geradezu naiv wirkt. Doch ich denke, wenn diese Frage ausgespart wird, werden wir uns über die Religion ebensowenig klarwerden wie die Deutschen über ihr Schicksal ohne Vergangenheitsbewältigung. Zunächst möchte ich einen Irrweg ausschließen: die Flucht in die Vergangenheit.

Ob Religion älter als das Denken ist, sei dahingestellt. Unübersehbar ist aber, daß sich religiöse Anschauungen aus Traditionen speisen, die mit modernem Denken manchmal schwer vereinbar sind. Dieser Gegensatz kann nach zwei Seiten hin aufgelöst werden: einmal dahin, daß denkerisch alles nicht intellektuell Nachvollzieh- und Begründbare abgelehnt wird, zum anderen dahin, daß man mit religiösen Anschauungen Aporien der Moderne überspringt. Beides kann nicht befriedigen. Zweihundert Jahre Aufklärung lassen immerhin bilanzieren, daß Denken allein offenbar Systemschwächen in bezug auf menschliche Wünsche, Eigenarten, Sehnsüchte und Ängste hat. Doch kann dies kein Grund sein, gegen den Einspruch der Vernunft zu glauben, was für unsere Vorfahren ohne diesen Einspruch eine andere Bedeutung hatte. Die Moderne entläßt uns nicht. Wir leben in dem Zwiespalt, unsere Grenzen zu wissen, ohne sie einfach deswegen schon überschreiten zu können. Naivität und Mythengläubigkeit werden zu Recht auf Widerspruch stoßen. Religiöses Denken, das zum Alltagsverstand in prinzipiellen Widerspruch gerät, ist unwahr. Auch dies läßt sich geschichtlich zeigen.

Aber wir wissen auch, daß der Krieg unsere verschwiegene Religion ist. Wir haben weder Vergangenheit noch Gegenwart bewältigt und halten Ausschau nach etwas, was Abhilfe schafft. So jedenfalls verstehe ich das, was allgemein unter der gegenwärtigen Religiosität subsumiert wird. Theologen werden hier wieder die Nase rümpfen und von «Synkretismus» (Verschmelzung von mehreren Glaubensauffassungen und dadurch Verhunzung der «reinen Lehre») sprechen. Aber so einfach ist das nicht!

Väter und Söhne einmal anders:

Eine Art des Generationenkonfliktes zwischen Vätern und Söhnen besteht auch darin, daß Väter auf Fragen Antworten geben, die die Söhne nie gestellt haben. Und ich könnte mir denken, daß Söhne, die nicht erwachsen werden wollen, u. a. darunter leiden, sich permanent vorzustellen, welche Fragen sie stellen müßten, auf die ihr Vater gern eine Antwort geben möchte. Gehen wir davon aus, daß die Menschheit, gemessen an ihrer Frühgeschichte, inzwischen einigermaßen erwachsen geworden ist, dann mag es eine Gruppe von Menschen geben, die wie die un-erwachsenen Söhne reagiert: Sie stellt sich vor, in welcher Weise sie einem imaginierten Vater Fragen stellen müßte, auf die er dann möglicherweise eine Antwort geben könnte. Zugegeben, dieser Vergleich ist schon sehr polemisch. Doch macht er eines deutlich: Gerade hauptberufliche Vertreter der Religion neigen dazu, ihren Fragenkanon an dem auszurichten, was herkömmlicherweise in ihrer Religion gefragt worden ist. Damit begeben sie sich aber nicht nur vieler Anknüpfungspunkte zu Fragen ihrer Zeit, sondern sie gewinnen auch nur schwer ein Verständnis davon, welche Veränderungen religiöse Erwartungen überhaupt durchmachen. Religiöse Erwartungen bzw. – soziologisch gesprochen – die Funktion von Religion verändern sich – und damit auch ihre Inhalte. Dies kann man leicht zeigen:

So läßt sich z. B. von den Ägyptern bis zu den Gläubigen des Mittelalters ein durchgehendes Interesse an der Frage feststellen, in welcher Weise sich das Leben im Jenseits gestaltet. Eine wesentliche Funktion der Religion war es offenbar, genau auf diese Fragen sehr detaillierte Antworten zu geben. Hier hat ein Wandel stattgefunden.

Viele unserer Zeitgenossen interessieren sich zwar auch für die Frage nach einem jenseitigen Leben, aber es geht nicht mehr so sehr darum, genau zu wissen, in welcher Weise es sich gestaltet, sondern darum, ob derartiges überhaupt denkbar ist. Wir sind gewissermaßen bescheidener geworden.

Eine andere Funktion von Religion ist es gewesen, klar zwischen Gut und Böse zu unterscheiden und diese Grenze mit Sanktionen zu bewehren. In der zunehmenden Komplexität gegenwärtiger Gesellschaften erfordert dieses Problem aber differenzierte Antworten. Es ist geradezu ein Kennzeichen reaktionärer Religiosität, wenn diese Unterscheidungen undifferenziert im politischen Bereich gemacht werden – etwa im Verhältnis zur UdSSR. Die Gleichsetzung von Religiosität mit Moral – meist der überkommenen bürgerlichen – vermag auch nicht mehr so recht zu überzeugen. Umgekehrt wird erwartet, daß sich die Kirchen ethischer Fragen annehmen, die von Politik und Wirtschaft nicht mit der wünschbaren Sorgfalt bearbeitet werden.

Wenn also ein Funktionswandel der Religion zu konstatieren ist, so wird die Frage erlaubt sein, welche Funktion eine Religion im Zeitalter der Emanzipation ausüben sollte. Und hier, denke ich, lassen sich einige Hoffnungen klar benennen:

Religion sollte dem einzelnen innerhalb einer ständig sich komplizierter vermittelnden Welt Heimat bieten. Heimat nicht im Sinne von Naivität und Mythengläubigkeit, sondern in der Vermittlung eines Gefühls dafür, wie stark er mit dem Kosmos verwoben ist. Das gesellschaftliche Leben ist daran gemessen ein – wenn auch sehr wichtiger – Teilaspekt. Dieses die Gesellschaft Transzendierende ist etwas, das gesucht wird und vermittelt werden könnte.

Würde die Verwobenheit mit dem Kosmos von der Religion artikuliert, so würde wohl auch sehr viel Todes- und Lebensangst genommen. Die Angst vor dem Tod spielt auch dann eine große Rolle, wenn man nicht mehr nach Einzelheiten im Jenseits fragt. Wer sein Leben in einem Gesamtzusammenhang stehend begreift, wird beruhigter mit seiner Endlichkeit umgehen können.

Verwobenheit, Endlichkeit, dies sind Dimensionen des menschlichen Lebens, die, sofern sie erkannt und angenommen werden, zu einer Gelassenheit führen. Und dies ist eine Ebene des Daseins, die Kommunikation ermöglicht, Kommunikation, die wesentlich entspannter und weniger zielgerichtet ist, als wir sie im täglichen Leben kennen. Liegt hier nicht auch eine Sehnsucht und eine Funktion von Religion?

Als letztes möchte ich – gewissermaßen als Fazit meiner Gedanken – etwas nennen, was unsere konservativen Dogmatiker nun vollends aufstöhnen lassen wird: die Selbstbejahung. Wenn es die Funktion der Religion immer gewesen ist, dem einzelnen seinen Platz in der Gesellschaft, im Kosmos und in der religiösen Hierarchie anzuweisen, dann könnte es heute ihre Aufgabe sein, ihm zunächst einmal zu einer elementaren Selbstbejahung zu verhelfen. Das, was in ursprünglicher religiöser Terminologie als «Rechtfertigung» bezeichnet wird, ist hiermit gemeint, nur eben so, daß der einzelne es verstehen kann.

Wenn der Vater im Himmel – metaphorisch gesprochen – sich mit seinen Söhnen emanzipiert, wird er andere Fragen gestellt bekommen und andere Antworten geben. Das scheint mir denkbar. Dieser «Vater im Himmel» wird sicherlich nicht mit dem Krieg als dem Vater aller Dinge verwechselt werden können, denn Eingebundenheit, Akzeptanz der Endlichkeit, Kommunikation und Selbstbejahung sind recht unkriegerische Eigenschaften. Rechthaberei, Befehl und Gehorsam, bewußtlose Anbetung, Denkverbot, Hierarchie etc., dies alles sind Attribute der herkömmlichen Religion, die sich mit dem Krieg sehr gut vertragen.

Und hierzu eine letzte Überlegung: Die Bedeutung der Religion wird kaum jemand überschätzen. Doch wie sagte Luther? «Woran du dein Herz hängst, das ist dein Gott.» Wenn dies so ist, dann werden wir den Krieg als unseren Vater im Himmel kaum los, denn er ist es ja, der uns die so begehrten Arbeitsplätze schafft. Diese Bewußtlosigkeit in der heutigen Zeit, die soziologisch nur allzu verständlich ist, zu überwinden, könnte auch eine Möglichkeit der menschenfreundlichen Religion sein. Denn weil sie Kommunikation schafft, setzt sie das Denken frei, bietet Raum für bewußte Wertentscheidungen und könnte so dazu beitragen, daß ihre säkulare Rivalin, die Religion des Krieges, überwunden wird.

Stephan Wehowsky
Dr. theol., geb. 1950,
Lehrbeauftragter, Vikar,
Lexikonredakteur, Verlagslektor,
Schriftsteller

Anton Mayer

Auf der Suche nach dem Vater

Es gehört heute zum guten Ton, von den Vätern abfällig zu sprechen. Tut dies einer ausnahmsweise nicht, wie Peter Härtling («Nachgetragene Liebe»), dann «hat er noch immer nicht den Mut gefunden, an die große Wunde zu rühren, die ihm von seinem Vater zugefügt wurde» (Wolfgang Werth).

Ich selbst liebe die Erinnerung an meinen Vater. Ich verneine nicht, daß in dieser Liebe das alte Wort mitspricht, über Tote sage man nichts Schlechtes («de mortuis nihil nisi bene»), doch bürgen meine Tagebücher seit fünfzig Jahren für die Authentizität meiner Erinnerungen.

Gleichwohl behaupte ich nicht, daß ich objektiv im strengen Sinn bleibe. Es gibt dunkle Stunden in diesen Erinnerungen, die dunkelsten in Träumen, die mitzuteilen ich mich scheue. Goethe gestand einmal, es gäbe kein Verbrechen, von dem er nicht geträumt hätte.

Ich gehe mit meinem Vater nicht ins Gericht, wie er es auch mit mir nicht tat. Ich versuche nur wie Christoph Meckel ein «Suchbild».

Das Schönste waren seine Hände

Ich hatte als Kind und noch weit in die Mannesjahre hinein ein fast unbegrenztes Vertrauen zum Vater, das wohl auch mein Bruder und meine Schwestern teilten. Wir konnten uns auf ihn verlassen und wir verließen uns auch auf ihn in Notzeiten, wie sie in den zwanziger und dreißiger Jahren in Handwerkerfamilien immer wieder einkehrten. Ich selbst machte mir nie Sorgen um das, was wir zum Leben brauchten. Für das Brot ließen wir den Vater sorgen und für die Kleider die Mutter. Ich nahm als Gymnasiast gerne die Gelegenheit wahr, durch Stundengeben zum Haushalt beitragen zu können, aber ich suchte es nicht. Heute erscheint es mir wie ein Unrecht, daß ich damals lebte wie die Lilie auf dem Feld und der Vogel unter dem Himmel.

Allerdings hatte mein Vertrauen eine reale Basis, die «eiserne Natur» meines Vaters. Ich erinnere mich nicht, ihn jemals krank gesehen zu haben. Jedenfalls lag er nie krank im Bett. Dazu hatte er, wie er sagte, keine Zeit. Er schaffte an Werktagen zwölf bis sechzehn Stunden in der

Werkstatt. Als ihn einmal eine eitrige Geschwulst an der linken Hand zu arbeiten hinderte, schnitt er sie selbst auf. Er fiel in Ohnmacht, aber schon am nächsten Tag arbeitete er wieder.

Die Not machte uns hart, nahm uns aber nicht das Vertrauen zu den guten Mächten des Lebens. Eines Tages kam ich mit meinem Bruder aus dem Wald heim. Er war auf der Suche nach Pilzen in ein Wespennest getreten, und als er floh, wohl auch auf eine Kreuzotter, die wir flüchten sahen. Sein Fuß schwoll zusehends an. Unsicher, ob daran die Wespen oder die Kreuzotter schuld war, wollte ich mit ihm zum Arzt gehen; denn der Biß der Otter konnte ihn ja auch das Leben kosten. Das bedachte wohl auch der Vater; aber ich höre heute noch sein Wort: «Ich habe das Geld nicht dazu.» Zum Glück ging wieder einmal alles gut.

Mein Vertrauen in seine Lebenskraft wich auch nicht, als er sich mit zweiundachtzig Jahren dem Sterben näherte. Ich hatte ihn wegen Gelbsucht ins Krankenhaus bringen müssen. Er selbst spürte wohl den Tod; denn als ich ihn einige Tage später besuchte, sagte er: «Kommst ja lange nicht!» Die Zeit, ein Leben lang sein Kapital – das ist ein hartes Wort, trifft aber die Realität –, war ihm zu kurz geworden. Bald darauf erhielt ich von einem Bekannten, der ihn besucht hatte, die Nachricht, er läge im Sterben. Von «Sturm und Wetter» hätte er gesprochen. Doch dieses Wort, das ich oft von ihm gehört hatte, wenn er von seiner Werkbank aus ins Unwetter blickte, schien mir nur auf einen heftigen Fieberanfall zu deuten. So fuhr ich nicht hin. Ich wußte, er würde überstehen, und er überstand auch, starb aber wenige Tage später in Einsamkeit, die ich mir heute noch schuldhaft anrechne. Vielleicht tötete ihn, der jeden Tag in den Wald nach Holz ging, auch nur die Atmosphäre des Krankenhauses. Es klingt unglaublich, stimmt aber: erst als ich ihn tot sah, wußte ich, daß er sterblich war.

«Das Schönste an ihm», sagte mein jüngerer Sohn, als er vom offenen Sarg ging, «waren seine Hände.» Die Hände, die uns ein Leben lang ernährt hatten, wie die Brüste der Mutter in den ersten Jahren. Und mir kam das Wort der Friesen in den Sinn: Wer in den Himmel komme, müsse erst seine Hände vorzeigen. Trügen sie Schwielen, brauche er nicht seine Seele vorzuzeigen. Dies brauchte er also nicht. Seine Hämmer und seine Zangen zeugen noch heute von seinen Händen.

Heute ist mir klar, daß das Vertrauen, das wir zum Vater hatten, das gleiche war, das er selbst zum Vater im Himmel hatte, in dessen Händen wir uns alle geborgen fühlten.

Was diese Geborgenheit irdisch machte, war die Himmelsmutter. Zu den tiefsten religiösen Erfahrungen meiner Kindheit gehört der Heilige Abend, da wir vor der Krippe knieten, die wir jedes Jahr neu aufbauten.

Der Vater stimmte an: «Der Engel des Herrn brachte Maria die Botschaft», und wir setzten im Chor fort: «Und sie empfing vom Heiligen Geist.» Hier war jeder Zweifel im gemeinsamen Gebet aufgehoben.

Maria, die Himmelsmutter, wohnte in unserem Dorf, einem alten Wallfahrtsort, leibhaftig. Das spürten wir, wenn die fernen Prozessionen, von einem Priester abgeholt, den Berg hinauf zur Barockkirche zogen, unter dem Klang der großen Glocken, mit wehenden roten Fahnen, im Lichte der goldenen Monstranz. Da sang mein Vater in der Werkstatt mit: «Maria, du süße Mutter meines Herrn.» Und ich singe es noch heute, wenn ich einsam über Land gehe.

Und doch – so nahe uns die Himmelsmutter war – dominierten im Haus wie im Dorf die Väter. Die Mütter, die gleich ihnen vom frühen Morgen bis in den späten Abend die Hände regten, nahmen, wie es heute heißt, «eine untergeordnete Stellung» ein, die uns damals nicht bewußt wurde. Sie klagten auch nicht, sie trugen nur, ihr schweres Leben wie ihre schweren Körbe. Dazu leitete sie die Kirche an. Das tat ja auch der Dichter der Zeit, wenn er zu Gott sagte: «Dir liegt an den Fragenden nichts. / Sanften Gesichts / siehst du den Tragenden zu» (Rainer Maria Rilke).

Kennst du mich denn nicht?

Wer wollte leugnen, daß wir gerade im Umgang mit vertrauten Menschen von Zeit zu Zeit eine eigenartige Fremdheit erfahren, die um so fremder wirkt, je vertrauter sie uns sind?

Meinem Vater gegenüber erfuhr ich diese Fremdheit erstmals mit vierzehn Jahren. Milde Herbstsonne lag über der fernen Provinzstadt, in der ich seit einigen Wochen das Gymnasium besuchte. Ich ging eben vom sonntäglichen Gottesdienst zurück ins Schülerheim, als mir mein Vater entgegenkam. Ich sah ihn nicht, auch nicht, als er auf mich zukam. Ich höre ihn noch heute verwundert fragen: «Kennst mich denn nicht?»

Dieser Augenblick bleibt mir bis heute ein Rätsel. Es gibt Gründe, die mich entschulden. Ich hatte auf ihn nicht «aufgeschaut», wie wir daheim für «erwartet» sagten. Ich ging mit Kameraden heim, und da gab es immer viel zu erzählen. Oder hatte es mir der milde Herbst angetan, den ich von Kindheit an liebte? Vielleicht dachte ich auch noch über die Exhortatio (= Schulpredigt) unseres alten Religionsprofessors nach, die mich Sonntag für Sonntag wegen ihrer menschlichen Nähe packte. Oder hatte einfach die Fremdheit des Heims das vertraute Vaterhaus untergehen lassen?

Der Montag holte mich in die Realität zurück. Ich ging gern zur Schule. Es war ein altes Gymnasium, in dem, wie der Geschichtsprofessor erzählte, Wallenstein auf seiner Flucht in einer «bitterkalten Fastnacht» übernachtet hatte. Es hieß nicht nur humanistisch. In seinen alten dicken Mauern lebte die Humanitas. Es gab darin keine Hast. Schritt für Schritt führten uns die alten Lehrer, die den Krieg überlebt hatten, in eine für mich neue und interessante Welt ein. Sie kamen einem entgegen, wenn man mitarbeitete.

Eine ganz andere Welt erfuhr ich im kirchlichen Schülerheim, in das mich der Vater auf Empfehlung des Pfarrers gegeben hatte. Es hieß «Konvikt», war es aber nicht. Hier herrschten die Kontrolleure des himmlischen Vaters. Sie duldeten keinen Widerspruch. Als ich einmal – übrigens zu Unrecht – in einer geringfügigen Sache revoltierte, entzog mir der Direktor das Mittagessen. Jeden Tag mußten wir zur Messe, jeden Tag sollten wir kommunizieren, jedes Wochenende mußten wir beichten, so daß ich, wie ich mich mit Böll erinnere, Sünden erfinden mußte, um meiner Beichtpflicht nachzukommen.

Religiöse Zweifel, wie sie der Pubertät eigen sind, wurden übergangen. Vergeblich stellte ich, angeregt von einem kritischen Geschichtsprofessor, die Frage, ob sich denn die «Sukzession» (die kirchenrechtliche gesicherte Nachfolge), auf die sich der Papst und die Bischöfe beriefen, geschichtlich nachweisen ließe. Niemand nahm meine Frage ernst, warum die Theologen, die nach der Wahrheit zu forschen angeben, je nach ihrer Kirchlichkeit zu verschiedenen Ergebnissen in Grundfragen kommen.

Es ist heute für mich klar, daß sich hinter diesen Zweifeln nach der wissenschaftlichen Wahrheit die Frage nach meiner eigenen Wahrhaftigkeit verbarg. Nahm ich mich selbst «wahr», dann mußte ich das offizielle religiöse Leben im Heim aufgeben. Das aber hieß: entlassen zu werden; und nicht durchzuhalten, erschien mir wie ein Verrat an meinem Vater. So blieb mir nur «das Opfer des Intellekts», das ich aus der Kirchengeschichte gut kannte. Ich brachte es in einer sternhellen Winternacht dar. Ich war mit dem Vater in die Mitternachtsmette gegangen, verließ sie aber frühe und ging in den tiefverschneiten Wald. Meine Zweifel gingen mit. Tief drinnen im Wald, wo mich niemand sehen konnte, kniete ich nieder und schwor dem Vater im Himmel, alles zu halten, was die heilige Kirche lehrt. Ein Akt von zwei oder drei Minuten mit Folgen für zwei oder drei Jahre. Ich konnte im Heim «praktizieren», tat es jedoch im eingeschränktesten Maß. Aber selbst dieses setzte mir hart zu.

Was mir aus der Not half, war ein Wort meines Vaters, das ich oft von ihm gehört hatte: «Das bringt mich auch nicht um!» Von jeder

Niederlage stand er neu auf. So brach auch ich eines Sonntags auf und fuhr völlig ungesichert heim. Ich saß dem Vater in der hellen, aufgeräumten Werkstatt gegenüber. Es gab nicht viele Worte: «Ich kann nicht mehr, Vater.» Er nickte nur und gab mir die Freiheit zurück, die ich hatte, ehe ich ausgezogen war.

Schon am Montag begann für mich das neue Leben. Ich fuhr in die Kreisstadt. Es war die Stadt, in der Wallenstein nächtens getötet worden war. Der Direktor des Gymnasiums begegnete mir zunächst mit Mißtrauen, als ich mein Anliegen vorbrachte. Als er aber mein Zeugnis sah, nahm er mich ausnahmsweise mitten im Schuljahr auf. Es begann für mich als Fahrschüler eine harte Zeit. Wir näherten uns der Weltwirtschaftskrise, die am härtesten den kleinen Mann traf; aber über alle Not siegte meine Liebe zur Freiheit.

Es war die Freiheit, die meinen Vater stolz machte. «Auf mich pfeift niemand», sagte er manchmal, wenn die nahen Bergwerke zur Schicht pfiffen. Um dieser Freiheit willen ertrug er alles.

Ich war immer der Niemand

Es wird Zeit, daß wir Söhne umdenken. Statt unsere Väter anzuklagen, haben wir Grund, nach unserer Mitschuld am Los der Mütter zu fragen. Haben wir uns den Müttern gegenüber anders verhalten als die Väter? Standen wir nicht auf seiten der Patriarchen?

Wenn ich meiner Mutter gedenke, taucht vor mir das Bild auf, das Dürer von seiner Mutter zeichnete. Ihr abgehärmtes Antlitz ist das Antlitz aller Mütter des Volkes. Es kehrt wieder in den Müttern der Käthe Kollwitz, in den Müttern auf den Klageplätzen Brasiliens, in den Müttern der Hungergebiete Äthiopiens. Sie blicken alle voller Schrekken in die Welt. Es ist die Ausweglosigkeit, die sie zeichnet. Meine Mutter nannte das: «Mir waren immer Hände und Füße gebunden.» Sie konnte nichts ändern, sosehr sie dies auch immer wieder versuchte.

Es war ein hartes Leben, das sie führte, so hart wie das des Vaters, wenn nicht noch härter. Zweimal in der Woche scheuerte sie auf den Knien die alten Bretter des Fußbodens blank, Wäsche wusch sie mit der Rumpel, trug sie im Korb zum Dorfbrunnen zum Schweifen und Bleichen. Sie nähte für uns Wäsche und besserte unermüdlich Kleider aus, sofern sie diese nicht selbst schneiderte. Mittags ging sie jahrelang Essentragen. Eine Stunde weit brachte sie dem Bruder das Essen in die Lehre. Im Sommer holte sie Tag für Tag Beeren aus dem Wald. Hatte sie je eine Stunde frei, arbeitete sie in der Werkstatt mit. Oft «sparte sie sich vom Mund ab», wie wir damals sagten, was ihr der Vater ans Haushaltsgeld nicht geben konnte. Am Ende des Lebens war sie aufgebraucht, wie alle Mütter des Volkes. Wir nahmen das alles als selbstverständlich hin. Das war eben ihr Anteil an unserem Leben, ohne den wir nicht hätten überstehen können. Wir maßen ihm aber nicht das gleiche Gewicht zu wie dem des Vaters. Das tat sie selbst nicht. Nur hatte das nichts mit unseren persönlichen Verhältnissen zu tun. Ihre Arbeit brachte kein Geld ins Haus, und «ohne Geld», so hörte ich es oft von ihr, «schaue der Mensch einem Narren gleich». «Brotschaffer», ein damals gängiges Wort, war der Vater. Sie nannte ihn selbst so.

So fand sie sich mit ihrem Leben ab, wie wir alle. Nur einmal brach die Bitterkeit in ihr durch. Ich war am frühen Nachmittag von der Schulfahrt heimgekommen. Sie lag, für mich ein ganz ungewohnter Anblick, auf dem Ruhebett und hatte sich, wie die Frauen es pflegten, ein nasses Tuch um die Stirn gebunden. Sie hatte trotz ihrer Schwäche für uns gekocht. Mein Essen stand schon auf dem Tisch. Ich aß schweigsam, sah zur Mutter hinüber, fragte aber nicht. Schweigen war auch zwischen ihr und dem Vater, wie ich es so manches Mal heilsam erfahren hatte. Was aber bewog mich zum Schweigen?

Plötzlich durchbrach die Mutter die Stille. Es waren nur wenige Worte, die sie sagte. Eines will noch heute nicht von mir weichen: «Immer war ich der Niemand.» In dieser Stunde war sie es. Der Vater klopfte weiter, ich löffelte weiter. Ich brachte kein Wort heraus. Aber warum legte ich nicht meine Hand auf ihre Stirne? Wollte ich mich nicht zwischen Vater und Mutter drängen? Glich ich nicht Parzival, der das Leid sah, aber schwieg? Heute dünkt es mich, daß Parzival überhaupt eine Schöpfung des Patriarchats ist.

Das Patriarchat war die Luft, in der wir lebten. Es bestimmte wohl auch mein Verhältnis zu meinen Geschwistern. Ich lebe noch heute meinem toten Bruder näher als meiner toten Schwester. Das mag bis auf unsere Kinderspiele zurückgehen. Buben waren mit Buben, Mädchen mit Mädchen. Mit dem Bruder war ich zu Fuß bis ans Meer gewandert, mit der Schwester nur dann und wann in die Berge. Gleichwohl frage ich mich immer, wie es komme, daß ich das Antlitz meines Bruders so klar vor mir sehe, als lebte er noch, mich aber vergeblich bemühe, das Antlitz meiner ersten Schwester überhaupt herzubringen.

Doch wie immer es sich verhalten mag: wie ich als Knabe im schweren Fieber mit dem Wort «Mutter» auf den Lippen einschlief – vergeblich hatte ich ihr die Reiter an der Wand gezeigt: «Siehst sie denn nicht, Mutter?» –, so sage ich heute noch «Mutter» stille vor mich hin, wenn ich aus einem schweren Traum erwache.

War die Mutter am Anfang?

Man muß gerecht bleiben. Man kann dem Patriarchat nur gerecht werden, wenn man es an seiner Gegenwelt mißt, die man vor hundert Jahren nachgewiesen zu haben glaubte: am Matriarchat.

Im Matriarchat begegnen wir, wenn wir uns seinen Lehrern anvertrauen, einer wunderbaren Welt, der Welt der «Großen Mutter». Sie wird als Gefäß erfahren, in dem Kinder wachsen, nicht von einem Mann, sondern von einer geheimnisvollen Macht gezeugt, die niemand kennt. Sie gebiert jungfräulich. Väter sind unbekannt. Söhne bleiben Söhne. Alles Leben richtet sich nach dem mütterlichen Leib. Man wohnt in Höhlen oder runden Hütten und formt nach ihm Körbe und Krüge.

Mütter bestimmen das soziale Leben. Wie sie Kinder stillen, «stillen» sie die Siedlung. Es herrscht Friede. Zäune gibt es, wenn überhaupt, nur gegen wilde Tiere. Und wie sie die Kinder stillen, gleichgültig, wie immer diese sich verhalten, so teilen sie allen gleichmäßig die Früchte der Erde zu, die sie im Hackbau ernten. Sie bauen nur so viel an, als man jeweils braucht.

Der mütterliche Leib initiiert auch die Kunst. Es entstehen Frauenfigürchen als Symbole der Fruchtbarkeit. Übergroß sind die Zonen des Gebärens und des Nährens. Das Männliche tritt zurück. Er erscheint auf den Plastiken nur als abstrakt-lineares Ornament. Die Große Mutter wird wohl auch als Göttin erfahren, die wie die Mutter Erde Leben gibt, aber wieder zurücknimmt. Die Toten werden in Gefäßen bestattet.

Jahrtausende und Aberjahrtausende dauerte dieses Paradies der Geschlechter. Da wurden sich die Söhne ihrer selbst bewußt. Der Mann erwachte in ihnen und begann zu revoltieren.

Er warf sich zum Herrn der Erde auf. Er erfand den Pflug, «riß» die Erde auf, so daß sie mehr gab, als man brauchte. Er verteilte die Überschüsse je nach Leistung. Er züchtete Vieh und machte es zu Geld: pecus wird zu pecunia. Er schuf das Eigentum und mit dem Eigentum das Recht und mit dem Recht die Strafe. Jetzt wurden Mauern nötig. Er baute im rechten Winkel.

Wie die Erde unterwarf er auch die Frau. Er zwang sie zur Einehe und sicherte damit seinen Söhnen das Erbe. Er schob der Frau die schwere Feldarbeit zu und ging selbst lieber auf die Jagd. Auf Beutezügen erweiterte er seine Kenntnisse und damit seine Macht. Er verdrängte die Muttergöttin und schuf Gott nach seinem Bild. Um die Frau unterwürfig zu erhalten, schrieb er ihr eine Urschuld zu.

Es war nicht von ungefähr ein Mann, der das Matriarchat entdeckt zu haben glaubte (Johann Jakob Bachofen), und nicht von ungefähr eine Frau, die es bezweifelt: Marielouise Janssen-Jurreit. Sie gibt aus der reichen ethnologischen Forschung konkrete Antworten auf kritische Fragen an das Matriarchat. Hier mögen drei Beispiele genügen.

Die Große Mutter als Paradies? Die Kiwai-Papua sehen im Geschlecht der Frau ein offenes Grab, die Maori auf Neuseeland das Haus des Todes. Das Matriarchat als Glück der Geschlechter? Die Frauen der ostafrikanischen Nyamwezi bereiten das Essen kollektiv vor, doch essen die Männer getrennt von ihnen. In der Karibik sind die Frauen im Gespräch mit den Männern ängstlich besorgt, jedes Wort ihrer eigenen Frauensprache zu meiden. Die Mütter als Hort des Friedens? Die Frauen der südamerikanischen Tukinamba rieben sich ihre Brüste mit dem Blut der Getöteten ein, die Häuptlingsfrauen der Kubeo aßen den Penis der Erschlagenen.

Der Streit um das Matriarchat dauert noch an. Marxisten heißen es willkommen; bestätigt es doch ihre Lehre, daß alle Unterdrückung mit der Unterdrückung der Frau durch den Mann beginnt. Ethnologen widersprechen: es finden sich Stämme, denen die Zeugungskraft des Mannes heute noch fremd ist, die aber dennoch nicht im Matriarchat leben, und Stämme, die das Eigentum als Institution nicht kennen, aber dennoch die Frauen unterdrücken.

Es scheint kollektiv zuzutreffen, was Kinsey individuell nachwies: Wie es «im Intimbereich eine Unzahl individueller Abweichungen von dem gibt, was religiös, kulturell und auch zumeist juristisch als gültige Norm des Verhaltens anerkannt wird», so mögen sich auch das Patriarchat wie das Matriarchat nicht auf eine allgemeingültige Norm festlegen lassen.

Jedenfalls werden wir guttun, in Hinkunft mit den Ethnologen die zu Schlagwörtern gewordenen Begriffe Patriarchat und Matriarchat zu meiden, die sich ja schon von ihrem Wortsinn her als Machtinstrumente erweisen, und statt ihrer von mutter- und vaterrechtlichen, oder noch neutraler von matri- und patrilinearen Kulturen zu sprechen.

Am Anfang war das nicht so

Zurück zu meinen eigenen Erfahrungen und ihrer Quelle. Ich mußte alt werden, um zu erkennen, daß mich die lange Wanderschaft durch die Bibel nicht zum Ursprung geführt hatte. Ich will hier nicht den Gründen nachgehen, wie es dazu kam. Ich will nur vermerken, daß ich mich jetzt allmählich der Quelle nähere.

Bei meinen Studien zur «Soziologie des Neuen Testament» (Walter 1983) stieß ich auf einen merkwürdigen Befund. Er ergab sich aus einem Vergleich des ältesten mit dem jüngsten Evangelium im Blick auf den Vater-Typos. Hier ist er:

	NT insges.	Markus	Johannes
Gott	1314	48	83
Vater (allg.)	415	18	137
Gott-Vater	165	4	104
Reich (allg.)	162	20	5
Reich Gottes	66	14	2

Markus spricht nur viermal von Gottvater, aber dreimal so häufig vom Reich Gottes, Johannes gut fünfzigmal so häufig vom Vatergott wie vom Reich Gottes, und von diesem überhaupt nur zweimal, und dies in einem Atemzug (Joh 3,3.5). Allgemein gesagt: das Gottvaterbild nimmt in dem Maße zu, in dem das Reich-Gottes-Bild abnimmt. Wir dürfen «Gottvater» nicht verabsolutieren: «Die Vaterschaft ist keine ursprüngliche Kategorie des Evangeliums; (dessen) Grundtenor bestimmt die Verkündigung des kommenden Reiches», oder im Rückblick: «Das Neue Testament trägt noch die Spuren der Zurückhaltung und der Scham des Alten Testaments an sich» (Paul Ricœur).

Jesus selbst sprach wohl vom Vater im Himmel, sein Herzwort aber war das Reich Gottes. Energisch wandte er sich gegen die patriarchalische Überlieferung. Er nannte das Scheidungsrecht seines Volkes, das den Mann privilegierte, eine Erfindung des Menschen: «Am Anfang war das nicht so» (Mt 19,8). Ausdrücklich verwies er auf die ursprüngliche Überlieferung, daß Gott «den Menschen am Anfang als Mann und Frau geschaffen hat» (Mt 19,4 = Gen 1,27) und nicht, wie es die patriarchalische Überlieferung will, die Frau aus dem Mann (Gen 2,24).

Jedenfalls dürfen wir die Vater-Religiosität nicht mit dem Patriarchat gleichsetzen. Dieses stellt vielmehr einen Mißbrauch der Religion dar.

In Gott ist Vater und Mutter

Nun wird niemand bestreiten wollen, daß sich das Patriarchat in den Hochkulturen im gleichen Maß auflöst, in dem weibliche Werte an Macht gewinnen. Damit ist nicht purer Sex gemeint, mit dem nur gute Geschäfte gemacht werden; ja nicht einmal die Erotik, deren Ruf nach

Zärtlichkeit und Komfort nicht zu überhören ist. Der Prozeß reicht tiefer, am tiefsten in der Friedensbewegung.

Ohne Zweifel löst sich das Patriarchat selbst in seiner mildesten Form auf, der patrilinearen Gesellschaft, in der der Sohn «die Linie» fortsetzt. Wo tut er dies heute noch absolut? Nehmen die Töchter nicht schon längst das Recht in Anspruch, ihren eigenen Namen weiterzuführen? Nähert sich die einst vom Manne diktierte Arbeitsteilung nicht rasant ihrem Ende? Und wo gilt noch die patrilokale Wohnsitzregel? Richtet sich der Wohnsitz eines jungen Paares nicht immer häufiger einfach nach dem Arbeitsplatz?

Wem dieser Wandel der Hochkulturen fragwürdig ist, werfe einen Blick auf die nicht zu den Hochkulturen zählenden Gesellschaften. Hier möge ein Sample von 860 dieser Gesellschaften genügen. Davon lebten:

14 % matrilinear
46 % patrilinear
36 % bilateral
4 % doppelt-linear

Das matrilineare System mag sehr alt sein (wir kennen es aus den Märchen: Wer König werden will, muß dessen Tochter heiraten), tritt aber allgemein stark hinter dem patrilinearen zurück. Ein hoher Anteil der Gesellschaften bleibt übrigens nach beiden Seiten hin offen.

Leider nehmen Religionen nicht wahr, daß es sich hier nicht um religiöse, sondern um gesellschaftliche Ordnungen handelt. Das gilt nicht nur vom wiedererwachten Islam, der zum Patriarchat zurückkehrt, sondern auch von der christlichen Weltkirche. Während das Zweite Vatikanum «jede Form der Diskriminierung wegen des Geschlechts (als) dem Plane Gottes widersprechend» verwarf, verweigert sie gegenwärtig der Frau im kirchlichen Leben den gleichen Anteil wie dem Mann.

Zum Glück brechen die Frauen selbst auf, «die Weiblichkeit Gottes» (Christa Mulack) wiederzuentdecken. Sie erinnern daran, daß der älteste Name Gottes im Alten Testament «Mutterbrüste» hieß, El Schaddaj. So tat er sich dem Abraham in Hebron kund. Und noch zu Zeiten des Jesaias gibt er sich auf die gleiche Weise zu erkennen: «Ich will euch trösten, wie einen seine Mutter tröstet» (66,13). Und ist das dunkle Jeremiaswort nicht wie eigens in unsere Zeit gesprochen: «Der Herr wird ein Neues schaffen, der Herr auf der Erde; das Weib wird den Mann umgeben» (31,22); (übers. von Rosemary Ruether)? Und lebt in der Praxis nicht die Mütterlichkeit Gottes wieder auf, im «Schützen, Heilen, Nähren, Trösten und Ermutigen»? (Christa Mulack)

Indes: sosehr «man» den Mut dieser Frauen bewundern muß, bleibt es ein Akt der Gerechtigkeit, an Gott den Vater zu erinnern; denn wenn er den Menschen nach seinem Bild erschaffen hat, dann ist in ihm ohne Zweifel beides: Mutter und Vater. Diese Erinnerung ist um so notwendiger, da wir uns nach Alexander Mitscherlich «auf dem Weg zur vaterlosen Gesellschaft» befinden. Es gilt also, die Vaterschaft auch auf Erden neu zu bestimmen. Man wird guttun, dabei nicht den Dienern des Patriarchats zu folgen. Profane Denker führen näher hin, so wenn Eugen Rosenstock-Huessy die Vaterschaft als «Neudenken der Welt im Lichte der Kinder» bestimmt oder Gabriel Marcel als «Teilhabe an einem Werk des Lebens, das den Vater unendlich übersteigt und dennoch seine Mitarbeit als ein unentbehrliches Element fordert».

Er war mir zum zweitenmal fremd

Es wird lange dauern, bis wir die patriarchalische Verfremdung des Gottesbildes überwunden haben. Es wird auch nicht leicht sein. Denn, was wir am Tag überwunden wähnen, kehrt nächtens in Träumen wieder, die Helmut Hark «Gottes vergessene Sprache» nennt (Walter Verlag). Ich notiere sie seit dreißig Jahren. Hier möge einer genügen:

Der Tag scheint in unser Schlafzimmer. Die Fenster lassen das Licht hell herein. Wir liegen zu Bett. Draußen auf dem Balkon steht mein Vater. Ich sehe, wie er hereinsieht. Er richtet seinen Blick auf mein Bett. Es ist leer.

Wiederum kommt mir der Vater seltsam fremd vor. Oder war er es gar nicht? Hatte sich in ihm vielleicht der himmlische Patriarch verborgen, der seit zweitausend Jahren das Sexualleben seiner katholischen Söhne kontrolliert?

Anton Mayer, Dr. Phil.
geb. 1909,
Prof. der Soziologie,
Autor des Buches: «Der zensierte Jesus. Soziologie des Neuen Testaments», Walter Verlag 1983 und des Folge-Buches: «Betroffen vom Zensierten Jesus». Walter Verlag 1985

Gerd Wild

Der Gott der Kirchenherren ist nicht mein Gott

Der angstmachende, jedes Fehlverhalten unerbittlich registrierende allmächtige Gott, dessen Verurteilung und Höllenstrafen mensch nur entgehen kann, wenn sie/er den Ablaß seiner irdischen Amtswalter erwirbt, ist nie mein Gott gewesen. Das mag daran liegen, daß mein früh verstorbener Vater nach allem, was ich in Erinnerung habe oder später über ihn hörte, kein autoritärer Familienvorstand – Vater war, so daß ich «Gottvater» ohne theologische Reflexion leichter im Sinne von Jesu «abba» verstehen konnte. Und meine Mutter ließ meinen Bruder und mich mit sparsamen, liebevoll ratgebenden Eingriffen heranwachsen und früh selbständig die Welt entdecken, ohne uns als Besitz zu beanspruchen. So wie sie unser Erwachsenwerden begleitet hat, stelle ich mir Gottes Liebe zu den Menschen vor.

Am patriarchalen Gott leide ich, weil er mit seinen jubilierenden und das «Böse» bekämpfenden Heerscharen meinen Gott zunehmend aus der katholischen Kirche vertreibt, in der ich mich durch eine Verkettung glücklicher Lebensumstände bisher heimisch gefühlt habe.

Die römische Kirche hat es Männern wie Leonardo Boff und Oscar Romero und Frauen wie Catharina Halkes und Elisabeth Gössmann zu verdanken, daß ich ihr immer noch angehöre, denn die «katholischen» Bischöfe der BRD und der derzeitige Papst hatten mir zusehends den Eindruck vermittelt, im falschen «Verein» zu sein. Die hierarchische Machtanmaßung Johannes Pauls II. und das unglaubwürdige diplomatische Lavieren unserer bundesdeutschen Bischofskonferenz in der Frage der Atomrüstung sind mit meinem Glaubensverständnis unvereinbar.

Die Kirche hatte mich als Kind und Jugendlichen wenig beeindruckt, was u. a. schlichtweg damit zusammenhing, daß es mir im Sonntagsgottesdienst wegen der verbrauchten Luft und des reichlichen Gebrauchs von Weihrauch regelmäßig flau wurde, so daß mir von den vielen Predigten unseres Pfarrers bewußt nur seine ungeheuer barocke Theatralik auf der Kanzel in Erinnerung ist.

Später erlebte ich Kirche in einer anderen Frankfurter Vorortgemeinde als lebensfrohen Volkskatholizismus unter einem gütigen, im Leben stehenden und mit natürlicher Autorität begnadeten Pfarrer, dessen aufgeklärt absolutistisches Patriarchentum meine Frau und mich nicht störte, weil er dort hinpaßte und wir ihn sehr mochten.

Während eines fünfjährigen Aufenthalts in Istanbul (ich unterrichtete an der Deutschen Schule) waren die katholische wie die evangelische deutsche Gemeinde Anregung, praktische Hilfe und ein Stück Heimat und Ausruhen von der Auseinandersetzung mit einer fremden Umgebung, aber auch relativiert durch das Nebeneinander mit 12 anderen christlichen Varianten und verschiedenen islamischen und jüdischen Glaubensrichtungen. Wichtig war nicht das «Bekenntnis», sondern wie sich die einzelnen verhielten, auch die «Amtsträger»: die Fürsorge des katholischen für die deutschen Strafgefangenen in türkischen Gefängnissen oder der Bekenntnismut des evangelischen, der zum Volkstrauertag *nicht* die von den Konsulatsbeamten erwartete Heldengedenkansprache hielt, sondern den Frieden Jesu unverkürzt verkündete.

Nach Frankfurt zurückgekehrt, haben wir unsere jetzige Wohnsitzpfarrei sehr schnell als zu eng und erstarrt empfunden und uns eine neue Heimat in der Gemeinde Christkönig / Eschborn gesucht, in der viele Christen aus dem ganzen Rhein-Main-Gebiet mitarbeiten, die den Aufbruch des 2. Vatikanischen Konzils zu ihrer Sache gemacht haben. Die Begegnung mit Frauen und Männern, die ihre Gemeinde als Aufgabe und Gestaltungsmöglichkeit jedes einzelnen betrachten und zu verwirklichen suchen, hat uns tief geprägt. Aber wichtiger war noch, daß hier Christen prinzipiell keine Trennungslinie zwischen religiösem und gesellschaftlich-politischem Engagement zogen. Seit langer Zeit fühle ich mich auch in der bundesweit und ökumenisch tätigen Gemeinschaft des Komitees «Christenrechte in der Kirche» heimisch, auch wenn die Sisyphusarbeit oft frustrierend war, von kirchlichem Amtsmißbrauch Betroffenen gegen übermächtige Kirchenbehörden und den Dialog verweigernde Bischöfe solidarisch beizustehen.

Inzwischen sind die beiden Großkirchen in der BRD für mich als Vermittler der befreienden Botschaft Jesu nicht mehr glaubhaft.

Der Gott, der von den Bischöfen und Kirchenpräsidenten verkündet wird, ist ein Macht-Gott, der machtvolle und einflußreiche Vertreter hat, die über den Gesetzen der Gesellschaft stehen – siehe die Sonderrechte der Kirchen im Grundgesetz –, die Steuern erheben, als Arbeitgeber von einer halben Million Menschen ungestört von Gewerkschaften bis ins Privatleben ihrer «Mitarbeiter / innen» hineinregieren, sich mit Politikern und Wirtschaftsbossen gegen die Kirche der Armen verbünden. Das Kirchenvolk ist in seiner überwiegenden Mehrheit entweder zu autoritär indoktriniert – eher katholischerseits, oder längst gleichgültig und desinteressiert – eher evangelischerseits, so daß der lange fällige Aufstand gegen diese oberkirchliche Verzerrung der Botschaft Jesu ausbleibt. Wenn ich trotzdem amtlich noch als Katholik erfaßt und Kirchensteuerzahler bin, dann aus Solidarität mit manchen alten Weggefährtinnen und Weggefährten und weil Christen in Lateinamerika, auf den Philippinen und in Südafrika Zeugnis dafür ablegen, was katholische Kirche sein *könnte*.

Feministische Theologinnen entdecken unter den späteren männlich-kriegerischen Überlagerungen der jüdischen Religion die Erinnerung an matriarchale, d. h. ganzheitlichere Glaubens- und Lebensformen. Vielleicht könnte eine gleichberechtigte Beteiligung von Frauen an der Leitung der Kirchen – ganz abgesehen davon, daß sie eine humanitäre Selbstverständlichkeit sein sollte – das Prinzip der Liebe und des gegenseitigen Dienens, das Jesus von seinen Jüngern gefordert hat, endlich Realität und Praxis werden lassen. Voraussetzung für eine solche Umkehr der Kirche wäre aber, daß unsere Kirchenherren begriffen, daß der Gott Jesu heute viel eher durch das Bild einer liebenden Mutter veranschaulicht werden kann als durch den von ihnen verklärten und am Leben erhaltenen antiquierten Vater-Typus. Darauf zu hoffen, übersteigt meine Kraft.

Gerd Wild, Oberstudienrat, Nicht-Theologe, betrachtet sich als mündigen Laien im Sinne des 2. Vatikanischen Konzils. Er ist seit 5 Jahren im Komitee «Christenrechte in der Kirche» aktiv, seit Mai 1985 in der Sprechergruppe. Jahrgang 1940, verheiratet, 2 Kinder.

Siegfried Rudolf Dunde

Mein eigener Vater

Meinen Eltern
Theresia Dunde geb. Dill
und
Rudolf Dunde
zur Goldenen Hochzeit
im September 1986
gewidmet.

Meine Beziehung zum Vater entwickelte sich in drei Phasen. Am Anfang stand das ungebrochene Gefühl der Zugehörigkeit zu ihm, des Stolzes auf seine Stärke und sein Wissen, der Sicherheit seines Schutzes. Mit meinem Vater Rudolf habe ich Fahrten und Reisen unternommen. Auf dem Moped konnten nur wir beide Platz finden, Mutter und meine beiden Schwestern blieben zu Hause. Jedoch war es nicht nur der Platzmangel des Gefährtes – «wir Männer» wollten unter uns bleiben. Denn noch später, als wir ein Auto besaßen, kann ich mich an eine lange Reise durch Luxemburg, Belgien und die Niederlande erinnern, die Vater und ich alleine unternahmen. Es waren schöne Erlebnisse, denn endlich einmal hatte er Zeit für mich, genossen wir unser Zusammenleben ungestört.

Früher jedoch, als ich etwa zehn Jahre alt war, fuhren wir auf dem Moped vom Taunus nach Bayern. Die alten Kirchen und Schlösser, die Stadtwälle von Rothenburg ob der Tauber, die Gemeinden mit ihrer barocken Ausstrahlung zogen mich magisch an, es war wie ein Wandeln im Mittelalter. Dabei ereignete sich nun ein für mich wichtiges religiöses Erlebnis. Eines Nachmittags setzte der Motor unseres Mopeds aus. Wir mußten das Gefährt eine lange Strecke bis in die nächste Kreisstadt schieben, um einen Reparaturbetrieb zu finden. Der Weg zog sich endlos hin, und der bald einsetzende Regen verdarb mir restlos jede gute Stimmung. Ich fühlte mich elend und verzweifelt. Da tauchte am Straßenrand das erste «Marterl» auf, ein Holzkreuz, vor dem die Bauern beten konnten. Ich ging hin und flehte, flehte um eine Abkürzung des Weges, um ein schnelleres Erreichen der Werkstatt. Denn meine Beine waren müde geworden, und der Regen quälte mich mit seiner klammen

Kälte. An jedem Marterl, an dem wir vorübergingen, wiederholte sich die Bet-Prozedur. Vater lächelte dazu, bestätigend, wohlwollend – dies half mir, auch wenn mir schon damals klar war, daß er selber in skeptischer Distanz blieb. Er hielt einfach nichts vom Beten, war aber, so schien's, ganz zufrieden, daß ich mir auf diese Weise meine Verzweiflung und Ungeduld aus der Seele herausredete. Da war ein gütiger Vater in der Nähe, der dennoch seinen inneren Vorbehalt nicht übersprang, ein liebenswürdiger Zweifler, der dem Sohn den Kinderglauben ließ, solange er funktional war – nein, mehr noch: solange er lebensfördernd war. So wünsche ich mir auch heute Väter: Männer, die ihre eigene Skepsis aushalten, aber auch die noch «naive» Haltung ihrer Kinder.

An der Frage der Religion beginnt nun die zweite Phase im Leben mit meinem Vater. Rudolf ging nie in die Kirche, ich sonntäglich. Dennoch hat er sich nie gegen meine Frömmigkeit gewehrt, es sei denn, ich sollte ihm am Sonntagmorgen bei irgendwelchen Arbeiten helfen. Mein Kirchgang erschien ihm dann zuweilen als billige Ausrede, um mich vor der Arbeit zu drücken. Aber Vater verhehlte seine Abneigung gegen kirchliche Instanzen, gegen Pfarrer und frommes Getue nicht. Er trat zwar nie aus der Kirche aus, vor allem wegen seiner Familie. Jedoch hielt er ihre Dienste eher für Volksverdummung und Ablenkung von den notwendigen sozialen Kämpfen des kleinen Mannes, etwa in der Arbeiterbewegung, wo er als junger Mensch selber aktiv tätig war. Und er vergab es den Kirchenmännern nie, daß sie sich dem Nationalsozialismus nie oder erst sehr spät widersetzten (ihn selber hatten die Nazis eingesperrt und drangsaliert, weil er ihr Gegner war), daß sie auch an den Kriegen in der Welt so wenig Anstoß nahmen. Er sah es so und hielt sie für unglaubwürdig. Ich selber war durch den Religionsunterricht eher auf «fromm» getrimmt worden und versuchte, vor ihm Kirche und Christentum zu verteidigen, mit dem Fanal des Glaubensfanatikers zuweilen. Besonders als ich mich ab dem 14. Lebensjahr intensiver an Kirchgang und Gebet band, fühlte ich mich ihm manchmal überlegen, zugleich aber schwach, denn mir gelang seine «Bekehrung» nicht. Ich gebe es zu, dieser Missionierungswunsch erwachte immer wieder. Überhaupt ließ mich die Pubertät einen wachsenden Abstand zu meinem Erzeuger ausprobieren, trotz der Angepaßtheit und Bravheit, die ich mit mir herumschleppte. Der Unterschied in der religiösen Überzeugung bot sich geradezu an; da war unübersehbar ein Graben zwischen uns. Dieser Spalt entfernte uns nicht völlig voneinander, aber er blieb ein Signum des Nichtverstehens, einer Entfremdung bei den Hintergrundfragen des Lebens. Je frömmer ich wurde, je mehr ich mich mit Theologie beschäftigte, desto stärker die Banalität unserer Beziehung.

Meine Gefühle kühlten merklich ab, auch durch Vaters Streit mit der Mutter. Nach der Einheit also die Trennung im zweiten Schritt, schön biblisch: nach dem Paradies der (gegenseitige) Sündenfall. Und dann – die Erlösung?

Die dritte Phase in meiner Vater-Sohn-Beziehung ist für mich die – unbeabsichtigte, aber vielleicht im Unbewußten doch erleichterte – Rechtfertigung meines Vaters. Denn meine eigene Entfremdung von der Kirche und das neue distanziertere Verhältnis zu Ritus und Gemeinde bestätigten seine Zweifel und Vorbehalte. Ich bin heute nach wie vor Christ, jedoch leitet mich eher mein Verhältnis zu Jesus Christus als eine Kirchenbindung, was meine religiösen Haltungen anlangt. Kirchlichen Machtprozessen und Dogmatikverkrustungen stehe ich kritischer denn je gegenüber, aber meine Nähe zu Jesus von Nazareth ist gewachsen. In der Folge habe ich meine Geburtskirche verlassen, den Katholizismus als konfessionelles Kleid der Taufe abgestreift und bin Protestant geworden.

Das Verhältnis zu meinem Vater hat sich in diesen Jahren zwischen dem 24. und 31. Lebensjahr immer mehr gebessert. Meine Glaubensüberzeugung illustriert nur die grundsätzliche Veränderung. Heute begrüße ich meinen Vater bei Besuchen ebenso wie meine Mutter: mit einem Kuß auf die Backen. Und ich fühle mich ihm wieder sehr verbunden. Der Anstoß dazu war allerdings kein religiöser, sondern ein psychologischer. In einer Supervisionsgruppe an der Universität kam mein Vaterverhältnis zur Sprache. Die Anregung dort, ihn als sexuelles Wesen zu sehen, hat mich schon in der Stunde gefreut. Mein Vater ist ein Mann, kein Geschlechtsneutrum, er hat den Körper eines Mannes, ist Rudolf, nicht bloß ein Träger der Rolle eines Vaters. Seither wuchs meine Zuneigung zu ihm wieder. Im gleichen Maße sank die Überbetonung von Mutterliebe. «Mutter Kirche» wurde weniger gewichtig, der frohgemute Zweifler feierte Urständ, der lächelnde Vater auf der verregneten Straße in Bayern vor den angebeteten Marterln kehrte wieder, nun jedoch in Bestätigung seiner Distanz zu kindlich-hilflosem Glauben. Die Rechtfertigung meiner Vater-Beziehung lag nicht mehr in verzweifelten Versuchen, das «gute Werk» der Bekehrung an ihm zu vollziehen, sondern in dem Geschenk des Erkennens seiner Andersheit: Rudolf ist mehr als «mein Vater», er ist ein eigenes Wesen und auch Liebhaber seiner Frau. So ist auch kein väterlicher «Gott-für-meine-Wünsche» mehr da, wie es ihn noch an den bayerischen Marterln gab, wo er mir durch die Ankunft in der nächsten Kreisstadt meinen Glauben an ihn zu bestätigen schien, es bleibt ein Vertrauen auf bergende Hände, die mir zur Mulde werden, während ich lebe und tätig bin.

Die Entkirchlichung meines Glaubens (im Sinne eines Abstandes nicht von der Gemeinschaft der Glaubenden, sondern von der menschlich-bürokratischen Institution), seine Jesuanisierung, die haben mein Verhältnis zum Vater in ein Recht gesetzt. Es ist befreit vom Missionierungsdruck, befreit aus der Abhängigkeit vom weltanschaulichen Standpunkt. Unbedingte Annahme ist für mich nur möglich, wenn Glaube nicht trotzig und rechthaberisch auf seine angeblichen Objektivierungen beharrt, sondern wenn er mein Vertrauen zu Menschen begründet. Für mich heißt das auch: Ich mag nur einen Glauben leben, der mich den Vater Rudolf lieben läßt und der meinen Zweifel einschließt. Alles andere ist menschenscheue Ideologie.

Mein Sohnsein

Was bedeutet es mir, Sohn zu sein, nicht Tochter? Meine beiden Schwestern haben ein distanzierteres Verhältnis zum Vater als ich, bis heute. Die kulturell bedingte Fremdheit zwischen den Geschlechtern schlug auch bei diesem Generationenverhältnis durch. Meine Verbundenheit zum Vater ist im Laufe der Zeit immer mehr gewachsen. Mein Kuß zur Begrüßung und zum Abschied auf die Backen des Vaters – dies wäre für meine Schwestern kaum vorstellbar. Jedenfalls bis heute.

Dies hatte und hat für mich eine religiöse Qualität. All das, was Bibel und Gottesdienst mir über Gottvater und -sohn berichteten, ihr Vertrauens- und Näheverhältnis, ging in mein Inneres ein auf der Schiene meines persönlichen Verhältnisses zu meinem «irdischen» Vater.

Auch wenn ich mein Zuhause als Lebensgemeinschaft von Frauen und Männern erfahren habe, erlebte ich dennoch mein Verhältnis zum Vater als eine Art verschworener Gemeinschaft, als ob über Geld, Politik, Kirche und Zukunft nur Männer miteinander Sinnvolles austauschen könnten. Zudem war ich Papas einziger Sohn, trage seinen Vornamen als meinen zweiten, galt ihm als Erbe des Familiennamens und der Familientradition. Wann immer Verwandte kamen, arbeiteten und bedienten die Frauen, die Männer – mich eingeschlossen – durften sich den «wesentlichen» Dingen widmen. Heiße politische und weltanschauliche Diskussionen entspannen sich unter den Herren der Kleinbürgerwelt, begleitet vom sanften Duft aus den Kaffeetassen, die von zarter, im Hintergrund bleibender Frauenhand gefüllt wurden. Selbst Religion hatte in dieser Männergesellschaft einen politischen Anstrich: Während die Frauen für Kirchgang, religiöse Erziehung und die Besuche beim Pfarrer vor irgendwelchen rites de passage (Taufe, Beerdigung, etc.) zuständig waren, redeten sich die Männer recht kritisch die Köpfe über Kirche und Glaube heiß, insofern sie die deutsche Geschichte und Politik bestimmten.

Daß ich selber, obwohl Sohn, religiöse oder fromme Züge zeigte, den Gottesdienst besuchte, mich für inhaltliche Glaubensfragen interessierte, mußte mir einen weiblichen Touch verleihen, denn – wie gesagt – Frommsein als aktive religiöse Einstellung gehörte ins Aufgabenfeld der Frauen. Dennoch war diese Spannung für mich auszuhalten, weil wenigstens das Gottesbild männliche, väterlich-sohnhafte Charaktermerkmale besaß, so daß der weibliche Touch wieder aufgehoben wurde. Und überhaupt verdoppelte sich in der religiösen Sphäre ja nur, was auch ansonsten in meiner Männerwelt galt: die Herren erledigen die schweren Dinge des Lebens (außer natürlich Geburt, Krankenpflege, Totenklage ...), arbeiten und verdienen Geld, retten die Menschheit – obwohl sie, oder: weil sie die Welt erobern; alles sehr manngöttlich.

Von Vater und Mutter ist mir die Überlegenheit und Verpflichtung des männlichen Geschlechtes immer wieder eingeredet worden. So war mir klar, daß große Aufgaben im Leben auf mich warten werden, wie beim Vater-Sohn-Hl. Geist; handelte es sich bei mir auch nicht um die Errettung der Sünder, so doch später um die Mithilfe daran – dies hat mich immerhin zum Theologiestudium getrieben, ursprünglich.

Der Vater im Himmel?

«Lieber Gott, mach mich fromm, daß ich in den Himmel komm!» So lautete mein frühestes Gebet. Wes Geschlechtes dieser liebe Gott war, der aufgrund einer Bedingung, zu dessen Erfüllung er die entscheidende Hilfe selbst herbeischaffen konnte, den Zugang zum Paradies eröffnete, erfuhr ich bald: «VATER unser, der du bist im Himmel ...» Dabei war es Mutter, die mir diese Gebete beibrachte, mit mir abends im Bett betete, Vater interessierte sich ja nicht dafür. Also erzog eine Frau einen zukünftigen Mann zu einer Beziehung mit einem himmlischen Mann, während ihr irdischer Mann dafür seine Zuständigkeit verweigerte. Frauen als Anleiter zur Männerherrschaft, auch in der Religion – war es das, was ich zu Hause lernte?

Als Kind und Jugendlicher habe ich mich nie gefragt, warum Gott und sein Sohn eigentlich Männer sein sollten. Göttinnen hatten ja stets exotischen Charakter; Göttinnen gab's nur im Heidenlande. Der «wahre» Gott war unfraglich ein «Er», was anders hätte er sonst sein sollen? Die Männlichkeit Gottes war unerschütterlich, gerade durch ihre ungefragte Selbstverständlichkeit. Und doch war es eine unsexuelle oder gar antisexuelle Gottmännlichkeit.

Als Junge hat mich der halbnackte Jesus am Kreuz neugierig gemacht. Wann hing schon ein Mann, öffentlich nur mit Unterhose bekleidet, an einem Gerüst? Doch andererseits, wegen dieser Öffentlichkeit, durfte dies kein erotischer Reiz sein, durfte meine kindliche Frage, was eigentlich unter dem Lendenschurz war, nicht aufrechterhalten werden. Ein Gott als Mann – ja; einer mit Penis – das wäre denn doch die vollendete Gottesbeschimpfung. Die Sexualität war im Christentum ja seit Jahrhunderten ins Reservat getrieben worden, wie sollte Gott da seine Geschlechtlichkeit bewahren, die man ihm im vermännlichten Gottesbild erst angedichtet hatte? War sein Sohn auch «gezeugt, nicht geschaffen», so blieb sexuelle Phantasie doch außen vor, während zugleich die Konsequenz vermieden wurde, das Gottesbild endlich aus seiner Geschlechtseinseitigkeit zu erlösen.

Wahrscheinlich habe ich mich mit diesem Jesus am Kreuz ziemlich solidarisch gefühlt – der Sohn eines Vaters mit dem eines anderen. Eine Art Kameraderie der Söhne.

Dennoch gab es auch männerfreie Augenblicke. Etwa in Liedern: «Liebster Jesu, wir sind hier, dich und dein Wort anzuhören. Lenke Sinnen und Begier hin zu deinen Himmelslehren. Daß die Herzen von der Erden ganz zu dir gezogen werden.» Eine Liebeserklärung? Immerhin war dies das religiöse Lieblingslied von uns Kindern. Daß es eine erotische Grundstimmung hat, finde ich gut, noch besser, daß es für beide Geschlechter singbar ist. Offensichtlich hat der mystische Zug des Liedes die Geschlechtsrollen bereits hinter sich gelassen.

Eines jedoch ist klar. Für mich als Jungen war es einfacher, männliche Identifikationsobjekte im Himmel zu akzeptieren. Von Frauen erfahre ich inzwischen häufiger, daß sie in ihrer Kindheit ziemlich an der Männerüberwelt litten: da konnte man nur über den Mann Jesus an den Herrn Vatergott herankommen – «niemand kommt zum Vater denn durch mich» –, obwohl der ersehntere Zugang der direkte war oder gewesen wäre. Wahrscheinlich ist so ganz gut erklärbar, warum sich katholische Frauen liebend gerne an Maria wenden. Die Himmelsmutter wird nämlich auch als Vermittlerin angerufen, sozusagen als einfühlsame Schwester über den Wolken. Protestantinnen bleiben da leichter Halbwaisen.

Wie ich mir selber Gott konkret vorgestellt habe? Ja, tatsächlich: als männlich-gerechte Bewertungsinstanz für Gut und Böse, als Strafprediger und Weltenlenker, der mit unterwürfigen Bitten gelegentlich zu erweichen war. Und doch wiederum als intimen Duz-Freund (jetzt allerdings in Jesusgestalt), dem auch das kleinste Wehwehchen nicht zuviel wurde und der sich jede Lappalienbitte anhörte. So eine Art stets zur Verfügung stehender mächtiger Bruder / Freund, dem es nie an Zeit oder Verständnis mangelte, abrufbar per Gebet, so verfügbar, wie kein Mensch es sein könnte. Ich war sein gehorsames Kind, er mein verfügbarer Vater oder Sohnkollege. Männer unter sich.

Der Männergott und seine Männerkirche

Der Himmel ist immer Projektionsleinwand der Erde. Aber auf der Erde behauptet man, sie habe widerzuspiegeln, was im Himmel zur Aufführung gelangt. Es sind die menschlichen Strukturen, die hier wirksam werden. Sie verhüllen den lebendigen Gott, färben ihn anthropomorph ein. Dennoch: vielleicht irrt Feuerbach. Der Projektionsschleier ist nicht das Ende der Kraft Gottes, der jenseits aller Bilder unausschöpfbar bleibt.

Herrscht in der Übernatur schon der dreifaltige Mann, können es auf Erden auch nur die Männer sein, die seine Kirche regieren. Welche kirchlichen Personen habe ich denn kennengelernt im Laufe meiner Biographie? Bischöfe, Pfarrer, Kapläne, Vikare, Küster, Gemeinderatsvorsteher – alles leitende Herren; Seelsorgehelferinnen, Pfarramtssekretärinnen, Altenkreisleiterinnen, Erzieherinnen im kirchlichen Kindergarten – alles dienende Damen. Die Männer tragen Verantwortung (als Junge war mir klar: eines Tages werde auch ich dies tun), die Frauen übernehmen die Bedienung (wie meine Mutter: ein Wunsch genügt und schon steht die Kaffeekanne auf dem Tisch). Da war die Welt ganz schön in Ordnung. Die Frauen füllten die Kirchenbänke, die Männer hielten sich beim sonntäglichen Gottesdienstgang sorgfältig zurück. Der Pfarrer predigte, der Küster zündete die Kerzen an, der Organist schlug die Orgel, ich (später durfte ich das) trug die Lesung vor; Frauen sangen und beteten. Als die ersten von ihnen im Gottesdienst das Lektorenamt (= Vorlesedienst) versehen sollten, gab es bei manchen in der Gemeinde Unruhe. Einer schrieb entrüstet an den Kirchenvorstand: «Mulier tacet in ecclesia» – grammatikalisch falsch noch, denn «das Weib schweige in der Kirche» würde mit «taceat» lauten; so kam eine Tatsache der Männergegenwart heraus: «Das Weib SCHWEIGT in der Kirche», punktum.

Hinter dieser Geschlechtsrollenverteilung steckte ein geheimes Curriculum (Lehrplan) für mich:

– Begreife, daß der Dienst der Männer selbstverständlich ist.
– Begreife: dies gilt für Frauen anders, bei ihnen heißt Dienst nicht Macht wie bei uns, sondern Untertänigkeit.
– Akzeptiere, daß religiöse Versorgung Sache (weniger, frommer) Männer, religiöses Versorgtwerden Sache der Frauen ist.
– Akzeptiere: Männer legen die Schriften aus und verkünden den Glauben, Frauen nehmen beides an, indem sie zuhören.

Bin ich zu boshaft? Nein, dies war mein selbstverständlicher Alltag. Und wie es mit allen Selbstverständlichkeiten so ist: Ich dachte gar nicht darüber nach, ob diese Zustände christlich oder irgendwie in der Ordnung seien. Ich habe sie ganz einfach hingenommen. Erst Frauen haben mich durch ihre Kritik aufgeweckt. Wer zum Herrschen berufen ist, kann nicht mehr unmittelbar erleben, muß vieles in die Zweiteilung von Überordnung und Unterordnung hineinzwingen, der sucht Bewunderung, nicht den freien Austausch Gleichberechtigter. Und der verliert auf Dauer ebenso wie die Beherrschten. Seine Wirklichkeitsperspektive wird immer enger und einseitiger, die Welt wird grau, statt daß ihr Farbenreichtum hervortritt. Wer herrscht, muß – ob er will oder nicht – Gegnerschaft, vielleicht sogar Feindschaft gründen. Dieses Lebensgift trifft ihn jedoch auch.

Wo bleibt der Menschengott?

Ja, ich glaube es noch: Gott ist Mensch geworden. Das Wort schaute seine Metamorphose im Fleisch. Ich glaube dies, und doch sehe ich es als Verheißung an. Das Angebot Jesu, den Menschengott, den menschlichen Gott, erfahren zu dürfen, wird immer wieder ausgeschlagen, indem das «Unaustrinkbare Meer» ver-menschlicht wird, verstellt von Bildern, die sehr weltlichen Interessen dienen. Warum hat der Pfarrer meiner Kindertage das Höllenfeuer ausgemalt und Geschichten erzählt, in denen menschliche Freveltat durch göttliches Rachegericht geahndet wurde? Z. B. von jenem Jäger, der aus Übermut oder Verachtung einem Marienbild knapp unters Auge schoß und prompt mit einem Geschwür an der gleichen Stelle seines Körpers geschlagen wurde, oder von Menschen, die das Versäumen des Kirchgangs bitter zu bereuen hatten. Wozu denn sonst, als um uns Angst zu machen, uns gefügig zu halten? Er wußte wohl, daß die kindliche Motivation, zur Kirche zu gehen, nicht allzu groß war. Also feste gedroht mit dem Prügel! Alte Männer-«weisheit». Ein solcher Strafgott degradierte die Menschen zu Mäusen, die einer schrecklichen Verhaltens«therapie» ausgeliefert wären. Dieser Gott nützt denen, die Menschen dazu bringen wollen zu tun, was sie befehlen. Herrschern also. Der Himmelsherrscher im Auftrag der Erdenherrscher.

Doch wer sich da auf Jesus beruft, irrt sich gewaltig. Der sollte wenigstens zugeben, daß es ihm nicht um die Freiheit der Kinder Gottes geht, sondern um deren Gehorsam und Anpassung, um die Herrschaft des Sabbats über den Menschen. Jesus trägt sein Plädoyer für den Menschen vor gegen eine falsche Priorisierung des Sabbats.

Auch Jesus war Mann. Doch die entscheidende Frage ist nicht die, ob er ein männliches Geschlechtsteil trug. Sie lautet vielmehr: War er ein Oberpatriarch wie Millionen Männer vor und nach ihm?

Jesus war kein Großinquisitor, der anderen seinen Willen aufzwingen wollte, er hat weder dem Krieg noch dem Bürgerkrieg das Wort geredet; er sprach vom barmherzigen Sinn des Gesetzes, von der Güte des Gottes, der wie ein guter Vater seinem entlaufenen Sohn entgegeneilt und – in den unterschiedlichen Bildern steckt die gleiche Aussage! – wie eine Frau nach den verschwundenen Groschen sucht; am Schluß feiert dieser Gott (Vater, Frau, Hirte, Glucke ..., wie immer auch die BILDER, die nur andeuten, nicht definieren können, lauten mögen) mit den Seinigen. Kein Gott der Rache, der ausbrechenden Geschwüre, kein Überwacher sonntäglicher Kirchgänger und fauler Kinder – nein, mit diesem Gott der suchenden Freiheit feiere ich gerne mit. Menschlich geht es dabei zu – man schmeckt den Himmel.

Ich schmecke ihn schon jetzt. Wenn es stimmt, daß wir Ihm das antun, was wir den Geringsten entgegenbringen, dann begegne ich Jesus in der Schwester und im Bruder neben mir. Die Inkarnation Jesu im Hier und Jetzt. Im Körper mit oder ohne Busen, mit Samenleiter oder Gebärmutter. Dann wird die Frau ebenso zum Bilde für den unabbildbaren Gott wie der Mann.

Wenn ich das Hohelied des Alten Testamentes richtig verstehe, in dem das junge Paar flirtet, sich gegenseitig bewundert und begehrt, schließlich miteinander schläft, dann taucht göttliches Antlitz in der Frau genauso auf wie im Mann.

Den menschlichen Gott zu suchen: auf diese Idee kam ich nicht aus eigener Kraft. Frauen haben mir geholfen, vor allem die feministisch orientierten. Und meine Freundinnen. Nun sehne ich mich selber nach einem vom Patriarchat befreiten Glauben, der auf Welteroberung und Auf-Teufel-komm-raus-Missionierung ebenso verzichten kann wie auf Gefühlseinengung und Herrschaftsabsicherung. Ich möchte «Vater unser im Himmel» genauso sagen können wie «Mutter unser im Himmel», ohne damit eine Geschlechtsrolle zu meinen, sondern Bilder, die bloß eine kleine Facette des Unausschöpflichen andeuten. Jesus sagt «Abba» und meint das Behütende, Nährende, Schützende Gottes, den zärtlichen Vater – fast möchte ich sagen: den «Softi» im Himmel, klänge dies nicht zu despektierlich. Dennoch: es ist ein BILD, keine DEFINITION und erst recht keine ROLLENFIXIERUNG. Gott bleibt nicht eingeengt auf den «Papa». Denn er ist ein menschlicher Gott, ein Gott nicht der Patriarchen Abraham, Isaak und Jakob *als* Patriarchen, sondern ein Gott der mit diesen Namen gemeinten Geschichte eines ganzen Volkes. Zu dieser gehören auch Mirjam, Deborah, Judith, Esther, Maria, Elisabeth ...

Eine Taube betet laut auf den Gassen der Welt: Ich trete ein für die, die man durch Bilder von mir zurückgestoßen und die man benachteiligt hat; diese Bilder haben sie mit der Wirklichkeit verwechselt; sie beharren auf den Bildern, weil sie nicht in meine Freiheit, sondern in die Knechtschaft ihrer eigenen Phantasien wandern wollen. Ich aber verheiße den Auszug aus dem Ägypterland in die Wüste. Wenn ihr die Götzenbilder laßt, werdet ihr zwar die Angst der zerbrochenen Bilder ertragen müssen, aber ihr werdet dann frei sein von Unterdrückung, frei auch vom Unterdrückenwollen.

Wann kommt die Menschenkirche?

Dies wüßte ich selber gerne. Ich weiß es aber nicht und hoffe doch auf sie. Was mich so zuversichtlich macht? Der Glaube daran, daß Gott nicht totzuschlagen ist, daß seine Botschaft bislang noch immer jede Vereinnahmung für Herrschaft aufdecken konnte. Nicht automatisch natürlich, sondern durch qualvolles Entdecken und Erkennen, ja Durchleiden von Menschen. Ob es die Wüstenväter der alten Kirche waren, die Ketzer und Mystiker des Mittelalters, die Beginen und Begarden, die Reformatoren und die aufbrechenden Theologen unseres Jahrhunderts – die Botschaft blieb nicht stumm, sie suchte in Menschenmund ihre Stimme. Und noch stets hat sie sie gefunden. Daß die Jesusgeschichte heute neu von Frauen entdeckt und daher auch für Männer unter einer ganz anderen Perspektive erfahren werden kann, zeigt ihre Lebendigkeit. Der vertraue ich.

Keine Angst, ich mag nicht harmonisieren und die Störungen nicht glattbügeln mit Hilfe irgendwelcher vermeintlicher Friedensformeln.

Die tatsächliche Gestalt der Kirche ist frauenvergessen bis frauenfeindlich – mit konfessionellen Akzentverschiebungen –, aber sie kann auch kaum als männerfreundlich deklariert werden. Denn was segnet sie nicht alles an falscher Männlichkeit ab? Über die Militärseelsorge die Ausbildung zur Menschentötung, über die Betreuungshaltung zu den Armen und Schwachen die Übermacht der Sozialexperten gegenüber den Empfängern sozialer Hilfe, über Zölibat (katholisch) und Pfarrerwahl (evangelisch) den Vorteil der Männer im Konkurrenzkampf mit den Frauen und also die Verhütung von Geschlechtersolidarität, über die Sprachformeln von Schöpfungsordnung und Natürlichkeit die Ablehnung der Liebe unter Männern – ein «bißchen» homosexuell ist neuerdings erlaubt, schön nach dem Motto: Scheintoleranz verkauft sich immer noch besser als Intoleranz.

Als Mann in der Kirche bin ich derzeit noch doppelt behindert. Die Betonung trifft das «noch», denn ich vertraue dem ketzerischen Impuls des Glaubens. Die Behinderung besteht erstens in meinem Leben als Christ, daß ich in der Klemme von Anspruch und Wirklichkeit stecke, allerdings in dieser Klemme mit den ebenfalls Betroffenen solidarisch werden kann; zweitens besteht sie in meinem Leben als Mann, der in einer Organisation steht, die den Patriarchalismus ideologisch konserviert – oftmals ungewollt und immer gegen die Intention des Ursprungs, aber wirksam. Ich habe mich entschieden, den Konflikt auszuhalten, aber nicht die doppelte Behinderung. Gegen sie glaube ich angehen zu können – und zwar ohne die vorweg erteilte Erfolgsgarantie, nach der sich die Welteroberer sehnen. Ich weiß, daß die Rückbesinnung des Christentums auf seine Wurzeln noch stets über ketzerische Prozesse in Gang gekommen ist. Das macht Mut, besonders wenn ich bedenke, daß selbst Scheiterhaufen die gefährlichen Erinnerungen nicht auszulöschen vermochten.

Die Erfahrungen der Kirchentage haben mich darin bestärkt, aber auch die Aktivitäten der christlichen Jugendarbeit, der Friedensinitiativen oder der feministischen Christinnen. Da erhebt sich ketzerisches Potential, die Randständigen tun ihren Mund auf und loben Gott – sehr unfromm allerdings: mit Demonstrationsplakaten und Forderungspapieren, die an die Adresse der Obrigkeiten gerichtet sind. Die wiederum mögen das gar nicht, und Staat und Kirche finden sich ganz vereint in der Ablehnung der Ketzer (ihr alttestamentlicher Name lautet «Propheten») und in der Spiritualisierung der Glaubenshaltungen. Doch ändert das nichts. Prophetische Kraft verstummte noch nie vor Machthabermund.

Yorick Spiegel

Der vaterlose Sohn

Was aber ist mit dem Sohn, der glaubt, keinen Vater zu brauchen?

Mit dem Sohn, der sich dazu entschließt, sich allein durchzuschlagen, in einem dem Vater fremden Sachgebiet, jedenfalls: ohne den väterlichen Segen, der dem Joseph doch so wichtig war, daß er zunächst seinen Bruder durch verführerische Angebote und mit viel Hinterlist um eben diesen Segen brachte, um sich dann mit wildfremden Männern herumzuschlagen, von denen er annahm, sie verweigerten ihn dem allzu Gerissenen.

Zehn Jahre war ich alt, als es zum politischen Zusammenbruch kam, sicher ein treffenderes Wort als etwa «das Ende der Nazi-Herrschaft». Für mich zerbrach viel und für meinen Vater erst recht. Seit ich ihn kannte, war er ein bedeutsamer Mann, viel auf Reisen, später tätig in der Reichshauptstadt in einer künstlerischen Position, umglänzt von dem Ansehen, der «Partei» nahezustehen. Daß mein Vater mit einem Reichsminister vertraut war, dem ich einmal die Hand schütteln durfte, das erfüllte mich mit ungeheurem Stolz und Hochmut. In der Schule wagten die Mitschüler nicht, mir zu widersprechen, denn die Lehrer hätten es meinem Vater gegenüber ja auch nicht getan.

Zudem war ich erstgeborener Sohn – nach zwei sehr viel früher geborenen Schwestern, zwei Jahre nach der Machtergreifung im Lichte eines raschen beruflichen Aufstieges meines Vaters – Ausdruck dafür, daß er jedenfalls sichtbar den Segen besaß.

Deshalb war der Zusammenbruch auch sein persönlicher, real spürbarer, und kein Wunder, daß ich auch mit in den Abgrund hineingezogen wurde; wenn Götter stürzen, dann bleiben ihre Anbeter selten ungeschoren, und eine Götterdämmerung zieht auch die Söhne in die Tiefe. Mein Vater mußte sich in der Familie verstecken, die fester denn je in der Hand meiner Mutter war, und dort Schutz und Unterkunft suchen, aber auch mit seinen Enttäuschungen und Frustrationen fertigwerden. Das machte das Klima in unserer Familie nicht gerade heiter; das sonntägliche Mittagessen wurde, da alle Familienmitglieder versammelt waren, für meinen Vater zum bevorzugten Ort, seine Präsenz zu statuieren und sein Recht zu beweisen, über das ausschlaggebende Wort zu verfügen.

Ich würde heute – rückblickend – sagen, daß das Verhalten meines Vaters voll angstbesetztem Bemühen war, seinen Platz in der Familie zu behaupten, und daher von Aggressivität und Willkür geprägt war. Das war aber nicht die Form eines bürgerlichen Patriarchalismus, der seit Generationen ständig weitergegeben wird, geprägt vom Dienst an Geschäft und Staat. Naheliegender ist als Vorbild die Unberechenbarkeit des Führers, der ein Aufsteiger wie mein Vater selber war. Die Autorität meines Vaters war nicht lässig-gewohnt, sondern eine mühsam behauptete, immer bedrohte, die nach seiner Erfahrung immer wieder neu zu erkämpfen war.

Zu bemerken ist noch – im Zusammenhang dieses Themas –, daß meine Eltern schon Anfang der zwanziger Jahre aus der evangelischen Kirche ausgetreten sind, meine Mutter in ehelichem Gehorsam, aber auch mit einem nach außen hin kaum sichtbaren Protest und einer fortdauernden, aber sehr im Inneren verschlossenen Frömmigkeit.

Überhaupt: Meine Mutter. Sie ist aus meiner religiös-psychischen Entwicklung natürlich nicht fortzudenken, wenn ich mich in trotzig-jugendlicher Entscheidung nicht nur als einen vaterlosen, sondern auch als einen mutterlosen Sohn betrachtete. Aber sie bestand auf einer, wenn auch versteckten, so doch dauerhaften Unterstützung. Wie immer, es geht nun ja um den Vater, den irdischen und den himmlischen.

Was also macht der Vater im Himmel, wenn der erstgeborene Sohn auf Erden beschließt, sich auf seine eigene Art und Weise durchzuschlagen – auf eigene Faust durchzuschlagen wäre zuviel gesagt, denn der Sohn ist eher zurückgezogen, wenig aggressiv, vielmehr leise, rezeptiv und bemüht, ohne größere offene Auseinandersetzungen voranzukommen? Was tut also der Vater im Himmel, angesichts einer solchen Situation? Zunächst nichts. Ähnlich wie der Vater in der Geschichte von dem verlorenen Sohn.

Der irdische Sohn rettet sich aus dem Zusammenbruch des irdischen Reiches des irdischen Vaters zunächst einmal in die Welt der Sagen, Märchen und Volksbücher. Er zieht sich zurück, ist wenig soziabel. Wichtiger als Gleichaltrige ist ihm Dietrich von Bern, vor allem, weil dieser sich eine Tarnkappe verschaffen konnte, die ihn vor dem Gewimmel der Zwerge unsichtbar macht. Und Parzival auf der Suche nach dem Gral, besonders in der Situation, die Ernst Stadlers «Parzival vor der Gralsburg» beschreibt, nämlich «da ihm die erznen Flügel dröhnend vor die Füße klirrten». Einfach wird es ihm nicht gemacht werden, in die heilige Burg zu gelangen, wo die lieblichen Brünnlein des Höchsten fließen.

Aber für den verlorenen Glanz findet er höherwertigen und gediegeneren Ersatz: Jesus der Sohn, der zunehmend mit dem eigenen Sohnsein viel gemeinsam hat. Erst ist es ein jugendbewegter Pfarrer, der ihm Jesus bedeutet und in einer Jugendgruppe die Gemeinschaft ermöglicht, die innere Figuren nicht bieten konnten. Dann identifiziert der Sohn sich selbst mit Jesus, als einer, der voller Verantwortung für andere Jugendliche sorgt, sich aufreibt, leidet. Ein Jesus, der viel aushält, sich nicht entmutigen läßt. Er rackert sich ab für seine Jugendgruppe und findet diese Tätigkeit so begeisternd, daß er – nach einigem zögerlichen Bedenken – beschließt, Theologie zu studieren.

Das alles, ohne in eine nähere Beziehung zu Gott Vater zu kommen. Der Zugang ist blockiert. Die Auseinandersetzungen mit dem irdischen Vater sind zu heftig, die Ablehnung zu intensiv – Vorstellungen, daß ich den Vater brauche, um leiden zu dürfen, zu können, vielleicht auch für dessen Tätigkeit im Dritten Reich büßen zu müssen, die kommen dem Sohn ganz und gar nicht in den Sinn. Auch fällt mir nicht ein, beim himmlischen Vater Trost und Ersatz zu suchen für das, was mir der irdische antut. Eher kann ich in negativer Weise eine Kompensation finden: der himmlische Vater läßt sich mit der von mir zugeschriebenen Abwesenheit und Unwichtigkeit sehr viel besser in seiner Existenz verleugnen, ja durch Nichtbeachtung bestrafen, als ich es mit dem irdischen kann: dieser erweist sich als zu störrisch, läßt sich nicht so einfach in die Ecke abschieben.

Der irdische Vater nämlich entfesselt einen wüsten Kampf, als für mich feststand, Theologie zu studieren. Schlimm genug, daß ich nicht dasselbe Fach wie er für erstrebenswert fand. Mehr noch: Er war selbst während seiner Studienzeit in eine evangelische Verbindung eingetreten und hatte sich nur mit viel Mühe von deren moralistischen Vorstellungen freigemacht. Zudem waren ihm Institutionen ein Greuel. Er fürchtete, ich würde zu spät durchschauen, wie ich belogen und betrogen würde. Und Beamter zu sein, gar in der Gestalt eines pflichtbewußten und alles besser wissenden Jesus, war ihm geradezu widerwärtig.

Für mich war das ganz anders. Es ist ja manches, was man als junger Mann in Jesus wiederfinden kann, den Moralisten, den Revolutionär, den Gott der kleinen Leute. Meine Identifikation mit Jesus lief jedenfalls über das Bild des Außenseiters. Wie ich in dieses Bild hineingeriet, das ließe sich sicher, wenn auch nicht vollständig, rekonstruieren. Ich fand mich überrascht in dieser Rolle vor, tat dann das Meine, mich darin einzurichten und mich – in den gegebenen Grenzen – wohl zu fühlen. Außenseiter zu sein bedeutete für mich immerhin eine aktive und zielstrebige Selbstbeschreibung – ich definierte mich entschieden gegen Autoritäten, ich fühle mich nicht einfach als Schrott der Gesellschaft, als

Ausschuß und Bodensatz. Nein, als Außenseiter darf ich durchaus meine Widersacher und Feinde haben. Ich fühlte mich denn zwar nicht selten verletzt und hintenangesetzt, aber doch nicht als abgeschlagen und überwunden.

Von Unterwerfung also keine Rede. Unter meinen Vater schon gar nicht. Diese Verweigerung erwies sich auch nicht als die schwierigste. Nach Promotion und Erlangung einer Professur zeigte er sich versöhnlicher gegenüber dem Sohn, später verriet er sogar Stolz auf ihn und hatte die früheren Konflikte buchstäblich vergessen. Aber sicher haben diese anhaltenden Auseinandersetzungen mit ihm auch mein Verhältnis zu anderen Autoritäten geprägt. Es waren dann zumeist selbst gewählte geistige Fürsten, mit denen ich stritt, mit Georg Lukács' «Zerstörung der Vernunft» wegen seiner Kritik am anwachsenden Irrationalismus der bürgerlichen Gesellschaft, mit Paul Tillich, der partout das Sein nicht für die von mir favorisierte Gesellschaft eintauschen wollte, mit Karl Barth angesichts seiner aus religiösen Restbeständen proklamierten Autonomie des Christlichen.

Es gab dann noch gewaltigere Autoritäten, mit denen ich streiten und zugleich mich in meiner Außenseiterposition bestätigen konnte. Das waren die Psychoanalyse und der Marxismus. Keineswegs zufällig ging es um Freuds Religionskritik: Gott als der erhöhte, in den Himmel projizierte Vater. Diese These zu akzeptieren fiel mir nicht so schwer als das, was mit dem Sohn geschieht: Rückkehr des Vaters im schlechten Gewissen, gibt's denn keinen Weg, einen allmächtigen Vater loszuwerden, wenn es denn der Mord nicht bringt; worin besteht die Verblendung des Sohnes; was macht ihn unfähig, sprachlos und verwirrt, wenn er mit Vätern und Autoritäten konfrontiert wird?

Marx desgleichen. Sätze wie der, daß die herrschende Religion (und Theologie!) die Religion der Herrschenden sei, mußten mir einfach gefallen, auch natürlich der von der Religion als Protestation gegen das Elend. Und das auch auf der Basis des Grundkonfliktes von Kapital und Arbeit – das jedenfalls hat sich für mich seit den sechziger Jahren sicher modifiziert und präzisiert, aber nicht grundsätzlich geändert. Aber meinen Jesus wollte ich mir nicht nehmen lassen; der war ohnehin ziemlich nahe am Proletariat. Dagegen fand ich das weitverbreitete Marxbild, das mit dem Vollbart, dann doch zu nahe an dem abgelehnten Gott Vater angelehnt, und das akribische Studium von fotokopierten Texten des «Kapitals» blieb für mich doch eben nur eine Kopie von dem, was in Bibelstunden und zergliedernder Exegese sich vollzog.

Jedenfalls hat mich der Streit mit Freudianern und Marxisten in meiner Außenseiterrolle bestärkt – von ihnen trennte mich ihr rechthaberisches und autoritäres Gehabe. Und nach den Maßstäben der konventionellen Theologie blieb ich weiterhin kein richtiger Theologe, verständlich, denn in deren Augen fehlt mir das Wesentliche und Eigentliche – eben Gott Vater.

Na ja, ich konnte nicht ewig Außenseiter bleiben, mich unter diesem Bild erhalten. Selbst wenn ich an einem Fachbereich unterrichte, der als evangelische Fakultät nicht anerkannt wird, und ich ein Fach betreibe, das unter den Theologen sich keines hohen Sozialprestiges erfreut, nämlich Sozialethik: ich kann mir auf die Länge nicht verhehlen, daß ich Professor bin, über ein schönes Einkommen verfüge und daß eine erfreuliche Nachfrage nach meinen Vorträgen, Workshops und Büchern besteht. Entsprechend wird mir auch die Position des Außenseiters immer lästiger; der psychische und theologische Gewinn, den ich daraus ziehe, wird zunehmend geringer. Außenseiter zu sein erfordert schließlich ein hohes Maß an Originalität, und wer kann darüber auf Dauer verfügen?

Es hat sich nun inzwischen mit dem Vater-Bild auch einiges verändert. Dies hat sich in meinen kürzlich erschienenen Konfessionen «Glaube wie er leibt und lebt» denn auch insbesondere im Band 2 «Gottesbilder von Herrschaft und Liebe» niedergeschlagen und geht in zwei Richtungen. Zum einen bin ich, nach 50 Jahren, endlich besser in der Lage, auf meinen Groll und verletzten Stolz zu verzichten. Ich entdecke eine ganze Reihe liebenswürdiger und liebenswerter Züge an meinem Vater, die ich übernommen habe, oder kann an mir Züge väterlicher Herkunft akzeptieren, die mir früher ein Graus, heute aber als wertvoll erscheinen. Nennen könnte ich etwa die Neugier, sich neue Interessengebiete zu erschließen; dann die Fähigkeit, mich rasch in diese neuen Bereiche einzuarbeiten. Dann die Fähigkeit zu konstruieren, zu gliedern, sich einen geordneten Überblick zu verschaffen, bevor man sich in wörtlich gemeintem Sinne in die Details verliert. Kurz, Aspekte, die man gut und gerne als konstruktiv bezeichnen kann.

Zum anderen habe ich nun, oder Gott Vater hat, einen Kompromiß zwischen mir und ihm gefunden. Ich hatte viel zu lange nach oben gestarrt, nun entdecke ich Gott Vater unten in der Tiefe, im Abgrund und Untergrund. Es wurde mir einsichtig, daß Gott Vater schon längst den Himmel – die da oben – verlassen hat. Daß Gott Vater tot sei, wie einzelne Theologen und auch meine geliebte Dorothee Sölle mir glaubhaft machen wollten, konnte mir nicht so recht einleuchten. Wenig überzeugend schon deswegen, weil ich einen Machtfaktor unter Aufbietung aller meiner Intelligenz umgehe, der überhaupt nicht vorhanden sein soll! Eher war mir ein Gott Vater einleuchtend, der einen Orts-

und Stellungswechsel vollzogen hat, der längst nicht mehr im Himmel wohnt, obgleich sich dorthin immer noch die Gebete und die Gedanken der meisten Menschen richten.

Die Welt steht jedenfalls nicht mehr unter der Obhut väterlicher Augen. Die Augen dauern fort, aber sie haben jeden Glanz väterlicher Güte und Ermunterung verloren. Sie sind kalt und rational, fischäugig geworden, wie das Kalkül des Kapitals, das nun durch diese Augen hindurchschaut. Das Kapital hat längst alles Väterliche von sich gestreift; auch der patriarchalische Schleier ist entschwunden. Dem Kapital gilt genau die Gottesbezeichnung, die die Philosophen erdachten: Der Unbewegte Beweger. Und der braucht wirklich nur Marionetten. Man brauchte sich nur den Arbeitgeberpräsidenten Otto Esser in seinen ruckhaften Bewegungen ansehen, er ist ein sprechender Ausdruck für eine solche Puppe, die nur in zuckenden Bewegungen existiert. In dieser Gesellschaft möchte ich nun wirklich weder meinen irdischen noch meinen himmlischen Vater finden.

Jesus der Sohn und Gott der Vater sind mir heute näher zusammengerückt. Die Konflikte zwischen ihnen, selbst die über die deutsche Nation und ihren göttlichen Auftrag, mit denen sich sowohl der irdische wie der himmlische Vater herumschlagen müssen, sind gering geworden angesichts des Ausmaßes an Grauen und Volksbetrug, das der Unbewegte Beweger hervorbringt.

Aus dem Vater im Himmel ist der ältere welterfahrene Mann geworden, der doch «kein bißchen weise» geworden ist (um einen Buchtitel aufzunehmen), sofern weise nicht mit resignativ gleichgesetzt wird. C. G. Jungs Archetyp des Alten Weisen ist mir viel zu abgeklärt; der hat sich bedauernd aus den Kämpfen dieser Welt zurückgezogen, hat mit ihr abgeschlossen. Mein alter kluger Mann ist welterfahren und weltverständig, ist viel in der Welt herumgekommen, wie früher nur Kapitäne und Matrosen. Er hat gelernt, schwierige Erfahrungen zu verkraften, mußte Niederlagen und Abgeschmettert-Werden hinnehmen, aber er liegt weiter im Clinch mit den Herren dieser Welt, die den Menschen den Mut abgekauft und ihren Phantasien die Stärke geraubt haben. Ihn kann man nicht anrufen, wenn Wunder und Allmacht gefragt sind, wohl aber, wenn ich jemanden brauche, der den Durchblick hat. Er hilft mir, über meine eigene augenblickliche Verwirrung hinauszukommen; er gewährt mir einen ruhigen Raum, der mir erlaubt, erst einmal meine Gedanken zu ordnen. Doch er nimmt mir nichts ab, schon gar nicht die eigene Entscheidung. Eine natürliche Autorität, und eine Hilfe, zu überwintern.

Er hat mir viel voraus an Lebenserfahrung, an Ausdauer, an Klarheit.

Er stellt ein gutes Sinn-Bild dar, an dem ich mich orientieren kann, wie ich in fünfzehn Jahren sein könnte, wenn es darum geht, mir den Übergang vom Beruf zu einem älteren Mann zu erleichtern. Ein Portrait eines solchen Gott Vaters, das mich sehr betroffen gemacht hat, ist die Darstellung des Hl. Bartholomäus von José de Ribera, das in der Alten Pinakothek München hängt. Aber auch die eindrucksvollen Bilder des älteren Freud und des vollbärtigen Marx sind mir auf diesem Hintergrund wichtig geworden.

Im Gegenzug dazu ist Jesus freier und offener geworden und hat sein Außenseiterdasein aufgegeben. Obwohl er nicht aufgestiegen ist. Er ist durchlässiger geworden für die Anzeichen von Liebe und Achtung, die andere ihm schenken. Das Atemlose, Angstvolle ist aus seiner Stimme gewichen; man und frau können ihm besser zuhören.

Zudem: In einer anonymen Herrschaft des Kapitals ist nun sich aufzuopfern, und gar das Leben, noch unsinniger geworden als zu jenen Zeiten, als Söhne noch etwas für ihre Väter tun konnten, deren Sünden abbüßen, deren Reichtum und deren Macht vergrößern oder Gnade verkünden. Allzu lange war mein Jesus nach dem Muster des freiwilligen Opfers stilisiert: wer ausdauernd leidet und sich mit vielen Verpflichtungen belastet, dem wird schon irgendwann die Siegeskrone zuteil.

Heute trägt Jesus stärker anarchische Tendenzen in sich herum und ist nur schwach angesiedelt in Gremien und Verwaltungen. Er ist ruhig, gelassen, besitzt Humor, er kann lachen und lächeln. Er weicht dem Konflikt nicht aus, aber er provoziert ihn nicht; seine Verkündigung eines neuen Gott Vaters und eines neuen Lebens regt die Leute genug auf. Sein früher und jäher Tod (den ich mir nicht wünsche) ist kein freiwilliges und gehorsames Opfer, sondern ihm zugefügte Gewalt einer Herrschaft, die sich selbst für legitim erklärt, ohne es zu sein.

Jesus ist für mich zugleich der Prophet eines neuen Zusammenlebens. Es ist kein willkürlicher Jesus, sondern es wirkt sein Lebensvollzug im Widerstand gegen gepanzerte Herrschaft und gepanzerte Menschen, von denen Wilhelm Reich sprach. Gegenüber dem Kapital und seinen perversen Phantasien vertritt er die Utopie und Illusion einer menschenwürdigen Weltgesellschaft. Er tritt mit dem Anspruch auf, daß die Phantasie eines neuen tieferen Lebens mehr Realität hat als die, die die freiheitlich demokratische Grundordnung verspricht. Dieser Jesus weiß, was Herrschaft ist: sich stabilisieren auf Kosten der anderen, und was Reichtum ist: andere auszubeuten.

Vor allem hat Jesus in den letzten Jahren einen Leib bekommen, ist nicht nur «Hirnsinnlichkeit», wie schon Kierkegaard bedauerte. Er ist nicht nur Kopfmensch, Prediger und Prophet, er sitzt auch gerne mit anderen zusammen und ißt und trinkt mit ihnen, läßt sich von Frauen verwöhnen, er hat Hunger und Schmerzen, ist verletzlich und verletzbar, ist kein stoischer Dulder. So sind mir gerade die Schilderungen von den Mahlzeiten Jesu sehr lieb geworden, vor allem jenes Abendessen mit den verwirrten Jüngern in einem Gasthaus zu Emmaus.

Nur: Vater bin ich bisher nicht geworden, und das in einem Alter, wo andere Männer schon erwachsene Söhne und Töchter haben. Das liegt nicht nur daran, daß ich keine Kinder habe, es ist mir bisher auch nicht gelungen, zu Studenten und Studentinnen väterliche Gefühle in mir zu erwecken oder entsprechende bei ihnen zu evozieren. Die tiefe Genugtuung, die Kollegen sich leisten, wenn sie einen dankbaren Schülerkreis um sich versammeln, ist mir bisher nicht zugänglich.

Aber – kein Zweifel ist daran erlaubt – das Thema Vater und Sohn – irdisch wie symbolisch – ist noch lange nicht ausgereizt. Und so harre ich gespannt der Dinge, die da kommen.

Yorick Spiegel, geb. 1935 in Düsseldorf, Studium der ev. Theologie; 1966 Th. Harvard Divinity School, 1968 Promotion «Theologie der bürgerlichen Gesellschaft»; 1972 Habilitation «Der Prozeß des Trauerns». Seit 1974 Professor für evangelische Sozialethik Universität Frankfurt. Jüngste Veröffentlichungen: «Hinwegzunehmen die Lasten der Beladenen» (1978), «Doppeldeutlich» (Hg.) (1979); «Glaube wie er leibt und lebt» (1984).

Volker Elis Pilgrim

Mein Gott auf Erden

Für Birgit Guercke

Mit fünf berührten die Flügel des Engels mich. Es war kein Traum gewesen, kein Mensch hatte mich gestreichelt und war weggehuscht. Ich lag morgens nach dem Aufwachen in meinem Bett. Es war noch dunkel. Ich sah etwas Helles, spürte ein Über-mich-Streichen, empfand ein Wohlgefühl und dachte: ‹Nun kann dir nichts mehr passieren.› Und nach einer Weile: ‹Ich soll etwas tun und werde beschützt werden.›

Die Gottheit war immer über mir. Ich wundere mich darüber, denn den patriarchalischen Vatergott habe ich oft angegriffen, ich kann ihn wirklich nicht leiden, aus Jesus Christus mache ich mir nichts, und die Kirche, der ich protestantischerweise angehörte, habe ich verlassen.

Mein Verhältnis zu Gott ist ein saftiges, fleischliches. Seit ich spreche, bete ich. Meine Familie war nicht sonderlich religiös, liebte nur das Szenische, das die Christenheit anbietet. Weihnachten saßen wir in der Kirche. Meine Eltern sangen im Chor. Die Organistin und Chorleiterin kam manchmal zu Besuch in unser Haus. Sie war ein Schrullenfräulein, federte vor Gottvertrauen, wenn sie mit den Menschen überzeugungseinflößend sprach, hatte ihre Haare in einem kleinen Knoten am Hinterkopf zusammengefaßt und dadurch ihre ungünstig hohe Stirn der Welt geboten. Ihre Augen quollen besserwisserisch heraus. Mund und Nase ... – weiß ich nicht mehr. Ich war sechs und wollte Fräulein Kunert heiraten. «Sie hat kein absolutes Gehör!» tadelte mein Vater sie, «gibt die Einsätze unkorrekt. Sie kann nicht richtig mit der Stimmgabel arbeiten.» Ich rückte ihr trotzdem zuleibe beim Schneeballspielen: «Ich würde gern mit Ihnen zusammen tot sein, dann können wir auf den Wolken hopsen», sagte ich. Totsein stellte ich mir vor wie Raffaelengelsein, zu Füßen der Madonna, beisammen mit einem anderen Engel.

Meine Großmutter modellierte christliche Begebenheiten, stehende Madonnen mit dem Kind im Arm oder Krippengruppierungen: das Jesuskind im Stall, auf dem Schoß der Mutter, der Vater dicht dabei, Hirten und Tiere schauen zu.

Vom ersten Advent an wurde bei uns eine ihrer Krippen aufgestellt. Mein Vater hatte ein Licht in das Gehäuse des Zierstalls so hineingebastelt, daß es aussah, als leuchte ein Stern auf die heilige Schar. Zu jedem Adventssonntag legte meine Mutter für alle Familienmitglieder vor die Krippe Weihnachtsplätzchen.

Meine Großmutter besaß eine «Bilderbibel». Sie benutzte sie zur Anregung beim Modellieren. Die wichtigsten Werke der abendländischen Malerei waren in dem Buch zusammengefaßt und neben dem Bibeltext wiedergegeben worden, sollten die Grundsatzfakten der Bibel dem lesenden Gemüt bildlich vor Augen führen. Raffael, Corregio, Tintoretto, Tizian ... lernte ich dadurch schon früh kennen. Nacktes oder spärlich bekleidetes Menschenfleisch quoll mit religiöser Bedeutung mir entgegen. Gott, Fleisch und Theater – die Dramatik menschlicher Geschehnisse – mischten sich in meiner aufkeimenden Sinnlichkeit zu einer wollüstigen Einheit zusammen.

Gott – das war für mich auch Singen. Zehn Jahre lang war ich Engel schon hier unten, sang, daß die Menschen sich entzückten. Im Luftschutzkeller soll ich zweijährig die Frauen mit meiner Stimme getröstet haben. Später verströmte ich von der Empore der Dorfkirche «Vom Himmel hoch da komm ich her». Als ich am Altar stand, war ich im Krippenspiel zu Weihnachten ein Hirte, sagte vom Lied «Ich steh an deiner Krippe hier» einen Vers auf. Er begann: «Ich lag in tiefer Todesnacht, du wurdest meine Sonne» und endete dann mit «Wonne». «Wonne» reimt sich auf «Sonne»! Sonnewonne war das Kirchliche allgemein für mich. Mein erstes Liebesgefühl entsproß mir zur jüngsten Tochter des Pfarrers. Sie hatte lange Haare, lang bis auf den Popo, den nie gesehenen – nichts von ihr sah ich außer ihrem Gesicht und ihrem bekleideten Leib. Zwei Jahre habe ich geschmachtet, wenigstens ihr Bild abgeküßt vor jedem Schlafengehen. Ich glaube, ich liebte ihren Pfarrervater auch. Er war ein kleiner, schwarzhaariger, drahtiger, unväterlicher Mann. Er redete wild. Immer war ich nach seinen Predigten berauscht. Nichts ist mir im Gedächtnis geblieben, aber die Leidenschaft seines Mundes kam bei mir an. Mir wurde fast schwindlig vor Andacht, wenn er auf die Kanzel trat und sich vor seiner Predigt hinkniete. Ich sah von ihm dann nur seine Arme, die sich um das Pult herumlegten. Sein Kopf verschwand dahinter. Räusche noch jetzt, wenn ich daran denke: Niederknien, sich darbieten, ausbreiten den Leib, öffnen für das Herrliche, den Geist bündeln, sich und die Menschen zu sammeln auf das Schwingen seines Busens hin, der sogleich glaubensangeflammte Worte verströmen wird. Wenn der Gottesdienst zu Ende war, gingen wir hinterher oft gemeinsam nach Hause. Wir hatten denselben Weg, unsere Häuser standen nicht weit entfernt voneinander. Er schob dabei sein Rad neben sich her. Manchmal schob ich es. Verstohlen hatte ich es ihm angeboten. Es war schwer, so schwer beinahe wie ein Motorrad. Auf dem Hinterrad saß ein klobiger Gepäckträger, war angebracht worden für die Bewältigung von großen DDR-Nachkriegs-Traglasten.

Seit der Flucht meiner Familie nach Westdeutschland hatte mein Sinn lange Zeit kein Gottfleisch mehr zu fassen. Ich betete. Das war alles.

Mit zweiundzwanzig entfachte ich mich für eine Frau, die mehr als doppelt so alt war wie ich. Sie wollte mich anfangs nicht haben. Als mir das «Anfangs» zu lange wurde, ging ich in ein Kloster. Ich hatte Lust auf Fleisch, mit dem irdenen gab es Schwierigkeiten, da probierte ich es mit überirdischem. Die Katholen haben mehr zum Anfassen als die Evangelen. Ich wollte konvertieren. Das Wechselspiel zwischen den Kirchen hatte mich bei anderen Menschen beeindruckt. Ein ehemaliger Mönch war aus einem Kloster weggelaufen und evangelischer Religionslehrer geworden. Er unterrichtete mich während meines Vorbereitungskurses für das westdeutsche Abitur. Einmal machte er mit meiner Klasse einen Tagesausflug zu seinem alten Kloster. Die Männeridylle, die ich dort antraf, hatte etwas, auf das ich ansprang. Ich dachte: ‹Vielleicht, falls es einmal schwere Außenzeiten gibt, krieche ich hier in die Männer-Innenbereiche hinein.› Jetzt, bei meinen Leiden mit der älteren Frau, waren die «schweren Zeiten» da. Der Pater, der die Schüler geführt hatte, nahm mich nunmehr brüchigen Studenten freundlich auf. Ich hatte sechs Wochen lang eine Kammer zum Schlafen und Schreiben. Ich saß bei den Mahlzeiten am Gasttisch inmitten eines Rittersaales umringt von Vätern und Brüdern. Ich begleitete vier ihrer sieben Andachten. Ich bekam einen Betreuungspater, der kaum älter als ich war und täglich klug mit mir redete. Der alte Freund des Religionslehrers, mit dem ich Spaziergänge machte, plauderte mir einige seiner Beichtgeheimnisse aus. Während all der Zeit dachte ich immer nur das eine: ‹Warum ficken die nicht? Wie geht das überhaupt?› Bei der Andacht, wenn ich mich bemühte, in religiöse Brunst zu geraten, und mich tragen ließ von dem Männermönchmonotongesang, stierte ich auf den jungen Pater und stellte mir sein Nichtficken vor. Er guckte unklar um die Ecke, wenn er mich anschaute. Seine Augen glubschten etwas wie die von Fräulein Kunert, das mit Mutter lebte und nur von mir Sechsjährigem einmal einen Heiratsantrag fürs Jenseits bekommen hatte. In der Kapelle zentrierte sich mein Sinn auf Madonna, die schwach zu sehen war, kerzenangeflammt: ‹Madonnarose! Margarete Schoß, bloß bald! Komm! Wann kommst du?› Einmal kam sie und erwartete mich am Pförtnerhäuschen. Ich schaute auf sie durch das Gitter, durch das ich zu ihr gelassen wurde, die dasaß mit Schleier und Verheißungsblick. Turgenjewsituation. Wir machten eine Landpartie. Abends zankten wir uns. Das kommt vom Nichtficken. Dann gab sie mich bei den Frauenzeitlosen wieder ab. Ich irrte noch zwei Wochen durch die Gänge der Gemäuer, verließ sie und erlebte mit der angebeteten Frau nach zwei Monaten Madonna total. Danach war mit Katholizismus erst mal nichts.

Nach der Denkschrift der evangelischen Kirche zu Fragen der Sexualität trat ich aus der Kirche aus. Wo mir Gott als Dogma angedreht wird, will ich ihn nicht haben. Ich entlarvte den Kurzschluß Gott und herrschende Väter in meinem Sohnesaufschrei «Der Untergang des Mannes», der im Konzept «Der Untergang des Vaters» hieß. Was bilden sich die Dirigierungsschwänze eigentlich ein, mir einen bestimmten, mir *ihren* Gott weismachen zu wollen! Er hat auf so lustvoll direkte Weise von mir Besitz genommen – er tut es immer wieder –, daß mir jedes Stellvertreterpersonal störend dazwischenkommt. Als ob Gott nicht auch in Veränderungsakten innewohnte! Ich kann es nicht fassen, was die Kircheneier dem lieben Gott alles zumuten. Zweitausend Jahre brabbeln sie ihm dasselbe vor, das *Selbe,* nicht nur das Gleiche! Ihr Gottili muß sich zu Tode gelangweilt haben, jeden Sonntagmorgen wieder das Gemurmele vom letztenmal vorgesetzt zu bekommen. Ist daran gestorben, gestorben vor Langeweile.

Das Patriarchat und mein Gott sind für mich die ärgsten Gegensätze. Was uns zuerst die jüdischen und dann die christlichen Vermittler als Gott vermitteln wollten, ist nun leider ein sehr verfranstes Schloßgespenst geworden, das keinen Lebendigen mehr beeindruckt. Nur schon dieses Alleindasitzen des alten jüdischen Jahwe! Ich kann es nicht mehr aushalten. Die Christen haben sich bequemt, ihm Angehörige zuzustellen, einen Sohn und den heiligen Geist. Der heilige Geist ist jedoch kein richtiger Angehöriger, nur etwas weggerückt Unstoffliches, das sich nicht zur Beziehung eignet. Wenigstens gibt es bei den Christen Vater und Sohn, zuzüglich Mutter und Sohn bei den Katholen.

Unsere Religion ist die infantilste, die sich denken läßt, kennt als Gottheiten nur Vater und Mutter, die aber nichts miteinander gehabt haben. Als Beziehung kennt sie nur Vater-Sohn und Mutter-Sohn. Es fehlen Mutter-Tochter, Vater-Tochter, Bruder-Schwester. Kein Wunder, daß wir eine Kultur der Beziehungsschwierigkeiten sind. Bei den Indern, Chinesen, Griechen, Ägyptern, Germanen ... gibt es Paargottheiten, Götter in Beziehungen zueinander. Sie treten dort nicht nur in der Eltern-Kind-Konstellation auf wie bei uns, sondern auch als erwachsene Frauen und Männer.

Ich wurde immer mehr verärgert von den Schemata, in denen mir Gott eingebleut werden sollte, daß ich gar keinen Gott haben wollte. Es hat eine Weile gedauert, bis ich auseinanderhalten konnte zwischen Gott und dem Gottoktroi der Sutanesäcke.

Als ich von Frauen auf Männer umstieg, hatte ich gedacht: ‹Da folgt dir sowieso kein Gott mehr nach. Das mußt du ganz alleine machen.› Es kam anders. Nach meiner «Elternaustreibung» begann ein neuer Kräftezustrom auf mich zuzufließen. Ich bekam nicht nur zu mir ein anderes Verhältnis, ich spürte auch neue Verbindungen zu Menschen, Tieren, Natur und zu den Kräften des Übersinnlichen. Ich warf die steril gewordenen Gottesvorstellungen aus meiner Seele, weil ich mich von der Vater-Mutter-Macht getrennt hatte. Die Eltern-Kind-Beziehung schneidet uns nicht nur von anderen Menschen ab, sondern auch von Gott. Sie verschmutzt diese Lebensquelle und macht uns stumpf, taub und blind, Gott zu empfangen.

Nach der Trennung von meinem Vater war ich befähigt, die Vätergesellschaft bis in ihre geheimsten Winkel zu durchschauen («Das Paradies der Väter»).

Nach der Trennung von meiner Mutter öffnete die Muttergottheit mich. Sie hat ihre Verfleischlichung in einer Altarmadonna. Ich wollte an einem Buch über Kraftorte mitschreiben und besuchte eine der verehrten Pilgerstätten. Ich dachte: ‹Na ja, wieder der Oblatenweihrauchkonsumschnickschnack.› Eine Stimme bewog mich, in dem Ort der Madonna über Nacht zu bleiben. Als es leerer wurde in der Kapelle, als ich allein war, fühlte ich: ‹Da ist etwas!› Ich blieb drei Tage, ging alle paar Stunden zum Altar. Auf merkwürdige Weise warnte mich die Madonna vor einem Jahr meines Lebens, in dem mir Gefahr drohen wird. Das war ihr Begegnungsgeschenk. Ich bete zu ihr, wenn ich schwach bin. Ich fühle Demut gegenüber einer Kraft, die zu mir kommen wird, wenn ich meine Schwachheit zugebe. Die Madonna ist meine Bittstätte geworden. Mir ist gleichgültig, daß sie auch ein Ort für orthodoxes Glauben ist. Die Weite der Gottheit zeichnet sich dadurch aus, daß sie nicht abgrenzt, niemanden ausgrenzt. Ketzer und Nichtzugehörige kennt sie nicht.

Einen zweiten Ort habe ich, der zu einer Fragstätte geworden ist. Er ist eine protestantische Kirche. Als es mir einmal sehr schlecht ging, als ich verwirrt und wissenlos in diese Kirche gestolpert war, schossen nach kurzer Zeit zwei Antworten aus meinem Kopf, zu denen ich keine Fragen gestellt hatte. Die Antworten klärten meine ratlose Situation. Nach ein paar Wochen wollte ich wissen, ob sich das wiederholen wird. Ich fuhr ein zweites Mal zu der Kirche, die mir mit vier verwegenen Antworten Sicherheit für meine nächste Zukunft gab. Die Antworten stellten sich einigen meiner soeben getroffenen Entscheidungen sogar entgegen. Wie ich aus dem Verlaufe meines Lebens später ersehen konnte, hatte die Kirche recht gehabt. In schwierigen Momenten fahre ich zu ihr, sitze still da, stelle die Frage und warte, bis sich eine Antwort in mir konzentriert.

Absichtlich sage ich nicht, wo meine Bitt- und Frageorte liegen. Ich bin für die Dezentralisierung des Gottes. Die Wege zu Gott müssen so verschieden sein wie es die Lebensläufe der Menschen sind. Die Freundin, der ich den Aufsatz gewidmet habe, sagte: «Die Kräfte sind ja da. Sie wollen sogar angegangen werden. Du mußt dir nur deinen Weg zu ihnen bahnen. Von wo aus du zu ihnen stößt, ist unwichtig. Und wenn du sie vom Klo aus findest!» Das ist es. Ich will keine allgemeinen Orte propagieren, von ihnen behaupten, daß nur sie zum Göttlichen führten. Für jeden Menschen kann der Ausgangspunkt ein anderer sein, kann der Konzentrationspunkt, von dem aus das Göttliche erreicht wird, woanders liegen. Die sogenannten Kraftorte, die heute die katholische Kirche besetzt hält, haben sich offenbar für viele Menschen als Ausgangspunkt des Weges zum Übersinnlichen ergeben. Die Christen bauten in der Regel ihre Kirchen auf dieselben Plätze, auf denen Heiden ihre konzentrativen Orte eingerichtet hatten. Und Heiden waren den Tieren gefolgt, hatten beobachtet, wie die sich auf besondere Steine legten, wenn sie verwundet waren. Ganzmachen – das kann der Kraftort. Heilen, Zusammenfügen, Sinnabrunden sind für mich Zeugnisse des Gottes. Diese Vorgänge spielen sich im Innern des Menschen ab und können von Orten gefördert werden.

Ich kenne das Streben zum Ganzheitlichen, wenn ich entzweigegangen bin, wenn ich mich seelisch verwundet habe, Hilfe brauche, geschwächt bin. Dann frage oder bitte ich, bekomme Heil von ferne, von meiner Madonna oder von nahem, wenn ich in die Kirche meiner Fragen gehe, die weit ab liegt von dem Ort, der meine Madonna beherbergt. Merkwürdig – die beiden sind nicht aufeinander eifersüchtig. Es könnte doch die Madonna zu mir sagen: «Was fällt dir ein, in eine andere Kirche zu laufen, wenn du Fragen hast! Du kannst doch alles von mir haben. Ich bin nicht nur für Bitten zuständig, sondern auch für Fragen. Überhaupt ist es unerhört: zu mir kommst du nie gelaufen, hast mich einmal gesehen und denkst, das reicht, betest nur, wenn du in der Bredouille bist ...» Nein, das alles sagt sie nicht. Die Gute dankt mir für die Entlastung. Sie scheint sich die Sorge um mich gern zu teilen.

Meine Favoriten sind zwei weibliche Bedeutungen von Gott. Die Kraftmadonna und die Fragekirche. Und auch ich habe eine weibliche Haltung Gott gegenüber eingenommen. Ich bin empfänglich für lebendige Botschaften. Einmal hat mich das Leben unter Vertrag genommen.

In einer Zeit, in der mir die Dinge weit und breit mißlangen und ich vor Wollen und Mühen ächzte, sprach es zu mir: «Du wirst alles bekommen, was du willst, wir aber, das Leben, bestimmen, wann du es bekommst.» Ich will alles immer gleich morgen haben, und da bekäme es mir sicher nicht gut. Für die Zuversicht, daß ich bekomme, was ich will, verlangte das Leben eine Gegenleistung von mir: «Du darfst dich nie umbringen.» Umbringen würde ich mich manchmal gern, wenn mir das allfällige Mißlingen zuviel wird.

Ich bin glücklich, daß mein Gott etwas mit Wandlung zu tun hat. Es kann tatsächlich passieren, daß es heißt: heute so, morgen so. Er greift ein, dirigiert mich manchmal, läßt mich in Unwissenheit hineinhandeln, aus Unwissenheit heraus. Als ich nach München zurückziehen wollte, wachte ich eines Morgens mit der Stimme auf: «Du wirst auch in München unglücklich sein, glücklich erst in der fremden Stadt.» Ich zog nicht nach München, was für mich richtig wurde. In meiner «fremden Stadt» habe ich mich noch nicht niedergelassen, ich ahne, welche es sein wird. Als ich sie betrat, fing ich an zu weinen. Mit den Tränen kullerten die Wörter aus mir: «Hast gefunden, hast gefunden!» Da wurde *ich* entschieden, sprach zum Leben: «So geht es nicht, so schnell nicht, so direkt nicht, in solchem Befehlston kannst du nicht mit mir umgehen! Ich muß meine Entwicklungen zu den Dingen haben. Nun brauche *ich* meine Allmählichkeit.»

Meine größte Freude über Gott: je mehr er ins Weibliche geht, je mehr ich dem Göttlichen gegenüber weiblich werde, um so mehr entfernen sich Gott und Leiden, Gott und Sterben voneinander. Dem Negativ-Prinzip als Weg zu Gott habe ich von meiner frühesten Jugend an mißtraut. Da liebt einer wie Hiob Gott, und dann schlägt ihn Gott, wie es ihm nur der ärgste Feind antun kann. Und Hiob liebt Gott weiter. Das würde ich nicht! Für so einen Gott hätte ich nichts übrig. Meine lieben Frauen kommen gar nicht auf die Idee, so etwas Unsinniges von mir zu verlangen, sie über Verneinung zu lieben. Meine Madonna möchte nicht einmal Routinegebete. Schmiergeld?! – nicht ihre Sache! Sachlich ist sie aber zuverlässig bis ins kleinste. In jeder Not hat sie mir geholfen, jede Bitte erhört, ja Auswege ersonnen, an die ich vor dem Gebet nicht denken konnte. Und in diesen Wegen lagen Heilungen und Veränderungen, die mir den katastrophalen Fakt, der ihnen voranging, erst im nachhinein als einen Teil eines Lebenszusammenhanges enthüllten. Meine gute Kirche verweigert mir keine Antwort, nur weil ich nicht auch ohne Fragen ihr Ehrerbietung bezeuge. Ich habe kein kaufmännisches Verhältnis zu Gott: Gnade gegen Leiden, Verzicht oder sonst etwas Einschneidendes kennen wir nicht. Ich werde von Gott nicht ausgebeutet. Meiner ist weder feudalistisch noch kapitalistisch. Er liebt mich als Erwachsenen. Wenn ich in Demut komme, entkräftet meine Begrenztheit zugebe und mich beim Selbständigwerden bescheiden benehme, allein meine Schwäche ins Gebet nehme und zum Altar trage, dann werden mir Zuversicht und Stärke wiedergegeben.

Unangenehm und unnachvollziehbar empfand ich immer den von dem Mann Jesus beschrittenen Pfad, mit Hilfe von Sterben ein Verhältnis zu Gott zu bekommen und die Menschen erlösen zu wollen. Jesus war mir im Wege zu Gott. Ich war eifersüchtig. Ich wollte an Gott direkt heran. Ich wollte derjenigewelche Sohn sein. Und dem Prinzip Leiden als Heilbringen habe ich mich verweigert. Aus Leiden wird kein Mensch erlöst. Zweitausend Jahre danach habe ich die Beweise. Die Menschheit ist am Ende, dort hingebracht worden hauptverantwortlich von der Kreuzesreligion. Selbstleiden schafft Leiden anderer. Gott hat immer nachahmende Wirkung.

Heilen heißt ursprünglich Ganzmachen. Die Kreuzesreligion ist die Religion vom Kaputtmachen. Als ich mit einem Freund eine Besichtigungstour durch bayrische und österreichische Kirchen machte, fielen mir die Sterbenachrichten an den schwarzen Brettern auf: alte Frauen und junge Männer wurden zur letzten Ruhestatt aufgekündigt. Die Männer waren zufällig um die dreißig: Unfälle, Selbstmorde, gefährliche Krankheiten und Totschläge hatten sie hingerafft. Der Freund kannte den einen oder anderen, erfuhr bei Menschen, die wir besuchten, Einzelheiten von den Gestorbenen, die er nicht kannte. In jeder Kirche hing ein dreißigjähriger nackter Mann über dem Altar, räkelte, tanzte, ächzte seine Blutnagelungen vor sich hin. In Bayern quälten sie sich etwas mehr, in Österreich waren sie zuweilen adrett, hätten sich auch im Spitzentanz biegen können, wenn ihnen das Holz vom Rücken genommen worden wäre. Ich stehe vor einem, den ich besonders bedauere. ‹Fünf Wunden?› rätsele ich. Hände, Füße, die rechte Brustseite? Fünf? Pentagramma veneris! Die fünf Stellen der Wonne des menschlichen Körpers. Die sind im Prinzip Jesu verkehrt worden in Leiden. Will ich nicht, will das alles nie nachahmen! Das hat mit Gott nichts zu tun. Die zweitausend Jahre stehen hinter meiner Argumentation. Nie zuvor hat die Menschheit an der Mannheit so geblutet wie unter dem Zeichen des Kreuzes. Nee, auch keinen heiligen Sebastian will ich, der in den düsteren Wundenjahrhunderten als geheimes Symbol für die Manninmannvereinigung herhalten mußte. Ich will Heil nicht über Unheil erlangen, Ganzmachen nicht über Kaputtmachen erleben. Gott hat mich ganz gemacht – das soll ich erhalten und weiter nichts.

Auf einer Veranstaltung der evanglischen Kirche zum Thema «Untergang des Mannes» sagte ein Jüngling, er hätte keine Lust mehr aufs Glauben nach alten Rezepten. Die verstaubten Bücher beschwerten ihn. Er wollte, daß neue geschrieben würden, die mehr von ihm, von seinem Leben und seiner Zeit enthielten, als er in den alten Kamellen finden könnte, nach denen sich alle unsere Popen immer noch drehen. Die Rede hat mich gerührt. Ich möchte an der neuen Lobpreisung Gottes mitschreiben. Dieser Aufsatz soll ein Ausgangspunkt für mein Buch Elis werden.

Gott ist ganz und nah. Gott ist eine Leidenschaft, ist immer territorial. Wie kann ich eine Beziehung haben zu zwei vorderorientalischen Jenseitsleuten?! Im Grunde sind mir Jehowa und Jesus immer fremd geblieben. Vor allem: was kann ich mit einem Leichnam anfangen? Ich habe einen Gott, der nie tot war. Mein Gott ist direkt, Stellvertreter behindern meine Mündigkeit. Gott ist einmalig, alle Routine belästigt ihn. Gott ist weiblich, heil, macht heil. Gott ist männlich, liebt es, die Dinge auf den Punkt zu bringen. Ich hörte von dem germanischen Gott Loki, war begeistert, denn er besaß die Kunst der Verwandlung. Er war Mann und konnte manchmal auch eine Stute sein. Schöne Vielfalt, zärtliche Bewegung. Der christlich-jüdische Vater, die Mutter und der Sohn – die drei immer gleichen haben die Welt nur starr und steril gemacht.

Als ich in Australien war, mußte ich lachen über die Oblatenkirchen, die ich dort sah. Jesus Christus war zu einem Know-how geworden, nicht viel anders als eine mitgebrachte Anweisung zur Herstellung von Landmaschinen oder Kochtöpfen. In Australien ist alles, was von weißen Menschen herkommt, mitgebracht worden. Gottvater, die Mutter Maria und das Jesuskindlein sind eine etwas seltsame Emigrantenfamilie, die nicht weiß, ob sie heute oder morgen nach Europa zurückkehren soll. So schnell wird Gott komisch, wenn er figürlich eingeschränkt ist. Ich betete in Australien zu den Aboriginalgeistern.

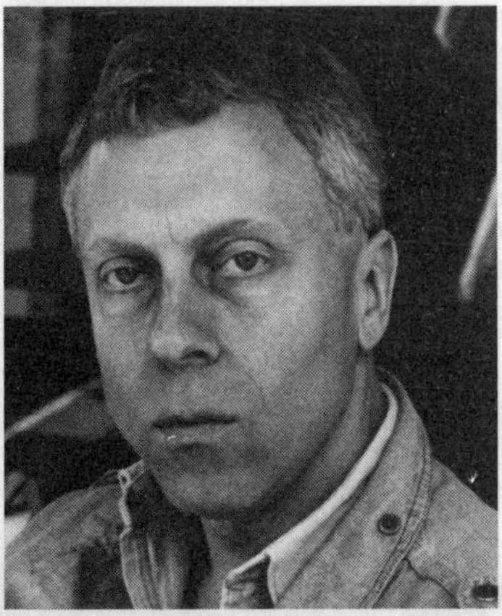

Volker Elis Pilgrim, geboren 1942 in Wiesbaden, aufgewachsen in der DDR, Studium in der BRD: Musik, Psychologie, Rechtswissenschaft und Soziologie, Dr. jur., seit 1970 freier Schriftsteller, Veröffentlichungen zur Frauen-, Kinder-, Männeremanzipation, u. a.: «Manifest für den freien Mann», «Der selbstbefriedigte Mensch», «Dressur zum Bösen», «Die Elternaustreibung». *(Foto: Helga Sittl)*

Hubertus Mynarek

Abschied vom dogmatisch-kirchlichen Gottesbild

Wenn einer als Sohn römisch-katholischer Eltern in Oberschlesien geboren ist, dann ist damit praktisch schon die erste Phase seines religiösen Entwicklungsprozesses vorgezeichnet. So wuchs auch ich zunächst einfach, problemlos, reflexionslos in die konventionelle, in meiner oberschlesischen Heimat gewohnte und geübte katholische Religiosität hinein. Es war vor allem eine Pflichtreligiosität: «Man» ging sonntags zum Gottesdienst. Wenn «man» Gott besonders gefallen, besondere Verdienste vor Ihm sammeln wollte, möglichst zweimal: früh zur Messe, am Nachmittag zur «Vesperandacht». An deren liturgische Form erinnere ich mich nicht mehr, weil ich kaum darauf achten konnte. Flüsterten und quatschten doch meine Sitznachbarn unaufhörlich mit mir und ich mit ihnen. Von Zeit zu Zeit gab es dabei doch eine Unterbrechung, nämlich wenn der vom Pfarrer als Aufpasser aufgestellte Küster einen besonders laut sich gebärdenden Jungen aus der Bank holte und zur Verabreichung einer Strafe in die Sakristei abführte. Auch der Predigt vormittags in der Sonntagsmesse wurde von uns Kindern kaum Beachtung geschenkt. Manche Ermahnung aber gelangte dennoch an unsere Ohren. Zum Beispiel erinnere ich mich, daß ein Priester einmal von der hoch über unseren Köpfen postierten Kanzel aus vom «inneren Schweinehund» sprach, den jeder in sich trage und den es zu überwinden gelte. Am Morgen stelle sich dieser «Schweinehund» als Faulheit dar, die uns daran hindere, gleich nach dem Wecken aus dem Bett zu springen, uns kalt zu waschen und noch vor der Schule auch wochentags zur Frühmesse zu gehen, um Gott dem Vater für den neuen Tag zu danken. Durch diese Art von Ermahnungen erweiterte sich mein katholischer Pflichtkatalog: ich stand öfters eher auf, um noch die Frühmesse zu besuchen. Das tat ich aber nicht eigentlich aus Religiosität, sondern weil der Priester gesagt hatte, daß man durch solche «Taten» seinen Willen stähle und man dafür einmal von Gott, der alles sehe, belohnt werde.

Gern und freudig erfüllte ich keine der religiösen Pflichten, die ich als Junge zwischen 6 und 15 Jahren übernahm. Aber ich war, ohne darüber irgendwelche Überlegungen anzustellen, überzeugt, daß man sich so zu verhalten habe. Ein dunkles, düsteres «Muß» stand hinter all dem, was ich in «religiöser» Hinsicht tat. Religion war für mich ein Katalog von einigermaßen unangenehmen Pflichten, die man aber erfüllen mußte, wenn man Gott gefallen und böse Schicksalsschläge im Leben verhindern wollte. Ganz besonders düster wurde es mir mit der Religion immer vor Ostern. Meine Eltern hielten sich streng an das damals noch in Geltung befindliche 40tägige Fasten vor Ostern, und wir Kinder (ich hatte noch drei Schwestern und einen Bruder) mußten mitfasten. Das fiel mir besonders schwer; hinzu kamen die mir endlos erscheinenden Kreuzwegandachten, zu denen wir hinmußten und in denen es unaufhörlich um das furchtbare Leiden des Gottessohnes für unsere Sünden ging. Den Höhepunkt der langen Fastenzeit bildete die Karwoche mit dem Karfreitag, an dem der Christus jedes Jahr von neuem wegen unserer Sünden geopfert, ja – denn so malten es die meisten Prediger aus – regelrecht geschlachtet wurde. Als Kind überkam mich diese Zeit vor Ostern immer wieder wie ein Alptraum, überschattete mich wie eine dunkle, schwere, undurchdringliche und nicht abstreifbare Wolke, ohne daß ich dies damals so hätte ausdrücken können. Aber ich fühlte, wie dieser Abschnitt des liturgischen Jahres der Kirche auf mir lastete. Gott sei Dank kam ja danach Ostern, das Fest der Auferstehung, an dem wir nicht bloß Alleluja zu singen hatten, sondern auch nette Ostergeschenke erhielten.

Gott wurde als solcher bei all dem nie eigentlich thematisch, niemals zum Reflexionsgegenstand. Er war halt ganz selbstverständlich da, und zwar irgendwo am äußersten Rand der Welt, von wo aus er uns beobachtete, uns belohnte oder bestrafte. Allerdings fühlte ich schon relativ früh, daß er ein gestrenger Herr sein müsse. Ich stellte diese Strenge damals nicht in Frage, fand es aber ganz furchtbar, daß Gott auf seine eigene Strenge nicht verzichten dürfe, so wenn er z. B. seinen eigenen Sohn opfern müsse, um die sonst nie mehr verzeihbare Gewalt der Sünde aus der Welt zu schaffen. Mein Vater kam mir (auch etwa bis zu meinem 15. Lebensjahr) sehr streng vor, aber ich war froh, daß er kein Gott war. Denn ich war überzeugt, daß mich mein Vater trotz seiner Strenge nie in den Tod geschickt hätte.

Als ganz schlimme Pflicht in meinem katholischen Pflichtenkatalog empfand ich das Beichten. Deutlich erinnere ich mich noch an meine erste Beichte. Der Kaplan, der uns Kindern den Beicht- und Erstkommunionunterricht erteilte, hatte so eindrucksvoll vom Vater im Himmel, der alles sehe und keine einzige Sünde übersehe, gesprochen, hatte abschreckende Beispiele von Menschen angeführt, die nicht alle ihre Sünden vor dem Beichtvater bekannt hätten und deshalb von Gott schwer bestraft worden seien, daß ich tagelang fast nichts anderes mehr tat, als alle möglichen Untaten der ersten sieben Jahre meines Lebens aus dem Gedächtnis hervorzuquetschen. Nach der ersten Beichte meines Lebens hatte ich trotzdem das völlig unbefriedigende Gefühl, bestimmt noch viele «Sünden» vergessen zu haben. Und dieses Gefühl verließ mich auch bei weiteren Beichten nicht.

Meine bisherige Gewohnheitsreligion erfuhr Anfang des 17. Lebensjahres einen Bruch. Es war das Jahr 1945, und in Oberschlesien hatten Russen und Polen die Macht übernommen. Der Umstand, daß ich Oberjungzugführer in der Hitlerjugend gewesen war, erschien ihnen als schlimmes Verbrechen, und so kam ich ins polnische Gefängnis. Die Verhältnisse darin waren haarsträubend, worauf ich aber nicht näher eingehen möchte, da ich das schon anderswo, nämlich in meinem Buch «Zwischen Gott und Genossen» geschildert habe. Die furchtbare Atmosphäre im Gefängnis zwang mich jedoch zum Beten, zu einem sehr existentiellen, sehr betroffenen, wiewohl natürlich auch sehr ichbetonten Beten, denn ich wollte ja durch das Gebet meine Entlassung aus der Haft erwirken. Es war bezeichnend, muß ich rückblickend sagen, daß ich in dieser existentiellen Notsituation meine Gebete nicht an Gott selbst richtete, weil der für mich nur eine abstrakte Katechismusgröße war bzw. wegen seiner patriarchalischen Strenge für das, was ich erreichen wollte, nicht in Frage kam. Nein, ich rief vor allem mit wachsender Intensität die «Gottesmutter Maria» an und flehte inbrünstig, sie möge ein Wunder wirken und mich hier herausholen. Ein Wunder mußte es in meiner damaligen Vorstellung schon sein, weil uns die Gefängnisleitung gesagt hatte, daß keiner von uns entlassen werde, wir vielmehr alle ins Innere Polens geschafft würden, um dort das wieder aufzubauen, was die deutschen Okkupanten während des Krieges zerstört hätten. Von Zeit zu Zeit wandte ich mich in meinen Gebeten auch an Christus, der mir zwar nicht so liebevoll wie Maria, aber auch nicht so streng und düster wie Gottvater erschien.

Meine Religiosität war auch damals noch nicht reflex formuliert, aber tatsächlich genügten mir Maria und Christus als Gegenstand meines Glaubens. Gottvater war faktisch überflüssig, obwohl ich auf entsprechende Fragen höchstwahrscheinlich im Sinne der offiziellen katholischen Lehre, wie sie uns im Religionsunterricht eingetrichtert worden war, geantwortet hätte, d. h. also unter Einbeziehung von Gottvater in mein formales Gottesbild. Das wirkliche Gottesbild in meinem Innern aber folgte einer immanenten, fast möchte ich heute sagen: ökologischen Gesetzlichkeit der Psyche, die das Männlich-Weibliche, die Kontrastharmonie von Frau und Mann zur seelischen Gesundheit und Integrität braucht. Für die Frau stand die hl. Maria, für den Mann Christus. Diese beiden bestürmte ich fast unaufhörlich mit der Bitte, mir doch meine Freiheit wiederzugeben.

Lange Zeit blieb mein Flehen unerhört, obwohl ich den beiden alles mögliche für den Fall der Freilassung versprach. Aber all meine Gelübde schienen nichts zu helfen. Die Lage blieb trostlos. Kein Silberstreifen zeigte sich am Horizont. In dieser Situation kam es wie eine Erleuchtung über mich. «Du mußt», schien mir eine innere Stimme zu sagen, «etwas ganz Schweres versprechen. Dann wirst du erhört!» Schwer, weil langweilig und uninteressant, erschien mir zu diesem Zeitpunkt der Beruf des katholischen Priesters. Also versprach ich, diesen Beruf zu erwählen. Als ich diese Entscheidung getroffen hatte, kam eine unerhörte Ruhe und die Gewißheit über mich, daß ich mit Sicherheit in Bälde freigelassen werde. Ich war mir absolut sicher, daß dies geschehen würde, obwohl sich äußerlich an meiner Lage überhaupt nichts geändert hatte. Tatsächlich aber wurde ich am Tag nach meiner Entscheidung ohne Angabe von Gründen aus dem Gefängnis entlassen.

Meine Dankbarkeit gegenüber dem «göttlichen Paar» Maria und Jesus kannte keine Grenzen. Ich schwamm auf einer riesigen Gefühlswoge der Religiosität, deren Hauptzentren diese beiden Personen waren. Tagtäglich verbrachte ich viele Stunden in der Kapelle eines Ordenshauses der «Grauen Schwestern», das ganz in der Nähe meines damaligen Wohnsitzes lag, um durch Gebete, Betrachtungen, schmerzhaftes Knien auf dem harten Fußboden usw. meinen Dank zu bezeugen. Wenn ich in die freie Natur hinausging, erschien mir nun alles rings um mich herum von göttlicher Allgegenwart durchtränkt und erfüllt. Durch jeden Baum, jede Blume, jedes Gras, jedes Tier hindurch erblickte ich das Antlitz des Göttlichen. In der göttlich durchwirkten Natur spielte auch das Bewußtsein von Maria und Jesus keine Rolle. Dieses hatte ich erst wieder, wenn ich eine Kirche oder Kapelle betrat. Aber es war auch nicht ein persönlicher Gott(-Vater), dem ich in der Natur begegnete. Es war vielmehr die eindrucksvolle, mich umhegende, mir absolute Geborgenheit verleihende Gegenwart von etwas Göttlichem, das keine Gestalt hatte. Ich empfand damals unter dem Eindruck der «Woge der

Glückseligkeit», in der ich mich befand, aber auch nicht das geringste Bedürfnis, nach Gott, seinem Charakter, seiner «Gestalt» zu fragen. Heute würde ich rückblickend diese Phase meiner Religiosität als pantheistisch-mystische bezeichnen.

Es kam der Tag, an dem ich aus meiner mystischen Ekstase ganz plötzlich und sozusagen ohne Vorwarnung herausfiel. Ich versuchte alles mögliche, um in diesen wunderbaren Zustand wieder hineinzugelangen. Es war vergebens. Die graue Realität hatte mich wieder. Nachdem ich mich monatelang trotz ständiger Vorhaltungen meines Vaters geweigert hatte, die Schule zu besuchen, ging ich nun wieder brav aufs Gymnasium, machte nach drei Jahren mein Abitur und trat, treu meinem im polnischen Gefängnis gegebenen Versprechen, unmittelbar danach ins römisch-katholische Priesterseminar ein. Es gab nun zwei ziemlich streng unterschiedene Linien in meiner Religion. Tief in meinem Innersten blieb mir unauslöschlich die Erinnerung an die religiösen Erlebnisse eingeprägt, die ich im Zusammenhang mit meiner «wunderbaren» Entlassung aus dem Gefängnis und noch einige Zeit danach gehabt hatte. An der Oberfläche meines Bewußtseins, in meinem Kopf hatte ich dagegen in immer präziserer, exakterer Form und Formulierung die katholische Dogmatik und innerhalb derselben die Lehre von Gott dem Vater, dem Sohn und dem Hl. Geist. Zwar versuchte ich – dem rationalistischen Schema der dogmatischen Spiritualität folgend – auch Gefühle für den zunächst nur abstrakt gelehrten und geglaubten Gott zu erwecken, aber ich spürte, daß das existentiell nicht hinhaute, daß meine Psyche in ihren Tiefenfundamenten davon nicht berührt wurde. Ein gewisses Bindeglied zwischen beiden Linien aber stellte Jesus dar. Als Sohn Gottes gehörte er zwar der zweiten Linie, der dogmatischen, an. Aber als mystischer Christus, als Logos, als Weltvernunft, Weltseele und Weltkraft vermochte ich ihn durchaus in die erste, tiefere Linie meiner Religiosität einzubeziehen. Und dasselbe galt für Maria. Nur daß ich Maria nun nicht mehr bloß als fürsorgende Mutter, sondern auch – erotischer – als alle weibliche Schönheit in sich versammelnde Jungfrau empfand, was sicher damit zu erklären war, daß in der frauenlosen Atmosphäre des Priesterseminars die sublimierten libidinösen Energien sich nun auf das einzige «erlaubte Weib» richteten. Auch Päpste, allen voran Pius XII., der die Lehre von der Himmelfahrt der Jungfrau und Gottesmutter Maria zum Dogma erhob, haben ja eine ungeheuer intensive, nicht anders denn erotisch zu nennende Marienfrömmigkeit gepflegt. Und das waren gestandene Mannsbilder, die sehr viel leichter den psychischen bzw. psychoanalytischen Mechanismus solcher Vorgänge durchschauen mußten als ein junger Theologiestudent wie ich.

Nach meiner Priesterweihe, einigen Jahren praktischen Dienstes in der Seelsorge und weiteren Jahren, die meiner wissenschaftlichen Laufbahn gewidmet waren, dauerte es noch eine ganze Weile und bedurfte es noch einer Menge praktischer Erfahrungen und theoretischer Überlegungen, um zu der Einsicht zu gelangen, daß die römisch-katholische Kirche die geradezu klassische Gestalt einer durch und durch antiemanzipatorisch organisierten Religion darstellt. Ich durchschaute, daß eine solche Institution mit einer derart antiemanzipatorischen, männlich-autoritären Herrschaftsstruktur eine ihr Dasein rechtfertigende, «legitimierende» Ideologie (sprich: Dogmatik) braucht, deren Spitze und krönenden Abschluß ein exklusiv männlich gedachter Gottvater bilden muß. Auf ihn kann und muß man sich dann berufen und stützen, wenn man, d. h. das kirchliche Lehramt, begründet, warum in der Kirche nur Männer das Sagen haben. Das zölibatär-klerikale, sexualrepressive, antifeministische Strukturprinzip der römisch-katholischen Kirche braucht einen streng patriarchalisch-männlichen Gott als obersten Grund seiner eigenen Existenzberechtigung. Der zölibatäre katholische Priester, noch mehr sein Bischof, noch mehr der Papst repräsentieren und verkörpern ja in der Welt das Bild des welttranszendenten Gott-Mannes. Priester, Bischof, Papst – sie sind die persongewordene Zusammenfassung aller Rechtfertigungsgründe des kirchlichen Systems gegen das «Weib» und die Sexualität; die personifizierte Form der antiemanzipatorischen, sexualrepressiven katholischen Institution; konzentriertes Symbol, Repräsentant und Verkörperung der männlich-hierarchisch und frauenfeindlich bestorganisierten Religion. Der ehelose Priester ist das irdische Abbild des ehe- und frauenlosen Gottes. Beide können nach dieser Vorstellung nur herrschen, wenn sie dem weiblichen Element keinen Raum geben, denn dieses Element wird immer noch von vielen Priestern, die ich kenne, und besonders von den maßgeblichen Herren der Kirche als irrational, sentimental, unberechenbar, unausgegoren, chaotisch, zu explosiv und spontan, daher gefährlich für den ordentlichen Gang des Kirchenregiments angesehen.

Einerseits hatten mich intensive vergleichende religionswissenschaftliche Studien zur Erkenntnis geführt, daß so mancher Lehrsatz der kath. Kirche, z. B. auch die die Jungfrau Maria und die manneslose Zeugung Jesu betreffenden Dogmen, keineswegs einzigartig in der Religionsgeschichte dastehen, keine singulären Offenbarungen des christlichen Gottes darstellen, sondern ihre Vorläufer in ägyptischer, buddhistischer und anderen Religionen haben. Andererseits brachte es meine 1971 erfolgte Ernennung zum Dekan der kath.-theol. Fakultät der Universität Wien mit sich, daß ich mit vielen Würdenträgern der röm.-kath. Kirche, auch solchen aus dem Ostblock, die auf ihrer Reise zum «Heiligen Vater» in Wien Station machten, zusammentraf. Bisher hatte ich alle Defekte in der Kirche auf das Versagen ihrer menschlich-unzulänglichen Vertreter zurückgeführt. Langsam aber dämmerte mir aufgrund zahlreicher persönlicher Begegnungen und Gespräche mit hohen Vertretern des Kirchenapparats die Erkenntnis, daß die ungewöhnliche Anhäufung von Karrieretypen, von geltungs- und machtsüchtigen Individuen im Herrschaftsapparat der Kirche system- und strukturbedingt sein müsse. Ich erlebte so viel männlichen Ehrgeiz, Kälte und Zynismus, die sich oft ganz offen zeigten, wenn diese «Herren der Kirche» sich unter sich befindlich wähnten, daß ich nicht umhin konnte, diesen Dingen auf ihren tieferen Grund zu gehen. Diese Leute – das erkannte ich damals immer deutlicher – sind in einer wesentlichen Dimension ihres Menschseins, z. B. im Wissen um die ständige Kontrolle durch noch höhere Beamte des Kirchenapparats oder in ihrer Beziehung zur Frau, gehandicapt, eingeschränkt, verklemmt, frustriert und brauchen deshalb die von Männern konstruierte Dogmatik und das patriarchalische Gottesbild der Kirche, um ihre Psyche zu stabilisieren und die von ihnen verinnerlichte Notwendigkeit, «nach oben zu beten und nach unten zu treten», zu begründen sowie um ihre männliche Überlegenheit metaphysisch zu rechtfertigen. Auch ich selbst empfand in diesem Zusammenhang ganz konkret, daß ich in Gefahr stand, menschlich «auszutrocknen», um wichtige Dimensionen meiner eigenen Wesensentfaltung gebracht zu werden.

Das hier nur summarisch über den radikal männlichen Gott als Legitimationsbasis der kirchlichen Hierarchie Gesagte kam mir – wie schon angedeutet – als Einsicht erst im Laufe eines langen Erfahrungsprozesses, den ich, der spezifischen Struktur meiner eigenen Psyche und Personalität folgend, außerdem noch denkerisch und wissenschaftlich verifizieren mußte. Mühsame Jahre der Nachforschung und des Studiums waren Bestandteil dieses nun folgenden Verifikationsprozesses, wovon auch meine beiden Bücher «Religion – Möglichkeit oder Grenze der Freiheit?» und «Eros und Klerus» in existentiell-anschaulicher Weise Zeugnis ablegen. Sie waren Stationen in meinem Erkenntnisprozeß, indem ich durch die Niederschrift dieser Bücher zu größerer Klarheit gelangte. Inzwischen bin ich wegen der nur auf Machtstabilisierung und Herrschaftserweiterung ausgerichteten Strukturen der Amtskirche aus ihr ausgetreten. Denn auch der Gott dieser Kirche, der ihr nur als ideologischer Überbau und pseudoreligiöse Sanktionierung ihrer Herrschaftsambitionen dient, ist nicht und war auch nie der Gott meines Herzens, meiner (erlebnishaften) Seelentiefe. Er war ein abstrakter, gelehrter, dogmatischer Gott, nicht der Gott des Lebens, der Existenz, der Gott, durch den in einer umfassenden Heilsökologie alles Seiende zur Vollendung gelangt.

Endresultat dieses ganzen Prozesses ist, daß ich mich vom kirchlichen Gott, vom dogmatisch festgelegten Gott freigemacht habe. Längst habe ich durchschaut, daß man keine männliche Identität dadurch aufbauen und herstellen kann, indem man seine Überlegenheit über die Frau behauptet und diese Überlegenheit kirchlich-metaphysisch von der «Tatsache» herleitet, daß ja auch das oberste Prinzip alles Seins männlich und nicht weiblich ist. Längst auch habe ich, was mein Gottesbild betrifft, den vermeintlichen Gegensatz von Theismus und Pantheismus überwunden. Gott, das Göttliche, das Absolute Prinzip ist das Innerste, Intimst-Innigste des Universums, ist der tiefste Wesenskern all seiner Werdeprozesse und jedes Teilchens, aus dem sich Mikro- und Makrokosmos aufbauen. Wir alle – Steine, Pflanzen, Tiere, Frau und Mann – partizipieren am Göttlichen, das uns alle durchdringt und miteinander verbindet, so daß wir zu einer ökologischen, keinem Wesen Gewalt antuenden Religiosität und Ethik verpflichtet sind. Gott ist nie welttranszendent, über- und außerweltlich im räumlichen Sinn, aber als Absolutes Prinzip *in* allem Sein, Wesen und Werden ist er jenes qualitativ unendlich Überlegene, auf das hin wir uns ständig selbst überschreiten, selbst transzendieren müssen. Er ist auch jenes umfassende Ganze, in dem Mütterliches, Väterliches und Kindliches; Männliches, Weibliches und Sächliches in unaussprechlicher Harmonie korrespondieren und sich wechselseitig voraussetzen und ermöglichen. Indem ich zu dieser Ganzheit immer wieder aufblicke und mich in die evolutive Höherbewegung des Kosmos und des Lebens aktiv-willentlich, reflex wie sensitiv einfüge, versuche ich mit allen Wesen des Universums als meinen Schwestern und Brüdern zum Universalen Menschen emporzuwachsen, denn dieser ist der Sinn oder ein Sinnziel aller kosmischen Werdeprozesse.

Hubertus Mynarek, geboren 1929 in Groß-Strehlitz / Oberschlesien, studierte Theologie, Philosophie und Psychologie in Krakau, Lublin, Münster und Würzburg. 1953 katholische Priesterweihe, 1966–1968 Professor für Religionsphilosophie und Fundamentaltheologie in Bamberg, 1968–1972 Professor für Religionswissenschaft in Wien, 1971–1972 Dekan der katholisch-theologischen Fakultät der Universität Wien. November 1972 offener Brief an den Papst und Kirchenaustritt, darauf Entzug der kirchlichen Lehrbefugnis und Pensionierung durch den österreichischen Staat. Hubertus Mynarek heiratete und ist Vater von drei Kindern. Er lebt jetzt als freier Schriftsteller in der Nähe von Bad Kreuznach.

Horst Herrmann

Mich wundert, daß ich so fröhlich bin

Eine Skizze für Memoiren soll das nicht sein, was ich jetzt erzähle, wohl aber die eine oder andere Merkwürdigkeit aus dem Leben eines Priestersohnes. Nichts Generelles, keine Wissenschaft, ein paar short stories nur, die ihre Schlüsse dem geneigten Leser offenlassen. Daß freilich andere die gleichen Geschichten erfahren haben könnten, spricht weniger gegen die Individualität der Erzählung als für ein System.

1. Mutters Geburtstag

Rottweil am Neckar und Tuttlingen an der Donau sind durch eine Bahnstrecke verbunden. Die Entfernung zwischen den beiden Städten beträgt 28 Tarifkilometer. Damals kostete die Fahrt hin und zurück für Schüler etwa drei Mark.

In Rottweil stand das Bischöfliche Knabenkonvikt, in dem ich vier Jahre gewohnt habe. In Tuttlingen wohnte meine Mutter. Ihr 50. Geburtstag fiel auf einen Sonntag. Wer die Nachmittage eines Internatssonntages kennt, verzeiht den Gemeinplatz: Langeweile, Langeweile, Einsamkeit. Und wer vom Leben einer berufstätigen Frau und alleinerziehenden Mutter weiß, kennt deren Sonntagnachmittage: Einsamkeit, Einsamkeit, Langeweile.

Es lag für Mutter und Sohn nahe, den 50. Geburtstag gemeinsam zu feiern. Ich hatte Zeit, hatte Geld für die Fahrkarte, hatte ein Geschenk. Die Mutter wäre zu überraschen gewesen. Gerechnet hat sie nicht mit meinem Besuch. Ein Zögling durfte nur in den Schulferien nach Hause fahren.

Ausnahmen gab es schon. Ich faßte mir ein Herz, denn die Ausnahme erforderte eine persönliche Erlaubnis des Herrn Direktors. Nachdem ich an seine Tür geklopft hatte (er wohnte separat), nachdem ich mehrmals geklingelt hatte, erschien er, erstaunte, ordnete seine Hose, seine Weste, fingerte an seinem Priesterkragen herum, rückte die Zigarre in den gewandteren Mundwinkel. Ich fragte, argumentierte, legte Gründe nach. Er brauchte für seine Ablehnung, die er mir zuwarf, schon im Wegdrehen, nur einen einzigen Grund: «Wer die Mutter mehr liebt als mich, ist meiner unwert.»

Dieses Bibelwort las der Priesterschüler an jenem Sonntagnachmittag immer wieder unter Tränen nach. Daß meine Mutter an ihrem 50. Geburtstag auch geweint hat, wußte ich noch nicht. Daß die Tränen der Hilflosen stärker als jede Doktrin gegen die Väter der Religion zeugen, wußte der Sohn damals auch noch nicht.

2. Theologie vor Ort

Der Erzbischof schüttelte immer wieder den Kopf: «In pantaloni, in pantaloni!» Daß sein Begleiter, der deutsche Theologiestudent, in Hosen und nicht im Talar mitgehen wollte, ging ihm nicht in den Kopf. Erst als ein passendes Kleidungsstück aufgetrieben war, bestiegen wir das Taxi zum Vatikan. Ich hatte zum erstenmal im Leben einen solchen Talar an. Er stammte aus den Beständen Seiner Exzellenz und erschien mir ziemlich abgewetzt.

Da der hohe Herr aus Kolumbien, den ich in einem römischen Café kennengelernt hatte, sehr hinfällig war und zugleich über gute Beziehungen verfügte, öffneten sich uns alle Türen. So gelangte ich, als einziger in Schwarz, wenn auch nicht mehr «in pantaloni», in den Saal, in dem die Kardinäle an diesem 11. Oktober 1962 in ihre Roben schlüpften. Das Datum ist nicht uninteressant: Es steht für den Tag, da das Zweite Vatikanische Konzil eröffnet wurde.

Da stand ich Tübinger Student nun unter lauter Purpurträgern. Da nur Kardinäle zugelassen waren, mußten die an Bedienung gewöhnten Kirchenfürsten sich selbst ankleiden. Keine Ehefrau legte Hand an, rückte zurecht. Die höchsten Repräsentanten der Kirche waren unter sich. Ich habe viele schwitzende Greise in mancherlei Unterwäsche gesehen.

Später ging ein Raunen durch den Saal. Der Papst erschien, Johannes XXIII., totenbleich, wächsern, abwesend. Unter all den rotgekleideten Herren nahm er wohl nur die Ausnahmen wahr: den Erzbischof im Rollstuhl und mich, den einzigen Nicht-Roten. Er kam auf uns beide zu, nicht so leutselig, wie Diktatoren Kinder begrüßen, sondern seltsam entfernt, wie in Trance. Dann legte er mir die Hand auf den Kopf. Ein Rätsel bis heute.

Während gut zweitausend Bischöfe im Petersdom versammelt waren, um den Geist auf ihr mit großer Spannung erwartetes Konzil herabzuflehen, ging ich dann stundenlang in einer volksfernen, heimatlosen Pracht auf und ab, rauf und runter. Kein Befugter hat gefragt, was ich suchte. Es war unglaublich, aber ich konnte herumlaufen, wie ich wollte. In diesen Stunden schauten nur die marmornen Figuren des Palastes auf mich herab, und viele Päpste und Heilige in Öl.

Ich denke, ich habe in all den Jahren des Studiums nicht so viel über Größe und Elend der römisch-katholischen Kirche gelernt wie in diesen paar Stunden im kalten Zentrum einer Männermacht.

3. Des Kaisers neue Kleider

In einer süddeutschen Stadt, in deren Priesterseminar ich lebte, mußten noch vor wenigen Jahren die jungen Priesteramtskandidaten sonntags in voller Montur vom Seminar zum Dom ziehen, zwei und zwei, um dort eine klerikale Kulisse für das Pontifikalamt des Herrn Diözesanbischofs abzugeben.

Volle Montur, das hieß: langer schwarzer Talar, weißes Rochett, auf dem Kopf das Birett. Niemand lachte über die Männer, deren Kirche sie eine unter Weltleuten den Frauen reservierte Kleidung zu tragen hieß. Solche Mode – unsere Rochette wiesen neckische Spitzen auf – hob sorgsam den Klerus von den Laien ab, und Kleider machten geistliche Leute.

Es gab auch nichts zu lachen. Da der Herr Regens (in Violett, er war ja ein höherer Kleriker, der das subalterne Schwarz schon längst hinter sich gelassen hatte) gravitätisch hinter den Seminaristen drein wandelte, war äußerste Zurückhaltung geboten. So schwiegen wir lieber, und selbst die unter uns, denen die Doktrin schon nichts mehr anhaben konnte, verhielten sich angepaßt. Die Frommen, die vom Straßenrand aus das hehre Schauspiel mitverfolgten, schwiegen desgleichen. Ich denke, voller Andacht und Erbauung.

Nur einem Kind ist es eines Sonntags gelungen, das Alibispiel zu entlarven. Es rief, ein kleiner, zweifelnder Ketzer, seiner Mama zu: «Guck mal, so viele Friseure!»

Von Stund an war es mit der Ehrfurcht vor den weißen Spitzen-Rochetten vorbei. Keiner von uns, die wir als Hochwürdige Herren betitelt wurden, konnte die Erinnerung an das Kind und an dessen schlagartige Enthüllung einer bestimmten Klerikermode und deren Ideologie vergessen. Die geistlichen Gewänder, in die Männer der Kirche sich so gerne hüllen, als hätten sie etwas zu verhüllen, blieben Friseurkittel. Auch wenn wir weiter Sonntag für Sonntag in den

Dom zogen, um unsere Eignung für Repräsentationszwecke zu beweisen.

Jener Herr Regens trug zwar auch später noch einsam sein distanzierendes Violett. Doch hat er es seither nicht mehr geschafft, Talar, Rochett und Birett mit so salbungsvollen Vokabeln wie bisher schmackhaft zu machen. Die Verblendung war behoben. Tat eines Kindes gegen die Väter.

Ich habe, obzwar ganz zölibatär erzogen, inzwischen Kinder lieben gelernt. Meine beiden Söhne sind daher ungetauft geblieben.

4. Es war nicht der Apfel, es war die Birne

In jedem Fall sollte es mehr sein als die Kirche, in deren Milieu ich aufgewachsen war. Was den jugendlichen Stolz anzog, war die Weltrevolution. Nicht gerade die marxistische, denn die lag damals ziemlich ferne, als wir die Hauskapelle des Internats noch zu nächtlichen Anbetungsstunden für den Wahlsieg der CDU / CSU nutzten.

Die Revolution war eher religiösen Zuschnitts. Sie verband ihren Anspruch mit der Apostolischen Bewegung von Schönstatt. Experten wissen damit genug. Den Nicht-Kennern kann ich nur Andeutungen machen, weil eine Gruppe, zu der ich mich alles in allem zwanzig Jahre gezählt habe, nicht in wenigen Sätzen zu charakterisieren ist.

Nur so viel: Schönstatt wollte stets das Höchste. Geistige Inseln sollten wir sein, Elitepersonal der Gottesmutter, in Theorie und Praxis asketisch dafür geschult, in der Welt, doch nicht von der Welt zu sein.

Was mich früh an diesem katholischen Pietismus abstieß, ohne daß ich ebenso früh den Mut aufgebracht hätte, die Elitären zu verlassen, waren nicht die harten Bedingungen der Seele, nicht die überzogen marianische Doktrin, nicht der ordensähnliche Alltag derer, die gar keine Ordensleute sein wollten. Es war der Blick nach oben. Ihn hündisch zu nennen, wäre zu tierisch.

Alle Söhne, die ich beobachtet habe, schauten gehorsam nur nach dem, was vom Vater kam. Dieser «Vater und Gründer» der Schönstatt-Familie, mit bürgerlichem Namen Joseph Kentenich, wirkte magisch auf seine Söhne. Was ansonsten mit «gestandene Männer» umschrieben zu werden pflegt, beugte sich jedem seiner Worte. Bei ihm, dem Vater, der seine Autorität direkt vom himmlischen Vorbild aller Vaterschaft abzuleiten gewohnt war, fühlten sich die Seinen geborgen, falls sie wirklich die Seinen waren.

Frauen, von denen in meinen kirchlichen Geschichten so gut wie nichts erzählt werden kann, was durchaus als Symptom betrachtet werden darf, handelten diesem Vater gegenüber genauso, wenn auch etwas zurückhaltender. Solch frauliche Demut oder Dienmut galt als Ausfluß der Seinsordnung, die ein Vater schlechthin errichtet hatte, um die Menschheitsfamilie geordnet zu halten.

Da es eine unumstößlich gültige Seinsordnung gab, deren Existenz sich rasch erkennen und anerkennen ließ, war mir bereits in meiner Schulzeit ein Leseverbot auferlegt worden, besser: Ich sah mich davon überzeugt, nichts anderes als die Schriften des Gründervaters zu lesen, weil ich doch am besten daran tat, ausschließlich seine Geistigkeit in mich aufzunehmen, um endlich, ein Väterchen in der Taschenausgabe, auch so zu werden wie er. Doch hat diese Exklusivität sich nicht richtig bewähren wollen. Der Blick der Geistlichen, die schon so geworden waren wie ihr Urvater, machte mich nachdenklich. Ich wollte schließlich Herrn Kentenich selbst sehen und schauen, ob die Äpfel nicht weit vom Stamm fielen.

Ich mußte viele Jahre warten. Erst als der Gründer aus der «Verbannung» zurückgekehrt war, in die ihn zu Prüfzwecken ein Papst geschickt hatte, ergab sich die Gelegenheit. Pater Kentenich war beeindruckender als sein Gefolge. Zum Abschluß unseres Gesprächs forderte er mich auf, eine Birne aus dem Körbchen mitzunehmen, das seine Nonnen ihm zur gefälligen Bedienung hingestellt hatten.

Anschließend gingen wir in einen Saal, wo die engsten Mitarbeiter mit Stenoblock und Tonbandmaschine auf einen Vortrag Kentenichs warteten. Jedes Vater-Wort sollte für die Nachwelt aufgezeichnet werden. Mitten in den packenden Ausführungen über die Neugestaltung von Welt und Kirche packte ich meine Birne aus und biß hinein. Als die Blicke der Kadertruppen daraufhin zwischen der Birne und dem Vortragenden hin und her liefen und mehr und mehr bei letzterem verharrten, um ihm ein Wort väterlicher Mißbilligung abzupressen, wußte ich genug und verließ das Paradies.

Zu den Vätern meiner Jugend bin ich nie mehr zurückgekehrt. Joseph Kentenich ist wenig später gestorben. 1985 hat die Deutsche Bundespost ihm und seiner Apostolischen Bewegung eine Sonderbriefmarke gewidmet.

5. Mut zur Lücke

Meine Primiz, das erste Meßopfer, das der Neupriester feierte, fand unter großem Zulauf des Volkes statt. Die Heimatstadt, obgleich überwiegend andersgläubig bis nichtgläubig, ließ sich da nichts nachsagen.

Nach den obligaten Lobreden in der Kirche und anderswo zog sich eine Gruppe von siebzig Personen zum Essen zurück, das meine Mutter zusammengespart hatte. Auf dem Ehrenplatz saß ihr Sohn, rechts von ihm sie selbst. Nur der Platz zur Linken blieb leer, Grund für viele zum Nachfragen.

Das Geheimnis wurde nicht gelüftet. Wer da sitzen sollte, habe ich nicht verraten. Es dürfte ein Vater gewesen sein.

Da ein eigener Vater nicht mehr zur Verfügung stand, habe ich mich lange Jahre um Ersatz bemüht. In der Kirche boten sich viele Surrogate an. Manche hätte ich auch gerne auf den leeren Stuhl gesetzt. Doch geschafft hat es keiner. Ich hoffe, eines Tages mich selbst auf jenem Platz wiederzufinden.

6. Tränen der Reue

Einmal nur in siebzehn Jahren priesterlicher Tätigkeit habe ich einen Christenmann weinen sehen. Ich denke, aus Freude. Ich nehme wenigstens an, daß seine Tränen nicht zuerst das anklagten, was eine inhumane Vaterreligion ihm jahrelang angetan hatte. Ich beanspruche für mich, daß diese Tränen dem galten, was ich, noch immer ein Priester dieser Religion, ihm aus Ungehorsam gegen eine der profitabelsten Normen des als so ehe- und familienfreundlich vermarkteten Vater-Gottes getan hatte.

Geweint hat dieser Mann im Beichtstuhl. Er hatte mir, dem sogenannten Amtsträger, der da stellvertretend für Gott und dessen Kirche auf dem Richtstuhl zu sitzen hatte, gebeichtet, er habe diese Woche wieder Unkeusches getan. Nein, nicht mit einer Frau. Mit seinem Lebensgefährten.

Ich sagte ihm, wenn es da überhaupt etwas zu bekennen und zu bereuen gäbe, so fiele die Sünde sicher nicht unter die Rubrik Unkeuschheit. Ebensowenig, wie Eheleute beichteten, sie hätten auch diese Woche wieder Unkeusches miteinander getan.

Zu beichten sei, so mein Vorschlag: Ich habe meinem Partner nicht jene Liebe erwiesen, die er braucht und die auch ich von ihm erhoffe.

Also: Ein Verstoß gegen das Liebesgebot, nicht gegen eine x-beliebige Keuschheitsnorm.

Dem Mann, der seit vielen Jahren Woche für Woche dieselbe vermeintliche Verfehlung aus Scham wechselnden Priestern bekannt hatte, ohne daß ihm einer von diesen auch nur einmal von Liebe statt von Sünde gesprochen hätte, liefen die Tränen übers Gesicht.

Er ist nie mehr wiedergekommen. Ich hoffe, er war befreit.

7. Doppelmoral

Zu den gerne übernommenen Pflichten, die mein zweijähriger Studienaufenthalt in Rom mit sich brachte, gehörten die «Führungen». Waren wieder einmal Landsleute auf Pilgerfahrt in die Ewige Stadt eingefallen, was auch vor den Zeiten des Papstes Wojtyla vorkam, und zeigten diese Landsleute Interesse selbst an päpstlicher Kultur, so wurde einer von uns einheimisch Gemachten engagiert, diesen Eifer nicht erkalten zu lassen.

Nun strömte freilich seinerzeit, was sich nicht vermeiden ließ, alles mögliche Volk, wie die Prälaten klagten, in den attraktivsten Tempel des Papsttums. Der Petersdom erwies sich auch für solche als Magnet, deren Vorstellungen von dezenter Kleidung sich nicht mit denen des regierenden Papstes deckten. Nach vielen vergeblichen Versuchen, das Problem der nackten Schultern und der kurzen Hosen zugunsten der mannpriesterlichen Moral zu lösen, indem der oberste Priestermann an das Schamgefühl der modernen Evastöchter appellierte, führte der Klerus die Kontrolle ein. Fürderhin gelang es kaum einer weiblichen Hose mehr, die Blick-Barriere der Zensurnonnen zu überwinden.

Die Gruppe deutscher Abiturientinnen, die ich in bezug auf die vor dem Petersdom zu erwartende moralische Gesinnung vorgewarnt hatte, bestand denn auch das Examen. Alle durften hinein zum Papst, der ein langes Pontifikalamt zu feiern sich anschickte.

Daß mir fast alle jungen Frauen nach dem Verlassen des Petersdomes berichteten, sie seien im Verlauf der päpstlichen Zelebration von Klerikern belästigt worden, stützt allerdings die Vermutung, die Moral in der Papstkirche stehe weniger hoch im Kurs als die draußen.

8. Das liebe Jesuskind

Der Prozeß, den ich in Sachen Entzug der Lehrerlaubnis gegen den Bischof von Münster zu führen hatte, brachte es mit sich, daß auch gelehrte Themen hin und her gewälzt werden mußten. Die Deutsche Bischofskonferenz hatte ihre Experten gegen mich abgestellt, und die Gutachten brachten diesen einen dogmatischen und finanziellen Gewinn.

Aber es gab auch mündliche Verhandlungen, Anhörungen des Klägers und des Beklagten. Die Männerrunde – fünf Theologieprofessoren, fünf Bischöfe, ein angehender Ketzer – traf sich immer wieder und schürfte.

Mir selbst wurde bei jeder dieser Sitzungen das eine und das andere Dogma vorgehalten, das sich auf den göttlichen Stifter der Kirche Roms zurückführen ließ – und das ich nun frech angeknabbert haben sollte. Die Luft war schwanger von Zitationen der Konzilien, der Väter, der Theologen, auch der Evangelisten, ja selbst des Heiligen Geistes.

Als ich selber, fast schon eingeschüchtert von so viel Autorität, es wagte, in einer Detailfrage erstmals die, wie ich meinte, verbindliche Aussage Jesu einzuführen, schnitt mir der Chefideologe das Wort ab: «Sie können sich doch nicht, wenn es Ihnen paßt, auf das liebe Jesulein berufen!»

Da wußte ich, wo sie ihn begraben hatten.

9. Traditionsverein

Im Fachbereich Sozialwissenschaften hatte ich, von der Lektüre des gleichnamigen Buches angeregt, ein Hauptseminar zur «Soziologie des Neuen Testaments» angekündigt. Das war ein Fehler.

Zwar hatte ich vorsorglich verbreiten lassen, daß es sich um eine Veranstaltung für Soziologen und nicht etwa für Theologen handle. Mit letzteren wollte ich eigentlich nichts mehr zu schaffen haben, schon gar nicht an der Universität. Zehn Jahre in der Theologischen Fakultät haben meinen Bedarf an satter Geistigkeit fürs Leben gedeckt.

Doch in der ersten Seminarsitzung verloren sich etwa zehn Soziologen unter neunzig Theologen aus beiden Großbekenntnissen. Und schon ging es los wie gewohnt. Die Majorität setzte sich durch, froh darüber, überhaupt wieder einmal mitten in der Welt Mehrheit zu sein. Bildungsfrüchte der theologischen Frühsemester wurden missionarisch vor den Weltkindern ausgebreitet, Argumente zählten allein den Glaubenden, eine tote Kirche wurde wieder zum Leben erweckt, unser Thema zerpflückt.

Der Eifer kam erst spät ins Stocken. Und das kam so. Unter den Theologen, die da vor sich hin argumentierten, war immer schon einer aufgefallen, weil er, ganz in schwarzes Leder gehüllt, sich besonders scharfmacherisch der Ausbreitung des wahren Glaubens unter den Mitstudenten widmete. Die Kleidung dieses Berufenen hätten wir noch hingenommen, denn schließlich fahren auch einige schwere Motorräder. Doch seine Lederstiefel erschienen untypisch – und erinnerten, ich will da nichts unterstellen, an andere Zeiten.

Unterstellen? Die Stiefel waren nicht unangemessen, wie sich herausstellte. Mitten in eine Diskussion um den neutestamentlichen Antijudaismus, der seine Konsequenzen bis in die Gegenwart hat und der mich dazu veranlaßte, vom Niedergang der Kultur in der Hitlerdiktatur zu sprechen, als jüdische Wissenschaftler ins Exil oder in den Tod getrieben worden sind, mitten in diese Diskussion platzte die ernüchternde Feststellung des Schwarzen: «Im Dritten Reich gab es auch Fortschritte der Wissenschaft, die von internationaler Bedeutung waren. Ich nenne nur die Menschenversuche in den Erziehungslagern, die wichtige Aufschlüsse über die Leidensfähigkeit der menschlichen Rasse erbracht haben!»

Wie gesagt, nach diesem wichtigen Aufschluß über das Fortleben traditioneller Geisteshaltungen war es um alle Missionserfolge im Seminar geschehen. Kirche bleibt Kirche. Ihre Rekruten beweisen diesen Glaubenssatz.

10. Und die Moral von der Geschicht'?

Die Moral, wenn es denn eine sein soll, findet sich bereits zu Beginn meiner Erzählungen: Mich wundert, daß ich so fröhlich bin.

Ich habe über dreißig Jahre mit Bewußtsein in einem durch und durch patriarchal strukturierten Milieu zugebracht, das sich euphemistisch nach der Mutter Kirche nennt, um Vatergewalt durch Mutterliebe zu verhüllen. Im Laufe dieser Jahre habe ich viele Arten von Kirchenvätern kennengelernt. Ich bin zwar nie im landläufigen Sinne von diesen verführt worden, doch haben sie mich von innen her belästigt. Ich blieb lange Jahre hindurch ein Verführter, der dazu taugen sollte, andere zu verführen. Die Belästigung, zu der sie mich im Hinblick auf andere erzogen haben, bestand darin, mein Denken, Fühlen und Handeln derart in Besitz zu nehmen, daß ich alles für wahr hielt, was sie für mich im voraus definiert hatten, um es mich glauben zu heißen.

Solches Fürwahrhalten ist in den neun Geschichten aufgezeigt. Ich fasse ihre Inhalte zusammen: Die Liebe eines Menschen darf nicht dem gehören, was er lieben will. Nicht der Mutter, nicht dem Lebensgefährten, nicht dem Buch seiner Wahl, nicht dem eigenen Denken. Die Liebe, die die Väterkirche meint, ist vorprogrammiert, damit sie «die wahre» sei: Liebe zum verordneten Denken, Liebe zu den diesem Denken vorgesetzten Vätern, Liebe zu einem Vatergott, den die Systemwahrer nach ihrem eigenen Bilde geschaffen haben.

Daß diese Liebe zu den Vätern jedoch, an der menschlich freien Liebe vorbei, nichts anderes als die Gewalt der Väter deckt, daß diese Verhüllung von Generation zu Generation tradiert werden soll, daß sie als ausschließliche, d. h. ausschließende Wahrheit interpretiert wird, bleibt Verführung von Menschen durch Menschen. In solcher Wahrheits-Liebe schläft das Verhängnis der Welt.

Ich wundere mich, daß ich das gelernt habe und ein so schlechtes Exempel kirchlicher Pädagogik geworden bin. Ich danke, wenn ich daran denke, daß ich meine Liebe durch die Jahre im Väter-Milieu hindurch in das Land kindlicher Fröhlichkeit habe retten dürfen.

Horst Herrmann, Dr. theol., geb. 1940, Priesterweihe 1964, Prof. für Soziologie (1971–1981 Prof. für kath. Kirchenrecht) an der Universität Münster, 1975 Entzug der kirchl. Lehrerlaubnis, 1981 Kirchenaustritt und Heirat, Autor von 13 Büchern und über 120 Zeitschriftenartikeln zu religions- und gesellschaftskritischen Themen. Mitglied des PEN.

Manfred Josuttis

Die verrufene Frau

(Predigt über Hebräer 11,31 am 8. Juli 1984)

«Aufgrund des Glaubens kam die Dirne Rahab nicht zusammen mit den Ungehorsamen um; denn sie hatte die Kundschafter in Frieden aufgenommen.» Hebr. 11,31: vgl. Jos. 2,1–24; 6,22–25

I.

Wie jedes richtige Männer-Buch ist auch die Bibel bevölkert von anrüchigen Frauengestalten. Am Anfang steht Eva, die den Mann zur Sünde verführt. Am Ende Babel, das gewaltige Hurenweib, «trunken vom Blut der Heiligen und von dem Blut der Zeugen Jesu» (Off. 17,6). Dazwischen Debora, die im Triumphlied den Mord Jaels am heidnischen Hauptmann Sisera besingt:

«Gesegnet sei unter den Weibern Jael, gesegnet sei sie in der Hütte unter den Weibern! Milch gab sie, da er Wasser forderte, und Butter brachte sie dar in einer herrlichen Schale. Sie griff mit ihrer Hand den Nagel und mit ihrer Rechten den Schmiedhammer und schlug Sisera durch sein Haupt und zerquetschte und durchbohrte seine Schläfe» (Ri. 5,24–26).

Dazwischen Delila, die dem heldischen Simson im Schlaf das Haar schor und die ihn dadurch um seine Manneskraft brachte. Und Bathseba, die den gottesfürchtigen David zum Mörder machte. Und die heidnischen Prinzessinnen in Salomons Harem, die ihn zum Kult der Muttergöttin verlockten. Und Salome, deren erregender Tanz Johannes den Täufer den Kopf kostete. Und alle die anderen. Den Evangelisten Matthäus hat diese Tradition der anrüchigen Frau so fasziniert, daß er im Stammbaum Jesu drei weibliche Namen erwähnt: Thamar, Ruth und Bathseba; und alle drei sind in die Heilsgeschichte geraten, weil sie sich mit List und Verstellung in das Bett frommer Männer einzuschleichen wußten.

Die Bibel ein Buch, das auch Geschichten von berufenen Männern und von verrufenen Frauen erzählt. Ziehen hier Gegensätze sich an? Die Heiligen und die Huren? Finden sich hier Außenseiter zusammen? Wie Diener und Dienerinnen der Liebe? Auf jeden Fall wird man sagen können: In der Hl. Schrift einer Männerreligion melden sich auch die Wünsche und die Ängste der hl. Männer zu Wort. Die Frau als Verlockung und die Frau als Gefahr. Bis hin zu jenen Erzählungen vom Erlöser, der sein Leben dem reinen Willen Gottes verdankt und der mit der Zauberkraft seiner Worte auch die Sünderinnen um sich zu scharen verstand.

So setzt der Hebräerbrief eine lange Traditionskette fort, wenn er in der Wolke der Glaubenszeugen zwei Frauen erwähnt: Sara, die Unfruchtbare, und Rahab, die Hure. «Durch den Glauben ging die Hure Rahab nicht verloren mit den Ungläubigen, da sie die Kundschafter freundlich aufgenommen hatte.» Die Bibel, auch angefüllt mit Wünschen und Ängsten von Männern.

II.

Hier predigt ein Mann zu Männern und Frauen über eine zwielichtige Figur, die uns als Mutter des Glaubens empfohlen wird. Mindestens unausgesprochen stehen damit auch all jene Gefühle im Raum, die Männer und Frauen seit hohen Zeiten füreinander finden. Und wir beginnen erst in den letzten Jahren sehr allmählich zu begreifen, daß mit unserem Mann-Sein und unserem Frau-Sein auch Abgründe zwischen uns aufgetan sind. Adam, der Mann, der sich Mensch nennt – Eva, die Frau, die das Leben heißt. Die heroische Selbstbestimmung des einen, voller geheimer Sehnsucht nach den Lebenskräften der andern. Wenn wir die Abgründe zwischen uns überbrücken, erleben wir Augenblicke des höchsten Glücks. Aber sicher erfahren auch die, die miteinander und gegeneinander in einen Kampf auf Leben und Tod geraten, was es heißt, Mann zu sein oder Frau zu sein. Und noch in der alltäglichen Begegnung spielt untergründig immer beides hinein, der verbotene Wunsch nach der innigsten Einheit und die Angst vor dem verbotenen und dem gleichwohl drohenden Kampf.

Liebe Gemeinde, Männer und Frauen, Brüder und Schwestern! Rahab, die Dirne, die Mutter des Glaubens, steht jetzt im Raum. Keine Haremsschönheit. Kein Callgirl. Keine Hetäre. Sondern eine abgetakelte orientalische Stadthure. Wer als Mann über dieses Geschöpf etwas sagen will, der wird beides versuchen müssen: Die Wünsche zur Sprache bringen, die sich an diese zwielichtige Gestalt geheftet haben, aber auch die Ängste auszudrücken, die sie im Lager der hl. Männer ausgelöst hat.

III.

Rahab hat den Vernichtungsfeldzug des Glaubens überlebt. Sie ist übrig geblieben mit ihrer Sippe. Alles andere ist ausgerottet: die Männer und Frauen und Kinder, aber auch die Kulturschätze, die Tempel, die Götter. Das Alte ist vergangen, ganz und gar. Nur Rahab ist noch am Leben, ein Beweis für die Stärke des eigenen Gottes, der die Götzen mit ihren Anhängern vernichtet hat und der auch die Herzen von Heiden zum wahren Glauben bewegt.

Rahab, das Beutestück, aber gleichzeitig auch: die ständige Gefahr. Wie wird sie sich verhalten, wenn sie in der neuen Umgebung lebt? Wird sie wirklich brechen können mit ihrer heidnischen und hurerischen Vergangenheit? Oder wird sich ihre Bindungslosigkeit nun im Kreis der Glaubenden ausbreiten wie eine ansteckende Krankheit? Rahab, aus alter Zeit stammend, muß einem intensiven Umerziehungsprozeß ausgesetzt werden, jahrelang, vielleicht jahrhunderte- und jahrtausendelang. Die anrüchige Frau könnte ja zurückkehren wollen zu ihren Muttergöttinnen, sie könnte zurück wollen zu ihrer ungezügelten Lebensart. Sie könnte die heilige Ordnung im Lager der kämpfenden Männer zerstören.

Also muß sie beobachtet, kontrolliert, gezähmt und erzogen werden. Rahab schweige in der Gemeinde! Rahab muß Schleier tragen. Rahab, die Hexe, muß brennen. Rahab hüte das Haus. Rahab, geh in die Kirche. Rahab, mach deinen Arbeitsplatz frei und kümmere dich um die Kinder.

Rahab im Lager der siegreichen Männer. Relikt einer uralten Vergangenheit, als die Götter noch weiblich waren und die Ehe noch keine männliche Eigentumsordnung. Rahab, Überlebende eines totalen Vernichtungskrieges. Triumphaler Beweis unserer männlichen Stärke und Gnade. Aber auch beschämende Erinnerung an unsere lebenslängliche Abhängigkeit.

Rahab in unserer Mitte als Zeugin des Glaubens. «Es ist aber der Glaube eine gewisse Zuversicht des, das man hofft, und ein Nichtzweifeln an dem, das man nicht sieht», heißt es im ersten Vers dieses 11. Kapitels. Inwiefern hat Rahab geglaubt?

IV.

Rahab hat keine Predigt gehört. Sie hat keinen Katechismus gelernt. Sie hat auch kein vorformuliertes Glaubensbekenntnis gesprochen. Sie hat, alles in allem, nur eines getan: Sie hat leben wollen, um fast jeden Preis. Unserer männlichen Schriftgelehrsamkeit mag das schwer verständlich sein, aber in dieser verrufenen Frau erscheint der Glaube an Gott als die alle Grenzen sprengende Kraft zum Leben. Fast möchte man sagen: als Trieb zum Leben.

Weil Rahab sich und ihre Sippe am Leben erhalten will, hat sie ein sensibles Gespür für die Zeichen der Zeit. Sie sieht die Gefahren, die am politischen Horizont aufziehen. Sie weiß auch die militärischen Kräfteverhältnisse im Kampf der Götter richtig einzuschätzen. Sie ahnt die Katastrophe, den Untergang, der bevorsteht. Und sie zieht aus dem, was sie sieht und vermutet und ahnt, sofort radikale Konsequenzen. Während in der Stadt noch gestritten wird, ob man ein Grußwort sagen soll oder nicht, handelt sie.

Sie tut freilich mehr, als der Hebräerbrief ihr zubilligen möchte. Wenn er rühmend hervorhebt, daß «sie die Kundschafter freundlich aufgenommen» hat, dann drängt er sie schon in eine bestimmte Richtung, in die Rolle einer gastlichen Hausfrau. Aber weil Rahab sich und ihre Sippe am Leben erhalten will, wird sie in Wirklichkeit zur Kollaborateurin, ja zur Verräterin. Wir haben es vorhin im Josuabuch gehört: Sie nimmt die Kundschafter des Feindes bei sich auf, sie versteckt sie und verhilft ihnen zur Flucht. Manche Ausleger vermuten dahinter noch eine ältere Tradition. Das rote Seil an der Mauer habe ursprünglich jene Stelle markiert, an der die Eroberer mit Hilfe der Hure in die Stadt eindringen konnten. Rahab hätte dann aktiv und verräterisch alle Verteidigungsanstrengungen der eigenen Seite zunichte gemacht. Weil sie überleben wollte, diese unsere Mutter des Glaubens.

V.

Rahab ist zwischen alle Fronten geraten. Weil sie am Leben bleiben will, hat sie die alten Götter verlassen und die alten Herren verraten. Daß sie leben will, macht den kämpfenden Männern bis heute Angst. Rahab – außerhalb der Lager, jenseits der Mauern, draußen vor dem Tor.

Gibt es Frieden? Gibt es Versöhnung zwischen uns Männern, die wir Angst haben vor Verrat und Verführung, und jener Frau, die mit allen Mitteln der Vernichtung entgehen will und die sich allen Zähmungsversuchen entzieht?

Ich weiß nicht, ob es eine wirkliche Aufhebung aller Spannungen und Gegensätze und Kämpfe zwischen Mann und Frau geben kann. Vielleicht hat es ja einen guten Sinn, wenn Er, der draußen vor dem Tor leiden mußte, behauptet hat, daß er erst im Reich Gottes nicht mehr Mann oder Frau sein werden und daß dieses Reich dann ein Reich der Freiheit und des Friedens sein wird.

Ich bin aber sicher, daß wir Männer und Frauen in Seiner Gemeinde ein Stück weit Brüder und Schwestern werden können, wenn wir gemeinsam diese anrüchige Figur verstehen und lieben lernen. Deshalb schließt diese Predigt eines Mannes mit einer Liebeserklärung.

Ich liebe dich, Rahab, Hure, Mutter des Glaubens. Ich bewundere deinen Willen zum Leben. Ich folge dir bei deiner Verräterei.

Herr,
ewiger und allmächtiger Gott.
Wir danken dir,
daß wir mit allen Geschöpfen
in deiner Welt leben dürfen.
Wir leben als Mann oder als Frau.
Das trennt uns voneinander.
Das treibt uns zueinander.
Das macht uns Angst,
und das macht uns Lust.
Trotz aller Schwierigkeiten,
die wir in unserer Lebensgeschichte erfahren,
trotz aller gesellschaftlicher Probleme:
wir danken dir,
daß wir so sind, wie wir sind,
Mann oder Frau.
Und wir danken dir dafür,
daß es auch die anderen gibt.
Von dir geschaffen.
Von dir gerufen.
Für dein Reich bestimmt.
Wir bitten dich heute besonders für alle,
die als Mann und Frau miteinander leben.
Für die, die aufeinander zugehen.
Für die, die an ihren Alltagsproblemen leiden.
Für die, die in einer Krise sind.
Auch für die, die sich trennen müssen.
Daß Männer und Frauen Bindung nicht als
Abhängigkeit erleben.
Daß sie Treue nicht als Verlust erfahren.
Daß sie einander geben und voneinander
nehmen können.
Daß sie herausfinden aus dem Kreislauf
wechselseitiger Vorwürfe.
Daß sie nach Abschied und Tod einander in
guter Erinnerung behalten.

Wir bitten dich für die Jugendlichen,
die zu entdecken beginnen, was es heißt,
Mann oder Frau zu sein.
Wir bitten dich für alle,
die an ihrer Einsamkeit leiden,
für Trauernde, Verlassene, Verzweifelte.
Wir bitten für die,
die in unserer Gesellschaft verachtet sind.
Wir bitten dich für alle,
die Gewalt leiden:
für die geschlagenen Frauen und Kinder,
für alle,
die ihren Kummer betäuben müssen
mit Alkohol und anderen Drogen.
Hilf ihnen allen und steh ihnen bei,
die ihnen zu helfen versuchen.

Du, Herr, hast alles Leben geschaffen.
Du, Herr, willst,
daß diese Erde bleibt,
bis dein Reich kommt.

Gib uns Geduld,
daß wir am Leid des Lebens nicht verzweifeln.
Gib uns Vertrauen und Offenheit,
daß wir das Glück des Lebens nicht versäumen.
Gib uns Mut und Tatkraft,
daß wir um den Erhalt des Lebens kämpfen.

Weil du alles geschaffen hast,
loben wir dich.
Weil du für alle gestorben bist,
danken wir dir.
Weil du alles versöhnen willst,
warten wir auf dich.
Mit allen Geschöpfen Himmels und der Erde
preisen wir deinen Namen.
Den Vater und den Sohn und den Hl. Geist
jetzt und immerdar
und von Ewigkeit zu Ewigkeit.

Manfred Josuttis, geb. 1936 in Insterburg / Ostpreußen, Theologiestudium in Wuppertal, Göttingen und Bonn, 1962–68 Pfarrer in Gödenroth / Hunsrück, seit 1968 Professor für Praktische Theologie in Göttingen

Wichtigste Veröffentlichungen:
Praxis des Evangeliums zwischen Politik und Religion, München ^{3}1983
Der Pfarrer ist anders, München ^{2}1983
Die permanente Passion, München 1982

Stefan Majer

Wie schwulenfeindlich darf unser Gottesbild sein?

(oder: Gott-Vater zwischen Auschwitz und Coming-out)

Jeder Mensch benutzt das Wort «Gott» mindestens einmal täglich und sei es nur als Stoßseufzer oder Fluch. Aber wer oder was ist mit «Gott» gemeint, was sind es für Bilder, die wir damit verbinden, und vor allem: woher habe ich diese Bilder und was machen sie mit mir? Bilder meint dabei nicht nur irgendwelche Bibelillustrationen oder die Gemälde und Plastiken in unseren Kirchen und Museen. Bilder, das sind in erster Linie die inneren Bilder, die Sinnbilder, die Projektionen und Visionen, die seit Jahrtausenden von dem unerforschlichen Grund und Ziel unseres Seins gemacht werden, die verehrt und bekämpft werden und die in jedem Falle unser Denken, Fühlen und Verhalten entscheidend beeinflussen. Dabei sind es aber Menschen gewesen, die diese Bilder schufen: nicht nur Gott schuf uns nach seinem Bilde, auch wir Menschen schufen Gott nach unserem Bilde. Das heißt also, daß wir über Menschen, daß wir über uns reden müssen, wenn wir über Gott reden wollen. Und wenn ich über den allmächtigen Vater im Himmel nachdenken will, spielt mein eigener, nicht ganz so allmächtiger Vater eine entscheidende Rolle. Aber nicht nur er, sondern auch die ganzen Väter vor ihm und um uns herum und natürlich all das, was ich mitbekam, wie ein Vater zu sein hat und wie ein Mann. Auch die Familie kann dabei nicht unberücksichtigt bleiben und meine Erfahrungen mit Macht, Allmacht und Ohnmacht.

Aber ich bleibe zunächst einmal beim Vater – und da fangen die Probleme schon an. Wenn Gott Vater ist, dann hat das sicher sein Recht und seinen Grund; es gibt ja durchaus angenehme Vorstellungen, die sich mit einem Vater verbinden. Aber warum muß sich daraus unbedingt ein solcher Absolutheitsanspruch entwickeln, der Gott und uns Menschen festlegt: so ist er und nicht anders! Wo bleiben denn da die Frauen und Männer, die nicht Väter sind? Wird denen kein Recht zur eigenen Bildproduktion eingeräumt? Und wo bleibe ich als schwuler

Mann? Habe ich mich mit einem heterosexuellen Gottesbild abzufinden und ist mein So-sein in himmlischen Verhältnissen nicht abbildbar? Na klar, werden die Evangelikalen (streng fromme, bibelgläubige Protestanten, die die Texte des Neuen Testaments wortwörtlich nehmen) sagen; aber wenn wir davon einmal absehen, dann wäre mir die prinzipielle Möglichkeit eines schwulen Gottesbildes *neben* anderen Gottesbildern schon wichtig. Aber unsere Herren Theologen und Bischöfe haben schon genügend Kopfschmerzen bei der Vorstellung, daß Gott nicht nur ein Mann und nicht nur weiß sein könnte. Nun auch noch die Schwulen, das wäre wirklich zuviel! Das würde ja auch heißen, daß so etwas wie Sexualität zu Gott gehören würde, daß er nicht nur Geist wäre, und vor allem wäre eine Formulierung wie «Gott ist Liebe» auf einmal entsetzlich zweideutig. Man sieht, das führt direkt in des Teufels Küche. Wie wäre es also mit dem Gegenteil, einem kleinen Bildersturm: weg mit allen Gottesbildern, den weiblichen, den männlichen und allen anderen auch? Gott nur noch als «Urprinzip» oder als «Energie», das würde vergeistigten Dogmatikprofessoren entgegenkommen und unserer Welterfahrung entsprechen, nach der Mächte und Gewalten nicht mehr konkret faßbar sind. Menschen werden als Repräsentanten eines Systems erkannt, Strukturen bestimmen unser Leben und nicht mehr Herrscher und Erbmonarchen. Warum also noch weiter Gott als Herr und Vater anreden, warum überhaupt noch persönliche Gottesbilder?

Ich denke, daß Bilder etwas sehr Menschliches, Humanes an sich haben. Man könnte auch noch mit Kurt Marti hinzufügen, daß bereits im Gebot, sich von Gott kein Bild zu machen, das Bild eines männlichen Gottes steckt. Und: Gott hat sich schließlich selbst zum Bild gemacht, zu einem Bild aus Fleisch und Blut als der Mann Jesus von Nazareth. Dies ist sicher kein beliebiges Bild, aber es ist auch kein exklusives Bild in dem Sinne, daß Gott *nur* als Mann und *nur* als Jude abbildbar und alles andere ausgeschlossen wäre. Unsere Gottesbilder stellen eine Gratwanderung dar: immer stehen hinter ihnen konkrete Menschen und reale Erfahrungen – siehe Jesus – und immer ist Gott größer als unsere Bilder von ihm – siehe Bilderverbot.

Davon ausgehend bleibt die Frage, welche Vorlagen wir benutzen und zu was unsere Bilder dienen. Werden mit ihrer Hilfe Menschen dazu befähigt, sich selbst und die anderen als «Ebenbilder Gottes» anzunehmen, oder werden sie dazu dienen, die Höherwertigkeit bestimmter Menschen, Lebensweisen und Strukturen zu legitimieren? Für beides gibt es Beispiele genug – in der Geschichte und im persönlichen Erleben.

Wenn man wieder das Bild vom Vater im Himmel nimmt, dann erstaunt dabei, daß im Alten und im Neuen Testament gar keine durchgehende und einheitliche Verwendung dieses Bildes zu finden ist, ja daß es in weiten Teilen der christlichen Tradition sicher keine beherrschende Rolle spielt. Als Gottesbilder dienten vor allem Könige und Herrscher oder auch die abgelösten heidnischen Götter. Erst durch die Hochschätzung der Familie im aufkommenden Protestantismus und Bürgertum bekam das Familienoberhaupt eine solch entscheidende Bedeutung. Die väterliche Autorität wurde dabei von Gott hergeleitet, ebenso wie die staatliche Macht durch die der Eltern legitimiert wurde. Und dahinter stand wiederum das vierte Gebot, das Gebot Gottes, die Eltern zu ehren. Aber in dem Maße, wie Religion von einer öffentlichen zu einer innerlichen Angelegenheit wurde, wie Gefühl an die Stelle von Vernunft trat, wurden zunehmend die Frauen und Mütter für sie zuständig: **K**inder, **K**üche, **K**irche. Den Männern blieb dabei selbstverständlich die Theologie und das Pfarramt erhalten, dazu war ja mehr nötig als das bißchen Emotionalität und Frömmigkeit. Und vor allem blieb das Gottesbild männlich, auch wenn es tausendfach von Müttern an ihre Kinder weitergegeben wurde.

Ja, und so war es eigentlich auch bei uns zu Hause, denn meine Mutter war ganz sicher die treibende religiöse Kraft. Sie las die Losungen, das Morgen- und das Abendgebet und scheuchte am Sonntagmorgen die Familie zum Gottesdienstbesuch aus den Betten. Sie sang viel geistliche Chormusik und, indem sie in verschiedenen theologischen und ökumenischen Arbeitskreisen mitarbeitete, sprengte sie sogar das traditionelle Rollenklischee. Mein Vater nahm an vielen ihrer Aktivitäten teil, aber doch mehr als passiver Zuhörer. Er war ein Mann der Wirtschaft, der sich für den ererbten Betrieb aufopferte und der dann für andere Dinge, wie die erwähnten «K»s der Frau, nur noch wenig Zeit und Kraft hatte. Aber er war nicht der autoritäre Patriarch, der bedingungslosen Gehorsam und höchstmögliche Leistung fordernde strenge Vater. So war der Vater meines Vaters gewesen, und dies hätte auch bruchlos zum Bild eines strengen und zürnenden Gott-Vaters gepaßt. Meine persönliche Gottesvorstellung hatte aber viel mehr mit dem «lieben Gott» und mein Vaterbild mit einem «lieben Vater» zu tun. Beide sollten für meine Kindergebete bzw. Kinderwünsche da sein, aber zu meiner großen Enttäuschung waren beide fern und nicht ansprechbar. Gott-Vater war irgendwo «da oben» im Himmel und der leibliche Vater im Flugzeug unterwegs auf Geschäftsreise. Sicher, den Vater konnte ich um etwas bitten, und wenn ich nur genügend bettelte, erfüllte er mir den Wunsch auch – aber meistens war er ja gar nicht da.

Zum «lieben Gott» konnte ich beten – und das tat ich fast jeden Abend –, aber er antwortete nicht. Heute würde ich sagen: wie hätte er auch anders reagieren sollen, als mir die eigene Verantwortlichkeit für mein Tun und Lassen klarzumachen? Meine Lethargie, mein Aussehen und meine erst unbewußten und dann unerfüllten Sehnsüchte nach Liebe und nach einem Freund blieben, wie sie waren – und Gott war für mein Empfinden schuld daran. Er hätte mir ja helfen können, wenn er nur gewollt hätte. Der nicht ansprechbare Vater und der machtlose Gott entsprachen sich und wurden beide von mir schmerzlich erlitten. Daß über den Wolken niemand sitzt, der nur mal mit dem Finger wakkeln muß, um mir aus der Patsche zu helfen, daß Gott im Gegenteil keine anderen Hände hat als unsere, war eine sehr viel spätere Erkenntnis. Einen in seiner Liebe oft ohnmächtigen Gott und analog dazu einen Vater, der auch nur ein Mensch ist und insofern vielleicht gerade liebenswert, hätte ich damals nicht akzeptieren können.

Damals standen beide im krassen Widerspruch zu dem, was mir Kirche, Gesellschaft und Familie vermittelten. Gott war natürlich allmächtig, er herrschte im Himmel und auf der Erde. In den biblischen Geschichten, aber auch in den Gebeten meiner Mutter begegnete mir ein Gott, der unser Schicksal autoritär lenkt. Wenn mein Vater gesund nach Hause zurückkehrte, wenn er und nicht der Konkurrent einen Auftrag erhielt, dann war das «Gebetserhörung». Und es klappte ja auch – fast – alles: wir waren eine harmonische Familie, keiner erkrankte dauerhaft, Tod gab es erst in biblischem Alter, und die Firma überstand alle Konjunkturkrisen. Was nicht in dieses Schönwetterbild paßte, wurde verdrängt, oder es gehörte zum Unerklärbaren, zum Bösen in dieser Welt. So behielt Gott eine reine Weste und seine Allmacht blieb gleichzeitig unangetastet.

Dieses Modell hätte mich aber wohl nur überzeugt, wenn es mit einer entsprechenden Erziehung verbunden gewesen wäre. Zum einen hätte man mir beibringen müssen, daß irgendwelche Utopien und kühnen Träume in den Gebeten nichts verloren haben. Die gehen ja doch nicht in Erfüllung, und folglich müßte die göttliche Allmacht an ihnen Schiffbruch erleiden. Das heißt, daß alle Wünsche, die den momentanen gesellschaftlichen, kirchlichen oder familiären Status quo überschreiten, höchstens einmal an Silvester oder am Geburtstag in das Gebet einfließen dürfen. An diesen Tagen nimmt man sich sowieso alles mögliche und unmögliche vor. Wenn ich von meinen heutigen Hoffnungen ausgehe, dann wäre klar, daß z. B. ein Frieden ohne Waffen oder eine allgemein anerkannte Existenz als Schwuler von vorneherein ausschieden. Aber schon die Erfahrungen von alltäglichem

Scheitern, die vielen kleinen und großen Schwächen, um derentwillen ich mich an Gott wandte, führten zu einem anderen Problem. Es fehlte das Pendant zum helfenden Gott, nämlich ein fordernder himmlischer und irdischer Vater. Aber mein Vater ließ mich in Ruhe, im guten wie im schlechten Sinne. Entweder ich schaffte es oder eben nicht. Anfangs war ich ja auch auf allen Gebieten ein solcher Musterknabe gewesen, daß man mich getrost mir selbst überlassen konnte. Irgendwann mit der Pubertät kamen dann die Probleme aber doch: in der Schule ging's bergab, ich wurde immer unpünktlicher usw. Da sich alles noch in Grenzen hielt und keine größeren Katastrophen passierten, gab es auch keinen größeren Ärger. Und wenn ich dann doch einmal eine Strafpredigt meines Vaters anhören mußte oder eine Ohrfeige bekam, dann konnte ich mich zu meiner Mutter flüchten und alles war wieder gut – und die Wirkung verpufft. Überhaupt begann ich auf Kritik entweder mit Ablehnung, mit Ignoranz oder aber damit zu reagieren, daß ich mir selbst ein schlechtes Gewissen machte und folglich die Kritik des anderen überflüssig war. Dadurch war natürlich auch die Veranlassung, mein Verhalten zu ändern, recht gering, und ich allein, nur mit meinem schlechten Gewissen, schaffte die Änderungen nicht. Mein Vater hätte mir durch ernst zu nehmende Kritik und eine klare Linie in seinem eigenen Verhalten eine Hilfe sein können. Dies soll jetzt kein Plädoyer für eine neue autoritäre Erziehung sein, aber es fehlte mir ein Gegenüber, das mir Grenzen setzte und an dem ich mich hätte reiben können. Und Gott als letzter Ausweg, der dann zu erfüllen hatte, was ich weder allein noch unter Nachhilfe meines Vaters zustande bekam, war natürlich auch überfordert. Außerdem hätte ich mir von ihm so oder so nichts sagen lassen; er war ja doch nicht anders als mein Vater, nur vielleicht etwas allmächtiger, aber ebenso wie dieser durch entsprechend lange Gebete zu erweichen.

Das Problem war also gerade die Schwäche meines Vaters, kombiniert mit dem gesellschaftlichen Bild von *dem* Vater, dem himmlischen und dem irdischen. Mein Vater hätte den Mut haben sollen zuzugestehen, daß er mit der traditionellen Familienvaterrolle überfordert war, und meine Eltern hätten zulassen müssen, daß Gott wirklich menschlich ist. Aber so hieß es nur: «Da wird nicht diskutiert!»

Und diese Situation war für mich bedrückend. Aus der Diskrepanz zwischen Rollenanspruch und Rollenrealität – hier allmächtiges Gottes- und autoritäres Vaterbild, dort schweigender Vater und stummer Gott – begann ich an beiden zu zweifeln.

Bemerkenswert ist bei dieser Entwicklung auch die Rolle meiner Mutter. Gerade sie vermittelte uns Kindern ja dieses allmächtig-männliche Gottesbild. Obwohl selbst theologisch interessiert und aufgeschlossen, vermochte sie darin keinen Widerspruch zu ihrer Rolle als Frau zu erkennen. Als Mutter gab sie uns Wärme und Geborgenheit, hatte aber große Schwierigkeiten, uns ziehen zu lassen. Nach dem Muster bürgerlicher Erziehung hätte dem ein Vater gegenübergestanden, der den Sohn auf das harte Leben vorbereitet und der ihn irgendwann in die Welt hinausschickt. Mein Vater versuchte dies, indem er auch mich zum Eintritt in seine Firma zu veranlassen suchte. Aber sein Vorbild war zu wenig überzeugend, als daß ich das ernsthaft in Erwägung gezogen hätte. Statt dessen erfüllte ich den geheimen Traum meiner Mutter und begann, Theologie zu studieren. Schon als Fünfjähriger hatte ich als Berufsziel «Theologieprofessor» angegeben – auf meinem Mist war das ganz sicher nicht gewachsen. Erleichtert wurde mir diese Entscheidung durch den Kontakt zu einem Pfarrer, dem Vater eines Freundes. In ihm fand ich, zumindest auf intellektueller Ebene, ein modifiziertes, glaubwürdiges Vater- und Vorbild. Zu dieser Zeit veränderte sich auch allmählich meine Vorstellung von Gott. Auf einmal durften Fragen gestellt und Zweifel angemeldet werden. Ja es war möglich, über Glauben und Gott zu reden, ohne dafür nur Bibelzitate und vorformulierte Gebete zu benutzen.

Aber es bedurfte noch zweier biographisch-theologischer Brüche auf dem Weg zu einem neuen Verständnis von Gott und meinem Vater und somit von mir selbst.

Der erste Bruch läßt sich mit dem Wort ‹Auschwitz› umschreiben. Ich hatte mich entschlossen, den Kriegsdienst zu verweigern – nach der Weigerung in die Firma einzutreten, eine erneute Absage an das mir immer unglaubwürdiger erscheinende patriarchale System von Konkurrenz und Krieg Indem, ich untauglich gemustert wurde, gab mir dieses System aber auch zu verstehen, daß es für mich gar keinen Bedarf hatte – worüber ich nicht weiter traurig war. Ich ging dann als Freiwilliger mit «Aktion Sühnezeichen» für eineinhalb Jahre nach Israel. Ein erster Besuch in Auschwitz und die Begegnung mit Überlebenden der KZ's, die intellektuelle und gefühlsmäßige Auseinandersetzung mit dem großen «Warum?» machte mir den Gedanken an einen allmächtigen Gott zur unerträglichen Provokation. Auf die Frage ‹wo war Gott in Auschwitz?› konnte es für mich nur die Antwort geben, die Elie Wiesel in seiner bekannten Geschichte gab: dort am Galgen, in dem mit dem Tode ringenden Jungen, *nur* dort kann Gott sein. Gott selbst leidet, und Menschen sind es, die die Schuld daran tragen. Den Marionettenspieler über den Wolken, der alles in Händen hat, gab es nicht mehr. Und wenn es ihn je gegeben hätte, wäre er in Auschwitz an seiner eigenen kalten Apathie erfroren. Gott ist größer als unsere Bilder von ihm – diese Einschränkung möchte ich nach wie vor machen. Aber unsere menschlichen Bilder von ihm müssen zum Ausdruck bringen, daß es einen Sinn gibt für unser Leben, daß es richtig ist, auf Gerechtigkeit, Liebe und Hoffnung zu setzen – und nicht auf Krieg, Konkurrenz und Eigennutz. Auch und gerade in ihrem Gegenteil zeigt sich die Gültigkeit der Liebe. Der qualvoll hingerichtete Junge wird zu einem solchen Bild: Gott ist weder ein Schlächter noch ein Mitläufer oder Zuschauer. Dort, wo Haß und Gewalt triumphieren und wo Glück im Grunde genommen nicht mehr erfahrbar ist, da ist Gott; bei denen, die leiden – und bei denen, die sich dagegen wehren.

Der zweite Bruch vollzog sich, als mir mehr und mehr bewußt wurde, daß ich Männer attraktiv finde, daß ich schwul bin. Dieses sogenannte «coming out» – das Bewußtwerden eines jungen homosexuellen Menschen über seine erotischen und Bindungswünsche ans eigene Geschlecht – war ein langwieriger und oft schmerzlicher Prozeß, aber letzten Endes lag in ihm die große Chance, nicht in den eingefahrenen männlichen Rollenklischees zu verharren. Zum Vorverständnis: Auch in unserer Familie ging es ziemlich prüde zu. Liebe war etwas Edles, höchstens etwas Romantisches, und Körperlichkeit war in erster Linie Hygiene. Zärtlichkeiten zwischen meinen Eltern, aber auch uns Kindern gegenüber, beschränkten sich auf «Gute-Nacht-Küßchen», Abschiedsumarmungen u. ä., wobei mein Vater viel zurückhaltender war als meine Mutter – typisch Mann. Aufklärung gab es natürlich keine; weder durch meine Eltern noch in der Schule. Wenn man einmal von dem väterlichen Hinweis absieht, sich ‹da unten› jetzt häufiger zu waschen, und auch die detaillierten Informationen unseres Biologielehrers über Geschlechtskrankheiten unberücksichtigt läßt. Wenigstens das Onanieren konnte mir ein älterer Bruder erklären, der studierte ja schließlich Medizin. Und der liebe Gott spielte bei all dem die Rolle eines schlechten Gewissens und indem er wohl irgend etwas mit «Liebe», selbstverständlich im platonischen Sinne, zu tun hatte.

Und da stand ich nun: ein depressiver Junge mit einer entsetzlichen und total entstellenden Akne, der an seiner «Liebesfähigkeit» irgendwelchen Schulkameradinnen gegenüber verzweifelte. Da ich gleichzeitig Tag und Nacht mit meinen jeweiligen «Busenfreunden» zusammenhing, hätte mir an sich schon früher einmal etwas dämmern können. Aber «so etwas» war bei uns zu Hause überhaupt nicht denkbar, obwohl oder gerade weil unsere Familie eine reine Männergesellschaft (plus Mutter) war – Männerbild mit Dame. Aber das ist ja das Widersinnig-Logische, daß in dieser Welt, die so sehr von exklusiven

Männerbünden (Internat, Kaserne, Kloster, Kneipe, Konzernführungen usw.) geprägt ist, einem Jungen im coming out keinerlei Vorbilder und Identifikationsmöglichkeiten, geschweige denn ein sozialer Ort gegeben wird. Die Kirche und ihre biblische Männerwelt – den Vater, seinen Sohn und die 12 Jünger (alles Männer!) eingeschlossen – steht dabei ja nicht viel besser da, wenn man von wenigen Geschichten (David und Jonathan, Jesus und sein Lieblingsjünger), die dazu im besten Falle zweideutig sind, einmal absicht. Trotzdem war die erste Erfahrung, die ich mit meinem coming out innerhalb von Kirche machte, außerordentlich positiv. Eine seltene Ausnahme. Der oben erwähnte befreundete Pfarrer machte mir Mut, «meinen Weg zu gehen», auch im Hinblick auf das Theologiestudium.

Und dann kamen neue Probleme: Das erste, was mir sehr zu schaffen machte, war, daß ich ja nun keine Kinder bekommen könne. Man sieht: Das himmlische und das irdische Vaterbild hatten Wurzeln geschlagen. Wenn schon nicht Soldat oder Manager, dann doch zumindest braver Familienvater.

Nun gut, damit mußte ich eben leben lernen.

Als nächstes war da die Schwierigkeit mit den Bibelstellen und überhaupt: ist das Ganze nicht doch «unnormal?» Nach einigen Büchern dazu und vielen guten Gesprächen war ich zumindest vom Kopf her etwas beruhigt. Glücklicherweise war ich auch nie so biblizistisch erzogen worden, daß mich nun nachts Paulus, Moses und was weiß ich wer im Traum verfolgt hätten. Was aber blieb, war ein untergründig schlechtes Gewissen und jede Menge Selbstzweifel.

Aber vorerst war ein anderes Problem viel drängender, nämlich die Umsetzung und Erfüllung meiner so lang angestauten Sehnsucht nach Liebe, Zärtlichkeit und Freundschaft. Und wie könnte denn so ein Kontakt überhaupt ablaufen? Um mich herum nichts als Väter und kleine «Möchte-gern-Casanovas». Aber mit Männern? Mit den ersten Beziehungen kamen weitere Schwierigkeiten hinzu, ich kam mit meiner Rolle als Mann nicht zurecht, vor allem im Bett. Den Macker zu spielen hatte ich überhaupt nicht gelernt; folglich verhielt ich mich, wie man es mir vorgelebt hatte: schwächlich-männlich, aber nach außen der Versuch einer harten Schale, zögernd-passiv, aber ja nicht zuviel eigene Ansprüche. Ganz zufrieden war ich damit natürlich doch nicht, aber wenigstens gingen die Depressionen und die Akne zurück. «Außerdem kommt es ja letztlich auf ‹ganz andere› Dinge an: das Geistige, die Kultur, den Glauben ...»

Entscheidende Änderungen gab es dann durch die Beziehung zu meinem Freund Hans Peter. Mit ihm erlebte ich das erste Mal, was eine gleichgeschlechtliche Freundschaft sein kann und welche Möglichkeiten in einer Partnerschaft zwischen zwei Männern liegen: die Möglichkeit, mit Rollen spielerisch umzugehen, und – mangels Vorbildern – neue Wege des Miteinander-Lebens auszuprobieren. Ich lernte «Mann» zu sein mit den Grenzen, die durch einen anderen Mann gezogen sind, mit den Grenzen, die mir meine eigene Männlichkeit setzte. Ich lernte Weibliches in mir zu entdecken. Ich lernte vor allem, daß verschiedene Bedürfnisse und Empfindungen sich gegenseitig ergänzen können – auch zwischen zwei Männern, auch wenn die angeblich ‹natürliche› und ‹schöpfungsbedingte› «Polarität» von Mann und Frau nicht vorliegt.

Was emanzipierte Frauen seit langem behaupten, nämlich daß die bestehenden Rollenzuschreibungen in erster Linie gesellschaftlich bedingt und folglich veränderbar sind, das erfahre ich in dem Zusammenleben mit meinem Freund tagtäglich. Wir versuchen dabei Aspekte zusammenzubringen, die ich immer als getrennt erfahren habe: Glaube und Politik, Spiritualität und Sexualität, Offensein und Geborgenheit. Wo ich in der Welt meines Vaters Verdrängung und Aufspaltung mitbekommen hatte, da gibt es nun erotische Ganzheit. Auch die Sache mit den Kindern, das Gefühl, nicht ‹fruchtbar› zu sein, erhielt in unserer Beziehung eine ganz neue Antwort: fruchtbar sein kann auch heißen, daß wir uns verantwortlich in Kirche und Gesellschaft einbringen, und «unsere Kinder» sind unsere gemeinsamen Projekte und Entwürfe. In diesem Sinne sehe ich viele heterosexuelle Beziehungen in meinem Bekanntenkreis als erheblich weniger fruchtbringend an, trotz aller Kinder. Die geistig Behinderten in der ehemaligen Wohngemeinschaft meines Freundes oder heute unsere AIDS-kranken Freunde sind nicht nur «Nächste», sie sind auch unsere «wahren Verwandten», sie können unsere Familie werden.

In diesen Gedanken wird eine Entwicklung deutlich: Wenn Gott nicht mehr der Allmächtige ist, dann sind wir Menschen gefordert, tatsächlich einmal die Hände aus dem Schoß zu nehmen. Wenn Gott Auschwitz nicht verhindert hat, dann müssen wir selbst wenigstens das Unsere dazu beitragen, daß so etwas nicht noch einmal geschieht. Wenn der Vater sich als zu schwach erweist, müssen seine Söhne mündig werden, und wenn Gott gar selbst der Leidende, Unterdrückte und Sterbende ist, dann sind wir Söhne gefordert, für ihn einzustehen. Und wenn irgendwann auch wir selbst zu den Diskriminierten und den am Rande von Kirche und Gesellschaft Stehenden gehören, dann ist Gott in unserem Bemühen um mehr Liebe, Gerechtigkeit und Friede unter den Menschen – so glaube und hoffe ich es. In diesem Sinne verstehe ich mein Leben als Gottesdienst, meine Mitarbeit in der Gruppe HuK (Homosexuelle und Kirche) wie die Betreuung von AIDS-Kranken innerhalb der AIDS-Hilfe-Ffm e. V., unsere Aktionen gegen die Südafrikageschäfte deutscher Banken wie das Leben unserer Basisgemeinde (christliche Gemeinde, die Nachfolge Jesu und politisches / soziales Engagement miteinander verbindet). Und natürlich unsere Freundschaft mit ihrer Sexualität. Es gibt für mich nicht mehr Bereiche meines Lebens, die etwas mit Gott zu tun haben, und solche, die ihn überhaupt nichts angehen – dazwischen vielleicht eine Grauzone des schlechten Gewissens.

Vater- und Sohnesrollen, Männer- und Frauenrollen sind Teil dieses aufspalterischen Denkens und Handelns, und gerade Gott-Vater mit seinen begrenzten Zuständigkeiten hat hier verhängnisvolle Folgen gehabt. Mit der Kirche ist es ja ganz ähnlich gewesen, aber zumindest evangelischerseits sind es immer mehr Christen, die sich z. B. in die unpolitische Ecke nicht mehr abschieben lassen. Theologie und Politik waren auch in meinem Studium eng miteinander verbunden, Theologie und Sexualität schon weniger.

Eine spezifisch theologische Gefahr wurde mir erst im Laufe der Zeit bewußt, daß nämlich der allmächtige Gott durch den allmächtigen Pfarrer ersetzt wird, den Pfarrer, der als einziger weiß, wie die Bibel verstanden werden muß, ohne den als Alleskönner und Alleswisser in der Gemeinde nichts läuft. Natürlich gibt es auch hier autoritärere oder weniger autoritäre Beispiele, aber spätestens am Sonntag auf der Kanzel ist wieder klar, wer hier das Sagen hat – auch wenn der Predigtinhalt noch so progressiv ist und auch wenn es eine Pfarrerin ist, die da oben steht. Diese Erfahrungen, zusammengenommen mit meinem Erleben und Mitleben in Basisgemeinden, zunächst in Gießen, jetzt in Frankfurt, läßt mir mein ursprüngliches Berufsziel eines hauptamtlichen Pfarrers in einer normalen Ortsgemeinde als äußerst fragwürdig erscheinen. In dieser Funktion würde ich zwar den sehnlichsten Wunsch meiner Mutter erfüllen, aber verheiratet mit der Kirche und die längst überholte, patriarchal geprägte himmlische Struktur auf Erden abbildend, wäre die Identitätskrise für mich als schwulen Mann perfekt.

Aber was nun? Viele der Bilder um mich herum haben sich als unterdrückerische Projektionen herausgestellt. Unterdrückerisch dabei nicht nur für mich selbst. Gerade meinen Vater sehe ich heute als Opfer solcher patriarchaler Allmachtsvorstellungen, als einen, der in Strukturen, die von ihm Härte, Eigennutz und Rücksichtslosigkeit verlangten, nicht leben konnte, wie es ihm selbst vielleicht entsprochen hätte.

Und auch in meinem eigenen Leben finde ich noch viele Spuren des alten, omnipotenten Männerideals, in meinem Bemühen um möglichst männliches Aussehen z. B. oder in den Schwierigkeiten, die ich oft genug mit Frauen habe, die mir «zu nahe» kommen.

Schließlich ist auch Gott selbst ein Gefangener der Bilder, die sich Menschen von ihm gemacht haben. Gott als Herrscher, Gott als alter Mann, als Vater, das mag auch mal seine Berechtigung gehabt haben, aber für uns Menschen heute, nach Auschwitz und Hiroshima, mit den Erfahrungen der verschiedenen Befreiungs- und Emanzipationsbewegungen (Frauen, Schwarze, Schwule ...) und geprägt von den demokratischen Aufbrüchen nicht nur dieses Jahrhunderts, für uns verliert der Gott dieser Bilder seinen Sinn. Ich möchte versuchen, die Richtung aufzuzeigen, in der Gott neu entdeckt werden könnte.

Als Allererstes und Wichtigstes: Wir finden Gott vor allem in der Realität, in dem tatsächlichen Sich-Ereignen von Liebe, Trost und Hoffnung, aber auch in dem wirklichen Leiden von Menschen und dieser Erde insgesamt. Oft werden unsere Gottes-Bilder wie Fotografien sein, die in Zeitung oder Fernsehen das Glück oder Leid dieser Welt darstellen, oft genug aber wird die Realität die Bilder einholen, werden wir ganz von der Situation in Anspruch genommen werden. In solchen Momenten kann auch Gottes Nähe und Anwesenheit sehr unmittelbar erfahren werden, zum Greifen nahe und doch nicht verfügbar.

Ebenso gilt es Abschied zu nehmen von den fertigen, gerahmten und hinter Glas gesetzten Monumentalgemälden. Gottesbilder als unfertige Skizzen, die fortwährend weitergemalt oder auch restauriert und von Übermalungen befreit werden. Oder auch die Reihe von verschiedenen Bildern, die die unterschiedlichen Aspekte der einen Sache darstellen, die den weiten Bogen zwischen Tradition und Utopie spannen. Bilder, in denen Gott mal weibliche und mal männliche Züge trägt, in denen der schwarze und der weiße Gott sich gegenseitig einschließen, und Bilder, zwischen denen mehr denkbar ist als «himmlische Familienverhältnisse», Vater-Sohn-Beziehungen und ähnliches, und in denen sich auch schwule Männer und lesbische Frauen wiederfinden können. Einen Ansatz dazu finde ich zum Beispiel im Alten Testament im Buch «Prediger Salomos», wo der Sinn menschlicher Partnerschaft ganz schlicht beschrieben wird, ohne jede Eheideologie: Wenn zwei zusammen schlafen, wärmt einer den anderen. Und: Eine dreifache Schnur reißt nicht so schnell. Ganz besonders kräftige und schöne Bilder habe ich auch im «Hohenlied der Liebe» gefunden, die ungeschminkt und schamlos von der Liebe handeln – und nicht nur von der Liebe der Seele zu Gott!

Gott ist Liebe – diese Vorstellung haben Menschen seit jeher gehabt und auch mir erscheint sie glaubwürdig, des Glaubens würdig, vorausgesetzt man bestimmt sie etwas näher. Denn es ist auch viel Schindluder getrieben worden mit diesem Wort: die Gattenliebe als Ausdruck von Männerherrschaft, die Mutterliebe als Nicht-Loslassenkönnen und die Vaterliebe als bessere Umschreibung von Züchtigung. Im Namen der Liebe werden Konflikte einfach unter den Teppich geschoben, werden Menschen mundtot gemacht oder sogar Kriege geführt. Aber Liebe als ein Geschehen, das den anderen und mich selbst mit unseren jeweiligen Bedürfnissen ernst nimmt, das konflikt- und leidensfähig ist und weder in Romantik noch in Genitalität aufgeht, das wäre ein Gottesbild, das meine realen Erfahrungen beinhaltet und trotzdem offen ist für die Visionen, die die Möglichkeiten unseres Lebens übersteigen. Der Junge am Galgen in Auschwitz und der Jubel der befreiten Überlebenden, der letzte Besuch bei meinem an AIDS erkrankten Freund und die Einheit von Erotik und Mystik in der Beziehung zu meinem Freund Hans Peter – all das erfahre ich als Bilder Gottes, als Sinnbilder für mich als Mann auf meiner Suche nach Liebe und Gerechtigkeit und in ihrem Erleben.

Stefan Majer – geb. 1958 in Schwäbischen Landen, Vater: Fabrikant, Mutter: KKK, 4 Brüder, mit Aktion Sühnezeichen in Israel, studiert Evang. Theologie in Frankfurt, befreundet.

Gustav A. Krieg

Liebender Abschied

I.

Der Blick durchs Fenster im Arbeitszimmer des väterlichen Pastorates entdeckt manches: Felder, Wallhecken, dazwischen Bauernhöfe hingelagert, alte Erbhöfe und kleine Kotten, Bildstöcke mit der segnenden Gottesmutter, Heilige, Kruzifixe – im Sommer mit Blumen geschmückt. Im Wechsel der Jahreszeiten das Licht und die Farbe: zwischen einem wachen Blau des Himmels und einem immer noch erstaunlich makellosen Weiß des Schnees im Winter bis hin zu grenzenlos satten Sommerfarben; und in den Übergängen vom einen zum anderen: den Nebel im Frühjahr und Herbst, einen nachdenklichen Nebel, der von allem ein bißchen enthält: ein bißchen Leben und ein bißchen Tod, ein bißchen Klarheit und ein bißchen Dämmerung, Gestalt und Gestaltlosigkeit in eins.

Ein anderes entdeckt der Blick ins Arbeitszimmer selbst: die Geschichte des lutherischen Preußen und seines Umfeldes; auf dem Schreibtisch das Bild der Eltern, lutherischer Pietisten aus Eydtkunen, dort oben an der litauischen Grenze, nach dem ersten Weltkrieg aus den Weiten jener Landschaft herübergewandert ins Ruhrgebiet, um dort Arbeit zu finden, drei Kinder großzuziehen und zu sterben, daneben ein Bild Luthers und des Berliner Domes; an den Wänden: Bücher. Auch hier: lutherisch-pietistisches Erbe, Erbauungsschriften der zwanziger Jahre, das Gemeinschaftsliederbuch – aber all dies ein wenig versteckt hinter streng «kirchlichem» Schrifttum, den Dogmatiken von Althaus und Elert, den Kommentaren Schlatters, der Altpreußischen Agende und ihren Nachfolgern, dem Tagzeitenbuch der Berneuchener Bewegung und der Deutschen Messe Karl Bernhard Ritters. Daneben die Klassik der deutschen Literatur: von Walther von der Vogelweide bis Klopstock, Goethe und Fontane. Einige Fremdkörper dazwischen: Bultmann und Heidegger, Proust und Gide – aber ich greife vor.

Münsterländische Landschaft, katholische Bauern und evangelische Diaspora: Man hat sich oft gestritten – am Anfang, als die Flüchtlinge aus dem Osten herüberkamen, die kleinen Leute, am Anfang notdürftig bei den Bauern untergebracht, bis irgendwann das Siedlungshäuschen stand mit dem liebevoll gepflegten Garten. Später verbindet man sich zu einer gelassenen Ökumene: Die evangelischen Gottesdienste werden in den katholischen Kirchen gefeiert, und die katholischen Ortsgeistlichen gehen im Pfarrhaus aus und ein.

Diese Welt *ist* – und zwar auf eine selbstverständliche Weise. Der Wechsel der Jahreszeiten und der Festzeiten, der Generationen und ihrer Verrichtungen, ohne Abwärts und Aufwärts. *Es ist Zeit* – im Garten und auf dem Feld, unter den sonntäglichen Gottesdienstsymbolen und in den Bibelstunden der Woche; und hinter alledem zugleich: *Ewigkeit,* unter den gotischen Altarbildern und im Kerzenlicht der Weihnachtsbäume. Die Dinge haben ihren Namen, und in ihrer Sprache sagen sie zugleich DEN NAMEN, der über allen Namen ist. Er gibt ihnen ihr Sein, zeigt an, daß sie sind: ES ist bereitet, das Feld, auf dem das Korn wächst, weil es Anteil hat an DEM NAMEN; ES ist bereitet, der Wein und das Brot. Vor dem ES steht das Ich stille, aber es hat Anteil an ihm, und kraft SEINER trotzt es dem Nichts und grenzt es aus in emphatischer Setzung einer unverrückbaren Mitte.

Sachwalter der Dinge ist mein Vater – und ich muß sagen, zunächst in unangefochtener Autorität. Er hat den Namen der Dinge empfangen in der Kette der Generationen, von den Tagen der Schöpfung her. Er kennt die Ordnung der Dinge gegenüber dem Nichts und DEN NAMEN, der über allen Namen ist. Er weiß das Wort, das Wein in Blut und Brot in Leib verwandelt, und er spricht es aus, und die Gemeinde ist still. Er ist in der Ordnung der Dinge das Bindeglied zwischen dem Wesen der Dinge und mir. Er nennt mir die Namen und DEN NAMEN, und sein Wort hat Gewicht, denn es ist die empfangene Sprache der Dinge selbst, an der es nichts zu ändern gibt, in die es nur *heimzukehren* gilt, um in den Dingen ihr Wesen zu entdecken und in ihren Namen DEN NAMEN, der ihnen ihr Wesen gibt, staunend nachzusprechen.

Und dieses Wesen der Dinge, staunend nachgesprochen, ist ihm allgegenwärtig, unwandelbar und autoritativ vermittelbar bis ans Ende, unwandelbar auch seine Heimkehr in dieses Wesen: Noch in seinem Tode wird es mir deutlich, auf der Grenze zwischen den Dingen und ihrem Wesen, auf der Grenze zwischen Wein und Blut, Brot und Leib – dort, wo der Sprung vom einen ins andere geschieht. O ja, dieser Sprung ist schwer: Bevor die letale Phase im Leben meines Vaters eintritt, obsiegt die Vorfreude auf eine Rückkehr in das Diesseits der Dinge und der Zeit. Und der Wandel ist mühsam: Die Gesten werden abwehrender, das Lächeln für die abstrakte Freundlichkeit der Krankenschwestern verliert seine Kraft. Aber auch am Ende bleiben die Augen wach und offen, und als er sich von mir verabschiedet, sagt er: «Bis bald.» Bis zum morgigen Tag? Oder bis zum Morgen der Dinge? Ich denke: Der Sprung vom einen zum andern ist vollzogen, erneut ist die Ewigkeit in der Zeit gegenwärtig. *Kommt, denn es ist alles bereit.*

Inmitten all dessen ich. Hineingewachsen in die Selbstverständlichkeiten, in die zu-gewordene Welt. Selbstverständlich auch: die Namen der Dinge von meinem Vater entgegenzunehmen, die Ordnung und ihre unverrückbare Mitte gegen das Nichts. Zu schweigen, wenn das Wesen der Dinge sich einbringt in Wein und Brot, nach-zuvollziehen, was immer schon vollzogen ist. Und auf dieser Ebene liegt auch der frühe Blick in die Theologie: in der Welt des Dogmas die Ordnung der Welt wieder-zuerkennen und in den Namen der Dinge DEM NAMEN nachzudenken, Autorität entgegen-zunehmen und zugleich zu üben: meinerseits Bindeglied in der Hierarchie der Dinge zu werden in der Kette der Generationen, ein *Amt* zu übernehmen (nicht einen Beruf!) und mit alledem zum gehorsamen Träger eines *Systems* zu werden, das es weiterzuvermitteln gilt.

Und derlei gelingt auch zunächst: Es ist ja als ein Selbstverständliches zugleich vor-gedacht und vor-gelebt, in der liturgischen und gemeindlichen Wirklichkeit – hin bis zu einem Ende, dessen Schrecken letztlich schon überholt sind, bevor sie Gestalt angenommen haben: Am Ende hat ja auch der Tod «System», ist ein liturgischer Akt, ein Teil der Ordnung, dem es nur noch nach-zudenken gilt und nach-zuleben.

Oder doch nicht?

Das Eigentümliche ist ja – und dies erkenne ich nicht erst rückblikkend –, daß bei alledem zugleich von etwas anderem zu reden ist, das *nicht* in dieser Welt der Selbstverständlichkeiten aufgeht, und zwar *von Anfang an nicht,* so wenig es mir auch bis in die ersten Jahre meiner theologischen Entwicklung bewußt geworden, geschweige denn reflektiert worden ist. Aber damit muß ich noch einmal von vorne beginnen.

II.

Im Haus steht ein altes Harmonium; später gesellt sich ein Klavier dazu; in der «Stadtkirche» (dort, wo nicht nur die kleinen Leute wohnen) steht eine Orgel: mit sanften streichenden Stimmen hinter preußisch-neogotischem Prospekt. Der Sechsjährige fängt an, das Harmonium auszuprobieren; und mitunter – wenn er später zum Schulgottesdienst geht – konzentriert sich sein Hören nicht auf den

Pfarrer (den Kollegen meines Vaters in jener Kirche), sein eigenes Mittun nicht auf den Gesang oder die Gebete, sondern auf diesen einen Punkt: den Klang der streichenden Orgelstimmen im altpreußischen «Herr, erbarme dich».

Eigentümlich, diese Erfahrung! Sie hat so nichts zu tun mit den Worten, die der Pfarrer «da vorne» sagt, auch nichts mit den Kirchenliedern und Bibeltexten, die ich von den häuslichen Andachten meines Vaters her kenne. Vor ihr versinkt alles andere, was sich im Gottesdienst ereignet, wird Vor-Klang und Nach-Klang, unbedeutend vor dieser Form von Stille, diesem Zwischenreich von Gestalt und Gestaltlosigkeit, Wort und Schweigen. Das F-Dur des Beginns – so drückt es der Schreiber dieser Zeilen post festum ein wenig analytisch, aber keineswegs distanziert aus – moduliert in ein melancholisches g-Moll, und dann löst sich der Klang und das Wort in den Raum hinein auf: in die bunten Fenster und die geschnitzte Holzdecke und zugleich über sich hinaus in ein eifersüchtig gehütetes Irgendwohin, dessen Namen ich nicht kenne.

Ich weiß: dergleichen läßt sich geistesgeschichtlich und theologisch exakt verorten. Und nicht umsonst wird der Zwanzigjährige sich mit Eckhart, Tauler und Tillich beschäftigen, um einen Ort dafür zu finden, was sein Denken sein könnte. Aber all dies ist zunächst nichtssagend; denn was in dieser Erfahrung geschieht, ist als ein Trans-Sprachliches nicht vermittelbar und will auch unvermittelbar *bleiben,* ein gehütetes Geheimnis, nämlich eines Ich-selbst, das anfängt, dem Gegenwurf *keiner* Realität zu begegnen, dem zwar die Namen der Dinge und DER NAME gesagt werden und das dennoch beginnt, diesem Sagen *nicht mehr zu glauben,* da wichtiger als die Dinge ihr eigener Abschied ist – ihr Irgendwohin.

Derlei geschieht einsam; und es geschieht auch nicht *mit* den Dingen und ihrer selbstverständlichen Macht, dem Kultus und den geistlichen und weltlichen Ordnungen, sondern *neben* ihnen in einer realen *Gegenwelt:* in der Welt des Klavierschülers, der anfängt, sich mit den Nocturnes Chopins zu beschäftigen, und der durch seinen Klavierlehrer die deutsche Romantik kennenlernt, späterhin Fauré und die Musik Messiaens. Und noch der spätere Musikstudent empfindet die Musik Bachs als belanglos, solange er in ihr nicht «romantische» Züge wiederentdeckt.

Und diese Gegenwelt weitet sich aus. Auch der Bücherschrank meines Vaters gewinnt ein neues Gesicht für mich. Natürlich: die Ordnung der Dinge bleibt; *mir* haben sie weiterhin ihre Namen, und weiterhin empfange ich DEN NAMEN in den sonntäglichen Gottesdiensten aus dem Munde meines Vaters. Aber so, wie der Besucher des Schulgottesdienstes mit dem Klang des altpreußischen «Herr, erbarme dich» konfrontiert wird, begegnet dem Sechzehnjährigen das Tagebuch André Gides.

Und er liest sich fest: In die Welt des ländlichen Pastorates verschränkt sich die Welt eines bekümmerten Calvinisten. Auch hier steht ja die selbstverständliche Ordnung der Dinge an ihrem Beginn – und am Ende? *Inquiéter – tel est mon métier.* (Unruhe zu schaffen – das ist mein Geschäft.) Prousts *Welt der Guermantes* tritt hinzu, die Lyrik von Saint-John-Perse.

Ich weiß nicht, ob mein Vater mich «verstanden» hat, wenn ich zu diesen Büchern griff. Ich glaube vielmehr – aber ich greife wieder vor –, daß er DES NAMENS so gewiß war, daß er meinen Blick auf andere Horizonte gelassen akzeptieren konnte, aus der Überzeugung, ich bliebe «zu Hause». Er hat auch nicht meine Faszination wahrgenommen, die ich in Gides Parabel vom verlorenen Sohn spürte: jene Sehnsucht nach den fremden Blumen, die der jüngste Sohn empfindet, als er seinen Bruder erzählen hört. Aber aus seiner «Mitte» heraus geht mein Vater doch ein Stück weit mit. Er akzeptiert meine Sehnsucht für die Welt Gides und die *Welt der Guermantes*. Und mit dem Sechzehnjährigen besteigt er den Zug nach Paris, und er läßt ihn gewähren, wenn dieser mit einer Zigarette im Mund die Nacht auf dem Gang verbringt, Tagebuch führt, des Frühmorgens in einem Bistro einen Espresso trinkt oder auf dem Père Lachaise eine Rose pflückt am Grabe Chopins.

Aber hat er mich vielleicht auch nicht verstanden, so hat er mir doch meine Gegenwelt auch nicht genommen (und sei's, weil er sie nicht verstanden hat): jenes Geheimnis, das in die Ferne verweist und für welches sowohl der Klang des altpreußischen «Herr, erbarme dich» wie der Nachtzug nach Paris ein Gleichnis ist. Und am Ende hat er mir auch nicht das Geheimnis der Ferne genommen, als der Achtzehnjährige die Wüsten Nordafrikas entdeckt und dem Einundzwanzigjährigen sich das Bild der Autobahnen in Chicago und mittelamerikanischer Kulturen einprägt, auch nicht das Geheimnis des *Meeres,* um welches mein Denken immer stärker kreist, gleichsam zum Symbol dieser Ferne werdend, deren Führer für lange Zeit Gide bleibt.

Doch wie verstehe ich mich selbst in dieser Welt? Geht es *mir* noch um die Mitte, welche meinem Vater selbstverständlich war und von welcher her er meinen Weg in eine reale Gegenwelt gelassen akzeptieren konnte?

Es ist keine Frage: Am Anfang – und bis weit in meine Zeit als Theologiestudent – habe ich mich diesem Problem nicht gestellt. Der gleiche Student, der – noch lange Zeit seines Studiums im Hause der Eltern wohnend – über lutherischen Dogmatiken verweilt, schlägt anschließend das Buch zu und spielt Chopin; oder er fährt weit fort; oder er versenkt sich in *Die Welt der Guermantes*. Gleichwohl *bleibt* das Widerstrebende ja widerstrebend, und keine Seite kann für die andere bloße «Materie» sein. Gides Geschichte vom verlorenen Sohn illustriert selbst auf gegenläufige Weise keine kirchliche Dogmatik, sondern ist eine je-eigene Erfahrung, und keine kirchliche Dogmatik wird zur Illustration der Gezeiten des Meeres.

Derlei wird auch lange nicht im Bewußtsein wach, und das ist gut so, wenn immer das Denken in einer Welt der Ordnungen ein Trotzen gegenüber dem Nichts bedeutet; und voreilig wäre somit jede Freude darüber, wenn die Dinge ihren Namen verlieren, Leib und Blut sich in Wein und Brot zurückverwandeln, damit das Ich seinen eigenen Weg in die Ferne gehe, un-eingefügt in die Welt der Dinge und ihr Wesen. *Vor* allem Bewußtsein indes hinterläßt all dies tiefe Furchen; denn geht es um das Geheimnis der Ferne, dann verliert die Nennung des Namens der Dinge ihr Pathos und auch die Nennung DES NAMENS selbst: Das Licht der Dinge wird fahler – so wie die Musik Chopins oder Faurés aus der Dämmerung kommt und in die Dämmerung zurückstrebt. Der Bezug zu den Dingen wird ein Bezug in *Melancholie*.

Melancholisch wird mein Hören auf die, welche die Dinge nennen und DEN NAMEN, der über den Dingen ist: Es wird zum Hören, ohne *Engagement,* ein Hören, dem das *Schaudern* fehlt: *Noch* nehme ich die Sprache des Symbols wahr, aber – wie mir scheint, ferne-los geworden – erstickt das Gesagte das Gemeinte. Die Gezeiten des Jahres wie die Gezeiten der Sprache versinken in toter Identität. *Am Ende verstehe ich nichts mehr.* Doch auch mein Reden geschieht zunehmend ohne Engagement und Schaudern, es ist ein Reden aus meiner Vergangenheit heraus. Sprache wird zum mühsam errungenen Identifikationserlebnis mit Weisen existentiellen Ernstes, die nicht mehr die meinen sind, ein Schöpfen aus Brunnen schalen Wassers.

Immerhin entdecke ich schon in den frühen Zeiten des Theologiestudiums, daß ich mit diesen Erfahrungen nicht ganz allein bin. Dieses Nicht-Verstehen dessen, was gesagt wird, die Erfahrung, daß das autoritative Nennen der Namen Historie geworden ist, stellt sich mir – und im nachhinein läßt sich derlei nüchtern analysieren – als ein «Generationskonflikt» dar: als Einspruch meiner unabgemessenen Sprache gegen die abgemessene Sprache meines Vaters. In nuce ist der schmale Pfad vom altpreußischen «Herr, erbarme dich» zur Musik Chopins oder Messiaens nur das Rinnsal von Geschichtlichkeit, das sich durch die kirchliche Sozialisation Bahn gebrochen hat, um sich am Ende zu einem Strom zu verbreitern. Es ist letztlich die Entwicklung einer ganzen Theologengeneration, die sich hier durch das Mittel der Kunst vollzieht: Anzeigen des sie alle umschließenden Verlustes der Sprache und zugleich des Verlustes der Autorität derer, die ihnen DEN NAMEN nennen. Und zumindest im nachhinein entdecke ich auch, wie *notwendig* dieser Verlust war. Ich entdecke in ihm den Strom eines «objektiven» Denkens (und «objektiv» war einer der Lieblingsbegriffe meines Vaters), wie er in imponierender Größe mit dem deutschen Idealismus beginnt, um gleichwohl – im Horizont eines restaurativen Groß- wie Kleinbürgertums – im Verhängnis zu enden: in einer Welt der gewachsenen Dinge, in welcher das Wissen um die Namen der Dinge und die Nennung DES NAMENS zuletzt nur noch *Macht* bedeutet – die Macht der Mächtigen über die Sprachlosen, derer, die dezidiert für andere Ja oder Nein sagen und keine Grauzonen des Lebens mehr kennen, die das Zu-gewordene gut und den Wandel schlecht nennen. Und mir fällt auf, wie sehr solcherart theologisches Pathos am Ende auch ein politisches Pathos ist, Eloge des Bestehenden und daß Gott sein Garant ist. Und als mir – als dem Kind einer nachgeborenen Generation – deutlich wird, daß in der Generation meines Vaters DER NAME in der Hierarchie der Dinge nicht nur dem Leib im Brot und dem Blut im Wein gilt, sondern auch dem Reich Gottes im Deutschen Reich, daß das Pathos des Bekennens gepaart ist mit dem Pathos der Verachtung gegenüber den Nicht-Bekennenden – da verstehe ich, daß der unbewußte Weg der Abkehr vom neulutherisch-pietistischen Denken meines Vaters aufgefangen ist von legitimem Bewußtsein. Und damit begreife ich zugleich auch die Selbstverständlichkeit, mit welcher ich einige Semester nach Beginn des Theologiestudiums die lutherischen Dogmatiken aus der Hand lege und mich der Theologie Bultmanns, Tillichs und der Mystiker zuwende: Mit ihnen tritt, auf die Ebene des theologisch-philosophischen Denkens erhoben, die Musik Chopins oder Messiaens gleichsam neu in den Raum: So wie ihre Musik aus der Dämmerung kommt, um in die Dämmerung zurückzukehren, ist auch die Sprache jener ein Ausdruck des Denkens in Grauzonen: im Zwischenreich zwischen Licht und Finsternis.

Derlei schafft am Ende sogar Solidarität mit anderen – mit denen, die auf der gleichen Suche sind. Vielleicht ist es ja in der Tat möglich, jene von meinem Vater her vermittelten Namen *kritisch* auf ihr Wesen hin abzuspüren – gleichsam auf ihren Gehalt an Ferne hin – und DEM NAMEN *neue Namen* zu geben, im Gott Abrahams, Isaaks und Jakobs *auch* den Gott der Philosophen wiederzuerkennen, diese auf ihrem Weg zu begleiten – selbst jenseits der wohlgefälligen Blicke der Lobredner des Bestehenden. Und rede ich vom fahlen Licht, das sich über die ihren Namen verlierenden Dinge gelegt hat – dann gibt es vielleicht in der Tat eine Weise denkender Existenz, in welcher der Name der Dinge und DER NAME, der über allen Namen ist, nicht einfach tradiert werden, sondern aller Umgang mit diesen Fragen Wagnis bleibt – auf jenes Irgendwohin hin, dessen Namen ich nicht kenne.

Und so denke ich – inzwischen Pfarrer einer rheinischen Vorstadtgemeinde – dem Korrektiv Tillichs durch den bekümmerten Theologen Weischedel nach, jener Frage, ob sich nicht nur in einem Akt des Glaubens das Nichts dem Sein aufschließt, sondern auch in einem Akt des Zweifelns das Sein dem Nichts ... *Le naufrage sera mon port* (Der Schiffbruch wird mein Hafen sein) – mit diesem Gedanken der Mme. de Guyon im Hintergrund – vertone ich eben in der gleichen Zeit Leopardis L'Infinito: *e dolce è il naufragar in questo mare* (und süß ist das Scheitern in diesem Meere) und blende einen Text aus Weischedels *Gott der Philosophen* ein: *Vonnöten ist eine schwebende Haltung, die dem einen ebenso sein Recht läßt wie dem anderen, dem Bestehen ebenso wie dem Untergang.*

Damit freilich gewinnt auch der Umgang mit der Autorität meines Vaters eine noch andere Dimension: Mein Vater *ist* nicht mehr Sachwalter der Dinge in jenem selbstverständlichen Sinne, in welchem ich von ihm DEN NAMEN empfing, um ihn zugleich weiterzuvermitteln. Es *bleibt* von meiner Seite aus: das Nicht-Verstehen. Mehr noch: Vermittelt mein Vater mir DEN NAMEN, so erscheint mir bisweilen dieses sein Nennen eher als das Gegenbild der Wahrheit, als die Sprache eines Systems, das sich in der Repetition des Gesagten erschöpft. Und dennoch bleibt zugleich die *Suche* nach DEM NAMEN – auch in der abgemessenen Sprache meines Vaters, in der Geschichte der zu-gewordenen Dinge, die er vermittelt hat. Denn sollte das Sein der Dinge Episode geblieben sein und ihre Gestalt das Nichts einer leblosen Tatsächlichkeit? Es müßte ja bedeuten, daß mein Vater selbst in ein solches Nichts hinabgeglitten wäre, seine Spur getilgt aus der Geschichte – auch aus meiner.

Doch hier stocke ich; denn wird mein Vater einerseits das Gegenbild der Wahrheit, ist er aber andererseits aus der Suche nach der Wahrheit nicht auszugrenzen – dann wird die eigene Geschichte noch ein Stück mühsamer; dem Pathos der fertigen Sätze enthoben, verliert sie zugleich nicht die Spuren der Melancholie; sie macht diese im Gegenteil noch bewußter, indem mein Vater zum persönlich erfahrenen Modell der Relativität der Dinge wird und der Nennung DES NAMENS, der über allen Namen ist. Er selbst wird am Ende zum Modell jener Krisis, in welcher die gewachsene Sprache der Dinge umschlägt in das Graulicht des Unabmeßbaren.

Damit aber muß ich noch einmal von vorne beginnen; denn in diesem Graulicht wird die eigene Geschichte selbst zum Gegenbild und zugleich zum Gegenstand der Suche nach der Wahrheit. Sie wird zum Material der Suche nach ihrer eigenen *Substanz*.

III.

Noch immer gibt der Blick aus dem Fenster des väterlichen Pastorates manches preis: Die Gezeiten der Landschaft wechseln wie voreinst; im Bücherschrank stehen weiterhin die Bände der lutherischen Dogmatiker. Doch mein Vater ist tot – und mitunter sitze *ich* an seinem Schreibtisch; denn *ich* bin der Erbe in der Kette der Generationen.

Aber eine Heimkehr in die Kette der Dinge ist nicht mehr möglich. Kein Wunder der Re-substantiation (der Wieder-in-Materie-Erscheinung) ereignet sich. Zu groß ist das Erschrecken vor dem heroischen Pathos einer ganzen Generation, den Namen der Dinge zu kennen und DEN NAMEN, der über allen Namen ist. Und je mehr ich die reale *Macht* begreife, die jener hat, der Sachwalter der Dinge ist, je mehr mich diese Macht aus der Welt der Namen anweht, desto weniger liegt mir daran, mit DEM NAMEN die Macht wiederzugewinnen, in jener Magie, welche die Dinge voreinst hatten.

Nein, für derlei bleibt mein Vater ein reales Gegenbild. Mehr noch, sein Denken wird mir in diesem Horizont geradezu auf umgekehrte Weise zum Ferment meines eigenen Denkens: in meinem Mißtrauen gegenüber jeglicher Form des Selbstverständlichen. Und das ist letztendlich ein Mißtrauen gegenüber den von meinem Vater vertretenen Formen des Denkens überhaupt. Mir stehen sie vor Augen als das Denken derer, die sich bekehrt haben, deren Geschichte mit der Rückkehr in ihre Heimat abgeschlossen ist – uneingedenk dessen, daß jeder verlorene Sohn einen jüngeren Bruder hat mit einer neuen Sehnsucht nach den fremden Blumen. Und somit empfinde ich auch Erschrecken, als ich jene Kirche nach Jahren wieder betrete, deren Orgel mir voreinst den Klang des altpreußischen «Herr, erbarme dich» vermittelt hat: Nur der Prospekt des Instrumentes ist geblieben. Die Orgel selbst ist abgebrochen und durch ein Werk fabrikneuen Neobarocks ersetzt: Der Klang verdämmert nicht mehr ins Irgendwohin, sondern er ist wieder wer und schreit geheimnislose Sätze hinaus.

Doch nicht weniger betrifft dieses Mißtrauen auch diejenigen, die mit mir aufgebrochen sind in eine neue Sprache. Mir scheint: Manchen von ihnen ist ihr Aufbruch ins Irgendwohin nur noch Erinnerung. Ihr Aufbruch von damals ist zur reflexionslosen Selbstverständlichkeit geworden, ihre Nachdenklichkeit nur noch Scheinhalt. Die Sprache tradierter Systeme mag zwar tot sein, aber sie hat viele Kinder, und sie alle haben das gleiche Pathos als ihr Erbteil: das Pathos des dialektischen Virtuosen, der sich eine große Fertigkeit erworben hat, unfertige Sätze zu formulieren, das Pathos des theologischen wie außertheologischen *Drop-out,* der sich nur noch auf eine Weise ängstet, die modisch und chic ist, dem das Andenken des Geheimnisses und seines *inquiéter* (beunruhigen) zur bloßen Attitüde wird, zum metaphysischen Schleifchen, das – geheimnislos geworden – schon längst zu bloßem Jargon geworden ist.

Auch sie alle haben Macht gegenüber den Sprachlosen; gleichwohl hat auch ihre Macht keinen sonderlichen Reiz für mich, denn sie scheint mir bisweilen die Macht derer zu sein, *die keine Hoffnung haben,* da sie die Trauer des Abschieds nicht mehr kennen. Unerklärlich wäre mir sonst die Ironie im Blick auf ihre eigene Vergangenheit, die ich bei vielen feststellte, und die verschüchterte Erinnerung an so viel unabgegoltenes Leben. Besser verstehe ich von ihnen her nur meine pietistischen Ahnen und das Pathos, mit welchem sie gegen den Rationalismus stritten (und sie erinnern mich zugleich erneut an das Neuluthertum meines Vaters mit seinem eigenen Rationalismus-Verdikt): Nur *im* System ihrer Überzeugungen haben sie Halt; die Vernunft darf nicht andringen. Dringt sie an, dann bleiben nur noch die analytische Distanzierung von der eigenen Position und die Angst, seiner selbst ungewiß zu werden.

Doch diese Weg-Sperre beunruhigt; denn sie macht die Dinge rätselhafter und ihr Geheimnis glühender: So wenig noch eine Heimkehr in die Dinge möglich ist, so wenig ist es auch möglich, die Dinge einfach abzutun. Denn sind sie ihrer Selbstverständlichkeit entkleidet – was sind die Spuren ihres Seins?

So wird mein selbstverständlicher Aufenthalt *in* den Dingen zur Wanderung *durch* die Dinge. Und hier entdecke ich, daß trotz meiner Abkehr vom Pathos meines Vaters auch in meiner Geschichte mit ihm Substanz geblieben ist, die mehr ist als bloße Negativ-Folie für Überzeugungen, die ich letztlich aus einer Gegenwelt entwickelt habe. Denn etwas Eigentümliches fällt mir auf: Obgleich ich in keiner Weise mehr dem folgen kann, was mein Vater und seine Zeitgenossen an Pathos entwickelt haben, die Namen und DEN NAMEN zu kennen, habe ich dennoch mein Erschrecken vor diesem Pathos meinen Vater nur selten spüren lassen. Es hat mich nie *Überwindung* gekostet – zwar nicht *heim-*

zukehren, aber doch auf eine abschiedliche Weise *präsent* zu sein für seine vorsichtigen Anfragen und meine eigene unabgemessene Sprache zurückzuhalten.

Vielleicht hat er mich tatsächlich nicht verstanden, mir nur jenes «Spielen» zugebilligt, welches gleichwohl an eine ernste und emphatisch zu verteidigende «Mitte» gebunden bleibt. Vielleicht hat er in meiner unabgemessenen Sprache auch nur Koketterie zu erkennen vermocht, welcher über kurz oder lang eine neue Heimkehr folgen würde. Aber das besagt nichts. Von meiner Seite aus ist im Blick auf die Substanz meiner Geschichte mit meinem Vater wichtiger – und sei auch dies erst nachträglich in das analytische Bewußtsein erhoben –, daß ich latent oder manifest auch bei ihm bisweilen das *Schaudern* vor dem Geheimnis der Dinge wahrgenommen habe, den nachdenklichen Blick, das Verstummen. Trotz allen Pathos schien mir seine Sprache gelegentlich getragen von einer Art demütiger Naivität – DEN NAMEN zu kennen, aber in seinem Nennen zugleich die eigene Zerbrechlichkeit zu erfahren. Mich wundert von hier aus auch nicht die Gelassenheit, mit welcher er meinen Umgang mit meiner eigenen Geschichte wahrgenommen hat. Er *sieht* – zumindest in den letzten Jahren seines Lebens –, daß mir die Dinge nicht mehr das gleiche sagen wie ihm. Er nimmt wahr, daß ich die Geschichte, die ihn geprägt hat – und durch ihn mich –, auf ihre Gleichnishaftigkeit hin abspüre, in welcher jede Nennung der Namen und DES NAMENS zugleich Verschweigen ist, jedes Symbol sich im Zerbrechen erfüllt.

Von hier aus aber kann ich verstehen, daß ich auch *jenseits* meines bewußten Durchbruchs durch die Welt seines Neuluthertums von meiner eigenen – so lange vor ihm verschlossenen – Gegenwelt her dennoch auch seine Welt – und damit zugleich meine Geschichte – erneut durchwandere: die Welt der Altpreußischen Agende und die Theologie Luthers, die Landschaft Berlin-Brandenburgs und den Raum dort im «Osten», wo diese Geschichte anfängt. Aber wenn ich ihm in jenen letzten Jahren seines Lebens von diesen Wanderungen erzähle, dann verschweige ich ihm nicht, daß ich ihn teilnehmen lasse auch an meinem Abschied von den Dingen und ihren Namen und seinem Sagen DES NAMENS, der über allen Namen ist, daß sein Luthertum alt geworden ist und die Blätter im Park von Sanssouci herbstlich. Umgekehrt aber fällt es mir auch nicht schwer, ihm im Angesicht seiner demütigen Naivität mein Erschrecken über die Pausbäckigkeit der Innovatoren mitzuteilen, wohl wissend, daß er mir aus anderen Gründen zustimmt, als ich sie für gültig halte. Und ich tue es stellvertretend für ihn, daß ich in dem Augenblick, als mir sein Arzt telefonisch erklärt, seine Krankheit sei unheilbar, zu einem «alten» Symbol greife, um zu «sein» – aber doch zu einem Symbol, das ich nur in seiner Zerbrechlichkeit wahrnehme – zu Bachs Kantate: Komm, du süße Todesstunde ... *schlage doch, schlage doch.*

Sicher bleibt es dabei, daß mein Vater das Fragmentarische und Zerbrechliche der Wahrheit anders verstanden hat als ich. Ihm blieb – als einem Kind seiner Generation – das heroische Pathos, DEN NAMEN zu kennen und zu sagen, zur Zeit und Unzeit. Ihm blieb auch das System der fertigen Sätze, von dem es keine analytische Distanzierung gibt, sondern das es autoritativ zu verteidigen gilt. Und damit bleibt er zugleich um Welten von mir geschieden. Die Geschichte des Denkens, die mich mit meinem Vater verbindet, hat als *Tradition* für mich keinen Inhalt mehr. Statt seiner Autorität, DEN NAMEN zu kennen, bleibt mir kein «Amt» mehr, sondern nur noch der Dialog. Als die Substanz meiner Wahrheit als der Wahrheit meiner Geschichte bleibt *gegen* alles System der Aphorismus, das Aperçu. DER NAME selbst ist Aperçu, Aufblitzen der Wahrheit im Graulicht des Unabmeßbaren, Impuls gegen die metaphysische Langeweile, die tote Sprache; der Stachel gegen das Sein und das Nichts zugleich und das Bild über den Bildern.

Aber gewiß – und damit läßt sich nichts Diskursives mehr sagen, sondern die eigene Biographie gerät selbst zum Aperçu – verstehe ich, wenn nicht im Sinne einer «objektiven» Geschichtsschau, so doch im Sinne persönlichen *Schauderns*, daß mein Vater einmal gesagt hat: *Das Ende aller Dinge ist nahe.*

IV.

An jenem Pfingstsonnabend des Jahres 1982, als mir eine nüchterne Stimme sagt: «Der Papa ist tot», gehe ich an meinen Schreibtisch und reserviere mir Einen Text für Eine Situation (wie ich glaube, *allein* für diese Situation und zwar für immer): «Gott wird abwischen alle Tränen von ihren Augen ... kein Leid noch Geschrei wird mehr sein ..., *denn das erste ist vergangen.*»

Gustav A. Krieg, geb. 1948 in Dortmund; aufgewachsen in einem westfälischen Pastorat; Studium der Musik und Theologie in Münster, Köln und Bonn; nach mehrjähriger Tätigkeit als Pfarrer gegenwärtig im Hochschuldienst tätig (Universität Bonn und Musikhochschule des Rheinlandes).

Kurt Lüthi

Zwischen Oralität und Utopie

Notizen zur Sozialisation

Ich gehe von der These aus, daß Religion und Gottesglaube, soweit es um individuelle Muster geht, sozialisationsbedingt sind. Weiter setze ich im Sinne der Religionspsychologie voraus, daß sich als Deuteschema für die Zusammenhänge zwischen Religion und Sozialisation Freuds Beschreibung der jugendlichen Entwicklungsphasen anbietet (vgl. H. Faber: Religionspsychologie, Gütersloh 1973, S. 139ff.). Das heißt: die entwicklungspsychologische Identitätsfindung baut sich auf der Auseinandersetzung mit der oralen, analen und genitalen Phase auf, und das hat bestimmte Konsequenzen für religiöse Muster. Besonders wichtig ist hier die Einsicht, daß Gottesbilder über das kindliche Erleben der nächsten Bezugspersonen, vor allem der Eltern, entstehen: wie sich das Kind in der Phase der Oralität, Analität und Genitalität mit seinen nächsten Bezugspersonen auseinandersetzt, so sind auch seine Bilder von Gott.

Wie war das mit meiner Sozialisation? Ich bin in einem Schweizer Dorf aufgewachsen, in dem in den zwanziger Jahren – in meinen Jugendjahren – hauptsächlich Arbeiter und Bauern lebten. Mein Vater war dort Lehrer in der Volksschule. Prägend war zweifellos mein Muttererlebnis; ich war Einzelkind und kannte meine Mutter nur als kranke Frau, und als ich 14 Jahre alt war, ist sie gestorben. Meine Zuwendung zu Religion und Theologie gehört sicher mit einer biographischen Erinnerung zusammen: meine kranke Mutter hat sich intensiv mit Fragen des Glaubens auseinandergesetzt und sie hat oft darüber gesprochen; ihre Gespräche mit dem Pfarrer des Dorfes haben mich sehr beeindruckt; in der Erinnerung scheint es mir, die Gespräche seien oft auch mit Fragen und Zweifeln meiner Mutter verbunden gewesen. Weiter ist für meine Biographie wichtig, daß meine dörfliche Sozialisation mir später insofern problematisch erschien, als ich Gefühle der dörflichen Enge, Gefühle einer kleinkarierten Bürgerlichkeit im Dorf, Gefühle auch von einer heuchlerischen Gesellschaft hatte; in manchem ging es ja wohl um das Phänomen eines «dörflichen Faschismus». In meinen Lebensentscheidungen habe ich dann jene Möglichkeiten gewählt, die ich als Aufbruch aus dem Dorf empfand, z. B. den Weg in die Stadt und den Weg in die Universität. Das Engegefühl gegenüber den dörflichen Strukturen wurde teilweise durch meine Eltern relativiert: es herrschte in unserem Hause eine sozial-liberale Einstellung – Pestalozzi und seine Pädagogik galten viel – wir lasen und diskutierten kritische Zeitschriften – es gab eine Solidarisierung mit Diskriminierten – der Einsatz für das in der Schweiz vielumstrittene Frauenstimmrecht war selbstverständlich. Ähnliche Haltungen lernte ich beim Pfarrer des Dorfes kennen, der ein sozialpolitisches Engagement im Sinne der Theologie und im Sinne des Sozialismus von Karl Barth wahrnahm; durch den Pfarrer wurde ich in den dreißiger Jahren erstmals mit Problemen des Nationalsozialismus, der Juden und der Flüchtlinge konfrontiert. Schließlich wurden in mir dadurch prägende Interessen geweckt, daß in meinem Elternhaus Kunst und Künstler viel galten; mein Vater hat als erster Kunstausstellungen für das Dorf organisiert.

Zur Phase der Adoleszenz und des jungen Erwachsenen nur folgendes: Mit meinen intellektuellen Bemühungen und dann mit meinem Theologiestudium habe ich mich voll und ohne Schwierigkeiten identifiziert. Prägend war zunächst die Lektüre der Römerbriefauslegung von Karl Barth. Später galten bei mir Buber und Bonhoeffer sehr viel; Buber war für mich der große Vertreter des Judentums und dann auch der Ich-Du-Philosophie; Bonhoeffers Gedanke vom mündig gewordenen Menschen hat mich ebenfalls sehr beeindruckt. Im Theologiestudium interessierten mich am meisten Fragen der Exegese und der systematischen Theologie.

Biographisch zeigten sich dann Schwierigkeiten, ein realitätsgerechtes Verhältnis zu Frauen zu finden; das in mir so überaus mächtige Mutterbild ließ wohl Beziehungen zu «andern Frauen» nicht zu. Ich habe dann zwar relativ jung geheiratet, aber diese Ehe mußte nach 20 Jahren geschieden werden. Zur «Rettung» dieser Ehe habe ich auch eine Psychoanalyse gemacht. Ich war zuerst mit einem orthodoxen Analytiker aus der Schule Freuds konfrontiert, später – wenn auch nur kurze Zeit – mit einem Jungianer und einer mehr pragmatisch orientierten Psychotherapeutin. Auf Grund der Begegnungen mit Analytikern entstand ein tiefes, auch theoretisches Interesse an Tiefenpsychologie und später an gruppendynamischen Methoden; ich bin auch oft Teilnehmer an Selbsterfahrungsgruppen.

Der skizzierte biographische Hintergrund führt nun wieder zum Thema: Sozialisation und Religion, bzw. Männerreligion. Ich folge jetzt den Vorschlägen von Freud zu den Kindheitsphasen.

In der oralen Phase ist die Kommunikation zwischen der Mutter (oder

der ersten Bezugsperson) überwiegend an die Nahrungsaufnahme, an Körper- und vor allem Mundkontakte gebunden; Kommunikation ist damit nonverbal. Hier entstehen nun erste Beziehungsmuster, die sich für die Zukunft prägend auswirken. Einerseits geht es um Gefühle der Geborgenheit, der Ganzheit zwischen Mutter und Kind, der Urformen von Liebe. Andererseits können auch Gefühle der Bedrohung und Angst entstehen: das Kind fürchtet sich vor einer Verstoßung oder es fürchtet sich vor dem Verschlungenwerden durch die Mutter. Es steht unter Zwängen, unbedingt an der Mutter festzuhalten, um nicht ins Nichts zu fallen.

In Rückerinnerung an diese Phase und auf Grund von Träumen, die in der Analyse bearbeitet wurden, glaube ich, daß ich der oralen Phase viel verdanke. Es gibt ein Grundvertrauen in meinem Leben, es gibt Mut zum Sein, es gibt Prägungen durch Urformen der Liebe. Die Ängste eines narzißtischen Menschentyps, der sich immer wieder verlassen fühlt, kenne ich nicht. Die Mutter-Kind-Beziehung, die ich erlebte, muß sehr intensiv gewesen sein, und sie hat mir so etwas mitgegeben wie ein Lebenskapital, das nicht so schnell aufgebraucht werden kann. Vielleicht hat aber diese Intensität spätere Begegnungen mit Frauen bedroht und nicht zugelassen. Jedenfalls scheint mir die erste Zeit eine Zeit des Glücks, der Angstfreiheit, der ersten Liebe zu sein. Für das Problem der Religion hatte das, wie ich glaube, ganz bestimmte Konsequenzen: es entstand ein Glaube, der kaum von Zweifeln geplagt war – es entstand ein Glaube auf Grund einer Gott-Mensch-Symbiose – es entstand auch ein Glaube, der eine Neigung zu mystischer Entgrenzung hatte. Das so bedeutsame frühkindliche Körpererleben scheint mir in der Rückerinnerung ebenfalls positiv gewesen zu sein: ich bekam die Nahrung durch die Mutterbrust, und wahrscheinlich gab es zahlreiche körperliche Mutter-Kind-Kontakte, die mir bis heute eine Existenzform und auch eine Religion jenseits dualistischer Aufspaltungen und jenseits von Körperfeindlichkeit wichtig machen. Für das Menschenbild ergeben sich von der Oralität her Möglichkeiten einer «Feminisierung des Mannes» im Sinne der Romantik. Meine Phantasien, Weibliches zu erleben, sind oral geprägt.

Die anale Phase ist nach Freud an eine Kommunikationsstufe gebunden, die sich auf die körperliche Ausscheidungsfunktion bezieht; der Darminhalt des Kleinkindes ist erstes Geschenk und erste Leistung des Kindes an die Umgebung, wobei die Bezugspersonen des Kindes hierin Anpassung und Gehorsam erwarten. Die geforderte Leistung kann auch verweigert werden; das Kind steht seiner Umgebung erstmals aktiv und passiv gegenüber. In dem allem geht es hauptsächlich um ein

Reinlichkeitstraining, durch das Muster entstehen, die das ganze Leben hindurch gelten. Die geschilderte anale Phase bringt dem Kind eine erste Form von Autonomie, und es entsteht erstmals ein Gegenüber von Ich und Du. Der Vorgang ist aber von Erziehungserwartungen geprägt, die auf Leistung, auf moralische Dualismen und auf Puritanismus angelegt sind. In meinen Rückerinnerungen verbinden sich Probleme der Analität weniger mit dem Elternhaus, dafür aber mit der dörflichen Umgebung. Möglicherweise waren meine Spiele mit Nachbarkindern oft anal geprägt; Kindheitssexualität hat mich in den Rückerinnerungen sowohl fasziniert wie auch geängstigt. Weiter möchte ich Probleme der Analität auf Probleme meiner dörflichen Umgebung beziehen. Der dörfliche Lebensstil, wie ich ihn erlebte, ist vom Leistungsdenken geprägt. Arbeit wird positiv gewertet, Lust wird verdrängt. Die Welt der Beziehungen wird ideologisch normiert: der Lebensstil des Dorfes ist moralistisch-heuchlerisch und patriarchalisch-frauenverachtend; der Mann jedenfalls soll keine Gefühle zeigen. Zum dörflichen Lebensstil fällt mir auch die These von Max Weber ein: Es gibt einen Zusammenhang zwischen Calvinismus und dem kapitalistischen Lebensstil, Leistungsdenken und Haltungen der Religion beeinflussen sich gegenseitig. Auch von meinem Elternhaus gilt, daß es den Gefühlen – besonders den Gefühlen des Mannes – wenig Raum gab. Es herrschte eine Atmosphäre der Gefühlskargheit; Vater und Mutter haben sich selten geküßt, und es war für das Kind nicht möglich, den Vater oder die Mutter nackt zu sehen. Ich glaube, daß in dieser Phase Körpererfahrungen und Kindheitssexualität zunehmend verdrängt wurden. Soweit es um das Gottesproblem geht, schuf die sinnenfeindliche Umgebung eher ein autoritäres Gottesbild, und damit bedeutet die anale Phase wohl eine Vorbereitung der ödipalen Erfahrungen.

Die ödipale Phase bringt die vielbesprochenen Auseinandersetzungen im Dreieck Mutter-Vater-Kind; der Knabe tritt auf die Seite der Mutter und empfindet den Vater als Feind; damit ergeben sich Drohungen gegen Inzestwünsche. Die ödipale Phase ist auch beherrscht von Über-Ich-Problemen. Das «Über-Ich» ist jene innere Instanz, wo autoritäre Mächte, wo Erfahrungen von Macht immer neu Haltungen des Gehorsams und der Anpassung fordern. Eltern, Schulerwartungen, kirchliche und moralische Vorschriften schaffen das strenge Über-Ich, das in der Regel so verinnerlicht wird, daß der Mensch sich selber bewacht. In dieser Phase entstanden für mich Muster, die mein Leben lang Grund zu zahlreichen Auseinandersetzungen waren. Das Problem der Autoritäten und der autoritären Institutionen kann von mir offenbar kaum bewältigt werden: einerseits kam und kommt es immer wieder zu

Anpassungen und zu «Überanpassungen», und andererseits wird dauernd bei passenden und unpassenden Gelegenheiten der Aufstand geprobt. Im besonderen kann ich eine ideologische Verbindung von Gott und Macht, Gott und nichthinterfragbarer Autorität nicht ertragen; ebenso kritisiere ich ein paternalistisches Gottesbild, das Frauen diskriminiert und verletzt. Andererseits bereiten mir autoritär vorgetragene Argumente und sich autoritär gebärdende Institutionen oft Ohnmachtserfahrungen, durch die ich mich geschädigt fühle. Mit solchen Ohnmachtserfahrungen wurde ich in Leitungsgremien in Kirchen, Universität und Kultur reichlich konfrontiert, so daß in mir eine tiefe Skepsis gegen Träger der Macht entstand. Gibt es überhaupt einen humanen Umgang mit Macht?

Als Kontrast zu Gotteserfahrungen in Strukturen des Über-Ichs wählte ich früh eine Theologie des Exodus (Exodus: Auszug aus der Gefangenschaft in Ägypten), und ich fühlte mich beeindruckt von der Solidarität Jesu mit den Außenseitern der Kultgemeinschaft seiner Zeit.

Biographisch gesehen, brauchte ich die Erfahrungen der Psychoanalyse, um einigermaßen aus den Über-Ich-Strukturen herauszukommen. In vielen Abschnitten der Analyse waren Über-Ich-Ängste und Schuldgefühle aufzuarbeiten, und ich bemühte mich auch, eine Gottesvorstellung jenseits solcher Ängste und Schuldgefühle zu finden. Es ging mir dabei um folgende Fragen: Läßt sich Gott aus «Über-Ich-Strukturen» herauslösen? Kann Gott (der Herr!) zum brüderlichen Freund werden? Kann Gott zum Impuls von Reifung und Emanzipation werden? Einmal mehr hoffte ich in der Phase dieser Fragen, daß es die Gestalt Jesu sei, in der Gott als brüderlicher Freund und als Impuls zur Reifung und Emanzipation zu finden sei.

Aktuelle Interessen

Ich empfinde das Bedürfnis, die Skizze der Sozialisation mit einer theologischen Reflexion zu verbinden; Erfahrungen und Theoriebildung sollten nicht auseinanderfallen. Allerdings kann ich hier nur knappe Stichworte geben.

Als Gottesvorstellung ist mir der alttestamentliche Exodusgott besonders wichtig. Gott wird damit als Befreiergott verstanden; er befreit sein Volk aus der Sklavenhaltergesellschaft Ägyptens. Diese Gottesvorstellung enthält auch religionskritische Aspekte: Götter, die nur die Funktion der Stabilisierung von Ruhe und Ordnung in der Gesellschaft

«Eine Büchersammlung . . .

... ist der Gegenwert eines großen Kapitals, das geräuschlos unberechenbar Zinsen spendet.»

Dieses Goethe-Wort könnte beinahe auch für Pfandbriefe gelten, allein: dafür bedarf es keines *großen* Kapitals, und die Zinsen sind berechenbar.

haben, werden kritisch in Frage gestellt. Der Exodusgott ist auf Veränderung aus, er bezieht sich auf eine qualifizierte Zukunft. Mit dieser Gottesvorstellung entsteht ein Menschentyp, der bereit ist, in eine neue Welt aufzubrechen und eine neue Welt zu schaffen. Wichtig ist für mich, daß der Glaube Israels Hoffnung nicht nur «personal», als Bezug auf Gott als Sinn der Geschichte versteht, sondern auch als Hoffnung auf bessere, menschenwürdigere Verhältnisse; hier ist an die Zielvorstellungen der Propheten zu erinnern (Friede, Freude, Gerechtigkeit).

Als Ergänzung zum Exodusprinzip nehme ich eine Argumentation von Gerhard von Rad auf (vgl. sein Buch: Weisheit in Israel, Neukirchen, 1970): die Gottesvorstellung in Israel ruft nach einer bestimmten «Antwort» des Menschen. Hier bekommt das literarische Genus der «Weisheit» ihren Ort (neben Psalmen, Hiob). Den Großtaten Gottes entsprechen kleine Schritte des Menschen, die den Alltag prägen: der Mensch soll in seinen alltäglichen Entscheidungen der Weise und nicht der Tor sein – der Mensch soll die alltäglichen Freuden des Lebens bejahen – der Mensch soll aber dann auch bereit sein, zum Leiden und Tod ja zu sagen! Das alles wäre dann Weisheit ...

Die entscheidende Aussage des Neuen Testaments sehe ich in den Jesusgeschichten. Jesus ist nur zu verstehen in seiner Solidarisierung mit Außenseitern (vgl. A. Holl: Jesus in schlechter Gesellschaft, Stuttgart 1971). Dann allerdings ist einzubeziehen das Geschick Jesu am Kreuz, und zwar in der Interpretation durch die neutestamentlichen Christologien. Hier wird das Kreuz als «Tod Gottes» gesehen, und zwar in dem Sinn, daß Gott von der «Macht der Negativität» getroffen wird und darin zum «mit-leidenden» Gott wird; damit ist ein Gottesverständnis, wo Gott dem Leiden gleichsam nur zuschaut oder es allenfalls zuläßt, abgelehnt (vgl. J. Moltmann: Der gekreuzigte Gott, München 1972). Soviel in aller Kürze zu den biblischen Inhalten.

Die Inhalte rufen nach sachgemäßen, theologischen Methoden des Verstehens und der Vermittlung. Die Frage lautet: Mit welcher Brille lesen wir die Texte, um sie mit der heutigen Bewußtseinslage zu konfrontieren? Ein bloßes Zitieren der Texte ist heute nicht mehr zielführend. Ich bin an einer Deutung interessiert, die über individualistische und bürgerliche Strukturen hinausführt. Heute ist die materialistische Exegese zu berücksichtigen, die die Bibel mit den Augen der Armen liest, bzw. die in der Auslegung die marxistische Analyse der ökonomischen Verhältnisse berücksichtigt. Es ist dann die feministische Exegese zu berücksichtigen, die die Bibel mit den Augen der Frauen liest. Es ist schließlich die tiefenpsychologische Exegese der Bibel zu berücksichtigen, die «hinter den Texten» Verdrängungen sucht und ein Gesetz der «Wiederkehr des Verdrängten» beachtet; diese Exegese wird auch eine Sensibilität für Symbole entwickeln.

Ich möchte mit den eben dargelegten Ansätzen über eine Theologie in den Begrenzungen der Fachwissenschaft und in der Isolation in abendländischen Traditionen hinauskommen. Darum versuche ich eine dialogische und kairologische Theologie zu entwerfen. Mit dialogischen Haltungen können säkulare Positionen in ihrem Selbstverständnis in die Theologie einbezogen werden, ebenso fremde Kulturen und Religionen. Im Dialog muß die «Andersheit des anderen» nicht negativ bewertet werden, sie bedeutet im Gegenteil eine Bereicherung meiner Position, wenn ich bereit bin, Wege des anderen mitzubedenken und mitzugehen (vgl. M. Theunissen: Der Andere. Studien zur Sozialontologie der Gegenwart, Berlin 1965). Im Bestehen der «Andersheit des anderen» kann ich auch das gesellschaftliche Vorurteil bekämpfen. Und weiter die kairologische Theologie: diese berücksichtigt die Situation, die aktuelle Bewußtseinslage und die Dimension der Geschichte. – Das damit gegebene Programm fordert sogenannte grenzwissenschaftliche Bemühungen. Hier hat mir das Verständnis von «Grenze», wie es Tillich darlegt, viel bedeutet. Für Tillich ist die Grenze der schöpferische Ort und nicht die «Begrenzung»; das Schöpferische liegt darin, daß sich an der Grenze zwei Positionen begegnen, die sich fremd sind. Meine Studien der vergangenen Jahre galten deshalb dem Gegenüber von Theologie und Kunst, Literatur, Tiefenpsychologie, Feminismus und Romantik. Es ging mir um Christen und Juden, Christen und Marxisten, Katholiken und Protestanten, Arzt und Seelsorger.

An einem ausgewählten, konkreten Beispiel meiner Argumentation möchte ich das Verhältnis zwischen der Gottesproblematik und einer aktuellen, säkularen Bewegung zeigen; es geht mir um eine «Theologie des Feminismus» (vgl. mein Buch: Gottes neue Eva. Wandlungen des Weiblichen, Stuttgart 1978). Meine Interessen im Rahmen des Dialogs mit der aktuellen Frauenbefreiungsbewegung können als Konkretion zu einer «Theologie der Befreiung» bezeichnet werden. Gegen die «alte Eva», also gegen die Geschichte der Diskriminierung der Frauen in der abendländischen Kultur und Religion, entsteht heute eine «neue Eva»; sie entsteht in den Frauenbewegungen der Gegenwart. Sie wird von mir als *Gottes* «neue Eva» bezeichnet, weil ich Gottes Spuren in menschlichen Befreiungsbewegungen und Befreiungsvorgängen finde. Ich nehme hier eine Argumentation von

Jürgen Moltmann auf: «Erst eine freie Welt entspricht dem Gott der Freiheit wirklich. Solange sie noch nicht da ist, solange ist auch dieser Gott noch nicht zu seiner Ruhe gekommen, ist er in der Welt noch nicht zu seinem Recht und seiner Identität gelangt, ist er also mit der Welt noch auf dem Wege» (in: Schöpfertum und Freiheit in einer humanen Gesellschaft. Marienbader Protokolle. Gespräche der Paulusgesellschaft, Wien 1969, S. 152). Mit diesem Ansatz wird dann auch die Möglichkeit gegeben, eine gesellschaftliche Bewegung in ihrer Säkularität zu belassen und sie nicht «christlich» zu vereinnahmen; darum bemühe ich mich auch, das Selbstverständnis der Frauen möglichst genau zu verstehen. Darum stehe ich in diesen Bemühungen als ein Lernender in den Aufbrüchen der Frauen; das hat allerdings auch die Implikation der Problemverschränkung zwischen Frauenemanzipation und Männeremanzipation zur Folge.

Träumen nach vorn (Utopien)

Weil ich, biographisch gesehen, das «Dorf» als Symbol des Beengenden erlebte und weil ich mich – wieder biographisch gesehen – immer wieder mit fesselnden Über-Ich-Strukturen auseinanderzusetzen hatte, entstand in mir als «Gegenmöglichkeit» ein Interesse an der Kategorie Novum, am Träumen nach vorn (im Sinne von Bloch), am Möglichkeitssinn, der gegen den Wirklichkeitssinn steht (im Sinne von Musil) – also ein Interesse an Utopien. Im folgenden gebe ich Beispiele, die für mich existentiell wichtig sind.

Gibt es ein Jenseits des traditionellen Machtgebrauchs? Gibt es Utopien von herrschaftsfreien Räumen? Und: wie könnte Gott als Gott ohne Machtanspruch, wie könnte seine «Herrschaft» herrschaftsfrei gedacht werden? Hier kann ich nicht an Utopien der studentischen Bewegungen um 1968 vorbeigehen; seit jener Phase sehe ich die Probleme der Macht, der Herrschaft und der Autorität anders als vorher. Ich erinnere hier an das kritische Programm der Studenten, das damals u. a. auch in Pariser Mauersprüchen formuliert wurde.

Ich denke an folgende Sätze:

- Mes désirs sont la réalité (Meine Wünsche sind die Realität)
- Créativité – Spontanéité – Contestation permanente (Kreativität, Spontaneität – nicht abbrechende Bestreitung, Kritik)
- Ouvrez les fenêtres de votre cœur (Macht die Fenster eurer Herzen auf)

– Soyez réalistes, demandez l'impossible (Seid realistisch, verlangt das Unmögliche)
– Le rêve est réalité (Der Traum ist die Wirklichkeit)
– Notre espoir ne peut venir que des sans espoir (Unsere Hoffnung kann nur von denen kommen, die ohne Hoffnung sind)

Die Machtkritik der Pariser Studenten müßte als Impuls weitergetragen werden. Es müßte zu einer umfassenden Institutionskritik kommen. Allerdings: ich glaube nicht, daß rein anarchische Haltungen auf ein Realitätsprinzip bezogen werden könnten. Dagegen ist es möglich, Macht, Herrschaft und Autorität so zu befragen, daß sie sich ausweisen, daß sie begründet werden und daß sie damit humanisiert werden. Soweit Gott Macht ist, muß solche Macht in eine echte Dialektik zu Befreiung, Friede, Freude, Reife und Humanität treten: Gottes Macht muß sich anthropologisch und human ausweisen lassen!

Zweites Beispiel: Was könnte eine Utopie des Glaubens und des Christentums jenseits moralischer Dualismen bedeuten? Hier denke ich zunächst auch an Stichworte, die zur Zeit der studentischen Bewegung von 1968 eine Rolle spielten (teilweise durch das Schrifttum von Herbert Marcuse). Es geht um die Möglichkeit einer Aufwertung der oft verdrängten Partialtriebe im Bereich sinnlicher Erfahrungen und es geht um die Utopie der Gesamterotisierung von Wirklichkeit. Mit dieser Utopie sollen auch Eros (Sinnenliebe) und Agape (vergeistigte Liebe) verbunden werden, und es soll der Bereich der Arbeit humanisiert werden, so daß Arbeit schöpferisch und lustvoll erlebt werden kann. Die Ausweitung des Erosbegriffs finde ich schon in der Romantik; nach Novalis gibt es auch ein erotisches Erleben, wenn gegessen wird, wenn es zu einer intensiven Aussprache kommt, und es kann das Sehen und Fühlen «erotisch» erlebt werden.

Nun aber die Frage: Könnte es auch ein erotisches Gottesverständnis geben? Biblisch gesehen ist zunächst der Schöpfungsglaube völlig undualistisch. Weiter gibt es in der Bibel das «Hohe Lied», das mit Karl Barth als «Magna Charta der Humanität» bezeichnet werden muß. Dieses Lied zeigt gegenüber erotischen Erlebnissen eine völlige Unbefangenheit, indem sich zwei Verliebte gegenseitig einladen, miteinander zu schlafen; im erotischen Gespräch geht die Frau voran, sie ist – im Gegensatz zu vielen Aussagen der Bibel – in keiner Weise Objekt des Mannes. Weiter sind breite Teile der Bibel von Endzeitbildern geprägt, wobei die Festlichkeit, Farbigkeit und Sinnlichkeit dieser Bilder auffällt, und es müßte ja auch das Abendmahl in seiner festlichen, sinnlichen und freudvollen Komponente als Mahl der Oralität neu gefunden werden. Weiter spricht Heinrich Böll von einer «Theologie der Zärtlichkeit Maria Magdalenas», und es hat sich Jesus ja den Frauen völlig unbefangen zugewandt. Für Kurt Marti ist die «Zärtlichkeit» eine der Töchter Gottes; allerdings findet sie – wie die Gotteseigenschaft der Schechina (das Wohnen Gottes auf Erden) – keinen Ort und keine Heimat auf Erden. In all diesen Hinweisen finde ich utopische Möglichkeiten im Blick auf das Gottesproblem.

Drittes Beispiel: Könnte ein Gottesbild gefunden werden, mit dem sich Männer und Frauen identifizieren können? Frauen sagen uns heute, daß sie sich mit einem Gott, der als Herr, König, Vater, Patriarch verstanden wird, nicht identifizieren können; manche können das «Vaterunser» nicht mehr mitbeten. Meine Frage: Könnte vielleicht ein androgynes Gottesbild gefunden werden? Androgynität bedeutet Einheit und Ganzheit des Männlichen und des Weiblichen; androgyne Symbole sind Symbole der Ursprünge, auch Symbole der Endzeit; die patriarchalische Trennung der Geschlechter ist dieser Einheit gegenüber sekundär. Indem die Epoche des Patriarchates zu Ende geht, müßten heute «weibliche Züge» in Gott gefunden werden; Ziel wäre das androgyne Gottesbild. Ich habe mich darum bemüht, solche Züge sowohl in der Bibel wie in den verschiedenen christlichen, mystischen und säkularen Traditionen zu finden (vgl. mein Buch: Gottes neue Eva, a. a. O.). Hier nur Hinweise auf die Bibel. Sie kennt das Bild von Jahwe als der Vogelmutter: im Schatten seiner Flügel birgt er den Menschen – unter seinen Flügeln findet man Zuflucht – er tröstet, wie eine Mutter tröstet. Weiter gibt es von Jahwe die Aussage, er sei auch ein gebärender Gott gewesen. Das Wort «Erbarmen» (rächäm) bezeichnet auch den Mutterschoß. Die Gotteseigenschaft der «Weisheit» ist immer weiblich gedacht; sie ist Mitschöpferin des Schöpfers Gott und sie ist Throngenossin Gottes; schließlich hat sie wahrscheinlich auch Züge der Astarte, also einer Liebesgöttin. Neutestamentlich gibt es dann die Auffassung vom Jesus-Sophia. Weiter empfinde ich das Gegenüber von Jahwe und seinem Volk, um das er eifersüchtig wirbt, als «Animus-Anima-Beziehung» im Sinne von C. G. Jung. Das bedeutet: es gibt männliche Seelenanteile in der Frau und weibliche Seelenanteile im Mann, wobei man sich die gegengeschlechtlichen Möglichkeiten bewußt machen muß, um reif und ganz zu werden. Ich meine nun, es gebe auch eine Anima Jahwes, und das wäre eben das Volk, das er liebt; diese Struktur geht dann ein in das Gegenüber von Christus und seinem Volk.

Schluß: Rückkehr der Religion?

Der Begriff der «Religion» war bei mir über lange Zeit negativ besetzt. Ich war beeinflußt von Karl Barth, der Religion als «Sein-Wollen-wie-Gott» und damit als Sünde qualifizierte. Ich war weiter beeinflußt von Bonhoeffers Argumenten zur «religionslosen Epoche» und zum «mündigen Menschen», der das Religiöse «a priori» hinter sich läßt, und schließlich vom Argument, Christus sei der «Bruder der Religionslosen». Allerdings: künstlerische Symbole, die religiös gefärbt waren, haben mich immer interessiert, und die programmatische Aussage der Dokumenta 1972 zu den «individuellen Mythologien» der Kunst hat mich immer wieder beschäftigt. Im künstlerischen Bereich schien es mir möglich, das Phänomen Religion auch positiv zu sehen.

Wie ist es aber mit einer persönlichen Erfahrung von Religion? Ich möchte hier noch über ein beeindruckendes Erlebnis im Rahmen eines Seminars berichten, das von Methoden der Gestaltpsychologie und der Bioenergetik bestimmt war. Diese Erfahrung zeigte mir, daß mein theologisches Problembewußtsein das Phänomen der Religion wahrscheinlich eher verdrängt hat, als daß es aufgearbeitet worden wäre.

Die Seminarerfahrung anläßlich meiner Teilnahme an einer Selbsterfahrungsgruppe: Durch bestimmte längere Atemübungen und Körperpraktiken konnten auch bei mir Zustände herbeigeführt werden, die für mich unbekannt und überraschend waren. Durch bestimmte Anordnungen durch die Trainer wurden Imaginationen einer kleinen, zunächst graugefärbten und dann goldenen Kugel ausgelöst, die durch das Innere des Kopfes und dann des ganzen Körpers flog und gewisse Punkte (z. B. das sogenannte dritte Auge) markierte. In einer weiteren Phase entstand dann die Phantasie, es werde jetzt die kleine Kugel aus dem Körperinneren herausgenommen und sie umfliege nun den Körper außen. In der Fortsetzung der Phantasie produzierte die Kugel goldene Fäden, die nach und nach den Körper einspannten; man fühlte sich gewissermaßen in ein Ei eingesponnen, das leicht als Mutterleib zu deuten war. Die Ankündigung des Trainers, man müsse diesen Raum dann wieder verlassen, erregte in mir starke Widerstände. Die am Abend angesetzte Übung verlief im folgenden dann völlig im Dunkeln, in einer Dunkelheit, die nur von kleinen Kerzen erleuchtet war. Die vom Trainer vor jeden Teilnehmer hingestellte kleine Kerze sollte den Ausgang aus dem goldenen Gehäuse signalisieren. Die Intensität des kleinen Lichtes, die wohl auf Grund der zeitlich sehr langen Übung entstanden war, ließ mich das Licht, bzw. den Ausgang aus der Dimension des Optischen als Vagina erleben, und zwar in einer Sicht «von innen» und in einer Sicht «von außen»; man könnte den Eindruck am ehesten als surrealistisch bezeichnen. Durch Mitteilungen des Trainers wurde eine weitere Etappe der Phantasiereise angekündigt. Es ginge nun – so wurde gesagt – um die Mitteilung von vier entscheidenden Sätzen zur eigenen Biographie; diese Sätze würden – sofern die weitere Phantasiereise gelinge – hörbar, auf jeden Fall individuell feststellbar. Die Sätze hätten folgende Bedeutung: ein erster Satz sei als verdichtetes Lebenssymbol zu verstehen, ein zweiter Satz als Mahnung und Drohung, ein dritter Satz als Leitsatz für Aufbrüche des Lebens und ein vierter Satz wäre ein Symbol für die individuelle mannweibliche Beziehung. Die sich in meiner Phantasie bildenden Sätze lauteten folgendermaßen: Als Lebensweisheit fiel mir die Wahrheit des Wiener «lieben Augustins» ein, der als Betrunkener am Morgen in der Pestgrube erwacht: «O du lieber Augustin, alles ist hin ...» Ich empfand das als sinnvolle Weisheit zwischen Leben und Tod und hatte begleitende Assoziationen zur Gestalt des Kasperls oder des Harlekins, ungefähr wie ich Gestalten im «Schwarzen Theater in Prag» erlebt habe. Der drohende und mahnende zweite Satz, der mir einfiel, war der paulinische Satz: «Das Gesetz tötet.» Den dritten Satz, der nach vorn weisen sollte, empfand ich als zenbuddhistisch: «Wasser ist silberklar»; dazu empfand ich Assoziationen wie etwa, es müsse alles klar überprüft werden, aber es dürften Intellekt und Leben nicht auseinanderfallen. Und: in der Symbolik des Alltags (Wasser) verberge sich Transzendenz. In der vierten Phase hörte ich eine warme, weibliche Stimme, die mir ihre Bereitschaft kundtat, mit mir zu schlafen.

Ich habe die geschilderte Phantasieerfahrung als eine Art religiöse Initiation verstanden. Allerdings empfand ich diese Religion als sehr subjektiv, gewissermaßen als «individuelle Mythologie», die ich kaum mit den religiösen Traditionen verbinden konnte, die mich z. B. in der Theologie beschäftigen. Ich empfand sofort auch das synkretistische Moment: Wiener Weisheit zwischen Leben und Tod, paulinische Gesetzestheologie, Zen-Buddhismus, Integration von Eros und Religion, das «Gewöhnliche» als Ort der Transzendenz (vielleicht verbunden mit Assoziationen an die Sakramente), usw. In der Rückerinnerung an das Erlebnis spüre ich die bekannte religionsphänomenologische Ambivalenz des «mysterium tremendum» (erschütterndes Geheimnis) und des «mysterium fascinosum» (anziehendes Geheimnis). Das Erlebnis hat sich aber insofern als prägend erwiesen, daß ich es jederzeit – auch zwei Jahre nachdem es sich ereignete – abrufen und mir vergegenwärtigen kann. Jedenfalls bedeutete es für mich so etwas wie die Rückkehr des Irrationalen in mein Leben und eben damit vielleicht die Rückkehr des vorher verdrängten Phänomens der Religion. Es weist auch insofern auf die Anfänge meiner Biographie zurück, als es ausgesprochen orale Züge hat.

Kurt Lüthi, geb. 1923 im Schweizer Kanton Bern. Er studierte in Bern und Basel Theologie (u. a. bei Karl Barth). 1954 promovierte er mit dem Thema «Judas Ischarioth in der Geschichte der Auslegung». Ab 1959 war er in Bern Privatdozent und ab 1964 in Wien ordentlicher Professor für Systematische Theologie (reformiert). Seine Interessen gelten den theologischen Grenzwissenschaften (Kunst, Literatur, Psychoanalyse, Feminismus, Dialog mit der Medizin). Letzte Veröffentlichungen: «Gottes neue Eva. Wandlungen des Weiblichen» (Stuttgart 1978), «Feminismus und Romantik. Sprache, Gesellschaft, Symbole, Religion» (Wien 1985).
(Foto: Linda Christanell)

Hans Georg Wiedemann

Gott – mein Vater, meine Mutter

Als ich konfirmiert wurde – so erinnere ich mich –, weinte «der Mann auf der Kanzel» ganz besonders stark. Er tat es auch sonst gerne und hatte sein weißes Taschentuch stets griffbereit. Ich kann nicht sagen, daß mir das imponiert hätte. Eher befremdete es mich. Im Konfirmationsgottesdienst beförderte sein Taschentuch die Schnupftücher zahlreicher Mütter hervor, wie ich verstohlen beobachtete. Das verstärkte mein Bild, das ich ohnehin schon von der Kirche hatte: Als einer Einrichtung vor allem für Frauen. Es waren ja auch an den üblichen Sonntagen fast nur Frauen da. Die Gemeindevorsteher allerdings waren Männer. Mein Vater gehörte auch dazu, weil er als Malermeister den Auftrag bekam, die Kirche zu streichen. Ich weiß noch, wie unangenehm es ihm war, am Sonntag mit dem Klingelbeutel «bei all diesen älteren Frauen kassieren zu müssen». Er schied aus, als die Kirche renoviert war. Ich schied aus, als ich konfirmiert war. Meine Ansichten waren damals «fertig»: Kirche und damit die so organisierte Religion hat es mit Kindern zu tun, mit Müttern, vor allem aber mit alten Frauen.

Daran knüpfte ich die weiteren Vorstellungen: In der Kirche geht es offensichtlich weniger ums Denken als ums Fühlen, weniger um den Verstand als um so etwas wie die Seele, weniger um die sichtbare Wirklichkeit des Tages als um ein unsichtbares und – wie ich wohl meinte – verschwommenes Innenleben. Daß die Worte «Kirche», «Gemeinde» und «Religion» weibliche Artikel tragen, schien mir ganz typisch und treffend.

So kam es, daß ich mich von alledem wenig angesprochen und «gemeint» fühlte, zumal der Pfarrer, den wir «Seelenhirten» nannten, mir auch eher weiblich vorkam. Und über das «Weibliche in mir» hatte ich natürlich noch nichts gehört. Ich wollte ja ein Mann sein bzw. werden. Auch sprachen, wenn in meiner Umgebung mal von Gott und vom Beten die Rede war, nur immer Frauen davon – die älteren und in meiner Erinnerung meist dicklichen Tanten, die bei Familienanlässen zu Besuch kamen oder die ich mit besuchen mußte. –

«Weiblich» und «Männlich», das waren damals für mich ganz deutlich umrissene Kategorien, denen ich unterschiedliche Eigenschaften zuordnete.

Wenn heute von Feministinnen und Feministen das «ausschließlich männliche Gottesbild» kritisiert und einer darauf aufbauenden Theologie jede Legitimation abgesprochen wird, auch für die Frauen zu sprechen (so Christa Mulack: Die Weiblichkeit Gottes), so wäre mir das damals ganz unverständlich erschienen, denn nach meinem Eindruck wurden ja hauptsächlich Frauen angesprochen von dieser Kirche und ihrer Lehre. Auch die Gestalt Jesu hatte in meinen von den «schönen» Bildern der Familienbibel geprägten Vorstellungen eher die Züge eines sanft gelockten Mädchens, das ein Lamm liebkost und kleine Kinder streichelt.

Wie gesagt: ich fühlte mich über Jahre hinweg von der Kirche und dem Milieu der christlichen Gemeinde weder angesprochen noch gar herausgefordert. Unbewußt stimmte ich der allgemeinen männischen Meinung zu: «Religion ist Weibersache.»

Das wurde erst anders, als ich mit dem Jurastudium begann und, eher aus Zufall, in die Studentengemeinde geriet und dort einen Studentenpfarrer kennenlernte, der ganz anders war: Kein kalter, aber doch distanziert wirkender Mann; ein Mann mit einer beunruhigenden Leidenschaft des Denkens; vor allem auch ein Mann, der in seinen Predigten und Diskussionen die gegenwärtige politische und soziale Wirklichkeit im Auge hatte und sie angriff. Er forderte uns Studenten zu politischen und existenziellen Entscheidungen heraus, wie ich das am wenigsten von einem Vertreter der Kirche erwartet hätte, die für mich bis dahin eine eher mütterlich-zudeckende Funktion hatte. Dieser «Kirchenmann» aber machte mich neugierig und ließ mich fragen: Woher nimmt er den Mut für seine Aussagen (denn es gab manchen Ärger um ihn mit den politischen und kirchlichen «etablierten Instanzen»); woher kommt sein Engagement, woher die Schärfe seiner Gegenwartsanalyse? Ich konnte schließlich nicht umhin, dies alles zentral mit seinem christlichen Glauben in Zusammenhang zu bringen. Das aber war neu für mich: Christlicher Glaube als Denkanstrengung, ja als Denklust; eine Rede von Gott, die weniger tröstete oder gar vertröstete als aufdeckte; eine Rede von Jesus, die zur Entscheidung herausforderte. Und das – ich wage es heute kaum mehr zu schreiben – empfand ich als ausgesprochen «männlich». Jetzt fühlte ich mich herausgefordert und angesprochen, und spätere Universitätslehrer, Juristen und Theologen haben diese Herausforderung so verstärkt, daß ich schließlich Theologe wurde.

Wenn ich diese Entwicklung, meine späte «religiöse Sozialisation», auf das Gottesbild hin bedenke, dann wird mir deutlich, wie wichtig es für mich war, als sein *Sohn* angesprochen zu werden, also als *Mann,* während die Kirche mir bis dahin den Eindruck vermittelt hatte, ich sei eigentlich nicht gemeint. Erst jetzt empfand ich die Freiheit und Verlockung, mich mit allem einzubringen, was mich interessierte: mit meiner Fragelust, mit meinen Zweifeln, mit meinen intellektuellen Versuchen, mit meinem Ärger, mit meinem Veränderungswillen. – Auch kam es mir mehr auf Gott als den *Vater* an, mit dem ich gleichsam ein Gespräch «von Mann zu Mann» führen konnte, als auf Gott, die Mutter, die ich eher mit Getröstetwerden in Verbindung gebracht hätte (dessen ich mich seinerzeit für weniger bedürftig hielt) als mit Auseinandersetzung.

Besonders wichtig in der Bibel waren mir damals (und sind es auch noch heute) das Buch Hiob, das Ringen der Propheten mit Gott und die harten Reden Jesu in den Synoptikern.

Heute allerdings hat sich mein Gottesbild – ich möchte nicht sagen: verändert – aber erweitert! Ich bin älter geworden. Ich habe Erfahrungen mit mir selbst gemacht. Ich habe die «weiblichen» Seiten in mir entdeckt und angenommen. Ich weiß, daß ich Trost brauche und Geborgenheit.

Ich bin zwar nicht der Meinung von Christa Mulack, daß «nur Mann und Frau gemeinsam den Menschen abgeben», denn ich fühle mich auch ohne die Frau oder meine Frau als ganzer und vollständiger Mensch. Aber ich weiß, daß ich Gott und Jesus brauche sowohl als den, mit dem ich streiten kann, wie als den, der mich in seine Arme nimmt. Aber vielleicht ist auch nur das von den kritischen Theologinnen gemeint: Daß sich jeder von uns, ob Mann oder Frau, als *ganzer* Mensch in Gott wiederfinden darf: mit seinem Bedürfnis nach Denken, Verstehen und Handeln und mit seinem Bedürfnis nach vorbehaltloser Annahme und Trost.

Dann wäre es unsinnig, noch länger von feministischer oder (als noch nicht existierendem Gegenbegriff) maskulinistischer Theologie zu sprechen. Dann darf es heißen: «Vater und Mutter im Himmel – Söhne und Töchter auf Erden.» Dann sollten wir unsere Gottesdienste beginnen mit dem Eingangsvotum: «Wir sind hier zusammengekommen im Namen Gottes, der unser Vater und unsere Mutter sein will.»

Hans Georg Wiedemann, Dr. theol., geb. 1936, Pastor an der evangel. Markusgemeinde in Düsseldorf, Mentor der Telefonseelsorge Düsseldorf
Veröffentlichung: Homosexuelle Liebe, Stuttgart-Berlin 1982, Einzelbeiträge in Sammelbänden

Helmut Michael Jedliczka

(Nach-) Hinken

(Herta Meyer, meiner Gestalttrainerin, gewidmet)

das glück nicht nur vom hörensagen kennen
es anfassen
mit verbrannten händen
(aus: dorothee sölle, definitionen des erwachsenseins)

Langsam beginne ich, aufrecht zu gehen.

Mit hinkenden Schritten ist eine Befreiungsgeschichte bei mir angekommen, die um 1968 begann. Studenten, Lehrlinge, Schüler und Arbeiter machten das Bestehende nicht mehr mit. Kirche und Theologie entdeckten auf einmal auch, daß Befreiung ihr Thema ist. Dann kam die Frauenbewegung. Frauen konnten es nicht länger ertragen, von Männern niedergehalten zu werden, die dauernd von Emanzipation sprachen. Im Christentum entstand daraufhin die Feministische Theologie. Und Männer, die feministische Freundinnen oder Ehefrauen hatten, waren nun gezwungen, über ihr Mannsein nachzudenken. Schwule hatten genug davon, in Winkel abgedrängt und verabscheut zu werden. In der Linken wurde viel vom «subjektiven Faktor», den «Verkehrsformen» und dem «Elend des Alltags» geredet. Zu mir kam das meiste über den Kopf, durch Lesen und Gespräche. Ich weiß viel darüber, schrieb später davon und schreibe noch immer. Aber dann rückte mir die Unterdrückung an den Leib, griff mir ans Herz und vergiftete mein Blut. Erst als ich als Person an der Praxis männischer Kirchlichkeit gelitten und meine Lehrzeit als Vikar beendet hatte, fand ich die Kraft, mit Gestaltarbeit zu beginnen (Gestalttherapie ist eine erlebnisorientierte Psychotherapieform, die von Fritz Perls entwickelt wurde).

Männer tun erst etwas für sich, wenn es nicht mehr anders geht – bestenfalls. Die Befreiungsgeschichte ist endlich bei mir angekommen, und ich bin erst jetzt als ganze Person in sie hineingetaucht.

In der Gestaltarbeit kann ich mir selber Aufmerksamkeit schenken. Veränderung und Entwicklung kann es nur geben, wenn ich mir klarmache, wo ich jetzt bin. Wöchentlich fragt mich jemand: «Was ist gerade bei dir da? Willst du es dir ansehen? Was kommt dazu aus deiner

Vergangenheit?» Ich kann in Gestalten der Vergangenheit «hineingehen», noch einmal damalige Gefühle erleben und sie für mich abschließen, mir die abgespaltene eigene Energie zurückholen. Wenn ich mich darauf einlasse, kann ich mich auf meine Gestalttrainerin verlassen. Ich wollte eine Therapeutin, einem Mann würde ich nicht vertrauen. Die Trainerin ist nicht, wie in der Kirche, moralisch verpflichtet, mich zu begleiten, sondern ich bezahle sie dafür. Ich kann an den Gestalten arbeiten, die ich will. Die Situation ist klar, die Zeit begrenzt, ich kenne mich aus.

Ich erlebe die Trainerin als Anwalt meiner Geschichte. Das hat mich wieder zur Religion gebracht, darauf, daß mein Anwalt lebt. In religiöser Sprache geredet: Ich erfuhr Rechtfertigung, daß Gott mich annimmt, wie ich jetzt bin. Gott verschafft mir das Recht auf mein Leben, meine Bedürfnisse, meine Religion. Wegen dieses Erlebens von Rechtfertigung ist die Gestaltarbeit für mich eng mit Religion verknüpft und mit der Aufarbeitung religiöser Erfahrungen. Ich bin mehr als das männische Eingeteiltwerden in Vater-Sohn-Verbündeter-Gegner. Ich bin mehr als die Rollen «Pfarrer», «Lehrer», «Mann». Ich lasse mir auch Gott und meine Religion nicht mehr vorschreiben.

Ich habe entdeckt, daß viel Kraft in meiner Religion steckt, weil sie an manchen Punkten meines Lebens mit der Suche nach meinem Weg verbunden war. Wenn ich schreibe «Religion», dann meine ich sie in einer doppelten Zwiespältigkeit. Zum einen in ihrer Spannung als herrschende Religion und eigene Religion, zum anderen in ihrer Funktion für mich, denn einerseits diente sie dazu, mich zu unterdrücken und mich mir selbst fremd zu machen; andererseits hat sie mir geholfen und hilft mir, meinen Weg zu suchen, zu finden und auch zu gehen, in eigener Gestalt, selten in der Kirche.

Diese Religion möchte ich anhand dreier Teile von mir selber beschreiben:

Erstens: ausgehend von meinem Herzen, das meinen Körper mit Blut versorgt. Blut ist ein uraltes Symbol für Leben.

Zweitens: ausgehend von meinem Leib. Über meinen Leib ist von Anfang an mit mir gesprochen worden, durch ihn mache ich Geschichte mit anderen Menschen. Leib ist Sexualität.

Drittens: ausgehend von meinem Kopf, in dem das Denken und Wissen wohnt. Kopf ist Durchschauen, Klarheit, Überlegen und Planen.

1 (Herz-Blut)

Ich wuchs säkular auf. Bis zu meinem sechsten Lebensjahr waren die Religionsbrocken klein. Kurz vor Schulbeginn fragte mich meine Mutter, ob ich beten wolle. Ich sagte nein, und sie hat das akzeptiert. Es gab keinen herzlosen, bewußt religiösen Zwang.

Der erste Religionsunterricht und die Religionslehrerin waren mir unsympathisch. Ich konnte sie und ihren Gott nicht verstehen. Ich wußte nicht, daß Kirchen-Männer ihr vorschrieben, so über ihn zu sprechen.

Ihr Gott ließ es zu, daß Kain den Abel erschlug, nachdem er zuvor das Opfer des Abel angenommen und das des Kain abgelehnt hatte. Kein Wunder, dachte ich, daß Kain eine Mordswut hatte. Aber angeblich war er schuld und nicht ihr Gott. Wozu brauchte der Opfer?

Ihre schlimmste Geschichte aber war die Opferung Isaaks. Daß Gott einem alten Vater seinen langersehnten einzigen Sohn (von Ismael und der Nebenfrau Hagar hatte sie nichts erzählt) wegnehmen und sogar fressen wollte, fand ich ebenso schrecklich wie den ergebenen Abraham. Warum sagte er nicht einfach nein? Sollte ich ein schlechtes Gewissen haben, weil ich wußte, daß ich niemals mein Liebstes für einen solchen Gott hergeben würde?

Auf den Zusammenhang von Opfer, Männergott und Blut wurde ich erst mit vierzehn wieder gestoßen. Ich saß neben einem Klassenkollegen, der meine Gutmütigkeit ausnützte und seine Karatebegeisterung an mir austobte. Er hatte die Absicht, es den Helden einer Fernsehserie gleichzutun. Es dauerte sehr lange, bis ich ihn erfolgreich verprügelte. Er blutete aus der Nase. Das war das erste und letzte Mal, daß ich raufte.

Sowohl mein Vater als auch meine Klassenkollegen schätzten mich auf einmal sehr. Meine Gefühle waren zwiespältig: Einerseits war ich zufrieden, daß ich mich endlich gewehrt hatte. Andrerseits erschrak ich: mußte ich einem Mann die Nase blutig schlagen, um in der Männerwelt anerkannt zu werden? War Blut, nicht eigenes, immer gegnerisches, notwendig, um von den Männern aufgenommen zu werden? Initiation mit Feindesblut? Die Ahnung von Tod als Zeichen von Leben?

Für Frauen, stelle ich mir vor, ist ihr eigenes Blut ein Zeichen von Leben. Daß Frauen bluten, wußte ich. Daß das Einsetzen dieses Blutens ein wichtiges Ereignis für ein Mädchen ist, wußte ich auch. Ich hatte gelesen, daß Mädchen bei den ersten Malen erschrecken. Aber daß sie sich daran meist gewöhnen. Erst jetzt vermute ich, daß Männer sich einen Ersatz für dieses monatliche, undramatische und selbstverständliche Bluten aus weiblicher Öffnung suchen. Ob sie Neid haben, daß es bei ihnen diese Zeichen von Fruchtbarkeit und Leben nicht gibt, sondern nur Blut von geschlagenen, verwundeten Feinden? Erst jetzt vermute ich, daß Blut für Männer mit Gewaltanwendung an Gegnern verbunden ist. Ob sie deswegen Mädchen deflorieren wollen, um wenigstens einmal die Verursacher jenes Blutens aus weiblicher Öffnung zu sein, das sonst ohne ihr Zutun kommt? Dorthin stoßen, wo sie selber herkommen, bei einer Frau, die noch kein anderer Mann «hatte». Ob deshalb so viel Gewalt dabei im Spiel ist? Blut sollte ich bei der Konfirmation trinken, zum erstenmal Blut Christi, Blut des Herrn, und seinen Leib essen. Der alte Pfarrer, dessen Wertschätzung ich als Kirchgänger brauchte, schärfte uns ein, nicht den «Anfechtungen» nachzugeben, die dabei am größten seien.

Ich sehe da heute einen Zusammenhang mit dem Blut gegnerischer Männer. Hieß es nicht: sein Blut hat gesühnt, das Blut des Sohns macht uns rein? Dieser Gott wollte nicht nur Isaak fressen, sondern er brauchte auch das Blut seines eigenen Sohnes, um sich versöhnt zu zeigen. Was für eine Religion, die das Blut eines Mannes trinkt. Männerbluttrinken, veranstaltet von Männern? Sollten die «Anfechtungen» jene wohlig-warmen Lustgefühle sein, die oft kamen? Oder meine Phantasien, was Männer und Frauen machten, wenn sie nackt waren? Verletzten da Männer Frauen, machten sie sich blutig? Erst wollte ich oft jenen Leib essen und jenes Blut trinken, und ich bemühte mich sehr, «rein» zu sein, also am Tag des Abendmahls nicht zu onanieren. Das gab ich bald auf.

Mit sechzehn fuhr ich mit einem Freund im Sommer nach Taizé. Dort erlebte ich Eucharistiefeiern, die meine dunklen Gefühle auflösten. Religion war auf einmal warm, und ich, ohne die Eltern dorthin gekommen, frei. Befreiung und Religion waren zueinandergekommen. Ein erklärter Atheist meinte, ihm gefiele das Abendmahl, weil jeder das gleiche bekäme. Ich begriff: Das Abendmahl ist leibhaft erlebbare Einheit von Religion und Politik, liturgisch-politische Feier der Utopie Jesu vom Reich Gottes. Leib und Blut spielen seit damals für mich keine Rolle mehr als Erklärungen des Abendmahles. Wenn ich in einer Gemeinde Abendmahl feiere, kommen Leib und Blut nur bei den Einsetzungsworten vor. Dort lassen sie sich nicht vermeiden. Vom Blut Christi, vom Blut eines Mannes ernähre ich mich nicht. Christus ist kein gegnerischer Mann, sondern für mich ein ganz intimer Freund. Er will, daß mein Blut pulst. Ich möchte gerne ein Teil der Leibkirche seines Geistes sein, in der ich befreit leben kann.

Die Verwalter des Männergottes wollten mir jahrelang das Gegenteil einschärfen.

Schon während des Theologiestudiums hörte ich einen Vertreter der Kirchenbehörde, der die Erwartungen der Behörde an die Absolventen unserer Fakultät darlegen sollte, sagen: «Es ist ganz einfach. Gott hat Ihnen die Hand auf die Schulter gelegt und gesagt: Dich will ich! Es geht um gar nicht viel, es geht nur um Sie!» Ich spürte Haß und Ablehnung. Nicht schon wieder Isaak, nicht schon wieder dieser Männergott, der jetzt auch noch mein Blut wollte. Aufgeregt fragte ich, ob das nicht ein Widerspruch zur Rechtfertigung sei, denn die bedeute doch, daß es Gott um mich ginge, also um Gottes Wertschätzung meiner Person. Jener Kirchen-Mann belehrte mich mit erhobenem Zeigefinger, die Rechtfertigung sei nur für das Amt da, ich solle mich vor Selbsterlösung hüten.

Ich sagte damals: «Das glaube ich nicht!»

Als Vikar erfuhr ich die Praxis der Verwalter des Männergottes.

Ein Vikar ist zwei Jahre lang seinem Chef, dem Lehrpfarrer, unterstellt, also völlig abhängig. Zum Schluß der Probezeit erfolgt nach einer demütigenden Prüfung die Bestätigung der Anpassung, die Ordination. Bei uns Protestanten sagt man nicht Weihe, aber es geschieht dasselbe: Weihe ist in ihrer ursprünglichen Bedeutung die Aussonderung eines Opfertieres für die Schlachtung. Über diesen zwei Jahren lag für mich ein Fluch: «Du wirst nie das tun, was du für dich gut und richtig findest!» Nie kam ich auf Vikarsstellen, auf die ich gerne wollte. Ich sollte lernen: «Gib dein Blut her! Du sollst nicht leben, sondern entweder ein einsamer Heroe oder ein Märtyrer werden! Das ist deine Existenzberechtigung!»

Ein so vorgestellter Männergott duldet nur Kumpanei oder Gegnerschaft, aber keine personale Nähe, schon gar nicht unter Männern. Er hat Angst zu sterben, wenn echte Nähe aufkommt. Er ist der von Männern erschaffene und angebetete Tod.

In einer Vikarsgruppe sagte ich, die kirchliche Arbeit ginge mir ans Leben. Ich erhielt die Antwort, ich kenne den Betrieb doch schon lange und solle mich nicht oral gestört verhalten, daliegen und warten auf Nahrung. Ich solle etwas tun. Das sagte mir ein Theologen-Mann, progressiv.

Als ich mein erstes Begräbnis hielt, hörte mir mein Lehrpfarrer zu. Es war keine schwierige Beerdigung. Er sagte nachher zu mir: «Sie waren einfach zu menschlich. Merken Sie sich: ein Seelsorger muß eiskalt sein!» Schließlich wurde ich bei der Kirchenbehörde wegen einer Taufe vorgeladen. Ein Angehöriger jener Behörde hatte mich in einem Gottesdienst abgehört. Die Eltern des Kindes waren nicht verheiratet, ich redete sie daher mit verschiedenen Familiennamen an. In einem Gebet nannte ich Gott nicht nur einen guten Vater, sondern auch eine gute Mutter. In der Ansprache wies ich nicht nur auf Gottes Väterlichkeit, sondern auch Mütterlichkeit hin. Bei der Vorladung schrie jener Mann auf mich los, beschimpfte mich als «üblen Feministen». Die Frau sei doch sicher eine «üble Emanze» gewesen. Ich rechtfertigte mich nicht, sagte nur, daß ich es so gemacht habe, und ging. Die kirchlichen «Humphrey Bogarts» haben sich einen anderen Gott erschaffen als den, der mein Gott ist. Dem Todesgötzen darf man nicht ungestraft an den Penis greifen und sagen: «Seine Männlichkeit ist nur ein Bild!»

Ich wäre sicher am Ende mit der Religion gewesen, hätte ich damals nicht einen anderen, älteren Mann kennengelernt, der mich auf meinen Gott hinwies. Er war kein Christ, sondern ein singender Rabbiner. Er sprach vor seinem Konzert viele Zuhörer, darunter auch mich, an. Ich lernte aus seinen Liedern, den Gesprächen mit ihm und in den jüdischen Gottesdiensten, in die er mich einlud, daß Gott doch ein Herz hat. Ein lebendiger Gott, der weint, wenn ich weine. Daß ich wieder bete, verdanke ich diesem Juden. Mir ist wieder warm geworden beim Beten, das Frieren zu Füßen des Todesgötzen hat aufgehört. Ich lernte Klagen als ersten Schritt zur Befreiung. Der Todesgötze ist die Ausgeburt jenes kalten, christlichen Männertriumphalismus, der meint, allein mit dem Penis Leben schaffen und alle Welt durchbohren zu können. Der sich selber insgeheim für den Messias und seine Praxis für das Reich Gottes hält.

Ist es ein Wunder, daß er den jüdischen Einwand haßt, seine unfriedliche und ungerechte Praxis widerspräche der Gegenwart des Messias bei ihm?

2 (Leib)

Im Leib meiner Mutter, dessen Teil ich einmal war, wohnt die Erinnerung an ihre Großmutter. Die lebte in der alten Heimat der Mutter, in Thüringen. Sie hatte meiner Mutter Wertschätzung entgegengebracht. Sie war sehr fromm, was in Thüringen sehr evangelisch hieß. Meine Mutter wollte erst keine Kinder, aber mein Vater. Mein Vater war erst katholisch und bei der Heirat konvertiert. Beide kamen als Flüchtlinge nach Österreich. Sie waren doppelt in der Minderheit: als Flüchtlinge und als Evangelische. Mein Vater wollte Kinder, Söhne.

Ich sollte zum Heimischwerden in Österreich beitragen. Mein Leib bekam die Botschaft «Heimat», nicht nur neue, sondern auch «alte Heimat». Da die Großmutter der Mutter ein Symbol dafür war, sollte ich auch so werden wie die Großmutter, wenigstens ein bißchen. Als die Mutter dem Leib des Vaters nachgab und ich geboren wurde, erhöhte ich den Wert der Mutter für den Vater, hatte sie doch mich, den Sohn, geboren. Da die Großmutter auch Symbol für Wertschätzung war, sollte ich auch ein wenig wie sie werden. Und so bekam ich auch etwas von ihrer Religion.

Die andere religiöse Botschaft aus dem Leib meiner Mutter war verbunden mit ihrem Frausein. Sie ließ mich spüren, es sei besser, immer für andere, vor allem für Männer, da zu sein. Aber das sei eine Last, besonders die Sexualität mit Männern. Da sei man immer an zweiter Stelle, aber es sei eben so, da könne man nur Luft holen und weitermachen. Dieser religiöse Brocken ist in mir verbunden mit einer ambivalenten Aufladung mit Weiblichkeit. Einerseits konnte ich mich fast nur mit Frauen identifizieren, weil mein Vater im Beruf war. Für Erziehung war die Mutter zuständig. Ich lernte viel von dem, was bei uns Frauen zugeschrieben ist: Hausarbeit, Sorge um die Kontinuität, die bei allem Unglück der Frauen doch große Stärke, die in der Arbeits- und daher Männerwelt nicht brauchbare Differenzierung von Gedanken und Gefühlen und ihr Zulassen. Andrerseits nahm ich viel vom Unglück der Frauen in mich auf und war überfordert. Da war keine befreite Sexualität, keine befreiende Religion. Sie waren alle nicht sehr einladend.

Den nächsten großen Schritt zur Religion tat ich mit zehn. Meine Eltern zogen gegen meinen Willen in eine Kleinstadt. Dort zeugten sie bald meinen Bruder, und ich mußte mir selber Wege suchen, mit meiner Einsamkeit fertig zu werden. Denn weder waren mir meine Eltern eine Hilfe bei der Umstellung, noch fand ich Freunde in der neuen Schulklasse. Die Buben waren alle sportlich und raufIustig. Wer zu ihnen gehören wollte, mußte mitmachen. Das tat ich nicht. Ich bekam eine neue Religionslehrerin. Sie erzählte freundlichere Geschichten. Sie war Gemeindeschwester und ging immer in dunkelblauer Tracht. Ihre weiße Haube und das blaue Kleid sagten mir: «Durch einen religiösen Weg kannst du Gefühle und Sexualität vermeiden. Religion erlaubt es dir, dich herauszuhalten. Dann brauchst du nicht auf deine Bedürfnisse zu achten und Konflikte auszutragen.» Allerdings war im Religionsunterricht auch ein Mädchen, in das ich mich verliebte.

Die Gemeindeschwester lud uns zu einem Festgottesdienst ein, und von da an ging ich regelmäßig in den Gottesdienst. In der Kirche saß ich neben der Schwester, vorne, und bekam ein Gesangbuch wie sie. In der Kirche hatte ich Ruhe und Anerkennung, weil mich die Leute und der Pfarrer bald kannten. Zu Hause war ich allein gelassen und hatte zuwenig Aufmerksamkeit, in der Schule war es laut wegen der dauernden Raufereien, bei denen ich nicht mitmachte und ein Außenseiter war. In der Kirche konnte ich mir ein bißchen Anerkennung holen. Wenigstens von den älteren, auch nicht besonders glücklichen Frauen, die dort waren. Daß das mit der Praxis der Verwalter des Männergottes zusammenhängt, weiß ich erst heute. Die Identifikation mit älteren, unglücklichen Frauen ging weiter, religiös unterstützt. Auf Fotos von damals sehe ich dick, unglücklich, blaß, aber sehr harmlos und gescheit aus.

Zu meinem Leib fand ich erst wieder, als ich mit zwölf ohne fremde Hilfe schwimmen lernte. In der Kleinstadt sollte ein Freibad eröffnet werden. Da ich gern badete, freute ich mich. Gleichzeitig hatte ich Angst: Im Bad konnte ich mir nicht mehr dicke Pullover über meine Speckwürste ziehen. Ich würde mich ausziehen müssen, und die anderen würden meinen dicken, ungeliebten Körper sehen. Aber ich lernte nicht nur allein schwimmen, sondern fand in einem Schwimmtrainer Unterstützung. Er zeigte mir alle Schwimmarten. Das nenne ich heute auch eine religiöse Erfahrung, weil sie Annahme und Bestärkung für mich bedeutete.

Aber schon bald floh ich wieder vom Leib. In der Oberstufe des Gymnasiums kam ich in eine Klasse aus Burschen und Mädchen. Ich verliebte mich in eines der schönsten Mädchen, versuchte sie in Gespräche zu ziehen und mich mit ihr zu verabreden. Sie bevorzugte hingegen einen älteren, muskulösen Burschen. Ich wurde nicht der begehrte Freund, sondern der «liebe» Vertraute dieses Mädchens. Ich ließ mit mir machen, was noch oft passierte: veronkeln, vertanten, wurde zum erotisch uninteressanten Mann, mit dem es sich aber so gut reden läßt. Noch heute höre ich gelegentlich die Meinung, es gebe zwei Arten von Männern, welche, mit denen geredet, und welche, mit denen geschlafen wird. Damals wollte ich lieber zur ersten Sorte gehören. Heute mag ich meine Sanftheit und Liebenswürdigkeit, sie sind nicht mehr mit der Vermeidung von Sexualität verbunden.

Aber damals war das verbunden mit Religion: unglücklich, aber freundlich für andere da sein. Ich konnte in Burschengesprächen nichts vorweisen, aber ich hatte begonnen, Kindergottesdienste zu halten. Meine Rolle in der Kirche wurde wichtiger.

In Taizé erlebte ich dann die Mönche. Sie trugen keine dunkelblaue

Tracht, sondern weite weiße Gewänder. Sie wirkten auf der einen Seite wohltuend, ich sage heute animaintegriert, fast androgyn. Trotzdem hörte ich auch von ihnen die Botschaft der Vermeidung von Sexualität, großen Gefühlen und Konflikten.

Während des Studiums lernte ich zwar viele Menschen kennen, rutschte aber meistens in die Rolle des verstehenden Seelsorgers, des erotisch uninteressanten, «lieben» Vertrauten, oder ich wurde zum Ersatz für andere. Wenn meine Nähe als Möglichkeit zu sexueller Beziehung gesehen wurde, ergriff ich die Flucht. Wollte ich mich, sehr selten, sexuell nähern, wurde ich an meine Rolle erinnert.

Als Pfarrer trage ich nun selber ein verhüllendes, vermeidendes Gewand. Die dunkelblaue Tracht der Schwester und die weißen Gewänder der Mönche sind an mir zum schwarzen Talar geworden. So ziehe ich mir manchmal weibliches Unglück und asketische Botschaften an.

Wie bedrohlich das für mich war, haben mir zwei Träume gezeigt: In dem ersten Traum gehe ich auf der Straße und unterhalte mich mit einem Professor, der ein Buch über Askese schrieb. Dabei spüre ich, daß mein abgerissener Penis in meiner Hosentasche liegt. In einer Gestaltstunde habe ich ihn mir wieder eingepflanzt.

Im zweiten Traum laufe ich mit meinem Bruder bei Sonnenschein auf einer Straße (mit meinem Bruder betreibe ich manchmal Sport, im Traum ist er ein Symbol für meine sportlichen und spielerischen Anteile). Ich sehe plötzlich, daß er heftig weint. Auf meine Frage nach dem Grund sagt er, er werde am Abend eingeschläfert. Ich solle die Theologen fragen, die würden mir die Gründe mitteilen. Etwa zwanzig Theologen kamen dann in einen dunklen Raum feierlich einmarschiert, im Talar. Anhand eines Psalms wollen sie mir die Gründe für die Tötung meines Bruders, meiner Leiblichkeit und Spielfreude, nennen. Von ersticktem Weinen wachte ich auf.

Ich halte größere Ansammlungen von Theologen, vor allem im Talar, kaum aus. «Die Theologen» sind in der Gestaltarbeit immer wieder gekommen als Vermeidung von Sexualität und Glück, als Forderung, zu leiden, als Drohung, nicht zuviel für mich zu tun. Meine Religion ist das nicht mehr. Echte Askese kann nicht ohne Penis, nicht ohne Leib sein. Askese ist kein Weg für mich.

3 (Kopf)

Der Kopf ist ein wichtiger Teil meines Lebens, meiner Arbeit und meiner Religion. Das wurde vorbereitet durch den immer vorhandenen Winkel in der Kindheit, in den ich mich zum Nachdenken und später zum Lesen zurückzog. «Lesen habe ich gelernt, das nimmt mir keiner mehr weg.» (J. Schimmang, Der schöne Vogel Phönix.) Ich schätze am Protestantismus seine Tradition des Lesens, der Gelehrsamkeit und des Schreibens. Ich weiß aber um die Gefahren der Verkopfung, vor allem bei Männern. Intellektualismus kann eine Möglichkeit sein, Gefühle und Sexualität abzuwehren, zu sublimieren.

Als ich mit fünfzehn den religiösen Bereich stärker als Vermeidung brauchte, begann ich den «anstoss» zu lesen, eine kritische evangelische Jugendzeitung. Ich wollte nicht nur Mönch werden, sondern auch ein christlicher, linker Intellektueller. Um mir zu beweisen, daß das geht, studierte ich Theologie.

Ich konnte die geistige Enge der Kleinstadt verlassen, auch von zu Hause weggehen. Ich konnte die verschiedenen Gruppen auf der Universität kennenlernen, die einander damals auf der Suche nach Wahrheit bekämpften. In linken Gruppen wie auch in Theologengruppen standen immer auch persönliche Konflikte und Kampf um männliche Vormacht hinter den Debatten. Ich erlebte Gruppenzwänge: Solidarisieren, Feindbilder, eine bestimmte Sprache, bestimmte Kleidung, große gegenseitige moralische Kontrolle. Noch heute stört mich die unreflektierte Vermischung von persönlichen und sachlichen Konflikten. Ich habe das am intensivsten in der Redaktionsgruppe einer kritischen Theologenzeitung erlebt, die wir Studenten herausgaben.

Dennoch war das Studium eine große Befreiung. Die Professoren erlebte ich, wenn sie nicht auf Distanz blieben, als Begleiter und Anstifter, mich nur möglichst gut zu informieren und selber zu denken, Theorie zu bilden.

Kain und Abel waren jetzt nicht mehr Marionetten in der Hand des Männergottes, sondern die Darstellung der Bevorzugung des Nomadenlebens durch manche Kreise im alten Israel. Die Geschichte von der Opferung Isaaks wurde mir als Erklärung der Ablehnung der Menschenopfer in Israel klar. Außerdem als Ausdruck des Glaubens, Gott werde Israel so schützen wie den bedrohten Isaak. Mann und Frau seien, lernte ich, in der einen Schöpfungsgeschichte als gleichwertige, ganzheitliche Wesen erschaffen worden. Ich las das Hohe Lied und lernte die Herkunft christlicher Leibfeindlichkeit aus nichtbiblischen Traditionen. Jesus lernte ich als nichtpatriarchalen Mann und Freund von Frauen, Männern, Diskriminierten und Kindern kennen. Als glücklichen Menschen. Ich begriff sämtliche Erklärungen des Todes Jesu in ihrer Bedeutung als Auflösung des blutgierigen, unversöhnlichen Vatergötzen und Abschaffung von Opfern. Ich lernte die Rechtfertigungslehre genau kennen, ihre Bedeutung als Befreiung zu sich selbst, zum anderen und zur Gesellschaft. Ich las, daß in der Sexualethik nur die Liebe Christi und die Situation der Betroffenen wichtig sind. Ich studierte Marx und begriff die Wichtigkeit der Frage, ob Religion falsche Ideologie ist oder real etwas zur Befreiung von Ausbeutung beitragen kann. Ich studierte auch Freud und lernte die Wichtigkeit der Frage, ob Religion krank macht oder Gesundheit fördert. Über den Kopf habe ich gegen Ende meines Studiums von der Männerbewegung erfahren. Ich bekam zu Weihnachten von einer Frau, in die ich verliebt war, und einem Mann, den ich sehr mochte, einen Männerkalender geschenkt. Von da an habe ich viele Männerbücher gelesen. Noch immer habe ich ein eigenes Bücherbrett dafür. Durch die Lektüre kam ich in eine Männergruppe. Dort blieben wir zwar hauptsächlich im Kopf, diskutierten Themen wie Onanie, Homosexualität, Beziehung zu den Eltern, zum eigenen Körper, erzählten uns unsere Geschichte, hatten aber den Rückhalt in der Gruppe für unsere Veränderungsversuche und Experimente.

Ich fing damals an, männische Männer zu attackieren, indem ich theoretisch viel «Männerbewegtes» produzierte. Einmal hielt ich ein Referat über die Emanzipation des Mannes in einem Seminar, mit Thesen gegen das Patriarchat aus theologischer Sicht. Zum Referat zog ich mir einen erotisch wirkenden Pullover an und schminkte mich.

Ich schrieb einen Artikel über dasselbe Thema in einer Zeitung. Nur ein einziger Mann reagierte darauf, und der warf mir Unwissenschaftlichkeit vor. Nach einem länger andauernden Austausch von Briefen und Telefonaten trafen wir uns schließlich beim Wein, richtig männlich, und stellten fest, keine Gegner zu sein.

Ich wurde zusammen mit Kurt Lüthi zu einem Podiumsgespräch eingeladen. Er sollte über sein Buch «Gottes neue Eva» sprechen, ich als Koreferent über die Männerbefreiung. Lüthis Buch und seine feministischen Arbeiten schätze ich sehr, vor allem in seiner Bedeutung für die Frauen in unserer Kirche. Aber anders als er will ich als Theologen-Mann nur über Männer reden. Auch damals überließ ich es den Frauen, über Frauen zu sprechen. Sie waren aber böse, weil ich nur über Männer redete. Die anderen Männer beschäftigten sich nur mit Frauen.

Durch alle diese Erfahrungen und manche noch persönlichere endete meine große Identifikation mit der Männerbewegung. Trotzdem lese ich nach wie vor Männerliteratur. Aber zur Bewegung gehört das Miteinanderlernen und Sich-aufeinander-Einlassen von Männern. Nach meinen Kirchen-Männer-Erfahrungen bin ich noch zu mißtrauisch und verwundet. Ich weiß nicht genau, wie mein Weg als Theologen-Mann weitergeht, mit Theologen-Kopf, der mir genauso wertvoll ist wie ein immer stärker pulsierendes Herz und ein immer lebendigerer Leib.

Inzwischen arbeite ich weiter mit dem Kopf. Ich versuche, befreiende Traditionen des Christentums weiterzugeben und seine unterdrückerische Geschichte nicht zu verschweigen. Ich versuche, Gott als Freund, Anwalt und Befreier zu zeigen. Ich möchte auch mit den Kindern, Jugendlichen und Erwachsenen gut und befreiend umgehen und ihnen möglichst wenig schaden. Ich will, daß sie selber einen Weg für sich finden können, auf dem Religion eine personal und politisch befreiende Kraft ist.

4 (Rede an Jakob)

Schon von Mutterleib an
warst du der Zweite, dem starken Esau auf der Ferse.
Brav und still bliebst du bei der Mutter
bekamst dafür ihre Gunst.
Du wolltest auch beim Vater der Erste sein
das konntest du nur erkaufen und erschleichen.
Durch List hast du dem Vater die behaarte Männlichkeit Esaus vorgespielt

rochst wie er nach wildem Leben
und erhieltest Vaters Segen.
Gekämpft hast du erst in der Nacht am Jabbok.
Ich frage dich:
Hast du den dunklen Mann
nicht mit dir selber verwechselt?
Vielleicht wollte er nicht kämpfen, nur dich lieben oder reden.
Du hast einen Hüftschlag bekommen
dorthin, wo Männern etwas fehlt.
Wir sind höchstens die eine Hälfte des Lebens.
Das hast du davon.

Du wirst erst aufhören zu hinken
wenn du einen anderen Weg gehst:
nicht kämpfen oder sterben, Vieh oder Kind, durchbohren oder Opfer.
Nimm einen anderen Weg.
Sie verkauften deinen Lieblingssohn Josef
weil Männergerangel um dich war unter den Söhnen.
Geh einen anderen Weg
der alte führt nur nach Ägypten.

Helmut Michael Jedliczka, Dr. theol., geb. 1954 in Graz/Österreich. Aufgewachsen in einer Kleinfamilie zwischen Unter- und Mittelschicht.

Beide Eltern Flüchtlinge aus der DDR und aus der ČSSR, Mutter Hausfrau, Vater Kundenberater. Jüngerer Bruder Gerhard Spitzensportler.

Als Jugendlicher widersprüchlichste Interessen: erst ein wenig Sport, dann Schülerbewegung, Kirche und Kunst.

Als Theologiestudent viel bei Wilhelm Dantine, aber auch an Psychiatrie interessiert. Bei Dantine Beginn einer Dissertation über den ideologischen Mißbrauch einer Lutherschrift, nach dem Tod Dantines bei dessen Sohn fertiggeschrieben. Dazwischen Vikariat mit kirchlicher Ausbeutung und ehrgeizigen Plänen, Jugendpfarrer zu werden. Diese Funktion selber als Wahnsinnsposten durchschaut und abgelehnt.

Jetzt Pfarrer im Schuldienst in einer Wiener Gemeinde. Lebt unverheiratet in einer Wohngemeinschaft. Interessen für Männerliteratur, jüdisch-christlichen Dialog und Literatur.

Gerhard Wehr

Unterwegs zur Menschwerdung

Was wird aus dem «Vater im Himmel», wenn der Vater auf Erden im Leben eines Kindes gänzlich ausfällt? Was geschieht, wenn die Ehescheidung der Eltern so zeitig und so total erfolgt, daß der Sohn keinerlei Erinnerung an seinen früh verstorbenen Vater bewahren kann? – Er muß ihn suchen, zwar nicht lebenslang, aber doch bis tief in die Lebensmitte hinein. Er muß ihn – so paradox es klingt – in sich selbst erzeugen; er muß mit ihm ringen; er muß sich von ihm auch wieder lösen, bis er dem nahe genug gekommen ist, der er, der Sohn, werden soll und als der er gemeint ist.

So ist es mir ergangen. Die Suche nach dem Vater hat meine Suche nach dem Vater im Himmel mitbestimmt, eine Zeitlang zumindest. Und nicht allein die Suche, sondern auch die Revolte gegen ihn, und sei es in der heimlichen Resistance gegen die rechtgläubigen unter seinen Söhnen, den Vater-Söhnen ... Der Sympathisant der großen Ketzergestalten diesseits und jenseits der konfessionellen Zäune war geboren: Da ist es eine Lust zu leben! – Drei Vaterbilder tauchen auf. Zuerst das ehrfurchtgebietende, von einem grauen Vollbart umrandete Prophetenantlitz Martin Bubers. Ich entdeckte es als etwa Fünfzehn-, Sechzehnjähriger kurz nach dem Zweiten Weltkrieg in der «Neuen Zeitung», die die amerikanische Besatzungsmacht damals in München herausgab. Das Zeitungsfoto und die paar Zeilen über den Religionsphilosophen und Erforscher der chassidischen Mystik mußten fürs erste genügen. Aber ich wußte, diesen Mann mußt du näher kennenlernen. Und ich lernte ihn kennen – durch seine Bücher, viel später. Denn Ende der vierziger Jahre tauchte kaum ein Buch von Buber in einer Buchhandlung auf, die mir zugänglich war. Und dann fehlte mir das dazu nötige Geld. Der Praktikant in Heimen der Inneren Mission für «Fürsorgezöglinge» verdiente, nein: er erhielt von 1949 bis 1952 zwischen 20 und 30 DM Taschengeld im Monat. Die nächsten zwei Jahre (1952–1954) war die Diakonenausbildung zu absolvieren.

Für Buber-Literatur blieb in jenen Jahren schon deshalb nichts übrig, weil etwa gleichzeitig ein ganz anderes Vaterbild aufgetaucht war, eines, das mich jahrelang fast ausschließlich in Anspruch nahm:

Rudolf Steiner. Und doch blieb mir Buber weiterhin nahe, während ich die blau kartonierten Grundschriften der Anthroposophie mir einzuverleiben suchte, zuerst «Wie erlangt man Erkenntnisse der höheren Welten?», dann «Theosophie», dann Steiners «Mein Lebensgang». Erste Aufsätze entstanden, sowohl solche über anthroposophische Themen wie solche über Bubers Ich-Du-Philosophie, über chassidische Zusammenhänge, sodann Rezensionen, unverschämt viele Rezensionen für diverse Zeitschriften, weil die Diakonengehälter mehrerer Jahre nicht ausgereicht hätten, um den Literaturbedarf des jungen Buber- und Steiner-Schülers einigermaßen zu befriedigen. Dann war auch das erste vorzeigbare Büchlein fällig, die Rowohlt-Bildmonographie über Martin Buber, auf die ich lange vergeblich gewartet hatte. Bücher, auf die man vergebens wartet, muß man eben selbst schreiben. Das war 1966. Zwei Jahre später lag das Büchlein vor. Warum es bei mir so lange dauerte, bis ich zu dieser Einsicht gelangte? Ich hatte als Diakon einen strapaziösen Beruf, einen an sich schon recht vielseitigen: Religionsunterricht, Jugendarbeit, Predigt und Bibelstunde, Gemeinde-, Seelsorge-, Fürsorge- und Verwaltungsarbeit. Immerhin war es mir möglich, gerade in jenen Jahren – es waren meine Zwanziger – zu lernen, wie man als Autodidakt das Erbe seiner geistigen Väter antritt.

Doch nun zu Steiner und zur Anthroposophie: Sie waren für mich in einer Hinsicht sehr viel fruchtbarer als alles bis dahin mir Bekannte, wenn ich daran denke, welche Welten sich da auftaten! Nicht gerade die «höheren», aber doch immerhin die Reiche eines Platon, eines Novalis, eines Jakob Böhme, die frühchristliche Gnosis und die mittelalterliche Mystik, die abseitig erscheinenden Bezirke christlicher Esoterik, die Felder und Fundgruben religiöser Erfahrung, vor allem Meditation als ein Weg dorthin. In der Schule hatte ich von alledem nichts gehört, auch nicht im theologischen Unterricht während der Ausbildung zum Diakon. Immerhin war die Losung ausgegeben; der Weg war gewiesen – der Gang zu den Quellen konnte beginnen. Ein überaus langer und windungsreicher Weg! Um dies an einem Beispiel festzumachen: Der Siebzehnjährige hatte kurz vor Weihnachten 1948 seine «Ziehharmonika» (Akkordeon) in einer der damaligen Tauschzentralen zu Geld gemacht, um sich Jakob Böhmes berühmte «Aurora», die «Morgenröte im Aufgang», kaufen zu können. Aber die Enttäuschung war groß, denn der freundliche Herr in der Friedrich-Rückert-Buchhandlung in Schweinfurt schüttelte den Kopf. Solche Bücher werde es, wenige Jahre nach dem Krieg, so bald nicht geben. Wie recht er hatte! Aber was dem Siebzehnjährigen versagt war, der

Vierundvierzigjährige beschaffte sich's endlich selbst. Als man Jakob Böhmes 400. Geburtstag (nicht) feierte, begann jener mit der Herausgabe der Schriften Jakob Böhmes, unter ihnen dessen geheimnisumwitterter Erstling, eben die «Aurora». Meine kleine Böhme-Monographie (ebenfalls bei Rowohlt) war einige Jahre zuvor erschienen.

Daß mir ein Licht aufging, das verdanke ich nicht zuletzt der dritten Vater-Gestalt: Carl Gustav Jung. Das geschah weniger durch die Jung-Literatur als durch eine Lehranalyse in den Jahren 1970 bis 72, zu der mir Wilhelm Bitter, der Stuttgarter Psychotherapeut und Begründer der Internationalen Gesellschaft «Arzt und Seelsorger», verholfen hatte. Als ich den inneren Prozeß bei Manuela Jaeger in München und Rottach-Egern antrat, war die Krise der Lebensmitte, vorwiegend eine berufliche Krise, halbwegs überstanden. Jung interessierte mich bis dahin nicht so sehr als Tiefenpsychologe, sondern vor allem als Autor von Büchern, in denen gerade jene Materialien in Fülle angehäuft sind, die mich seit vielen Jahren faszinierten, nämlich Religions- und Mythengeschichtliches, Gnostisches, alchimistische Texte und Symbole, kurz: Zeugnisse mystisch-spiritueller Erfahrung, die ihrerseits ein Licht auf den Weg der Selbstwerdung werfen. Erst in dem Prozeß, den die Münchener Analyse-Stunden in Gang brachten, ging mir auf, was «Geisteswissenschaft» und selbst die Meditation nicht zu enthüllen vermocht hatten, z. B. was es mit dem «Schatten» auf sich hat, sodann mit Anima und Animus. Die eigene Dunkelseite birgt eben nicht nur Dunkles, Nichteingestandenes, Nichtgelebtes, sondern auch ein ungeahntes Potential. Denn wo viel Schatten ist, da ist auch viel Licht, jedenfalls ein großes Potential an Lichtenergie. Sie muß nur erkannt und transformiert werden. Und das sogenannte Seelenbild (ebenfalls im Sinne Jungs) – die Anima im Unbewußten des Mannes, der Animus bei der Frau –, es stellt für den Erlebenden eine unerhörte Entdeckung dar! Zum Logosprinzip des bewußten Ich tritt das Erosprinzip, das vielgesichtige, hinzu. Nicht nur die zwischenmenschliche Beziehungsfähigkeit wird durch das Seelenbild vertieft und erweitert. Vor allem Inspiration und Kreativität, A und O eines Autors, empfangen einen kräftigen Impuls, wie ich ihn bis dahin nicht für möglich gehalten hätte. Wohl wußte ich aus der anthroposophischen Literatur, daß Imagination, Inspiration und Intuition (im Sinne Steiners) als Stufen einer höheren Erkenntnis zu gelten haben oder daß es das Esoterische gibt. Aber was ist ein solches rezitierbares Buchwissen gegen die Erfahrung und gegen das eigene Innewerden! «Nun, Sie stehen eben mit Ihrer Anima auf recht gutem

Fuß», meinte Manuela Jaeger, wenn ich ihr in der einen oder anderen Analysestunde von meinem Erleben und Tun berichtete.

Ohne an dieser Stelle weiter auf den ganz persönlichen Ertrag näher einzugehen, den mir die Analyse – genauer: das analytisch-synthetische Geschehen der Selbstwerdung – für mein nachfolgendes schriftstellerisches Schaffen brachte, möchte ich mich nun dem religiösen Aspekt zuwenden. Denn Selbstwerdung und Gotteserfahrung sind aufs engste miteinander verbunden. Dies wurde mir jedenfalls von da an zur inneren Gewißheit. Sie warf ein immer klareres Licht auf meinen Weg. Vor allem bestärkte sie mich, diesen Weg auch konsequent zu gehen. Wer beispielsweise als kirchlicher Mitarbeiter lange Jahre hindurch zu spüren bekam, was es heißt, als (historisch interessierter) Sympathisant von Ketzern und sonstigen Außenseitern beargwöhnt und als eine Art Krypto-Anthroposoph von den verschiedenen Organen einer lutherischen Kirchenleitung verdächtigt zu werden, der erlebt die «Freiheit des Christenmenschen» um so intensiver und beglückender! Dabei konnten meine kirchlichen Vorgesetzten, Repräsentanten eines gewissen Vaterbildes, nicht wissen, wie schwer sich andererseits anthroposophische Kreise mit mir als «anthroposophischem Autor» taten (und noch tun); denn ich dachte weder daran, auf die Worte des Meisters, d. h. auf die Rudolf Steiners zu schwören noch mir das Wohlwollen der Steinerianer, etwa durch Beitritt in die Anthroposophische Gesellschaft, zu erkaufen. So ist es bis heute geblieben. Jedenfalls ist jenes Nietzsche-Motto, das ich für meine «Rudolf Steiner»-Biographie (1982) gewählt habe, sehr ernst gemeint: «Man vergilt einem Lehrer schlecht, wenn man immer nur der Schüler bleibt ...» Das gilt natürlich auch im übertragenen Sinn auf die Welt der Väter und deren diverse Repräsentanten in den Institutionen aller Art. Ich erlebte im Prozeß jener Selbsterfahrung, wie sie die Jungsche Psychologie einzuleiten vermag, daß es hier nicht nur um ein Mehr an Einsicht, sondern auch um einen Zugewinn an Lebensmut, an Zuversicht und Gewißheit geht, auch einer Gewißheit in den Fragen geistig-seelischer Wirklichkeit.

Ein unbewußtes Hintendieren zu den Gestalten und Möglichkeiten mystisch-spiritueller Erfahrung hatte sich offensichtlich schon bei dem jungen Mann angekündigt, der noch gar nicht wissen konnte, was ihm beispielsweise die Beschäftigung mit Mystik und Theosophie, mit Jakob Böhme sowie mit anderen geistesverwandten Persönlichkeiten und Strömungen bringen sollte. Die Anima war – um es im Bild zu sagen – noch nicht erwacht. Sie befand sich gleichsam noch in einem Traumzustand. Ihr spirituell-makrokosmisches Urbild aber war da, als Begriff: zum einen die göttliche Sophia, die «Werkmeisterin» Weisheit und Gespielin an der Seite des Schöpfers, zum anderen jenes «Ewig-Weibliche», das auf allen Ebenen des Seins nach Ganzwerdung (coniunctio) verlangt, nämlich in der schicksalhaften Begegnung von Mann und Frau, in der Persönlichkeitsreifung von Ich und Selbst, schließlich auf höchster religiös-metaphysischer Ebene in der Heiligen Hochzeit. Mit Jung sprechen wir vom Mysterium coniunctionis, das die Religionen und Mythen der Völker, die Empfänger mystischer Erfahrung in tausend Bildern bezeugen, ein faszinierendes Thema!

Ohne mich durch seine Größe einschüchtern zu lassen, mußte ich mich ihm stellen. Es geschah, als mich in der Zeit vor der Lebensmitte die Androgyn-Frage umtrieb; es ist die Frage nach dem Geheimnis der männlich-weiblichen Ganzheit. – Sechs bis sieben Jahre aber mußten noch vergehen, bis mir aufging, welchen entscheidenden Beitrag Jungs Archetypische Psychologie zu dieser zentralen Frage menschlicher Reifung und Selbstwerdung zu leisten vermag.

Androgynität, wie ich sie sehe, ist nicht mit einem biologisch-hermaphroditischen Zwitterwesen zu verwechseln. Auch wenn Androgynität und Hermaphroditismus ursprünglich als synonyme Bezeichnungen verwendet wurden, um im biologischen Bereich, z. B. bei Pflanzen, das Vorhandensein männlicher und weiblicher Funktionsträger (Pollen und Stempel auf *einer* Blüte) kenntlich zu machen, so sei in unserem Zusammenhang unter Androgynität in erster Linie jene männlich-weibliche, somit übergeschlechtliche Ganzheit des Menschen verstanden. Diese ist im Seelisch-Geistigen begründet. Wohl wird der Mensch gewahr, daß er auf Ganzwerdung angelegt ist, leiblich-seelisch-geistig. Aber eben diese Ganzwerdung verlangt ihrerseits eine Einbettung im Religiösen bzw. im Spirituellen. Setzt nun ein solcher Prozeß der Ganzwerdung – Franz von Baader spricht von der «Reintegration des Menschen» – nicht auch und gerade ein Gottesbild voraus, das seinerseits «androgyner Natur» ist?

Wer so fragt, der darf die Konfrontation mit der Religion der Väter, d. h. mit den Rechtgläubigen etwa in Judentum und Christentum nicht fürchten. Wie von selbst beginnen die alten Tafeln vom «Vater im Himmel» – wohlgemerkt: vom patriarchalisch verkürzten Vater! – zu zerbrechen. Wir erleben es heute in vielfältiger Weise. Auch wenn die Hüter des Patriarchats dreier Jahrtausende sich die größte Mühe gegeben haben, mit nicht geringem Erfolg übrigens, das hehre Bild von jenem despotischen, zornschnaubenden «Vatergott» vor und in uns aufzurichten, dieser Gott (im Sinne von Gottesbild!) ist tot!

Allenfalls wird mit seinem Ableben in naher Zukunft gerechnet, seit Jahrhunderten! Nicht erst seitdem die sächsisch-fränkischen Pfarrerssöhne Jean Paul und Friedrich Nietzsche den Tod dieses Gottes träumten bzw. proklamierten. Der mit dem Vater, um den Vater und mit der Vater-Religion ringende Schweizer Pfarrerssohn Carl Gustav Jung vermochte uns indes genauere Kunde zu geben. Aber Götterbilder sterben unendlich langsam und leise, mitten in uns. Für uns ist das sicher gut so, verkörpern diese Bilder doch die zeitweiligen Konstanten unseres Menschseins. Und ungestraft löst sich niemand, vor allem nicht vorzeitig vom «uralten, heiligen Vater, (der) mit gelassener Hand aus rollenden Wolken segnende Blitze über die Erde sät ...» Denn, so weiß der neunundzwanzigjährige Goethe, «nirgends haften dann die unsichern Sohlen, und mit ihm spielen Wolken und Winde ...» Die Revolte der Söhne hat ihren Preis!

Und für die Hüter religiöser Ordnung von einst ist das langsame, fast lautlose Sterben jenes Gottes ebenfalls gut, denn was fingen sie an, bezögen sie ungeschützt auf sich, daß der Vorhang im Tempel der Vaterreligion längst zerrissen ist! Was fingen sie an, zögen sie alsbald die nötigen Konsequenzen aus ihren eigenen (Alp-)Träumen, den Träumen nicht weniger heute lebender Theologen, etwa daß Petri Schifflein im Sturm gefährlich schwankt oder daß das Gewölbe ihrer Kirche einbricht und der «verordnete Diener» durch die Trümmer erschlagen zu werden droht – Ecclesia semper reformanda (die Kirche ist immer reformbedürftig!) in unliebsam veränderter Lesart ...

Auch ich war mir lange Zeit der Tragweite dessen nicht bewußt, was mich seit vielen Jahren beschäftigte, z. B. als ich die Texte urchristlicher Ketzer las oder mich in die Zeugnisse mystischer Erfahrung vertiefte. Ich sah nicht deutlich genug, daß unser Reden von Gott jenem Bild einer reduzierten Männlichkeit entsprach, die in Kirche und Gesellschaft immer noch dominiert. Und doch fesselten mich die Lebens- und Glaubenszeugnisse der Gnostiker, Mystiker und Theosophen, die in den Augen der Amtskirche allesamt gefährliche Ketzer darstellen! Wer sich aber in solch zweifelhafter Gesellschaft bewegt, verfällt, wie schon angedeutet, dem Argwohn und dem Verdikt dieser Kirche. Es genügt, wie jüngst geschehen, ein einziger Satz über mein Buch «Der innere Weg», wohlgemerkt ein Satz, den die Werbeabteilung meines Verlages Rowohlt zu verantworten hat (!), und der zuständige Privatinquisitor in München sieht die evangelisch-lutherische Rechtgläubigkeit gefährdet. Das «väterliche» Hirtenamt der Kirche bleibt somit weiterhin in Aktion, da und dort. Quousque tandem – wie lange noch?

Doch halten wir uns damit nicht zu lange auf. Die jeweiligen Nachhutgefechte mögen andere, Zuständigere, Berufenere ausführen. Und sie werden ausgefochten, überaus tapfer, respektabel und beispielhaft, etwa von den heutigen geistlichen Söhnen und Töchtern des Armen von Assisi, sei es in Sao Paulo oder Rio, in Calcutta oder Südafrika und anderswo. (Diese Zeilen werden geschrieben, als sich der brasilianische Franziskaner Leonardo Boff aufmacht, um in Rom, jenem Zentrum einer petrifizierten Väterlichkeit, die von ihm und vielen anderen praktizierte Theologie der Befreiung zu verteidigen).

Auf der anderen Seite ist der Hunger in den übersättigten Nationen Europas und Nordamerikas übergroß, freilich ein ganz anderer Hunger! Zogen einst die Söhne Israels in das von Tempeln und Mysterien umstellte Ägypten, um dort Brot zu kaufen, so hat in den letzten Jahrzehnten auch unter uns ein großer Exodus begonnen, nämlich in die Bezirke der östlich-fernöstlichen Spiritualität. Problematisch sind vor allem jene Seelenführer (Gurus) und Meditationslehrer, die sich um einen geistigen Brückenschlag zwischen West und Ost bemühen oder zu bemühen vorgeben, die aber gleichzeitig ihre Zöglinge an ihre Person binden und so die spirituellen Befreiungswege zu einer babylonischen Gefangenschaft des seelisch-geistig hungernden Zeitgenossen verkommen lassen.

Wohl haben Rudolf Steiner und nach ihm auch C. G. Jung unseren Blick für die Bedeutsamkeit des östlichen Geisteslebens geschärft. Denn wie zur vollen Menschwerdung des Menschen die Begegnung mit der Welt des Archetypisch-Unbewußten (Jung) bzw. mit der geistigen Welt (Steiner) gehört, so ist die Begegnung der westlichen Menschheitshälfte mit der östlichen unerläßlich. Beide Männer haben aber auch je auf ihre eigentümliche Weise gezeigt, inwiefern die Bewußtseinsart des östlichen und des westlichen Menschen charakteristische Unterschiede aufweisen, die ernstgenommen werden sollten. Mit einer bloßen Nachahmung einer exotisch wirkenden Geistesart ist niemandem gedient: Begegnung ja, geistige Emigration nein! Die Einsichten, die ich selbst durch die Anthroposophie und durch Jungs Analytische Psychologie in Theorie und Praxis gewann, förderten daher meine Bestrebungen, mich in den Bereichen der christlichen Esoterik umzusehen.

Unter Esoterik verstehe ich eine das Bewußtsein erweiternde, die Erkenntnis vertiefende, schließlich das Leben verwandelnde Kraft, also nichts Abseitig-Mysteriöses oder Obskures.

In die Herzmitte des Menschenbildes, das der christliche Esoteriker des 17. Jahrhunderts Jakob Böhme in seinem umfangreichen literarischen Werk enthüllt, gehört jenes Urbild des ganzheitlichen Menschen, in dem die Elemente des Männlichen wie des Weiblichen harmonisch vereint sind. Es ist kein bloßer Wunschtraum, dem Böhme hier nachhängt. Der Familienvater, Handwerksmeister und Bürger, der sich als ein kirchentreues Gemeindeglied evangelisch-lutherischer Konfession bewährt hat, ist Realist genug, um zu wissen, daß das Bild des Menschen in unheilvoller Weise zerbrochen ist. Dieser Zwiespalt, nicht nur der beiden Geschlechter, und die Todverfallenheit alles Geschöpflichen bezeichnet unseren jetzigen Zustand in dieser Weltzeit. Die Zweiheit von Mann und Frau macht immerhin auch das Stigma sichtbar, das unsere seelisch-leibliche Ergänzungsbedürftigkeit anzeigt. Der Blick des Sehers schwenkt zurück in die Frühzeit der Schöpfung, und sie greift voraus in die Menschheitszukunft: Einst war als lichter Gottesgedanke der Mensch männlich *und* weiblich, ganzheitlich und Ausdruck der Gottesebenbildlichkeit. Und dann, als Christus am Kreuz starb, hob er die Wirkung des Sündenfalls auf und stellte das zerbrochene Menschenbild wieder her. Seitdem sind wir unterwegs zur vollen Menschwerdung des Menschen.

Was auf den ersten Blick vor allem jenen abseitig oder lebensfern erscheinen mag, die noch keinen Zugang zu den Glaubenszeugnissen der Mystik bzw. der christlichen Esoterik gefunden haben, das half mir zu einem neuen, ganzheitlichen Bild des Menschseins. Die Alternative zu einem einseitigen patriarchalischen Denken ist demnach nicht etwa eine Wiederkehr des Matriarchats, auch nicht eines ebenso einseitigen und reduzierten Feminismus, sondern die Aufnahme echter Ich-Du-Beziehung. Paulinisch gesprochen handelt es sich um das In-Christo-Sein; denn ihm sind die Kategorien des Mannseins und Frauseins, auch die Unterschiede von gesellschaftlicher oder völkisch-rassischer Zugehörigkeit unterzuordnen (Gal. 3,28).

Blicke ich von da aus zurück auf die fünf Jahrzehnte meines eigenen Lebenslaufs, dann wirkte sich das anfängliche Mängelerlebnis, den eigenen Vater nicht gekannt zu haben, letztlich positiv aus. Sicher veränderte sich bei mir nach und nach die überkommene Vaterreligion samt ihren Autoritäten und Normen. Und die genannten Leitfiguren halfen dabei, ohne daß ich mich entschließen konnte, entschließen mußte, auf deren Meisterworte blind zu schwören. Denn dies hieße ja, ein selbstverordnetes Privatpatriarchat anstelle des überkommenen installieren zu wollen. Positiv ausgedrückt: Die Weisung, die ich durch den einen oder anderen empfing, öffnete mir den Blick für ein vertieftes Gottes- und Menschenbild. Und wer wollte leugnen, daß er das Empfangene, die empfangene Prägung, in Wort und

Schrift, wohl auch durch beispielhaftes Leben – sei es bewußt oder unbewußt – weitergibt?

Vor uns steht der Archetyp des Hieros Gamos, das Ur- und Leitbild heiliger Hochzeit, von dem Erich Neumann gesagt hat: Es «bestimmt die Hochphase der Menschheit und des Menschen als Motiv der schöpferischen Vereinigung der Gegensätze».

Gerhard Wehr, geboren am 26. September 1931 in Schweinfurt am Main. Nach dem Schulbesuch in Haßfurt / Mainfranken zwischen 1949 und 1954 Ausbildung zum Diakon in der evang.-lutherischen Landeskirche Bayerns. Zunächst Dienst in zwei bayerischen Kirchengemeinden, dann 1960 bis 1968 in der Erwachsenenbildung an der evang.-luth. Volkshochschule Alexandersbad / Oberfranken. Die langjährige autodidaktische und publizistische Arbeit mündete in die des freien Schriftstellers ein. Seit 1958 ist Gerhard Wehr verheiratet und hat zwei Kinder; er wohnt seit 1968 in Schwarzenbruck bei Nürnberg. Seit derselben Zeit unterrichtet er – ab 1971 nebenberuflich – an der Diakonenanstalt Rummelsberg, einer Fachakademie für Sozialpädagogik, an der er einst selbst seine Diakonenausbildung empfangen hat.

Zahlreiche Veröffentlichungen aus dem Bereich der Religions- und Geistesgeschichte, zu Grundfragen religiöser Erfahrung, der Anthroposophie und der Analytischen Psychologie C. G. Jungs; Mitarbeit u. a. in: «Die Großen der Weltgeschichte»; «Die Psychologie des 20. Jahrhunderts»; «Meyers Enzyklopädisches Lexikon»; «Dictionary of Christian Spirituality» (London); «World Spirituality», Vol. 21 (New York). – Jüngste Buchveröffentlichungen: Stichwort Damaskuserlebnis, Kreuz Verlag Stuttgart 1982; C. G. Jung und Rudolf Steiner, Ullstein TB 39047, Berlin 1982; Auf den Spuren urchristlicher Ketzer, Novalis Verlag Schaffhausen 1983; Der innere Weg, Rowohlt Verlag Reinbek 1983; Die Bruderschaft der Rosenkreuzer, Eugen Diederichs Köln 1984; C. G. Jung – Leben, Werk, Wirkung, Kösel Verlag 1985; ferner Rowohlt Monographien über Martin Buber, C. G. Jung, Jakob Böhme, Thomas Müntzer und Paul Tillich. Einige Titel sind ins Englische, Niederländische, Französische und Japanische übersetzt.

Steven Pennings

Ich bin erst am Anfang ...

«Sei ein Segen» – und das war ich nicht – hieß meine erste Begegnung mit Gott. Groß stand dieser Name an der Fassade des Hauses. Das war ja auch, wie es sich später herausstellte, nur eine Fassade des Hauses.

Erst drei Jahre alt war ich, als ich dieses Haus, ganz unbefangen, da ich noch nicht lesen konnte, betrat. Wie sollte ich auch wissen, daß dieses Haus ein Kinderheim war und sich obendrein noch christlich nannte. Schnell und schmerzlich genug fand ich heraus, was das hieß, christlich. Es hieß leiden und jeder trage sein eigenes Kreuz.

Wir standen am Tisch, und beiderseitig am Kopf des Tisches saßen die Erzieher. So, wie es sich gehörte, beteten wir: «Gott segne diese Speisen.» Im allgemeinen bestand diese Speise aus warmer Milch mit altem Brot. Eine dicke, sattmachende Suppe, wofür mir sogar das Wort «scheußlich» nicht passend erscheint. Genau, zum Kotzen war es, was ich auch oft tat.

Vorstellen mußt du dir einen Tisch für erwachsene Leute, wo Kinder, zwischen drei und sechs Jahren alt, entlang stehen. Ich konnte gerade mit meinem Kopf über den Tisch schauen. Das Erbrechen passierte, logischerweise, unter dem Tisch. Auch wenn die Erzieher es nicht merkten, Gott und die anderen Kinder sahen alles. «Igitt, der hat unter den Tisch gekotzt», und bevor ich mich wehren konnte, saß ich im Brikettschrank unter der Treppe. Schwarz, dunkel und dreckig war es dort. Vor allem hatte ich Angst, obwohl Gott bei mir war. Oder vielleicht gerade deswegen. Vor lauter Angst pinkelte ich in die Hose. Er, Gott, sah es und sagte: «Du Schmutzfink.» Ich spürte schon seine Schläge und bekam sie später von den Erziehern. Als Strafe mußte ich dann oft noch eine Stunde im Schrank verbleiben.

Ich sollte doch zu dem lieben Gott, auf meinen nackten Knien, beten, daß er einen artigen Jungen aus mir macht. Jeden Tag, bevor ich ins Bett ging, tat ich dies. Es hat mir nichts gebracht, Gott sei Dank.

Die Kirche des Heimes, wo wir natürlich jeden Sonntag verweilten, war ein Teil eines Klosters, das schräg gegenüber von dem Heim stand. Schräg im wahrsten Sinne des Wortes, denn der Weg dorthin war für uns ein Bußweg. Wir kleinen Sünder mußten den Weg, der für uns unendlich schien, in Stille gehen. Mit gesenktem Haupt Demut zeigen und uns während dieses Ganges offen machen für die Liebe Jesu. Manchmal klappte das nicht so. Vor allem, wenn wir Lachkrämpfe bekamen und daraufhin ziemlich «tatkräftig» die Liebe Jesu spürten. So wurde der Gott, den ich kennenlernte, ein böser, rächender und manchmal auch liebender Gott. Liebend wurde er an dem Tag, als meine Mutter uns, meinen Bruder und mich, aus diesem Kinderheim holte und zu einem anderen Kinderheim brachte. «Sei ein Segen» wurde kaum ein Jahr später wegen Mißzuständen geschlossen. Heute ist es ein Heim für alte Menschen und vielleicht sogar ein Segen. Dieses zweite Heim war eine jüdische Einrichtung, was kein Gesinnungswechsel war, sondern vielmehr das beste Kinderheim weit und breit. Es lag ca. 30 km von Amsterdam entfernt, unmittelbar an einem Friedhof. Heute steht die «Bergstiftung», wie es sich nennt, in Amsterdam.

An einem Montag, ich war gerade sechs Jahre alt, wurden wir zu diesem Heim gebracht. Unsere gottlose Zeit, die Zeit, in der Gott uns nicht aufgezwungen wurde, dauerte genau bis zum Abendessen dieses Tages. Als der Tisch gedeckt wurde und ich, wie es sich so gehörte, mithalf, machte ich den unvergeßlichen Fehler, Frühstücksteller – Milchservice – anstatt großer Teller – Fleischservice – auf den Tisch zu stellen. Es wurde mir erklärt, warum dies falsch war: Alle Service und alles, was damit zusammenhängt, sogar Tischdecke, Spültücher und Spüle, dürfen nur für Fleisch- bzw. Milchmahlzeiten benutzt werden. Bei Verwechslung werden sie unrein und dürfen nicht mehr benutzt werden.

Verstanden habe ich es damals nicht, nur «Ja» gemurmelt. Schließlich war ich schon heilfroh, keine gelangt zu bekommen. Als Strafe mußte ich die Teller im Mülleimer kaputtschmeißen. Das war eine «Strafe»! Ich habe mich noch des öfteren vertan, bis es letztendlich vom Taschengeld abgehalten wurde.

Vor und nach jedem Essen wurde gebetet. Am Anfang fand ich das noch schlimmer als bei den Christen. Später, als ich mehr vom Hebräischen und den Hintergründen verstand, konnte ich etwas besser damit umgehen. Der Alltag, vom Beten beim Essen abgesehen, war kaum durch Gott bzw. allem, was damit zusammenhängt, beeinflußt.

Bei der ersten Dämmerung am Freitag kam Gott hereinspaziert, vertreten durch seinen Rabbi (Rabbiner). Verpufft, weggeblasen war meine Unbekümmertheit. Er kam wie der Wind und säte Sturm in mir. Erinnerungen an Priester gleich Gott, Recht und Ordnung waren, weil sie immer mit Strafe verbunden, noch sehr spürbar. Ich hatte Angst! Er sagte aber: «Ich heiße Jichal, wie heißt du?» Wahrscheinlich merkte er, daß ich Angst hatte, und sagte: «Nun ja, wenn du willst, kannst du es mir später erzählen», machte die Kerzen an und brach das Brot, was schon fertig auf dem Tisch stand, sprach ein Gebet, in Hebräisch, und gab jedem ein Stück davon. Dann nahm er das Salz, sprach ein Gebet, streute etwas davon auf sein Stück Brot und gab es weiter. Als letztes nahm er den Wein, sprach wiederum ein Gebet, trank mehrere Züge davon und sagte, mich anschauend, der sei besser als letzte Woche, und reichte mir den Becher. «Komm, laß es dir schmecken, und wenn du fertig bist, reiche es weiter.» Obwohl meine Angst noch nicht ganz verschwunden war, fühlte ich mich erheblich wohler als vorher. Vielleicht kam es durch seine Anwesenheit, vielleicht aber auch durch den Wein. Ansatzweise konnte ich, zum erstenmal in meinem Leben, Gott mit einem Gefühl von Wohlbefinden verbinden. Abends wurden Geschichten aus der Thora – ähnlich wie das Alte Testament – erzählt, die ich zwar nicht verstand, die aber sehr spannend waren. Es wurde freitags abends für unsere Verhältnisse ziemlich spät. Toll war, daß wir vor dem Schlafengehen nicht zu beten brauchten, das scheint wohl nur zum Christentum zu gehören.

Samstags morgens trafen alle aus dem Heim sich in der Sjul – Schule – oder für euch, die ihr dies lest, auch wenn das nicht ganz stimmt: Synagoge. Die Sjul war und ist tatsächlich eine Schule, weil nicht nur Gottesdienst gefeiert, sondern auch Unterricht gegeben wird. Komisch sah es dort schon aus, die Männer auf der einen und die Frauen auf der anderen Seite des Sjuls. Stillschweigend saßen die Frauen dort, während die Männer hin- und herwiegend – wehklagend – und vor sich hin murmelnd einen riesigen Lärm machten. Nur wenn der Gazan – Vorsänger, meistens der Rabbi – sang, durften alle mit- bzw. nachsingen. Trotz dieser Trennung und dem Unverständnis der Sprache empfand ich mehr Gemeinsamkeit als je zuvor in einer Kirche. Vielleicht, weil nicht nur der Rabbi der Mittelpunkt war und jeder, wenn es ein Mann war, etwas sagen konnte und sich auch zutraute, etwas zu sagen.

Leider aber schlich sich, u. a. durch die Trennung von Männern und Frauen, unwillkürlich ein Bild bei mir ein, daß Männer mehr wert sind als Frauen.

Beim Einfallen der Dunkelheit war der Sabbat zu Ende, das normale Leben setzte wieder ein.

Der Sonntag war ein richtiger freier Tag. Wir konnten fast tun und lassen, was wir wollten. Es war wie ein Aufwachen aus einem Alptraum, eine Ahnung, was es heißen kann, frei zu sein. Die erste Zeit im Heim war ziemlich unbekümmert. Ich genoß es dann auch in vollen Zügen, ausprobieren zu können, wo die Grenzen meiner Freiheit lagen. Nur allzu schnell und nicht unbedingt negativ fand ich sie heraus. Vor allem während des Sabbat. Sabbat bedeutete, um Gott zu ehren: kein Fernsehen gucken, kein Licht anmachen, nicht Fahrrad fahren, kein Geld ausgeben, d. h. nichts kaufen, nicht im Garten arbeiten. Alles, was nur nach Arbeit roch, war verboten. Das ging sogar so weit, daß an manchen Festtagen, wie sie oft zu Unrecht genannt werden, nichts in den Hosentaschen getragen werden durfte. Wenn eines dieser Verbote übergangen wurde, wurde keine Strafe auferlegt, auch keine körperliche Züchtigung, sondern es wurde erklärt, warum diese Verbote notwendig seien. Dieses ständige Hören des Warum, den moralischen Zeigefinger, empfand ich manchmal trotzdem als Strafe, geschweige davon, daß auf diese Art und Weise vieles unbemerkt ins Gehirn eingetrichtert wird.

Zwei- bis dreimal in der Woche war in der Sjul Unterricht angesagt. Nach anfänglichen Schwierigkeiten, dort auch zu erscheinen – meine Interessen lagen oft mehr außerhalb des Heimes –, ging ich ziemlich gerne hin. Meine Beziehung zu Jichal, unserem Rabbi, wurde immer enger. Vielleicht lag es mit daran, daß ich in seine Tochter verliebt war. Nun ja, wie dem auch sei, der Unterricht wurde mir immer wichtiger. Jichal konnte, wie kaum ein anderer, so fesselnd erzählen, daß ich oft glaubte, ein Teil der Geschichte zu sein. Überdies aber gab er mir Selbstvertrauen. Ich durfte alles sagen und fragen, was in mir aufkam. Entweder bekam ich gleich eine Antwort, oder er sagte, daß er noch nicht darüber nachgedacht habe und mir später Antwort geben würde, was er tatsächlich manchmal viel später tat. Er lehrte mich, daß ein Narr mehr fragen kann, als tausend Weise – Rabbiner – beantworten können. «Indem du fragst, kommst du zum Wissen», war sein Slogan, den ich mein ganzes Leben beibehalten habe. «Wenn du Jahve fragst, bekommst du Antwort, dein und mein Mund sind auch sein Sprachrohr.» Aus Jichals Mund klang dies sehr wahrhaft, nachvollziehen konnte ich es damals aber noch nicht.

Ich lernte Hebräisch und die Thora in- und auswendig kennen und verstehen, einmal angenommen, daß dieses Verstehen überhaupt möglich ist. Jahre später durfte ich dann den Talmud – ein Buch, so alt wie die Bibel oder vielleicht sogar älter, welches noch immer weitergeschrieben wird – studieren. Komischerweise lernte ich in dieser Zeit des Lernens nicht Jahve – Gott, der Wind – kennen, sondern ein kleines Stückchen von mir selbst. Erst viel später verstand ich, was das mit Gott zu tun hat. Vorerst aber entwickelte ich mich noch weiter von Gott weg – meinte ich – als je zuvor.

Ich spürte immer mehr, daß für viele Leute Jahve etwas ganz Persönliches war und so auch empfunden wurde. Manche redeten über ihn – es – wie über einen guten Freund oder eine Freundin. Andere wie über ihren Vater und ihre Mutter. Ich aber redete nur über ihn. Ich empfand Gott zwar nicht mehr als Bedrohung, unheimlich war er – es – mir trotzdem. Vielleicht, weil ich es nicht be-greifen konnte, nicht sehen, riechen und schmecken. Vielleicht weil ich suchte, was die anderen hatten und ich nicht. Ich weiß es nicht mehr, warum, warum ... Von einem Frager wurde ich zum Antworter. Mit meinem Wissen konnte ich Gott offensichtlich aus meinem Leben heraushalten und damit auch einen großen Teil meiner Gefühle. Ich las, las und las. Reine Ersatzbefriedigung, weiß ich jetzt. Für Vater, Mutter, Gott, Liebe?? Ich wurde immer schwerer zugänglich für andere Leute. Sogar für Jichal. Nur manchmal kam, in seiner Nähe, das alte, mir schon fast fremd gewordene Gefühl von Vertrautheit auf. Während dieser Momente traute ich mich ein wenig, wieder zu fragen.

Gott zu ehren bestand, Jahve sei Dank, nicht nur aus Verboten. Es gab viele Festtage, an denen echt und ausgiebig gefeiert wurde, wo der Gottesdienst ein Fest war. Es wurde getanzt und frohe Lieder wurden gesungen. Manchmal kamen wir sogar verkleidet, wie beim Karneval, in die Sjul.

Der Sabbat und die Festtage hatten auch schulische Vorteile für uns. Am Freitag mußten wir ja vor Einbruch der Dunkelheit zu Hause sein. In Holland gibt es nur Ganztagsschulen. Im Winter, da es dann bekanntlicherweise früher dunkel wird als während der anderen Jahreszeiten, hatten wir schon um 15.00 Uhr schulfrei.

Leider machte das bei manchen Mitschülern böses Blut, was sich dann äußerte in Schimpfereien wie: Scheiß-Jude, Juden sind Ausbeuter, Juden sind ... Natürlich tat es weh, und um so weher vielleicht, weil ich meine Verletztheit, um nicht noch mehr verletzt zu werden – ein Mann darf nicht weinen –, nicht zeigen konnte. Glücklicherweise waren die meisten Mitschüler nicht eifersüchtig und die Freude am Schulfrei behielt die Oberhand.

Das Schlimmste in der Schule war der mehr oder weniger freiwillige (denn wir sollten ja nicht noch mehr auffallen) Religionsunterricht. Hier bekamen wir zu hören, wie schlimm unser Gott doch gewesen war und wie gut er seit dem neuen und vor allem ewigen Bund sei. Mich machten diese Worte innerlich noch mehr zweifeln, äußerlich aber kämpfte ich wie ein wildes Tier. Der Religionsunterricht wurde ein Wettkampf zwischen mir und dem Lehrer. Alttestamentarisch gewann meistens ich, neutestamentarisch immer er. Was blieb mir übrig, ich mußte mich mit dem Neuen Testament auseinandersetzen, was ich dann auch tat. Ich las, las und las, und wiederum vergaß ich zu fragen. Gott wurde mein Lesezeichen, mein Markenzeichen. Ich machte mein Bild von ihm und bestimmte so, wie er bzw. ich zu sein hatte. Ich wurde der Wissende; der keine Gefühle Zeigende; der über allem Stehende. Ich litt nicht mehr unter der Ehrfurcht vor ihm, sondern unter seiner Verfremdung.

Meine Bar Mizwa – mit dreizehn Jahren wird ein Junge und mit zwölf Jahren ein Mädchen als erwachsener Mann bzw. erwachsene Frau in die jüdische Gemeinde aufgenommen! Meine Bar Mizwa habe ich noch im Kinderheim gefeiert, obwohl ich schon wieder bei meiner Mutter zu Hause war.

Bar Mizwa ist ein sehr großes Ereignis, welches auch dementsprechend gefeiert wird, annähernd vergleichbar mit der Firmung oder der Konfirmation. Wie es auch sei, für mich war es ein Tag wie kein anderer. Jetzt mußte ich vor der gesamten Gemeinde beweisen, so empfand ich das damals, daß ich aus der Thora lesen konnte und somit auch in der Lage war, einen Gottesdienst zu leiten. Was ‹natürlich› nur den Männern gestattet ist. Es klappte alles wunderbar. Nach dem Gottesdienst wurde ich überhäuft mit Geschenken. Eins davon ist mir in Erinnerung geblieben: Ein Baum bzw. die Besitzurkunde eines Baumes. Der Baum steht in Israel und war Teil der Kampagne, um das Land fruchtbar zu machen. Vielleicht besuche ich ihn, den Baum, eines Tages. Der Abschluß dieses besonderen Tages war ein tolles Essen, angerichtet mit vielen Speisen, vielen Getränken, viel Trauer und etwas Freude.

Dieser letzte Tag in der Sjul, im Kinderheim, sollte vorerst auch mein letzter Tag mit Gott sein, meinte ich jedenfalls. Die erste Zeit zu Hause habe ich mich ziemlich von ihm befreit gefühlt. Da meine Mutter religionslos ist, brauchte ich nicht zu beten und zur Sjul oder zur Kirche zu gehen. Nach einiger Zeit jedoch fing ich wieder zu lesen an. Ich konnte es eben nicht lassen. Natürlich las ich nicht nur theologische Bücher, sondern fast alles, was ich in die Hände bekam. Wie ich schon sagte, Ersatzbefriedigung.

Es kamen viele Jahre, in denen ich Gott verleugnet habe, obwohl ich mich mit den Religionen auseinandersetzte, leider kaum mit mir selbst. Dann allmählich, fast schleichend, kam in mir eine Ahnung auf, die ich noch nicht in Worte fassen konnte. Vielleicht kam es dadurch, daß ich jemanden, schon wieder einen Mann, kannte, der an mich glaubte. Von Frauen konnte ich, da sie «unwissend» waren, kaum etwas annehmen.

Der Mann vermittelte mir den Glauben an mich selbst. «Wenn du es willst, kannst du es auch.» Der konnte in sich hineinschauen und nahm mir so mehr und mehr die Angst davor, in mich selbst hineinzuschauen. Vielleicht lag es auch an meiner Gesprächstherapeuten-Ausbildung. Erst wurde ich selbst therapiert und wahrscheinlich dadurch ein Stück heiler. Mein Therapeut war eine Frau, und durch sie fing ich an, Frauen anders sehen zu können. Dann mußte ich mit Klienten, wie die eben so heißen, Therapie machen, die auf Video aufgenommen wurde. Was ist schlimmer, als dich selbst zu sehen? Sehen, wie du ausschaust, wenn du redest und wie du redest mit Männern oder Frauen, deine Gestik und Mimik. Dieses Ding kann eben nicht lügen. Die Wahrheit – mein Verhalten – war hart und manchmal auch schmerzvoll anzusehen.

Nachdem ich mich selbst von außen gesehen hatte, konnte ich etwas besser in mich hineinschauen. Damit bin ich auch an den schwierigsten Teil meiner Geschichte gekommen. Wie kann ich euch – und damit auch mir selbst – einigermaßen klar oder sogar nachvollziehbar erzählen, was in mir passierte? Schwer ... – – – Nun, trotzdem versuche ich es.

Als ich allmählich lernte, mein Innerstes zu durchwühlen, stieß ich gegen ein Bild, welches ich schon lange meinte vergessen zu haben. Genau, mein Gottesbild. Gott, der Obermann, der die Frau schuf als Dienerin des Mannes, der bestrafte und belohnte, der aber auch mit sich reden ließ und verzieh. Zunächst war ich verblüfft, dann irritiert, sogar etwas sauer. Was hatte das Bild Gottes in mir zu suchen? Ich war doch nicht mehr so!

Ich ahnte vielleicht damals schon, daß dieses Bild das alte war, das noch nicht abgelegte, in mir.

Es war mir nicht eigen; es stellte sich in Frage und ließ sich in Frage stellen. Vorerst durch Leute, die ich hier in Deutschland kennengelernt habe, die mir ans Herz gewachsen sind, weil ich das Glück hatte, sie zu treffen. Durch sie lernte ich die christliche (katholische) Kirche von einer anderen Seite kennen, weil sie, die Menschen, Kirche sind. So wurde ich allmählich selbst ein Teil dieser Kirche. Nicht dieses Gebäudes, wo die Namen «Gott» und «Jesus» oft nur Namen bleiben und in deren Namen das Amen so sicher kommt wie das Husten nach dem Segen. Nein, vielmehr meine ich, egal aus welchem Grunde und wo dann auch Leute beieinander sind, dieses Gefühl von Zusammengehörigkeit, sich selbst und die anderen wichtig zu nehmen und sogar manchmal danach zu handeln. Christlich? Vielleicht!

Nun ja, ein bißchen übertrieben klingt es schon. Konkret sah es so aus, daß ich immer mehr in die Kirche hineinwuchs, Gottesdienste mitgestaltete und viel mit Leuten über das sogenannte «Christsein» diskutierte.

Das Christsein, die Person Jesus, wurde mir, je mehr ich mich mit ihm auseinandersetzte, immer wichtiger. Unwillkürlich begann ich, einen ähnlichen Weg wie er zu gehen. Nicht, weil er angeblich Gottes Sohn war, schließlich sind wir ja alle Schwestern und Brüder, sondern weil das, was er erprobt hat, meinem Lebensbild entsprach.

Ich versuche das mal an einem realen Bild deutlich zu machen, weil es mir darum geht, klarzumachen, daß etwas, was dir wichtig ist, in deinem Wesen verankert werden kann. Als ich Sozialpädagogik studierte, wurden viele Erziehungsstile durchgenommen. Einige gefielen mir sehr gut, und manches davon ist mir im Umgang mit Menschen eigen geworden. Ähnlich passierte mir das mit Jesus, vieles wurde mir eigen. Ich fühlte mich solidarisch mit ihm, weil ich seinen Weg nachvollziehen konnte. Höhepunkt dieses Gefühls war für mich meine Taufe. Taufe als Solidaritätsakt, als Zeichen dafür, daß ich öffentlich bekenne, mich für meinen – christlichen – Weg einzusetzen.

Meine Taufe war katholisch. Warum? Ich weiß keine logische Antwort. Die Leute, die ich glücklicherweise getroffen habe, waren katholisch. Vielleicht deshalb. Die Taufe, für sich genommen, hätte ebensogut evangelisch gewesen sein können. Für mich war das Katholische insofern wichtig, als ich meine, daß ich nur etwas in dieser Kirche mitverändern kann, wenn ich innerhalb stehe. Von außerhalb diese Kirche anzugreifen ist ziemlich einfach und bequem. Ich greife an, mache mich selbst aber unangreifbar für die Angegriffenen.

Mein Engagement für meinen Weg oder das, was ich für christlich halte, wobei für mich als Wichtigstes gilt: «Liebe den anderen wie dich selbst», fing mit der Bewußtwerdung für mich selbst an. Mit der Liebe für mich selbst. Ich begann, bewußter zu leben, und je bewußter ich wurde, desto ehrlicher konnte ich mit anderen Menschen umgehen, etwas offener Menschen gegenübertreten, und manchmal gelang es mir sogar, mich selbst zu öffnen, meine Bilder, wie ich selbst und andere Menschen zu sein hatten, Voreingenommenheit und Vorurteile, vor allem Frauen gegenüber, von mir abzulegen. Ich übte mich, probierte aus und merkte, daß ich Leute motivieren und begeistern kann, wenn es aus mir selbst herauskommt.

Zunächst erfüllte es mich mit Stolz, dann aber, als ich merkte, daß ich immer weniger Angst vor mir selbst hatte, mit Freude und vor allem mit Neugierde. So entdeckte ich bei mir vieles, was mir nicht gefiel, viele Bilder, z. B. wie ich mich als Mann zu verhalten habe und noch verhalte, Erziehungsgegenstände, die so manches in meinem Leben bestimmten, die mir ohne kritische Betrachtung in Fleisch und Blut übergegangen waren. Jetzt konnte ich sie, mehr oder weniger, kritisch sehen und fand so auch vieles, was mir gefiel. Entweder alte, mir eigengewordene oder auch neue Bilder: über Liebe, ohne daß Bedingungen an den anderen gestellt werden, die aber noch erprobt werden müßten.

Natürlich war und ist es nicht so, daß ich in mich hineinkroch, gegen ein Bild, eine Verhaltensweise, ein Gefühl oder einen Gedanken lief und es entweder rausschmiß oder behielt, sondern ich lernte, mit mir selbst zu reden oder besser gesagt, mir Fragen zu stellen. Was heißt denn für dich Liebe? Liebst du dich selbst? Was muß jemand anders zeigen, leisten, bevor du sagst, daß du ihn liebst? Durch das Benennen von Gedanken und Gefühlen in Worten wurde alles viel konkreter, greifbarer, ich konnte mich selbst verstehen. Ich wurde wieder Frager ... und auch Antworter.

Eines Tages, ich weiß nicht mehr wann, kam bei mir ein Gefühl auf, etwas verloren zu haben, das ich nicht mehr zu suchen brauchte. Ich war froh, wußte aber nicht, warum. Heute weiß ich, daß es mein Bild von Gott war. Zuerst war es ein strafender Gott gewesen, der mir Angst einjagte und ein schlechtes Gewissen machte. Dann war es ein Gott der Verbote, aber weniger angsteinjagend und kaum strafend. Schließlich ein liebender Gott, dessen Liebe bestand aus Vergeben, der durch seinen ‹Stellvertreter› jedoch oder trotzdem, unter dem Deckmantel der Vergebung der Sünden, als Buhmann benutzt wurde. Auch ich benutzte ihn, mal für mein Bild als Mann, mal mir zuliebe, um zu hassen, Verantwortung abzuschieben – warum hast du das zugelassen –, mal als einzige und allgültige Wahrheit, Menschenwahrheit, meine Wahrheit.

Manchen von euch mag das, was jetzt folgt, vielleicht überheblich oder sogar paradox klingen. Sagen und schreiben tue ich es trotzdem, weil es mir wichtig ist. Ich habe, in dem obengenannten Sinne, kein Gottesbild mehr, weil ich es nicht mehr brauche. Ich habe etwas in mir entdeckt, was ich nicht erklären kann und will, was ich, weil ich dies eben auch für euch schreibe, zu benennen versuche mit dem Wort – leider auch ein Bild – «Kraft».

Ich fühle eine Kraft in mir, die mich zum Beispiel in dem Gebäude Kirche aufstehen und den Priester fragen läßt, was er denn mit diesem oder jenem meint, zwar mit rotem Kopf und klopfendem Herzen, aber trotzdem.

Es ist eine Kraft, wovon ich ahne, daß sie nur der Anfang ist von mir, welche aber vor allen Dingen mich wieder zu einem Frager gemacht hat. Ich weiß nicht, ob das Gott ist oder nur wieder etwas anderes, indem ich Gott mir zurechtmache. Ich weiß aber, daß ich mich jetzt wohler mit mir, ihm – es – fühle als je zuvor.

Heute bin ich dreiunddreißig Jahre alt und stehe mit meinem Glauben noch, oder wieder, in den Kinderschuhen, am Ende einer Entwicklung, am Anfang meines Glaubens in mir und aus mir heraus.

Steven Pennings, geboren 1952 in Amsterdam. Studium der Sozialpädagogik und Gesprächstherapie in den Niederlanden.

Heute wohnhaft in Köln als Hausmann. Verheiratet und zwei Kinder, freiberuflicher Gesprächstherapeut und Schriftsteller, mehrere Lyrik-Veröffentlichungen. Studiert zur Zeit feministische Theologie in Holland und Germanistik in Köln.

Demosthenes Savramis

Geschlecht und Religiosität

Für ein besseres Verständnis des Männerbildes, das während der ersten dreißig Jahre meines Lebens sowohl meine Religiosität als auch meine Einstellung Frauen gegenüber stark prägte, möchte ich Ihnen sagen, daß ich in Griechenland geboren wurde und dort bis 1954 lebte. Denn diese Feststellung läßt keinen Zweifel, daß ich aus einer soziokulturellen und -religiösen Umwelt stamme, die als ausgesprochen *androzentrisch* und *patriarchalisch* bezeichnet werden kann.

Während Ende des 18. Jahrhunderts in Westeuropa eine neue Bewertung der Persönlichkeit der Frau einsetzte und in der Mitte des 19. Jahrhunderts sich ihre gesellschaftliche Stellung durch die Industrialisierung und die Frauenbewegung grundlegend wandelte, befand sich Griechenland noch unter dem Joch der Türkenherrschaft. Nur ein Problem bewegte die Gemüter: Die Erringung der nationalen Unabhängigkeit. Die Frau stand ganz am Rande des gesellschaftlichen Lebens. Die orientalischen Einflüsse und die gesellschaftliche Struktur der nach dem Befreiungskampf von 1821 sich neubildenden Nation hinderten die griechische Frau, auch am Anfang unseres Jahrhunderts, den Anschluß an die in Westeuropa vollzogene Entwicklung zu finden.

Erst in allerjüngster Zeit konnte eine gewisse Gleichberechtigung zwischen Mann und Frau durchgesetzt werden. Aber trotz der Fortschritte, die auf dem Gebiet der Gleichberechtigung in Griechenland zu verzeichnen sind, verharrt die griechische Frau in Wirklichkeit weiter in ihrer untergeordneten und benachteiligten Position. Die Männer stehen noch unangefochten in der Rolle der Herren im Hause, und sie leben bewußt im Rahmen der patriarchalischen Ordnungen, wie sie seit Jahrhunderten gelten.

Was das Gebiet der Beziehungen der zwei Geschlechter angeht, so sind in Griechenland jahrhundertealte Vorstellungen ungebrochen, die der Gleichberechtigung Hohn sprechen. Die herrschende doppelte Moral gesteht dem Manne auf dem Gebiet der Sexualität jede Freiheit zu. Die gleiche Moralvorstellung verurteilt aber jede Frau, die auf diesem Gebiet oder in Liebesbeziehungen überhaupt irgendeine Selbständigkeit entwickelt. Es schadet dem Ansehen des Mannes nicht, vor seiner Ehe mehrere Freundinnen gehabt zu haben. Eine Frau jedoch, die ihre Jungfräulichkeit verloren hat, hat kaum eine Chance zu heiraten.

Man kann sehr häufig in der Zeitung lesen, daß ein Vater, Bruder oder Onkel seine Tochter, Schwester oder Nichte tötete, weil diese Mädchen angeblich die Ehre der Familie beleidigten. Dabei handelt es sich oft um harmlose Flirts oder Bekanntschaften, die diese Mädchen ohne Wissen der Familie begannen. Diese für die Frauen bedrückende Situation äußert sich häufig im seelischen Zustand der Frauen und hat auch Rückwirkungen auf ihre äußere Erscheinung. Das Gefühl, nicht frei über sich verfügen zu können, führt zu Unselbständigkeit, und die ständige Aufsicht der Familie hemmt die gesunde Entwicklung.

Die Regel bleibt, daß diejenige Frau, die ihre eigenen Wege in der Gesellschaft gehen will und ihre eigene Persönlichkeit entwickeln möchte, negativ beurteilt und als unmoralisch angesehen wird. Die in den Augen der Gesellschaft ideale Frau unternimmt nichts ohne die Zustimmung der Familie, und sie bemüht sich, wenn möglich, das Musterbeispiel dessen zu werden, was man in Deutschland um die Jahrhundertwende eine «höhere Tochter» nannte.

Zwar versucht nach den letzten Wahlen die sozialistische Regierung Griechenlands, die unter *Andreas Papandreou* mit dem Motto «Allage» (Wandel) die Wahlen gewinnen konnte, die Stellung der Frau in der neugriechischen Gesellschaft radikal zu verändern. Die Reaktionen aber und der hartnäckige Widerstand sämtlicher konservativer Kreise Griechenlands, die diesen Versuch mit allen möglichen Mitteln bekämpfen, zeigt, wie schwierig die Durchsetzung von Gesetzen ist, die der Befreiung der Frau von ihrer traditionalen sozialen Position dienen können.

Daß die wichtigsten Träger und Präger dieses Widerstands die Kirche Griechenlands und verschiedene christliche Bewegungen sind, weist im übrigen auf die wichtige Tatsache hin, daß es sich im Falle der Polarisierung der Geschlechter in Griechenland bzw. der Benachteiligung und Unterdrückung der Frauen um Phänomene handelt, die sich deshalb perpetuieren lassen, weil sie als Bestandteile einer gottgewollten Ordnung gelten. Mit anderen Worten: die Griechische Orthodoxe Kirche liefert der griechischen Gesellschaft die *religiöse* bzw. *metaphysische Legitimation* für die Verewigung eines Männerbildes, das den Patriarchalismus begünstigt.

Die Tragweite dieser Rolle der Kirche im Rahmen der neugriechischen Gesellschaft läßt sich besser erfassen, wenn man folgende Fakten berücksichtigt: Erstens, daß von den 9,6 Millionen Griechen 97 % der

Orthodoxen Kirche angehören; zweitens, daß diese Kirche nach der Verfassung als «vorherrschende Religion» in Griechenland gilt, und drittens, daß Griechenland ein Gesellschaftssystem aufweist, das sich stark an einer Tradition orientiert, deren religiöse und nationale Elemente sich gegen alle Kräfte vereinigen, die eine Umwertung der Werte verlangen. Im Falle der Stellung der Frau in der neugriechischen Gesellschaft heißt dies, daß *Religion und Kirche* in Griechenland nach wie vor in der Lage sind, traditionelle Werte, Normen und Einstellungen gegen alle Wertsysteme zu mobilisieren, die die Emanzipation der Frau erleichtern und ermöglichen.

So verteidigen die Kirche Griechenlands und mehrere christliche Bewegungen die – Frauen diskriminierenden – alten Gesetze, und sie bewirken erfolgreich, daß die Abschaffung dieser Gesetze verhindert wird. Die gesetzliche Feststellung z. B., daß der Mann das Familienoberhaupt, d. h. der «Herr im Hause» ist, gilt für die Kirche und die christlichen Bewegungen als Schutz der Familie, obwohl diese Feststellung eine rechtliche Festschreibung der traditionellen und realen Stellung der Frau in der Familie und der Gesellschaft ist, die die starke Abhängigkeit der Frau von der Männerwelt zeigt, die sie wie ein unmündiges Kind behandelt.

Dieser religiöse und kirchliche Bereich der neugriechischen Gesellschaft sowie das von dieser Gesellschaft geprägte Männerbild bzw. der Patriarchalismus haben meine ersten Vorstellungen über die Religion, über die Frauen und über meine Beziehungen zum anderen Geschlecht geformt. Dies begann bereits im Elternhaus, wo meine Mutter die wichtigste Rolle spielte, da sie erstens die dominierende Persönlichkeit war und weil zweitens mein Vater sehr früh verstarb. Meine Mutter bietet ein klassisches Beispiel dessen, was man als einen «religiösen Menschen» bezeichnen kann, und ich verdanke ihr die Verinnerlichung der wichtigsten religiösen Werte, die bis heute meinem Leben einen Sinn geben, der dieses Leben lebenswert macht.

Zugleich aber war meine Mutter so stark von der traditionellen Vorstellung geprägt, daß der Mann der «Herr im Hause» ist und sein muß, daß sie sich sehr viel Mühe gab, mich als einen richtigen Mann zu erziehen, mit dem Resultat, daß ich in dem Glauben großgezogen wurde, etwas Besonderes zu sein, bzw. dem besseren Teil der Menschheit anzugehören, und zwar, weil ich eben ein Mann bin. Ferner erfuhr ich sowohl im Elternhaus als auch in der Schule, daß die «Einzigartigkeit des Mannes», die sich aus seiner Männlichkeit ergibt, eine bestimmte Distanz gegenüber Frauen impliziert. Denn die Würde des «Herrn der

Schöpfung» verlangt, daß die Männer niemals vergessen dürfen, daß sie etwas Exklusives darstellen und daß diese Exklusivität die Trennung der Männerwelt von der Frauenwelt nach sich ziehen muß.

Die Distanz gegenüber Frauen und die strenge Trennung in eine Männer- und eine Frauenwelt haben in meinem Fall auch deshalb stärker als bei anderen jungen Männern gewirkt, weil sie religiös begründet wurden. Denn die Art und Weise, wie meine Mutter mich vor den Frauen schützte, zeigte mir eindeutig, daß sie die Frauen als die Quelle des Bösen schlechthin betrachtete und daß sie sich Sorgen um meine Seele machte, wenn ich mich für ein Mädchen interessierte. So erreichte meine Mutter, daß meine Religiosität männlich geprägt wurde, und zwar sowohl in bezug auf meine religiösen Vorstellungen als auch im Zusammenhang mit meinen Bemühungen, mein alltägliches Handeln religiös zu gestalten.

Dabei merke ich heute, daß die Religiosität meiner Mutter nicht als männlich bezeichnet werden kann, da sie die *Mutter Gottes* – die «Panagia», wie die Griechen sagen – so stark verehrt hat, daß sie stets zu mir sagte: «Jesus und die Mutter Gottes seien mit dir.» Daß meine Mutter, obwohl sie die Mutter Gottes stark verehrt, mir eine Religiosität vermitteln konnte, die als männlich und sexual- und frauenfeindlich anzusehen ist, hängt damit zusammen, daß der *Marienkult* die Sexualität und das weibliche Geschlecht in dreifacher Weise negiert. Erstens durch die *Hervorhebung der Jungfräulichkeit* auf Kosten des geschlechtlichen Lebens des Menschen schlechthin und der Frau speziell; zweitens durch die einseitige Orientierung des Frauenideals an der *Mutterschaft* und drittens dadurch, daß *Gehorsam, Unterwerfung* und *Demut* als *Haupttugenden der Frauen* metaphysisch legitimiert werden.

Neben meiner Mutter haben noch zwei wichtige Faktoren entscheidend dazu beigetragen, daß meine Religiosität einseitig männlich und frauenfeindlich geprägt wurde: mein *theologisches Studium* an der Universität von Athen und eine der *größten und bekanntesten christlichen Laienbewegungen* Griechenlands, die ich schon als Schüler kennenlernte und der ich als Mitarbeiter ca. zehn Jahre angehörte. Obwohl ich sowohl dem theologischen Studium in Athen als auch den christlichen Laienbewegungen viel verdanke, besteht für mich kein Zweifel, daß diese Faktoren, die mein Leben und meine Religiosität stark geprägt haben, meine Einstellung Frauen gegenüber negativ beeinflußt haben.

So erlebte ich im Rahmen der theologischen Fakultät der Universität von Athen eine triste Männerwelt, die mir in bezug auf Frauen nur

Ängste und Schuldgefühle vermitteln konnte. Dasselbe gilt für die oben erwähnten christlichen Laienbewegungen, die streng nach Geschlechtern getrennt arbeiteten und die ihre Haltung Frauen gegenüber an einer sexual- und frauenfeindlichen «Moral» orientierten. Sowohl während meines Theologiestudiums als auch während meiner Tätigkeit für die christlichen Laienbewegungen habe ich viele negative Erfahrungen gesammelt, die allerdings dann später in Deutschland positiv gewirkt haben.

Denn diese Erfahrungen haben mir entschieden geholfen, die Stellung der Frau im Christentum und in der Gesellschaft besser zu verstehen, mit dem Resultat, daß ich mich in Deutschland, wo ich seit 1954 lebe, stark für die Emanzipation und Gleichberechtigung der Frau engagiere. Vor allem seit 1972 verweisen Themen wie die Stellung der Frau in der Gesellschaft schlechthin, der androzentrische Charakter des Christentums und seine Überwindung, die katastrophalen Wirkungen männlicher Religiosität usw. auf wichtige Inhalte meiner wissenschaftlichen und schriftstellerischen Tätigkeit.

Daß ich mich in Deutschland von den in Griechenland internalisierten Vorstellungen über männliche Religiosität, über die Frauen und über die Sexualität befreien konnte, verdanke ich allerdings nicht der Tatsache, daß es im Rahmen der deutschen Gesellschaft keinen Patriarchalismus gibt. Im Gegenteil: in Deutschland ist der Patriarchalismus in allen Bereichen des sozialen, politischen, ökonomischen und religiösen Lebens spürbar. Der wichtigste Unterschied zwischen Deutschland und Griechenland liegt darin, daß in Griechenland ein archaischer Patriarchalismus herrscht, während sich in Deutschland ein «sekundärer Patriarchalismus» bemerkbar macht, der vom archaischen Patriarchalismus dadurch zu unterscheiden ist, daß ersterer als *Ideologisierung* des zweiten kein konkretes System der Familienorganisation, sondern ein «hochkomplexes kulturelles Zwangssystem» darstellt, das die dominierende Rolle des Mannes in der Gesellschaft und die Unterwerfung der Frau unter seine Herrschaft als «natürlich» voraussetzt.

Daß ich mich in Deutschland von meiner patriarchalisch verengten Religiosität befreien konnte, hängt primär damit zusammen, daß ich mich hier stets bemüht habe, *selbständig zu denken und zu handeln*. Dies wiederum bewirkte eine gesunde Distanz zu meiner früheren soziokulturellen und religiösen Umwelt, so daß ich diese Umwelt kritisch zu betrachten begann. Dieselbe kritische Einstellung gewann ich aber bald auch gegenüber meiner neuen soziokulturellen Umwelt, und so erlebte ich eine nie dagewesene *innere Befreiung* von allen Zwängen, die mein Denken und Handeln einschränken konnten. Dies war schließlich die Ursache der Tatsache, daß ich hier in Deutschland die Bedeutung *Jesu Christi* und seiner Lehre für mich und für die Gesellschaft, in deren Rahmen ich hier und jetzt lebe, intensiv zu erfahren und zu erleben begann.

Deshalb unternahm ich es, die Herausstellung dieser Bedeutung zum wichtigsten Inhalt meiner religionswissenschaftlichen, theologischen, soziologischen und religionssoziologischen Arbeiten sowie meiner Tätigkeit als Universitätsprofessor zu machen. Das wiederum stärkte meine Überzeugung, daß nur jene Menschen sich von ihrer Unheilssituation – die identisch ist mit dem geistlich-geistigen und dem damit zusammenhängenden materiellen Elend des Menschen – befreien können, die sich in ihrem Glauben und in ihrem Leben an Jesus Christus orientieren.

Diese Überzeugung zwingt mich, mein soziales und sonstiges Handeln so zu gestalten, daß ich dadurch zu radikalen Änderungen meiner Umwelt aufgrund der Lehre Jesu beitragen kann. Denn ich bin sicher, daß nur dann eine sinnvolle Ordnung in dieser Welt herrschen kann, wenn das von Jesus geprägte *christliche Wertsystem* Realität wird, das ich allerdings grundsätzlich vom *kirchlichen Wertsystem* zu unterscheiden pflege.

Zu den wichtigsten Früchten meiner inneren Befreiung von allen Zwängen, die mein Denken und Handeln einschränken können, gehört auch meine Befreiung von dem Zwang, mich selbst als das «Maß der Dinge» zu betrachten. Ich konnte mich befreien aus dem Mythos vom «starken Mann», der dazu prädestiniert ist, ein ewiger Vater, Held, Übermensch und Herrscher zu sein. Dieser Befreiung folgten dann wichtige Erkenntnisse, die mich im Jahre 1972 veranlaßten, eine Entmythologisierung der Männerwelt zu versuchen, die ich in zehn Thesen formulierte.

Die *Hauptthese* hieß, daß die Bezeichnung der Frauen als «schwaches Geschlecht» eine Erfindung der Männerwelt ist, die durch die Etikettierung des anderen Geschlechts mit dem Prädikat schwach ihre eigene Schwäche in eine nichtvorhandene Stärke umfunktionierte. Anders ausgedrückt: weder die Schwächen der Frauen noch ihre Minderwertigkeitskomplexe trugen dazu bei, daß die patriarchalischen Vorurteile und die Rangordnung der Geschlechter entstehen konnten. Männerschwächen, Minderwertigkeitskomplexe der Männer und ihre Geschlechtsfurcht bzw. ihre *Angst vor der Frau* bildeten die Hauptursache der Entstehung einer ausgesprochenen Männerwelt, die sich, solange die Geschlechterfurcht nicht überwunden werden kann, mit den von ihr erdichteten Gegensätzen zwischen Mann und Frau zufriedengeben wird bei gleichzeitiger Negation und Bekämpfung jeder Umwertung der Werte, die die Schwäche der Männer entlarven kann.

Es ist kein Zufall, daß gerade Männer, die den Frauenhaß gepredigt haben und die sich selbst einzureden versucht haben, daß die Frau an das «Ewig-Männliche» wirklich glaube, besonders abhängig waren vom anderen Geschlecht. Denn es gibt nichts in dieser Welt, das den Mann so verunsichern kann wie die Frau. Zwar hat es der Mann durch seinen Versuch, die Abhängigkeitsverhältnisse der Geschlechter zu seinen Gunsten zu ändern, erreicht, eine Männerwelt zu schaffen, in deren Rahmen die Männer in dem Glauben großgezogen werden, sie wären etwas Besonderes bzw. der bessere Teil der Menschheit. Dieselben Männer erleben aber jeden Tag, daß sie weiterhin total abhängig sind vom «schwachen» Geschlecht. Denn die Frau war und ist stets die «Energiequelle des Mannes».

Eine weitere These, die ich aufgrund meiner Untersuchungen über die Stellung der Frau in der Gesellschaft formulieren und verifizieren konnte, heißt, daß die Vermännlichung der Gesellschaft ihre Entmenschlichung impliziert. Deshalb ist die *Entmännlichung* der Gesellschaft mit ihrer Humanisierung gleichzusetzen. Denn je mehr eine Gesellschaft die Frauen aus ihren Lebensbereichen entfernt und isoliert bzw. je mehr eine Gesellschaft sich zu einer reinen *Männergesellschaft* entwickelt, desto mehr wird diese Gesellschaft von Brutalität, Zerstörungswut und Unmenschlichkeit beherrscht. Wie wahr dies ist, läßt sich u. a. auch an Hand des Nationalsozialismus zeigen, der eine *ausgesprochene Männerbewegung* war, die sich an einer reinen *«Herrenmoral»* orientierte.

Dieser These habe ich eine weitere These hinzugefügt, die von besonderer Bedeutung für die Überwindung jeder Form von Religion und Religiosität ist, die patriarchalisch geprägt sind: daß nämlich, je mehr sich die Männerwelt aus Angst vor dem anderen Geschlecht von der Frauenwelt isoliert und je mehr die Männer ihre Ansprüche auf absolute Herrschaft über die ganze Welt erheben, desto schneller verschwinden die weiblichen Götter und die Gottesdienerinnen, desto stärker wird die Frau aus dem Bereich der Heiligen entfernt. Beide Thesen weisen eindeutig auf die kausalen Zusammenhänge hin, die zwischen der *Vermännlichung der großen Religionen* und der *Vermännlichung* bzw. *Entmenschlichung* der von diesen Religionen geprägten Gesellschaftsformen bestehen.

Zwar gehören die patriarchalischen Züge der gegenwärtigen Weltreligionen nicht zu ihrem Wesen, da sie zeitbedingte Formen ihrer Entstehungszeiten sind. Dies ändert jedoch nichts an der Tatsache, daß diese Religionen *ausgesprochene Männerreligionen* sind und daß die Emanzipation der Frau sehr oft im Namen der Religion bekämpft wird, weil die Aufhebung der Polarisierung der Geschlechter als Säkularisierung der Religion interpretiert wird. Kurzum: Sowohl die Polarisierung der Geschlechter als auch die *Männerherrschaft* und die *Entmenschlichung des Menschen*, die diese Herrschaft nach sich zieht, konnten sich deshalb endgültig durchsetzen, weil sie von den *großen Religionen metaphysisch legitimiert* wurden.

Diese Erkenntnis überzeugte mich, daß jede Form von *männlicher Religiosität ein Unding* ist. Denn sie widerspricht dem Sinn und der Funktion der Religion, deren wichtigste Aufgabe die Aufhebung der Unheilssituation des Menschen ist. Nun aber sah ich mich mit der Frage konfrontiert: Welcher Glaube kann den Mann von seiner patriarchalisch verengten Religion befreien, und zwar so, daß er zum Multiplikator einer Religion werden kann, die die Entmännlichung der Gesellschaft bzw. ihre *Humanisierung* herbeiführen kann.

Die Antwort, die ich für mich selbst gab, heißt:

Erstens: Nur der Glaube an Jesus Christus kann den Menschen von allen Zwängen befreien. Deshalb ist nur dieser Glaube in der Lage, den Mann von seiner wahnwitzigen Vorstellung über seine vermeintliche Stärke zu befreien, die ihm das Recht gibt, seine Umwelt und vor allem aber die Frauen zu beherrschen und zu unterdrücken. *Zweitens: Nur das christliche Wertsystem*, das ich, wie bereits gesagt, grundsätzlich vom *kirchlichen Wertsystem* unterscheide, kann eine radikale Umwertung der Werte bewirken, die die Männerwelt schlechthin und die männliche Religion speziell als *inhuman* entlarven wird.

Daß nur der Glaube an Jesus Christus den Menschen von allen Zwängen befreien kann, erfuhr ich persönlich in dem Moment, als ich die neutestamentliche Aussage ernst zu nehmen begann: «Wo der Geist Christi ist, da ist Freiheit», so daß ich mein Denken und Handeln an dieser Maxime zu orientieren begann. Für mein Handeln bedeutet diese Aussage vor allem, daß ich mich stets weigere, mich irgendwelchen Zwängen zu unterwerfen, die einerseits meinem Glauben widersprechen, während sie andererseits mich in einen willenlosen Rollenträger verwandeln können. Sie bedeutet auch, daß ein bewußter Christ weder herrschen noch beherrscht werden soll, hat sie für meine Beziehungen zum anderen Geschlecht wichtige und notwendige Folgen, da ich es mir kaum vorstellen kann, daß diese Aussage nur für Männer gilt.

Was die Funktion des christlichen Wertsystems für die Entmännlichung der Gesellschaft betrifft, so brauche ich nur zu erwähnen, daß an der Spitze der Wertskala dieses Systems der *Mensch* steht, der als das Wertvollste gilt, was es überhaupt geben kann, und zwar unabhängig von seinem *Geschlecht*, seiner Rasse oder seiner sozialen Herkunft. Deshalb wurde Gott in der Person Jesu Mensch, um die *ganze Menschheit* – Männer *und* Frauen – aus ihrer Unheilssituation zu befreien, und zwar dadurch, daß Jesus Christus den Menschen fähig macht, sich mit Gott, mit der Natur, mit seinen Mitmenschen und mit sich selbst zu *versöhnen*.

Die *Versöhnung* des Menschen mit Gott, mit der Natur, mit sich selbst und – vor allem – mit seinen Mitmenschen setzt jedoch die grenzenlose *Liebe* voraus, die Jesus während seines ganzen Lebens konsequent vorlebte und die als der wichtigste Bestandteil des christlichen Wertsystems bezeichnet werden kann. Denn sie manifestiert sich als Gleichheit, Brüderlichkeit, Gerechtigkeit und Freiheit, während sie zugleich alle Gegensätze aufheben kann, die die Menschen in zwei Lager spalten: Freunde und Feinde, Herrschende und Beherrschte, Unterdrücker und Unterdrückte, Ausbeuter und Ausgebeutete.

Deswegen ist das christliche Wertsystem das einzige Wertsystem, das die Entmännlichung der Gesellschaft bzw. ihre Humanisierung herbeiführen kann. Der Entmännlichung der Gesellschaft steht aber nach wie vor das *kirchliche Wertsystem* im Wege, das Ursache und Wirkung einer *männlichen Religiosität* ist, die die Herrschaft der Männer in allen profanen und sakralen Bereichen des Lebens metaphysisch legitimiert. Diese Situation kann nur eine *geschlechtsneutrale Religiosität* überwinden, die die einzige Religiosität ist, die dem Willen und der Lehre Jesu Christi entspricht, für den es keinen Unterschied zwischen Mann und Frau gab.

Die Entfernung des kirchlichen Wertsystems vom christlichen Wertsystem trug entschieden dazu bei, daß *alle* Kirchenmänner – Orthodoxe, Katholiken und Protestanten – das Christentum von einer geschlechtslosen Religion in eine von Männern geprägte und getragene *männliche Religion* umfunktionierten. Sogar *Maria*, die als weibliches religiöses Symbol die totale Vermännlichung des Christentums hätte verhindern können, wurde entwertet. Im ostkirchlichen Raum und im Katholizismus dadurch, daß der Marienkult – wie ich ihn persönlich in Griechenland erlebte – die Jungfräulichkeit und die Mutterschaft einseitig idealisiert bei gleichzeitiger Erhebung des Gehorsams, der Unterwerfung und der Demut zu Haupttugenden der Frauen, und im Rahmen der reformierten Kirchen aufgrund der Tatsache, daß die Protestanten *die Frau als religiöses Symbol* aus dem Christentum total entfernten, indem sie Maria aus ihren religiösen Vorstellungen verbannten.

Verhängnisvoll für die Stellung der Frau in den vom christlichen Wertsystem entfernten und vom kirchlichen Wertsystem geprägten Gesellschaftsformen war die Tatsache, daß sowohl im Bereich der *Sexualität* als auch im Falle der *Stellung der Frau* in der Gesellschaft die *Reformation* ausblieb. Zwar stützen sich die von *Martin Luther* eingeleitete *Reformation* und die mit ihr verknüpfte Neugestaltung und Erneuerung der Theologie und Kirche auf die Überzeugung *Luthers*, daß Gott niemanden über die Seele des einzelnen regieren lassen will und kann und daß der Mensch allein aus Gnaden und allein im Glauben erlöst ist und daß nur die Heilige Schrift als einzige Autorität zu akzeptieren ist. Martin Luther konnte sich aber von seiner *Vergangenheit* nicht gänzlich befreien, und deshalb war er unter dem Einfluß seines früheren Klosterlebens nicht in der Lage, die Sexualität als ein Geschenk Gottes anzuerkennen. Der *Protestant Luther* hält an der Überzeugung des *Katholiken* Luther fest, daß Sexualität ein *notwendiges Übel* sei.

Sexualfeindliche Einstellung impliziert aber stets eine *frauenfeindliche Gesinnung*. Folglich konnte das lutherische Frauenideal das Schicksal der Frau nicht verbessern. Im Gegenteil: Die Vorstellungen *Luthers* über die Stellung der Frau in der Gesellschaft schlechthin und hinsichtlich ihrer Rolle als *Ehefrau* speziell haben die Position der Frau in Familie und Gesellschaft verschlechtert. Vor *Luther* hatten die unverheirateten Frauen immerhin das Recht, unabhängig von den Männern als *Nonnen* zu leben. Abgesehen davon wurde Luther zum wichtigsten Vorläufer der drei K-(Kirche-Küche-Kinder)-Mentalität, die die metaphysische Legitimation der Diskriminierung und Ausbeutung der Frau bestätigt und perpetuiert. Der Protestant *Luther* leidet wie der Mönch *Luther* an Geschlechtsangst. Deswegen war er auch nicht in der Lage, das Christentum zu entmännlichen.

Mein langer Weg von einer männlichen Religiosität zu einer geschlechtsneutralen Religiosität hat mir geholfen, ein *neues Männerbild* zu finden, welches ich einem *neuen Christentum* verdanke, das ausschließlich auf der Lehre Jesu Christi bzw. auf dem christlichen Wertsystem basiert. Dieses neue Christentum ist, wie ich glaube, die einzige Weltreligion, die in der Lage ist, die Polarisierung der Geschlechter aufzuheben und damit die Entmännlichung bzw. Vermenschlichung der Gesellschaft zu realisieren.

Hätten die Träger und Präger des institutionalisierten Christentums die Lehre *Jesu Christi* ernstgenommen, dann wären wenigstens im sogenannten christlichen Teil der Welt die Männerherrschaft und die mit ihr verknüpfte Entwürdigung und Entmenschlichung des Menschen längst verschwunden. Fazit: Eine Gesellschaft, die das Prädikat christlich verdient, kann deshalb nur eine *Geschwistergesellschaft* sein, und eine Religion, die das Prädikat christlich verdient, kann nur eine *geschlechtsneutrale Religion* sein.

Demosthenes Savramis, geboren 1925 in Piräus / Griechenland; 1956 Dr. phil. (Bonn); 1960 Dr. rer. pol. (Köln); 1962 Dr. theol. (Athen); 1958–1961 nebenamtlicher, 1961–1966 hauptamtlicher Lektor für die neugriechische Sprache an der Universität Köln; 1966 Habilitation für Soziologie in Köln. Savramis ist Professor für Religions- und Kultursoziologie an der Universität Köln. Zugleich war er 1967 bis 1982 Lehrbeauftragter für Kultursoziologie an der Universität Bonn.
Wichtige Publikationen:
Die soziale Stellung des Priesters in Griechenland 1968; Religionssoziologie – eine Einführung 1968 (2. Auflage 1977); Entchristlichung und Sexualisierung – Zwei Vorurteile 1969; Theologie und Gesellschaft 1971; Religion und Sexualität 1972 (2. Auflage 1980); Religionen 1972; Das sogenannte schwache Geschlecht 1972; Jesus überlebt seine Mörder 1973.

Rüdiger Runge

Von außen nach innen

Je länger ich darüber nachdenke, um so weniger weiß ich, was «männliche Religiosität» eigentlich sein soll, um so unsicherer werde ich, welchen Sinn es hat, religiöses Denken und Empfinden nach «männlich» und «weiblich» scheiden zu wollen. Gut: Als Mann bin ich geboren, so wurde ich erzogen, und Männer der Kirche haben dabei, wenigstens zeitweise, eine tragende Rolle gespielt. Es war also kaum anders zu erwarten, daß mein Verhältnis zur Religion ein «männliches» sein würde; und es ist wohl auch kein Wunder, daß ich lange nicht auf die Idee gekommen bin, mir unter Gott etwas anderes als einen Vater vorzustellen.

Doch ich werde das Gefühl nicht los, sowohl mit meiner Männlichkeit als auch mit meiner Religiosität ist es nie weit her gewesen. Schon diese Feststellung offenbart freilich einen Widerspruch: Obwohl ich meine, in den Sphären des Religiösen und des Geschlechtlichen nicht klarzusehen, habe ich von beidem offensichtlich ein recht fest umrissenes Bild, ein stillschweigendes, nicht überprüftes Verständnis davon, was «männlich» und was «religiös» ist.

Meine bewußte Auseinandersetzung mit Gott und Glauben begann in den Jahren 1965 bis 1971, der prägenden Gymnasiastenzeit. Und als erstes fällt mir ein Paradox auf: Mein theologisches Denken wurde am nachhaltigsten von einer Frau beeinflußt, und trotzdem repräsentiert es für mich heute etwas ausgesprochen Männliches; mein religiöses Empfinden, wie überhaupt meine persönliche Entwicklung in jenen Jahren, stand unter dem Einfluß eines Mannes, mit dem ich in der Erinnerung sehr viel Weibliches verbinde.

Die männliche Leitfigur war der Gemeindepfarrer an dem Ort nahe bei Köln, in den ich als Zwölfjähriger mit meinen Eltern und beiden Schwestern 1965 gezogen war. Um die Zeit der Konfirmation hatte mein Kinderglauben sich nahezu restlos verflüchtigt; ich interessierte mich für Naturwissenschaft und Technik, bastelte im Keller des Elternhauses an Radios und mit Reagenzgläsern herum und ließ den lieben Gott einen guten Mann sein. Mit Beten, in der Kindheit eine alltägliche Übung, hatte ich nicht mehr viel im Sinn. Gleichzeitig wurde die Kirchengemeinde jedoch zum Mittelpunkt meines sozialen Lebens; auch meine ersten ernsthafteren Kontakte zu Mädchen knüpfte ich im «kirchlichen Raum». Ich engagierte mich in der Jugendarbeit und organisierte später zusammen mit Schulfreunden einige «Gottesdienste in neuer Gestalt», wobei ich die Texte zusammenstellte und teilweise selbst verfaßte.

Ein Nachmittag im Arbeitszimmer des Pfarrers, an dem wir miteinander die Textentwürfe für den ersten dieser Gottesdienste besprachen, ist mir tief im Gedächtnis geblieben. Damals bekam ich, auf mich gemünzt, einen Begriff zu hören, der mir unter die Haut ging und in dem ich so etwas wie ein Leitmotiv meiner Werde- und Gedankengänge in jener Lebensphasc sehe: «Hybris», Vermessenheit, hielt der geistliche Vater mir vor.

Noch heute löst dieses Wort Schuldgefühle in mir aus, und, nicht ohne Scham, kommt mir in den Sinn, wie ich als etwa zehnjähriger Junge abends im Bett liege und mich kurz vor dem Einschlafen frage, warum es eigentlich nicht möglich sein sollte, daß ich selbst der wiederauferstandene Christus sei.

An jenem Nachmittag im Haus des Pfarrers spürte ich die Schwere des Vorwurfs, ohne aber wirklich zu verstehen, was er damit wohl meinte: Dinge, die «höher sind als alle Vernunft», Verhältnisse, die nicht aus eigener Einsicht und Kraft verändert werden können, wenn nur genügend andere Menschen sich daran beteiligen, gab es für mich nicht. Mit 16, 17 Jahren hätte ich es kaum so ausgedrückt, aber wenn ich an etwas glaubte, dann an die Macht des aufgeklärten Menschen, kraft seines Verstandes die Welt nach seinem Willen zu gestalten und zu beherrschen. Das «Reich Gottes» war für mich «das Reich, das wir sind und bauen».

Diese Formel stammt aus einer «Antwort auf die Frage der linken Freunde, warum wir beten», einer Meditation zum Vaterunser, die der Kölner Ökumenische Arbeitskreis «Politisches Nachtgebet» in einem seiner Abendgottesdienste über «Glaube und Politik» vortrug. Theologisch tonangebend in diesem Kreis, der zwischen 1968 und 1970 weit über Köln hinaus wirkte, war Dorothee Sölle – und sie war meine zweite, die weibliche Orientierungsfigur in Fragen der Religion.

Allerdings ist eine Einschränkung unerläßlich, die mir auch ein Licht auf die Problematik männlicher Religiosität zu werfen scheint. Zweifellos bildeten Frau Sölles Bücher und die Diskussionen, die sich an ihrer «Theologie nach dem Tode Gottes» entzündeten, den Boden, auf dem meine säkulare Hybris gedieh. Doch ich habe noch einmal in alten Büchern, Unterlagen und Notizen geblättert und dabei bemerkt, wie fremd mir etwa Dorothee Sölles empfindliches Reagieren auf Herrschaftsverhältnisse, ihr offenbar tiefes Mitempfinden mit Unterdrückten gewesen sein muß. Für mein männliches Gehör war es zudem mehr als eine Kleinigkeit, was mich bei den öffentlichen Auftritten von ihr, die ich miterlebte, irritiert hat: Was sie sagte, hat mich fast immer beeindruckt, aber der weinerlich-klagende Ton ihrer Stimme löste bei mir stets ein Unbehagen aus.

Für mich und meine gleichaltrigen Freunde galt eher: Die Unterdrückten und Ohnmächtigen, die Leidenden und Benachteiligten, die «Mühseligen und Beladenen» – das waren schließlich nicht wir. Wir schwangen uns bloß zu Sachwaltern ihrer Interessen auf, drängten auf Veränderungen, hier und jetzt, und gefielen uns gewiß auch selbst in unserem Heranwachsenden-Aktionismus. Engagement um fast jeden Preis, nur nicht um den, aus der herrschenden Ordnung zu fallen; denn ihr fühlten wir uns letztlich doch zugehörig, mit ihr wollten wir es nicht verderben.

Die Szene um das «Politische Nachtgebet» war uns noch zu «revolutionär», eine zwar anziehende, aber verbotene Welt für uns brave Bürgersöhne, zumal wir uns von der dogmatischen Rigidität mancher Kirchenlinken schlicht überfordert fühlten.

Wir kritisierten die Kirche als «Zeremonienmeisterin der Gesellschaft», doch an «echtes Betroffensein» von Vietnam oder, 1968, Biafra, von Verhältnissen in Lateinamerika oder der Situation von Minderheiten in der Bundesrepublik kann ich mich nicht erinnern. Leute, die solche Gefühle an den Tag legten, kamen mir immer scheinheilig vor. Mich trieb wohl eher die Lust am Erproben der eigenen Möglichkeiten als tatsächlich mitempfundenes Leid an die Seite derer, die im Schatten des Wohllebens standen. Ich stellte Forderungen, rief zur Verantwortung auf und hielt moralische Anklagen für ein geeignetes Mittel, andere zur Umkehr zu bewegen.

Die diesseitige Selbstgewißheit, aus der mein kirchliches Engagement sich speiste, hat, von meinem heutigen Standort aus betrachtet, mit Religiosität nicht viel gemein. In der hohen Zeit des «Prinzips Hoffnung» und der «konkreten Utopien» stand ich mit ihr unter Protestanten freilich nicht allein. Und eins scheint diese Haltung mir in jedem Fall zu sein: männlich.

Bei alledem habe ich mich als heranwachsender Mann jedoch nie besonders «stark» gefühlt. Im Gegenteil: Nach außen meist freundlich und um Anerkennung bemüht, wortgewandt mit leicht pastoralem Einschlag und zuweilen souverän bis ins Wichtigtuerische, war ich innerlich zutiefst unsicher. Mein Inneres glich einem dunklen, undurchdringlichen Eismeer von Ängsten, an dessen Oberfläche sich nur gelegentlich Wellen der Freude, der Wut, der Liebe oder der Trauer kräuselten. Oft genug sehnte ich mich nach einem wärmenden Strahl, der das Gefühlseis zum Schmelzen brächte, oder hoffte auf einen Windstoß, damit der dunkle Ozean endlich einmal in Wallung geriete.

Inzwischen weiß ich natürlich, daß offenbar viele Männer unter solchen diffusen, dumpfen und zugleich von Spannung bestimmten Gefühlslagen leiden – sofern sie überhaupt spüren, daß sie nichts spüren. Das strahlende Gegenbild zu dieser Gemütsverfassung ist für mich die Vorstellung einer «weiblichen» Erlebensfülle, eines lebendigen, leidenschaftlichen Auf und Ab und eines klaren Empfindens vielfältiger innerer Regungen. Solcher emotionale Reichtum, den ich so schmerzlich vermißte, begegnete mir andeutungsweise und mit all seinen Licht- und Schattenseiten in der Person des Gemeindepfarrers, der mich der Hybris bezichtigte.

Als ich ihn kennenlernte, war er Anfang Dreißig, von fülliger Statur, die im Talar stattlich wirkte. Seine Persönlichkeit war, wie bei vielen Männern der Kirche, eher «weich». Zugleich war er ehrgeizig, innerhalb und außerhalb der Gemeinde sehr aktiv, und bisweilen konnte er höchst autoritär, gereizt, verletzend, hämisch und süffisant reagieren.

Dieser in jeder Hinsicht hoffnungsvolle Theologe, ein Mensch voller Widersprüche und oft widerstreitender Gefühle, übte auf mich einen mitreißenden, sozialisierenden Sog aus. Seine «weibliche Seite» kam bei zahlreichen Gelegenheiten zum Vorschein, die ich teils in angenehmer, teils in unangenehmer Erinnerung habe. Stark hat mich berührt, wie ich ihn zum erstenmal öffentlich habe weinen sehen.

Ein von ihm hochgeschätzter Jugendlicher aus der Gemeinde war mit dem Fahrrad tödlich verunglückt. Während des Beisetzungsgottesdienstes kämpfte der Pfarrer lange sichtlich mit Tränen, bis er die Traueransprache schließlich nur noch mit tränenerstickter Stimme halten konnte. Sicher war dies eine besondere Situation des Ergriffenseins. Aber er hielt häufig mit seinen Gefühlen nicht hinter dem Berge, und wenn er gegen sie anzugehen versuchte, waren seine Emotionen nicht selten stärker als die pastorale Fassade. Ich weiß nicht, ob er sich je schämte, von Gefühlen «übermannt» zu werden. Ich weiß nur, daß ich ihn geradezu darum beneidete, daß er überhaupt welche hatte und sie auch zeigen konnte.

Neben der engen Bindung an den Pfarrer und der Mitarbeit in der Gemeinde wurde der Stuttgarter Kirchentag 1969 zu einer Art Schlüsselerlebnis für mich. Die theologische und politische Aufbruchstimmung, die sich dort verbreitete, die heftigen Auseinandersetzungen um Kirche und Gesellschaft faszinierten mich. Mir kam der Gedanke, nach dem Abitur Theologie zu studieren.

Doch ein gewichtiges Problem ließ sich nicht aus dem Weg räumen: Die zeitgenössischen Versuche, «atheistisch an Gott (zu) glauben» (Dorothee Sölle), überzeugten mich nicht. Gott zu einer «Chiffre für Mitmenschlichkeit» zu erklären, kam mir sophistisch vor, als fauler argumentativer Ausweg aus einer tiefsitzenden Glaubenskrise. Da fand ich es schon folgerichtiger, gar nicht mehr von «Gott» und «Christsein» zu reden. Was, so fragte ich mich, ist denn das «eigentlich Christliche»? Im ersten Studiensemester lernte ich dann später einen schönen Theologenbegriff für diese Problematik kennen: das sei die Frage nach dem evangelischen «Proprium» (das «Eigene», Spezifische).

Nächstenliebe allein macht einen Menschen noch nicht zum Christen, und um sie zu üben, muß man kein Christ sein, sagte ich mir; christlicher Glaube verlangt den personalen Bezug zu einer göttlichen Instanz außerhalb meiner selbst, und der fehlte mir mittlerweile vollends. Bis zum Überdruß diskutierte ich im Religionsunterricht, auf Schüler- und Jugendleitertagungen kirchlicher Akademien und im Freundeskreis über «Immanenz» (Diesseitigkeit) und «Transzendenz» (Jenseitigkeit), «horizontale» und «vertikale» Dimensionen der Religiosität. Die Antwort auf die Frage, ob Gott ein Hirngespinst oder eine Offenbarungstatsache sei, wählte ich zum Maßstab der Entscheidung, Pfarrer werden zu wollen oder nicht.

Im Lauf der Zeit wurde mir immer deutlicher: Außer den «gesellschaftlichen Verhältnissen» und den Erwartungen, die andere an mich stellten, kam in meinem Parallelogramm der Weltenkräfte keine Größe «extra me» (außer meinem Sein) vor. Das einzige Maß aller Dinge, das ich als gültig anerkannte, war die kritische Vernunft. Wenn es unerklärliche Dinge gab zwischen Himmel und Erde, so zeigte das nur die Notwendigkeit, den rationalen Erkenntnisfortschritt weiter voranzutreiben.

Ich kam zu dem Schluß: Mein Vorrat an intellektuellen und spirituellen Gemeinsamkeiten mit der etablierten Theologie und der verfaßten Kirche reichte nicht aus, um den Weg ins geistliche Amt anzutreten. Zwar schrieb ich mich an der Universität Bonn, später in Kiel und Marburg, für Theologie ein und besuchte auch theologische Vorlesungen und Seminare, aber mein Hauptfach wurde die Psychologie. Für sie entschied ich mich nicht, weil ich «anderen Menschen helfen» oder nun Mitglied einer säkularen Priesterkaste werden wollte, sondern weil mich, zur Zeit des Abiturs, die Verbindung von geisteswissenschaftlicher Tradition und neuerer, naturwissenschaftlich ausgerichteter Forschung anzog.

In den ersten Semestern beschäftigte ich mich intensiv mit Wissenschaftstheorie, psychologischer Methodenlehre und Statistik. Jetzt rang ich sozusagen auch noch mit dem wissenschaftlichen Proprium als Pendant zum religiösen. Es befriedigte mich sehr, etwas über Schwachstellen der Forschung zu erfahren, an denen sich vom Inneren des Faches her aufweisen ließ, daß die Theorien und Instrumente der akademischen Psychologie nicht viel taugen. Dieses Erkenntnisinteresse war rein abstrakt, völlig losgelöst von den psychologischen Problemen, die im einzelnen zur Debatte standen.

Meine Ansprüche waren so hochtrabend, wie es klingt: Mir ging es um «die Wahrheit» und um das Menschenmögliche, sie zu erkennen. Noch heute wird mir beklommen zumute, wenn ich an mehrere Gelegenheiten zurückdenke, vor allem unter Theologen, bei denen ich Hochschullehrern und Kommilitonen mit penetrant insistierenden Fragen ziemlich auf die Nerven gefallen sein muß. Diskussionsgegenstand war jedesmal das Proprium des Forschens und des Glaubens.

Die ersten Studienjahre stehen vor mir als eine Periode des Gespaltenseins. Ich fühlte mich hoffnungslos minderwertig, während ich Ansprüche verfolgte, die nicht hoch genug sein konnten; nach außen war ich allzeit nett zu jedem, ging keiner Diskussion aus dem Wege, sofern sie nur abstrakt war, und mag dabei auf andere durchaus selbstbewußt gewirkt haben. Doch innerlich war ich stärker von meinen Gefühlen abgeschnitten, verspannter und verängstigter als je zuvor. Ich fühlte mich einsam und allein. Unabweislich drängt ein Satz sich mir auf: Ich wollte «Wahrheit» statt «Leben»!

Das vergebliche Drängen in die ebenso scheinhafte wie unerreichbare Sicherheit des Objektiven hinderte mich daran, meine Subjektivität in ihrer ängstigenden, aber auch befreienden Widersprüchlichkeit zu entfalten. Die erkenntnistheoretischen Glasperlenspiele bildeten nur die schillernde Oberfläche, an der sich die mühsam in die Tiefe gedrängte existentielle Verfassung widerspiegelte. (Eine der wichtigsten Lektüren während des zweiten Semesters, das ich in Kiel verbrachte, war für mich übrigens das Buch des Psychoanalytikers Erik Erikson über die Identitätskrise des «jungen Manns Luther»!)

Theologie und Glauben rückten in der folgenden Zeit zusehends an den Rand meines Interesses, eher unmerklich als durch aktive Distanzierung. Die Aussichten, wenigstens einen Zipfel der Wahrheit zu fassen zu bekommen, schienen mir am günstigsten in den Niederungen der Empirie, allenfalls sah ich dazu noch eine Chance in den höheren

Sphären der reinen Theorie, doch der, die, das Allerhöchste war aus meinem Blickfeld verschwunden. Die einzige, allerdings bedeutsame Verbindung zur Kirche lag darin, daß ich regelmäßig als Journalist an den Evangelischen Kirchentagen mitarbeitete, ganz in der Nachfolge des Engagements als Jugendlicher: kritische Solidarität mit Teilen der Institution, in der ich «emanzipatorische Potentiale» zu erkennen meinte, aber von Glauben keine Spur.

Erst ein langer Umweg hat mich in den letzten Jahren zur Religion zurückgeführt, freilich zu einer Religiosität anderer Art, als ich sie früher gekannt und am eigenen Leib erlebt hatte. Dieser Umweg verlief mitten durch die Psychologie.

So begierig ich anfangs, inmitten der politischen Diskussionen der frühen siebziger Jahre, die Kriterien der harten Wissenschaft und die rationalistische Kritik an ihrer Unzulänglichkeit und ihrer Abhängigkeit von gesellschaftlichen Interessen in mich aufnahm, so schnell ging mir auch auf: Politische und wissenschaftliche Ideologien verlieren alsbald den Gegenstand ihrer Betrachtung aus dem Auge. Zumal dem menschlichen Erleben und Verhalten, wie Psychologen gern das Objekt ihrer akademischen Bemühung definieren, wird eine Form der Erkenntnis nicht gerecht, die vom Erkennenden sorgfältig getrennt sein muß, weil sie sonst keine intersubjektive Aussagekraft mehr für sich beanspruchen könne. Wenige Blicke in psychologische Fachzeitschriften reichen, um zu bemerken, daß eine derartige Forschung kaum mehr zutage fördert als gesicherte Trivialitäten.

Sich der Wirklichkeit des Psychischen von außen zu nähern, bis an die Zähne bewaffnet mit Fragebögen und Versuchsdesigns, mit Elektroden und Computern – diese Weise des Zugangs endet allzuoft und allzu rasch vor verschlossenen Türen. Mit wachsender Aufmerksamkeit hörte ich von Psychologen, die anregten und selbst versuchten, völlig «unwissenschaftlich» im eigenen Inneren nach Erkenntnis zu suchen. Ein Umdenken bahnte sich an: Vielleicht liegen «der Weg, die Wahrheit und das Leben» ja nicht «extra», sondern «intra me» (extra: außerhalb, intra me: innerhalb meiner selbst).

Gefördert wurde diese Neuorientierung schlicht dadurch, daß ich mit mir selbst und meinen Kontakten zu anderen weiterhin nicht gerade glücklich war. Ende 1974, nach dem psychologischen Vordiplom, wechselte ich von Marburg an die Universität Münster, weil ich am dortigen Psychologischen Institut im zweiten Studienabschnitt eine Grundausbildung in Psychotherapie absolvieren konnte.

Ernstgenommen und verantwortlich betrieben setzt die Arbeit als Psychotherapeut nicht nur handwerkliche Kenntnisse und Erfahrungen voraus, sondern vor allem eine intensive Auseinandersetzung mit der eigenen Persönlichkeit. Diese ist schließlich das eigentliche Wirkmedium in der therapeutischen Beziehung zum Klienten, zumindest in den erlebnisorientierten Richtungen, für die ich mich entschied: Gesprächstherapie, Gruppendynamik, Gestalttherapie.

Gegen entschiedene Widerstände, die ausschließlich in mir selbst lagen, trat ich den Weg zum «wahren Kern meines Selbst» an. Wie weit ich auf ihm gekommen bin, will ich gar nicht erst abzuwägen versuchen; auf jeden Fall war es weit genug, um nach der Diplomprüfung den Redakteursberuf einer psychotherapeutischen Tätigkeit vorzuziehen. Doch allein, daß ein verbindliches Urteil über den Erfolg meiner Selbst-Suche keine solche Rolle mehr für mich spielt, halte ich für einen Fortschritt. Ich habe mich auf eine spannende und erlebnisreiche, freudige und leidige Entdeckungsreise begeben, und einstweilen interessiert mich daran in erster Linie, daß ich glaube, an Freiheit im Umgang mit anderen und an zwischenmenschlicher Wahrnehmungsfähigkeit gewonnen zu haben.

In der außeruniversitären Therapieszene kam ich mit fernöstlichem Denken in Berührung, besonders mit Techniken der Meditation. Überhaupt halfen die kontemplativeren Formen der Selbstentwicklung mir weiter und erschlossen mir nachhaltiger ungekannte Erfahrungsbereiche als die heftigen und häufig «kopflosen» Gefühlsausbrüche in manchen Therapiegruppen, die bei mir meist einen schalen Nachgeschmack hinterließen.

Zeitweilig geriet ich auf einen Egotrip durch wechselnde «Zweierbeziehungen», mit all den dazugehörigen Fragwürdigkeiten. Immerhin wuchs in dieser Zeit aber das Vertrauen in mich selbst und «das Leben»; ein wenig mehr Gelassenheit gegenüber dem Gang der Dinge kehrte ein, auch ein neuer Mut zur Wut, die, bislang unterdrückt, im Untergrund um so heftiger gewirkt hatte. Mein Kopf ist mir darüber nicht weniger wichtig geworden als mein Bauch, doch ich habe das Gefühl, ich erwachte zum Leben, indem ich begann, die Wahrheit in mir selbst zu suchen. Ich glaube, ich bin seitdem nicht mehr so angewiesen auf Haltepunkte «extra me», und ich verspüre weniger Druck als früher, mich vor irgendwem oder irgend etwas rechtfertigen zu müssen.

Das Klischee, «Selbstverwirklichung» ende regelmäßig in verantwortungslosem Egoismus, scheint mir in vielen Fällen nicht zuzutreffen. Mein Eindruck und meine Erfahrung sind eher, daß etliche, die sich auf die Suche nach ihrem «wahren Selbst» gemacht haben, in ihren wachsten Augenblicken an die Grenzen des Ich stoßen. Sie entwickeln dann ein starkes Bedürfnis, diese Grenzen erkennend und erlebend zu überschreiten. Plakativ ausgedrückt, bleiben sie beim sinnlichen Selbstgenuß nicht stehen, sondern finden über ihn zum Sinn. Sie gelangen zur intuitiven Einsicht, daß es jenseits des eigenen, kleinen Ego eine größere Ordnung gibt, in die sie eingebunden sind. Und sie «glauben» es nicht, sondern sie erfahren es in einer sehr unprotestantischen Empirie des Glaubens.

Es ist kein Zufall, daß ich plötzlich in der dritten Person schreibe; denn ich zögere nicht nur, von eigenen transzendentalen Erlebnissen zu sprechen, ich möchte es nicht. Der an Krebs gestorbene Juraprofessor Peter Noll meint an einer Stelle seiner «Diktate über Sterben und Tod»: «Von Jugendglauben zu sprechen ist peinlicher als von Jugendsünden.» So geht es mir auch. Der Kontakt mit dem Numinosen («Göttlichen», «Jenseitigen») hat noch immer etwas Ominöses für mich. Außerdem fehlen mir die Worte für derartige Erfahrungen. Den neuspirituellen Jargon in Selbsterfahrungskreisen finde ich abschreckend. Er ist aus kalifornisch-hedonistischer Unbekümmertheit und der Not der Sprachlosigkeit geboren. Viele begegnen dem Heiligen inzwischen in einem Kontext, der weit jenseits der Traditionen liegt, in denen sie aufgewachsen sind. Ich selbst fühle mich seit einiger Zeit der evangelischen Religion auf merkwürdige, noch nebulöse Weise wieder verbunden. Doch die theologischen Begriffe, über die ich verfüge, gehen mir nicht über die Lippen, und wenn ich sie benützte, wüßte ich nicht, ob ich mir selbst oder den Kategorien protestantischen Glaubens Gewalt antue. Erst kürzlich hat mich die kühle liturgische Routine enttäuscht und ernüchtert, mit der ein Weihnachtsgottesdienst vor der zaghaften Intellektuellengemeinde der Heidelberger Universitätskirche über die karge Kirchenbühne ging. Obwohl ich mich aus vielerlei Gründen dagegen sträube, muß ich eingestehen: Der im Vergleich geradezu glutvolle katholische Kult, den ich bei sonntäglichen Gottesdienstbesuchen mit meinen andersgläubigen Großeltern kennenlernte, ließ mich Horizonte des Spirituellen doch eher erahnen.

In dieser Bewußtseinslage möchte ich mein gegenwärtiges Lebensgefühl vorsichtig so beschreiben: Ich fühle mich aufgehoben in einer Schöpfungsordnung, die über meinem Willen steht und «höher ist als alle Vernunft». Zugleich betrachte ich mich als aktiven Teil des universalen Gefüges. Ich bin zwar bescheidener geworden, möchte die Gestaltung der mir zugänglichen Welt aber weder anderen überlassen noch blind darauf setzen, daß der, die, das «große Andere» es schon richten wird. Denn ich sehe durchaus eine Gefahr darin, im Mutterschoß der großen Ordnung sanft zu entschlummern. Doch ich vertraue darauf und spüre, daß mir Kraft zum Handeln gegeben ist.

Ich erkenne – für mich neuartige – Möglichkeiten, des Transzendenten *inne*zuwerden, eines Transzendenten, das sich fundamental von den Mythen des Jenseitigen unterscheidet, mit denen ich mich in Jugend und Theologiestudium *auseinander*gesetzt habe. Im traditionellen Christentum, dem ich eines Tages nicht mehr glauben konnte, und genauso in der abendländischen Wissenschaft, an die ich einige Jahre geglaubt habe, ist das Maß aller Dinge ein «extra me», etwas, das weit außerhalb meiner selbst liegt. Hier ist es der ferne Gott, von dem mir Gnade zuteil werden kann oder nicht; dort ist es die «objektive» Wirklichkeit, der ich mich, auch mit zuverlässigen, weil von mir unabhängigen Meßoperationen und -instrumenten, allenfalls asymptotisch nähern kann und der ich dankbar sein darf, wenn meine theoretischen Hirngespinste und Hypothesen sich an ihr als wahrscheinlich nicht völlig falsch erweisen.

In beiden Fällen ist die Weltsicht vom ängstlichen Staunen vor dem Absoluten in der Ferne geleitet oder vom umtriebigen Drängen in seine Nähe. Eine spirituell ausgerichtete Weltsicht wendet dagegen den Blick nach innen, um von dort über die Umzäunungen des menschlichen Selbst zu schauen. Sie ist der Versuch, dem Leben «intra me» auf den Grund zu gehen, in aller Ruhe, mit wacher Aufmerksamkeit und Gelassenheit. Der Haken und die Herausforderung bei dieser Erkenntnisweise: Ich bewege mich auf schlüpfrigem Boden, es gibt keinen äußeren Bezugspunkt, an dem ich mich festhalten könnte. Die Erkenntnis, die ich so gewinne, wird immer nichts als die meine sein. Vor den Augen des «gerechten Gottes» oder der «harten Forschung» können solch intuitiv erworbenen Einsichten vielleicht nicht bestehen; aber mir selbst erscheinen sie verläßlicher als jede «Heilszusage» oder jedes «gesicherte Ergebnis».

Ich glaube jedenfalls, solchen Einsichten und Erfahrungen trauen zu können, und fühle mich in diesem Vertrauen nicht mehr so zerrissen zwischen überbordenden Omnipotenzphantasien und nie zu stillenden Ansprüchen einerseits sowie Empfindungen grenzenloser Ohnmacht, unsäglicher Minderwertigkeit und Hilflosigkeit andererseits. Für die Erkenntnis «von innen» scheint mir zu gelten, was ich vom Gott meiner Kindheit und Jugend nicht annehmen konnte: «Und siehe, ich bin bei euch alle Tage bis an der Welt Ende» (Matth. 28,20).

Andere mögen gewaltige Christusvisionen oder lichtvolle Offenbarungen der letzten Dinge erleben, die wie ein Blitz in ihre Psyche schlagen. Für mich sind einfach die Übergänge zwischen Alltäglichem und Erhabenem fließender geworden. Das Heilige hat an Fremdartigkeit verloren und ist nicht mehr mit spektakulären Erwartungen verknüpft. Die Offenbarung kommt auf leisen Sohlen daher.

Das Ringen um die Wahrheit «extra me» halte ich für etwas Männliches, das ebenso aufmerksame wie gelassene Wahr-Nehmen des absoluten Ganzen «intra me» für etwas Weibliches. Doch gleichzeitig weigere ich mich, bestimmte Denk- und Verhaltensweisen, Merkmale und Eigenschaften in definitiver Festlegung der einen oder der anderen Seite zuschlagen zu sollen. Denn eine solche Zweiteilung scheint mir eher in die Irre zu führen, als einen Erkenntnisgewinn zu versprechen. Sie trägt nur dazu bei, die herrschende Konfusion im Verhältnis der Geschlechter zu vergrößern, und reproduziert im übrigen die «männliche» Denkweise des kategorischen Spaltens.

Die Analytische Psychologie C. G. Jungs, die chinesische Philosophie des Yin und Yang und ähnliche androgyne Denkmodelle sind gegenwärtig im Schwange. Sie gehen sämtlich davon aus, daß «männlich» und «weiblich» als komplementäre Polaritäten einer übergeordneten Einheit zu verstehen sind. Beide Seiten der menschlichen Existenz sind in jeder Frau und jedem Mann mehr oder weniger stark entfaltet.

Auch im religiösen Erleben möchte ich meine «weiblichen» Züge entdecken, ohne die «männlichen» deshalb aufgeben zu müssen. Der rationale Diskurs und die Bereitschaft zu solidarischer Gemeinschaft oder auch zum Kampf, wo er unerläßlich ist, sind mir zum Beispiel genauso wichtig wie die Erfahrung von Schutz und Geborgenheit, wie Geduld, Vertrauen und Liebe zum Leben.

Im Grund meines Herzens bin ich allerdings wohl noch immer ein rational-protestantischer Skeptiker. Und bevor ich in visionäre Hymnen von einer neuen Spiritualität einstimme, die das Männliche, das Weibliche und überhaupt alles eint, bevor ich anfange, zukunftsfroh öko-spirituelle Netze zu spinnen: Es sind noch genug alte Knoten zu lösen und zugleich neue Verbindungen zu den Traditionen zu knüpfen, die mich dorthin geführt haben, wo ich jetzt stehe.

Rüdiger Runge, geb. 1953, hat von 1971 bis 1978 Psychologie sowie einige Semester evangelische Theologie und Publizistik in Bonn, Kiel, Marburg und Münster studiert. Nach dem Psychologie-Diplom war er sechseinhalb Jahre Redakteur bei der Zeitschrift «psychologie heute» im Weinheimer Beltz-Verlag. Seit Anfang 1985 arbeitet er als verantwortlicher Sachbuchlektor für den Junfermann-Verlag, Paderborn, sowie als freier Journalist in Heidelberg.

Adolf Holl

Unsere Heimat im Himmel

In den letzten zwanzig Jahren sind rund 75 000 katholische Geistliche aus dem Dienst geschieden. Ich bin einer von ihnen. Niemand hat uns vertrieben. Die Mehrzahl hat ein Gesuch um die Rückversetzung in den Laienstand unterschrieben. Anderen wurde die kirchliche Lehrbefugnis und die Ausübung der priesterlichen Funktionen per Dekret aberkannt, wie in meinem Fall. Die Mutter Kirche muß manchmal auch streng sein. Sie hat ein Sechstel ihrer aktiven Seelsorger ziehen lassen, ohne großes Aufheben, sozusagen geräuschlos, in die Anonymität einer bürgerlichen Existenz. Der Personalstand des katholischen Klerus hat sich um 15 Prozent vermindert. Wenn man die Treugebliebenen nach den Ausgeschiedenen fragt, gibt es eine gewisse Verlegenheit. Wenn man mit ehemaligen Geistlichen spricht, kann man eine gewisse Traurigkeit spüren, wie bei Auswanderern, die an ihre Heimat denken. In meinen Träumen bin ich gelegentlich mit den Amtsbrüdern von früher beisammen, so als ob nichts geschehen wäre. Das Unbewußte kennt den Tod nicht, hat Freud geschrieben. Das Unbewußte kennt die Trennung nicht. Der Wunsch nach Zusammengehörigkeit ist stärker als die Wirklichkeit des Getrenntseins. Vielleicht sind einige Erinnerungen nützlich.

Der Wunsch des Zöglings, zu den Priestern zu gehören, führte ihn in eine geschlossene Anstalt, wo er einige Jahre bleiben mußte, gemeinsam mit anderen Zöglingen. In meiner Erinnerung waren die Jahre im Priesterseminar glückliche Jahre. Ich führte ein Tagebuch. Der junge Mann, der aus dem Tagebuch zu mir spricht, ist mir inzwischen ein wenig fremd. Er schrieb:

«Im Kino: Sindbad der Seefahrer. Gab mir wertvolle Erfahrungen: Daß meine Phantasie sehr reizbar ist – nicht nur und nicht einmal stark in bezug auf Sexus, aber überhaupt: Die Welt. Obwohl ich verstandesmäßig klar erkannte, daß im Film Gutes und Böses eng verquickt waren – so wie in der ‹Welt› eben –, ließ sich die Phantasie nicht eindämmen. Vielleicht ist das auch die Quelle meiner Beunruhigung zu Weihnachten gewesen: Zuviel Eindrücke!»

Die Klage über die Reizbarkeit seiner Phantasie entringt sich dem

Zögling während der Weihnachtsferien, die er bei seiner Mutter verbringt. Es sind dies die ersten nach seinem Eintritt ins Priesterseminar drei Monate vorher. Schon trägt er das geistliche Kleid, den schwarzen Talar. In den Ferien weckt ihn keine Glocke zur Morgenbetrachtung und Messe, und anstelle des abendlichen Stillschweigens im Priesterseminar wandert er mit seinem Freund Poldl ins Kino, wo der üppige Orient auf ihn wartet.

Nach den Weihnachtsferien greift der Zögling erleichtert zur Feder. Er schreibt:

«Heute nachmittag wieder eingerückt. Recht gut wieder hier. Wie klein muß ich werden und wie groß die Gnade in mir, daß ich nicht angekränkelt werde von der Welt und doch in ihr stehe, ganz!»

Die Ordnung hat ihn wieder, und er ist dankbar dafür. Die Gefahr der Ankränkelung bleibt draußen vor den Mauern. Wann immer er sie verlassen muß, etwa gelegentlich des täglichen Marsches zur nahegelegenen Universität, schützt ihn das schwarze Kleid.

Ein gewisses Problem für seinen Gefühlshaushalt stellen die Sonntage dar. Die Besuche, die er bei diesen Gelegenheiten empfängt, von seinen Freunden, von seiner Mutter, stimmen ihn im nachhinein traurig, sie sind wie eine Störung, auf die er sich gleichwohl gefreut hat:

«Nachmittag Paul, Poldl, Otto da. Dann Mama. Wie schwer doch das Sprechen mit denen ‹draußen› ist!»

So lernt der Zögling, das Leben in der geschlossenen Anstalt zu lieben. Beim Gottesdienst ist er einer von hundert jungen Männern, die den gleichen Willen haben wie er. Man sagt ihm, daß er sich mit den Aposteln und Jüngern vergleichen darf, die mit dem Meister durch Städte und Dörfer zogen. Ihnen, nicht der Masse, wurden die Geheimnisse des Himmelreiches anvertraut. Sie sind die Freunde des Meisters. Einer von ihnen wird den Meister verraten. Der Zögling versetzt sich betrachtend in den von Kerzen erleuchteten Saal, in dem der Meister mit seinen Freunden das letzte Abendmahl feiert. Judas verschwindet in der Nacht. Der Zögling erschrickt bei dem Gedanken, er könne zum Judas werden.

Niemals kann der Zögling mit sich ganz zufrieden sein. Er liest das Buch «Heiligengestalten» von Ernest Hello, er weiß sich zur Nachahmung aufgefordert. Während der Exerzitien, die es jedes Jahr gibt, erkennt er sein «Grundübel», den Geltungsdrang. Er konzipiert einen Zettel mit guten Vorsätzen:

«Die Hausordnung vollständig halten! Jede Minute ausnützen! Pünktlichkeit! Geltungsdrang herabschrauben, im Gespräch nicht hervortreten, Demütigungen gern ertragen!»

Nach dieser Punktation ist er erleichtert wie ein Buchhalter, der den Saldo gezogen hat. Er weiß, daß seine Vorgesetzten ihn beobachten. Sie sollen von ihm nicht enttäuscht werden. Eines Tages wird er das Priesterseminar verlassen und in eine Welt voller Gefahren und Versuchungen treten. Dann wird sich zeigen, ob er bestehen wird.

Stark ist der Zusammenhalt unter disziplinierten Männern, die einer gemeinsamen Sache dienen. Sie erinnern sich an die Zeit, in der sie Novizen waren, in einem Priesterseminar, in einer Militärakademie, einer Parteihochschule, einem Forschungsinstitut. Es gibt Jahrgangstreffen, und wie schön ist es dann, wieder unter Mitbrüdern, Kameraden, Kommilitonen, Kollegen, Genossen zu sein und sich der Beständigkeit im gefaßten Vorsatz zu vergewissern. Nach meinem Ausscheiden aus dem priesterlichen Dienst war es mir irgendwie unangenehm, zu den jährlichen Treffen meiner Studienkollegen zu gehen. Als ich dann doch einmal teilnahm, waren alle besonders freundlich zu mir. Trotzdem war ich ein Fremder geworden, und das Gefühl, in einer dunklen Weise versagt zu haben, ließ sich nicht ganz abweisen. Ab und zu träume ich vom Priesterseminar, meine, es sei Herbst und ein neues Studienjahr habe begonnen. Ab und zu frage ich mich, ob ich mit einem um zehn Jahre früher angesetzten Geburtsjahr nicht vielleicht bei der SS gelandet wäre, beim Orden unter dem Totenkopf. Der Wahlspruch der SS lautete: Unsere Ehre heißt Treue.

Am einfachsten wäre es für mich, mir zu sagen, ich sei getäuscht worden mit dieser Männerbündelei, jetzt sei ich endlich erwachsen geworden. Dann wäre der Wunsch nach Beheimatung in einer Genossenschaft im nachhinein als ein gefährlicher entlarvt, und die arme Seele hätte ihre Ruhe. Aber unsere Wünsche, möchte ich sagen, können sich gar nicht irren; das Problem liegt in ihrer Verwirklichung.

Wenn ich mich richtig entsinne, hieß der Held einer Fernsehserie, die vor etlichen Jahren gezeigt wurde, Kung Fu. Man erfuhr, daß er Mönch in einem strengen Kloster irgendwo in Ostasien gewesen war. Dort hatte er manche Künste gelernt, unter ihnen eine waffenlose Weise, mit gefährlichen Feinden fertig zu werden. Kung Fu war in eine böse Welt geraten, in den Wilden Westen sozusagen, und in jeder Folge der Fernsehserie konnte man sehen, wie Kung Fu den Bedrängten half und die Übeltäter bestrafte. Hernach zog er weiter, und man wußte, daß er allein bleiben würde. Gelegentlich führten seine Wege in die Nähe seines Heimatklosters, und dann konnte man Kung Fu im Gespräch mit dem alten Abt beobachten. Man begriff, daß Kung Fu einen starken Rückhalt besaß, daß er in einem Orden war, unter Gleichgesinnten, obgleich in besonderer Mission, wie die Ritter der Tafelrunde des Königs Artus, wie Lohengrin, auch wie James Bond.

Zwar hatte Kung Fu das Mönchskleid mit Erlaubnis der Oberen abgelegt, aber die Regelhaftigkeit des Klosters, aus dem er kam, hatte sich seinem Körper längst eingeprägt. Nicht das Kleid macht den Mönch. Auch im Orden unter dem Totenkopf mochte es vorkommen, daß einer in höherem Auftrag seine Uniform mit Zivilkleidung vertauschen mußte, für eine geheime Mission in Casablanca. Manche SS-Männer leben noch unter uns, als rüstige Sechziger, und veranstalten Kameradschaftstreffen. Es gibt sie wirklich, während Kung Fu nur ein Leinwandheld ist.

In der buddhistischen Welt, aus welcher Kung Fu stammt, spielt der Begriff der Hauslosigkeit eine bedeutende Rolle, in starkem Gegensatz zur seßhaften Existenz. Der Buddha hielt sich mit seinen Gefährten nur während der Regenzeit länger an einem Ort auf; ansonsten legte er Wert darauf, ständig unterwegs zu sein. Er wußte, daß Seßhaftigkeit starke Bindungen erzeugt, heimatliche, und die wollte der Buddha nicht gelten lassen. Für den Buddha war Heimatliebe eine Illusion. Immer wieder bezeichnete der Buddha seine Lehre als einen Weg, nicht als ein Gebäude. Die Ansiedlung der buddhistischen Mönche und Nonnen in Klöstern hätte er niemals gebilligt. Sie geschah dennoch.

Auch Franz von Assisi kämpfte zu seinen Lebzeiten gegen die festen Häuser, gegen gemauerte Niederlassungen. Als er im September des Jahres 1220, nach seiner Rückkehr aus Palästina, in Bologna einen eben fertiggestellten Bau für seine Minderbrüder sah, ließ er das Haus sofort räumen und verfluchte den Vorgesetzten, der für das Gebäude verantwortlich war. Franz wollte eine mobile Genossenschaft, keine behauste, und damit keine anstaltliche. Das war ein frommer Wunsch, und er blieb es auch.

In der biblischen Lebensauffassung, der Franz von Assisi angehört, steht die Hauslosigkeit am Beginn, als Wüstenwanderung der Söhne Israels, dieser ewigen Nomaden. «Ich habe nie in einem Haus gewohnt», sagte der biblische Gott zum Propheten Natan, «vielmehr bin ich in einer Zeltwohnung umhergewandert.» (Vgl. 2. Buch Samuel 7,6) Der biblische Gott protestierte gegen die Absicht des Königs David, einen Tempel zu bauen. Der Tempel wurde trotzdem gebaut. Auch vom christlichen Heiland wurde erzählt, daß er nichts hatte, wohin er sein Haupt legen konnte. Aber auch er mußte es sich gefallen lassen, in Kirchen verehrt zu werden.

Das Gefühl, auf der Welt wie ein Fremder im Ausland zu leben, blieb dennoch vorhanden. Das 11. Kapitel des Hebräerbriefs ist für diese Einstellung charakteristisch. Zunächst werden darin die Vorbilder der Gläubigkeit aufgezählt, die Alten von einst, Abel und Henoch, Noah und Abraham. Dann heißt es:

«Gläubig sind diese alle gestorben, ohne die Verheißung erlangt zu haben; sie haben sie von ferne gesehen und begrüßt und haben bekannt, daß sie Fremdlinge und Pilger auf Erden seien. Sie geben zu verstehen, daß sie eine Heimat suchen. Hätten sie jene im Sinn gehabt, aus der sie ausgezogen waren, so hätten sie ja Gelegenheit gehabt, umzukehren. Nun aber verlangten sie nach einer besseren, nach der himmlischen.»

Die unbestimmte Sehnsucht in diesem Text mutet wie Heimweh an. Man kann die Passage verstehen, obwohl der Verfasser schon lange tot ist. Man muß nicht einmal besonders religiös sein, um die Empfindung des Ungenügens mit dem Leben, das man gerade lebt, und den Wunsch nach einem anderen, besseren Leben nachvollziehen zu können. Es ist dies der Wunsch nach einem Anders-Sein, nach einem Anderswo-Sein, wie Friedrich Nietzsche ihn genannt hat. In der «Genealogie der Moral» heißt es dazu:

«Der asketische Priester ist der fleischgewordene Wunsch nach einem Anders-Sein, Anderswo-Sein, und zwar der höchste Grad dieses Wunsches, dessen eigentliche Inbrunst und Leidenschaft.»

Buddhismus und Christentum waren für Nietzsche die bisher größten Attentate auf das Leben, und im asketischen Priester erblickte er einen furchtbaren Gegner. Überall, fast zu allen Zeiten, sah er ihn in Erscheinung treten, und seine ungeheure historische Mission lag für Nietzsche in der Meisterschaft des asketischen Priesters, über Leidende zu herrschen. Ein tiefer Instinkt, schrieb Nietzsche, verbietet dem asketischen Priester die Fortpflanzung. Er muß selber krank sein, er muß den Kranken und Schlechtweggekommenen von Grund aus verwandt sein, um sie zu verstehen, aber er muß auch stark sein, damit er das Vertrauen und die Furcht der Kranken hat. Damit erhob Nietzsche den asketischen Priester zum Prototyp des unlustigen Mannes, der im Leben und auf der Welt, so wie sie ist, kein wirkliches Zuhause zu finden vermag. Er ist nur Gast auf Erden, wie es in einem alten Kirchenlied heißt, und seine wahre, seine eigentliche Heimat wird er erst nach seinem Tod betreten.

Eine derartige Kenn-Melodie wird ihre Resonanz nicht in erster Linie unter Menschen finden, die als Gastwirte oder Hebammen arbeiten, im Dienst am Leben, so wie es ist. Sondern der Tonus Peregrinus, so heißt eine bestimmte Choral-Tonart, wird eher ins Herz derjenigen dringen, denen das Fremdsein sozusagen in die Wiege gesungen wurde. Peregrinus heißt fremd; im hauptwörtlichen Gebrauch bezeichnete das Wort den Pilger, der zu einem Wallfahrtsort unterwegs war. Im Italienischen und Französischen hat sich der Ausdruck bis heute gehalten. Man möchte meinen, daß es nur wenige sind, außenseiterisch disponierte Menschen, denen immer «etwas fehlt», wie es der Holzfäller Paul in Brechts «Aufstieg und Fall der Stadt Mahagonny» ausdrückt. Aber wenn solch exemplarische Einzelgänger wie der Buddha oder der Christus zu predigen anfangen, ihr Ungenügen mit der Welt, so wie sie ist, ausdrückend, einen Weg aus ihr hinaus weisend, dann werden Weltreligionen daraus, für die Massen der Menschen. In den tausend Jahren des europäischen Mittelalters galt die irdische Existenz den Theologen als Status Viatoris, als Zustand des Auf-dem-Weg-Seins, und die Menschen glaubten daran, daß ihr Erdenleben die Vorbereitung für die Ewigkeit war, daß ihre wahre Heimat im Himmel lag. Auch mir war dieses Grundgefühl selbstverständlich. Ich habe, wenn man es so ausdrücken will, 25 Jahre lang im Mittelalter gelebt, von meinem Eintritt ins Priesterseminar bis zu meinem Ausscheiden aus dem kirchlichen Dienst. Meine Lebenserinnerungen aus dieser Zeit könnten von einem Klosterschüler und Messeleser aus der Zeit Karls des Großen stammen, obwohl ich mich elektrisch rasierte und den Führerschein machte. Vor zehn Jahren wurde ich in die Neuzeit befördert, und so richtig finde ich mich noch immer nicht in ihr zurecht. Der Abschied vom Mittelalter fällt mir nicht leicht.

Es war eine strenge Zeit, das muß man schon sagen. Man mußte um 6 Uhr in der Frühe aufstehen und in die Kirche gehen, auch im Winter. Man mußte die Sünden beichten, insbesondere die Todsünden, zum Beispiel unkeusche Handlungen mit der Pfarrjugendführerin. Man durfte an Freitagen kein Fleisch essen. Aber das Glück, den Hostienjesus in der Hand halten zu dürfen, war schon sehr intensiv und selbstvergessen. Der Ablauf des Jahres war geheiligt, Ostern und Weihnachten hatten ihre Bedeutung, es gab Maria Himmelfahrt, Fronleichnam und Allerseelen mit unglaublich schönen Hymnen und Anrufungen, und immer wieder das Geläute der Glocken. Ich besitze noch einen Totenschädel aus einem niederösterreichischen Gebeinhaus, den ich mir während der Studienzeit im Priesterseminar beschafft hatte. Im Totenschädel lag ein Zettel, auf den ich notiert hatte: Das Eigentliche kommt doch erst.

Irgendwann habe ich den Zettel dann weggeworfen. Aber der Vorbehalt gegen die Welt, den ich mit 18 Jahren bereits hatte, als mich der

Film «Sindbad der Seefahrer» beunruhigte, ist immer noch da. Nietzsche kannte diesen Vorbehalt. Er schrieb:

«Es gibt nur Eine Welt, und diese ist falsch, grausam, widersprüchlich, verführerisch, ohne Sinn ... Eine so beschaffene Welt ist die wahre Welt ... Wir haben Lüge nötig, um über diese Realität, diese ‹Wahrheit› zum Sieg zu kommen, das heißt, um zu leben» (Nachgel. Schriften, Frühjahr 1888).

Nietzsche kam sicherlich nicht aus dem Mittelalter, und alles Pfarrerhafte war ihm ein Greuel. Er schrieb gegen die «Hinterwelten», die Jenseitereien, und pries die Kraft eines wilden Lebens hier und jetzt, das Ja zu allen hohen, schönen, verwegenen Dingen. Er fand Vergnügen bei dem Gedanken, der ruchlose Cesare Borgia wäre Papst geworden. Gleichzeitig stand Nietzsche der Welt, in die man ihn verpflanzt hatte, schon recht fremd gegenüber, eher verächtlich sogar. Seine Weltablehnung kann sich mit jener des asketischen Priesters an Intensität durchaus messen.

Vielleicht also gehören wir zusammen, die weltfremden Männer aller Zeiten, seit der Erfindung der Schrift, all die Philosophen, Propheten, Einsiedler, Künstler und Anarchisten. Dann wäre die Frage nach der richtigen Verwandtschaft geklärt und das Problem der Zugehörigkeit zu einem bestimmten Männerverein als zufällig erkannt. Dann gäbe es für unsereinen keine Heimat, weil der innere Vorbehalt gar alle irdischen Wirklichkeiten betrifft, auch die politischen, auch die gesellschaftlichen, auch die kirchlichen, selbst die kulturellen und sogar die sprachlichen. Dann wäre die Anhänglichkeit an eine bestimmte Nation, Konfession, Partei nur eine Akkomodation, eine unter Umständen widerrufbare. Dann wäre der Paß ein Reisedokument und kein Nachweis der Identität. Dann wäre «Der Mann ohne Eigenschaften» von Robert Musil keine literarische Fiktion, und der Möglichkeitssinn käme dem Wirklichkeitssinn in die Quere. Dann könnte alles, was ist, ebensogut auch anders sein.

Kann man konsequent weltfremd leben? Aber gewiß doch. Man steigt auf eine hohe Säule, die oben eine kleine Plattform hat, und bleibt dortselbst, bis man stirbt. Manchmal wirft ein Besucher ein Brot hinauf, oder einen Schlauch mit Wasser. Man kann sich auch einmauern lassen, wie die mittelalterlichen Reklusinnen, in einem Gelaß von nicht einmal vier Quadratmetern. Durch eine winzige Öffnung kommt gelegentlich ein Linsensüppchen. Die moderne Psychiatrie hat für solche Existenzen einen Fachausdruck bereit, für den konsequenten Abbruch aller Beziehungen zur Außenwelt. Bestimmte Patienten werden psychiatrisch als «Depersonalisierte» oder «Derealisierte» bezeichnet. Sie stehen wie Steinwesen in einer Mondlandschaft, wie der Nervenarzt Emil von Gebsattel es ausdrückte. Manchmal reden die «Depersonalisierten», zum Beispiel so:

«Ich fühle mich ganz den irdischen Dingen entfremdet, so daß ich, bei ihrem bloßen Anblick, sie nicht mehr ertragen kann. Und ich sage zu jedem Ding: Lasse mich gehen, denn es ist so, als ob du für mich nicht da wärest. Ich kann nicht arbeiten, nicht sehen, nicht stehen, nicht reden; dies alles erscheint mir unnütz und überflüssig.»

Die soeben angeführten Sätze stammen von der heiligen Katharina von Genua, einer Mystikerin des 15. Jahrhunderts. Heutzutage würde man sie für mehr oder minder verrückt halten, in den Industrieländern. Immerhin, die heilige Katharina von Genua wollte sich wenigstens noch mitteilen, ihre Aussprüche wurden niedergeschrieben und veröffentlicht. Außerdem leitete sie ein Frauenspital in ihrer Heimatstadt, was ohne Realitätssinn nicht gut gegangen wäre. Die kompromißlose Weltabkehr bleibt ein Ausnahmefall; streng genommen müßte sie im freiwilligen Hungertod enden.

So stören denn die kleinen Verbindlichkeiten, die kleinen Vertraulichkeiten das Pathos derer, die der Welt abgeschworen haben. Es handelt sich, um einen Ausdruck aus der asketischen Literatur zu verwenden, um die «Anhänglichkeiten». Vielleicht ist es nur eine bestimmte Nudelsuppe, auf die sich ein Weltflüchtling freut, wenn sie auf den klösterlichen Abendtisch kommt. Oder es ist das Kloster selbst, an dem der Mönch oder die Nonne hängt, mit ruhigen und starken Gefühlen. Vielleicht ist das Kloster tausend Jahre alt, und die einzelnen Bauperioden verkünden immer noch die unterschiedliche Art von schöner Bemächtigung, die man Stil nennt. Vielleicht hat das Kloster einen Kreuzgang, einen Obstgarten. Vielleicht blühen im Kreuzgang einige Rosenstöcke, vielleicht summen im Obstgarten die Bienen. Es sind das die «äußeren Dinge», wie Meister Eckhart sie genannt hat, sozusagen mit erhobenem Zeigefinger, weil man in ihnen den Frieden vergeblich sucht. Auch die Menschen gehören für Meister Eckhart zu den äußeren Dingen. Wahrscheinlich wird es dem Weltflüchtling kaum gelingen, sie gänzlich zu «lassen», wie Meister Eckhart es empfiehlt. Seit den Tagen des Buddha waren es stets nur einzelne Virtuosen und Virtuosinnen, denen die völlige Indifferenz gegenüber den äußeren Dingen gelang. Für die Schwachen, für unsereinen, hat die Welt, auch wenn man sie verachten gelernt hat, allemal viele Reize, und die verbotenen sind selbstverständlich die schönsten. Ich habe lange Zeit geglaubt, daß das Christentum eine Jenseitsreligion ist, so wie das in den einschlägigen Büchern geschrieben steht. Erst seit einiger Zeit fällt mir auf, mit welcher Hingabe ausgerechnet die jenseitsgläubigen Menschen die Erde bewirtschaftet haben. Kein Donnerwort vom Jüngsten Gericht hat die christliche Familie je daran gehindert, sich nach dem sonntäglichen Gottesdienst gemütlich um Suppe und Braten zu versammeln, im Gegenteil. Je schroffer der Ton des Predigers in der Kirche, desto vergnügter das Streben der Zuhörer zum Mittagstisch, nach der Ermahnung. Zwischen Weltverneinung und Lebensbejahung besteht ein heimlicher Zusammenhang, und er prägt uns bis heute.

Die Anhänglichkeit an die Mutter Kirche stellt sich somit als eine eigentümliche Verschränkung zwischen Weltläufigkeit und Himmelssehnsucht dar. Die Mutter Kirche, in meinem Fall die römisch-katholische, ist eine recht diesseitige, fast hätte ich gesagt: eine behagliche Gestalt. Politisch durch und durch, verkündet sie unentwegt, daß sie mit Politik nichts zu schaffen hat. Vielleicht war sie in einer früheren Verkörperung eine der sogenannten Großen Mütter im Mittelmeerraum, eine der Fruchtbarkeitsgöttinnen, und hat sich unter Kaiser Konstantin gewissermaßen internationalisiert. Jedenfalls ist ihr die Herkunft vom Mittelmeer immer noch anzumerken, sie kennt das Entweder-Oder kaum, hält sich lieber ans Sowohl-als-Auch, arrangiert sich nicht ungern mit den Gewalthabern und ist deshalb im Mittelalter gelegentlich als apokalyptische Hure bezeichnet worden. Sie kann sehr grausam sein, wie es sich für eine archetypische Mutter gehört, insbesondere gegen die eigenen Kinder. Sie wird es sich nie anmerken lassen, daß sie sich als Hauptperson im Universum betrachtet; stets wird sie sich als dienende Person im Gefolge des himmlischen Vaters bezeichnen. Aber in ihren heimlichen Träumen sieht sie sich verewigt, als Himmlisches Jerusalem, wie in der Apokalypse angedeutet. Die Missa Papae Marcelli von Palestrina ist in Wahrheit für die Engel komponiert, wovon man sich leicht überzeugen kann, wenn man dieser Musik lauscht. Auch die Redewendung von der «ewigen Stadt» ist nicht nur so dahingesagt, in ihr wird keine Unterscheidung zwischen Diesseits und Jenseits gemacht, da soll etwas immer und ewig so sein und bleiben, nämlich die heilige Roma, wie sie war im Anfang, jetzt und alle Zeit.

Man kann verstehen, daß eine solche Mutter starke Heimatgefühle zu vermitteln vermag, eine Geborgenheit besonderer Art, eine selbstverständliche, die mit Kindheitserinnerungen verbunden ist. Die Heiligen, mit denen ein katholisches Kind aufwächst, gehören in die Kirche, obwohl sie längst tot sind. Man darf zu ihnen beten, sie leben im

Himmel. Die strengen, verzückten Gesichter ihrer Statuen und Bilder erinnern an eine geheimnisvolle, andere Wirklichkeit, in der es keinen Tod gibt.

Die abtrünnigen Priester, von denen eingangs die Rede war, wanderten von Berufs wegen zwischen der jenseitigen und der diesseitigen Wirklichkeit hin und her. Dafür gibt es in einer bürgerlichen Existenz keinen Ersatz. Wenn ein Priester, sei es nun ein heutiger katholischer oder ein vergangener ägyptischer, seines Amtes waltet, befindet er sich außerhalb der Alltagswirklichkeit. Es ist nicht unbedingt erforderlich, daß er sich bei seinen Verrichtungen in Trance befindet. Es genügt, daß die Worte, die er während des Gottesdienstes spricht, in die Ewigkeit reichen, in den Seinszustand der «Verklärung», wie er im alten Ägypten genannt wurde. Die Umgangsformen mit denen «drüben» oder «droben» wechseln mit der jeweiligen Kultur. Stets aber wird davon ausgegangen, daß die Jenseitigen mit den Diesseitigen koexistieren, und diese Vorstellung ist in den verschiedensten Religionen anzutreffen. Wer in dieser Vorstellung lebt, ist insofern von der Weltwirklichkeit entlastet, als er sie jederzeit relativieren kann, zum Beispiel indem er für die Toten eine Kerze anzündet.

Ich habe in der Vorstellung gelebt, daß die vorhandene, sichtbare Wirklichkeit mit einer anderen, unsichtbaren koexistiert, und habe als Priester zwischen den beiden Welten eine Art Austausch vermittelt. Ich muß sagen, daß diese Tätigkeit mit einem profunden Einverständnis verbunden war, so als ob sie einem wichtigen Bedürfnis entspräche. Rückblickend meine ich, daß mir die andere, jenseitige Welt, diese wahre Heimat, nicht nur in der Zukunftsform, als Versprechen, als Hoffnung wichtig war, sondern daß ihr wesentlicher Reiz in ihrer Koexistenz lag, gewissermaßen in ihrer Betretbarkeit unter bestimmten Voraussetzungen und Vorkehrungen. Mein Problem mit der katholischen Kirche, so wie ich die Sache heute sehe, also mit einigem Abstand, liegt im zunehmenden Verstummen des jenseitigen Bereichs. Ich glaube nicht, daß die katholische Kirche in den letzten zwei-, dreihundert Jahren dieselbe geblieben ist, während sich die Industriegesellschaften bildeten. Ich meine, daß auch innerhalb der Kirche eine Schwächung, eine Entwertung der jenseitigen Wirklichkeit stattgefunden hat, unmerklich vielleicht, aber unwiderruflich. Ich habe, ohne zu wissen, was vorging, gespürt, daß die alten Beschwörungsformeln ihre Kraft verloren, daß das Jenseits gegenüber dem Diesseits an Einfluß verlor. Ich glaube nicht, daß 75 000 ernsthafte Männer so mir nichts dir nichts den Beruf gewechselt haben, so wie man von einer

Branche in die andere wechselt. Ich glaube auch nicht, daß der Zölibat der Grund für diesen Exodus war. Wenn ein Seelsorgsgeistlicher in der Hauptsache als Religionslehrer, als Sozialhelfer, als Animateur, als Gruppendynamiker tätig ist, dann fragt er sich mit Recht, warum er ohne Frau leben soll. Vielmehr glaube ich, daß die Auswanderung der Priester aus ihren Pfarrhäusern in aller Welt eine Art Krankheitsbefund darstellt, nicht für die katholische Kirche, aber für deren Verankerung im Jenseits. Unsere Heimat im Himmel ist zwar nicht verschwunden. Es wird immer noch von ihr geredet. Aber sie wird blasser, abstrakter, fleischlos, unanschaulich. Die Welt der Engel setzt die Theologen in Verlegenheit, zu den Heiligen beten hauptsächlich alte Frauen und sizilianische Bäuerinnen. Mehr und mehr ist in der Kirche vom Diesseits die Rede, von den Hungrigen in Afrika, den Unterdrückten in Lateinamerika, dem Weltfrieden, der Umweltverschmutzung. Wenn wider Erwarten doch noch einmal die Himmelsmutter erscheint, wie zuletzt bei dem Dorf Medjugorje in der Herzegowina, scheint sie sich im Termin geirrt zu haben, und der zuständige Bischof setzt eine Untersuchungskommission ein, als ob ihm die Angelegenheit peinlich wäre.

Trotz alledem zögere ich immer noch, mich endgültig im Diesseits zu etablieren. Ich war nie im Himmel, aber das Licht, das von dort in meine Kindheit schien, war freundlich. Aus dem Weltall kam es sicherlich nicht. Ich habe nie eine Erscheinung gehabt, aber in manchen alten Kirchen, unter günstigen Bedingungen, waren leichte Entrückungszustände schon möglich. Ich weiß, daß es eine Gemeinheit ist, armen Teufeln mit dem Hinweis aufs Jenseits die Ergebenheit im Diesseits zu predigen. Das hat bereits der Baron von Holbach geschrieben, welcher im Jahr der Französischen Revolution gestorben ist. Ich weiß aber auch, daß gerade die armen Teufel, zum Beispiel in Lateinamerika, wo die Revolution sehr lang auf sich warten läßt, gern mit den Göttern und den Göttinnen Umgang haben, die mit den Sklaven aus Afrika mitgekommen und immer noch sehr lebendig sind. Vielleicht muß man ein armer Teufel sein, um gelegentlich einen Blick in den Himmel tun zu können, wo die Tränen abgewischt werden.

So gesehen habe ich meine Heimat doch nicht ganz endgültig verloren. Ich empfange keine Post mehr aus ihr, und eine Reise dorthin wäre für mich mit ziemlichen Schwierigkeiten verbunden. Wie es den alten Bekannten dort drüben wohl gehen mag, dem lieben Gott, den Engeln und Heiligen? Ob sie wohl noch gelegentlich an mich denken? Da, wo ich jetzt lebe, ist es gar nicht so ungemütlich. Ein wenig fremd fühle ich mich zwar immer noch, aber vielleicht gibt sich das mit der Zeit.

Adolf Holl, geboren 1930 in Wien, Doktorate der Theologie und Philosophie, Universitätsdozent für Religionswissenschaft. Von 1953 bis 1972 Kaplan und Religionslehrer. 1973 kirchliches Lehrverbot, 1976 als Priester suspendiert. Lebt als freier Schriftsteller in Wien. Seit 1977 Moderator der Fernsehsendung «Club 2». Seine Bücher wurden in zwölf Sprachen übersetzt, Gesamtauflage 400 000. Seine bekanntesten und erfolgreichsten Bücher: «Jesus in schlechter Gesellschaft», «Der letzte Christ».
(Foto: Leopold Nenning)

Christoph Joh. Schmidt

Irritationen des Wortes

«Bleibt mir der Erde treu!» (Friedrich Nietzsche)

1.

Ich bin in einem lutherischen Pfarrhaus aufgewachsen. Mein Vater war mein Pfarrer und daher zuständig für alles, was im Hinblick auf geistige und geistliche Dinge Gültigkeit haben sollte, und so hat er meine religiöse Entwicklung maßgeblich geprägt. Ich möchte zunächst davon erzählen, wie ich meinen Vater erlebt und wie ich mich mit ihm auseinandergesetzt habe.

Die frühen Erinnerungen an meinen Vater sind durch den Eindruck geprägt, daß er *fern* von mir und für mich mit meinen konkreten Anliegen nicht zuständig war. Zuständig war die Mutter, der Vater hatte Wichtigeres zu tun, als sich mit mir zu befassen. Dieses Wichtige geschah in seinem Arbeitszimmer, dem «Amtszimmer», in dem wir Kinder nichts zu suchen hatten; und es geschah in der Kirche vor dem Altar und auf der Kanzel – heilige, ebenfalls unzugängliche Orte. In der Kirche erlebte ich meinen Vater oft lebendiger und freundlicher als zu Hause – hier war er sorgenvoll und in sich gekehrt: Er erschien mir als der leidende Mann, der – stellvertretend für uns andere – unter der Last seiner Aufgabe schwer zu tragen hatte. Aber gerade als der leidende Mann galt er mir auch als der heilige Mann, schließlich war ja auch Jesus «der große Schmerzensmann, vom Vater so geschlagen» (Evangelisches Kirchengesangbuch, EKG 66). So war er für mich unantastbar, nicht erreichbar; für ihn galten andere Gesetze als für die übrigen Menschen. Als ich einmal sagte: «Jetzt hat er schon wieder so schlechte Laune», wurde ich von der Mutter zurechtgewiesen: «Das kannst du doch von dem Vater nicht sagen!»

Wenn er sich nicht in seinem Arbeitszimmer befand, sah ich ihn oft mit einem Bleistift in der Hand, den er wie einen Dirigentenstab hielt und mit dem er mir signalisierte, daß er mit einer bedeutsamen Sache beschäftigt sei und von mir nicht gestört werden wolle. Dies war allerdings häufig der Fall, und über dem ganzen Haus lag meist wie ein heiliger Bann das Ruhegebot: «Vater muß arbeiten» oder «Vater muß Predigt machen».

Zuweilen durften oder mußten wir Kinder, nachdem wir angeklopft hatten, begleitet von der Mutter, das Arbeitszimmer des Vaters betreten: eine feierliche Angelegenheit, wenn der Vater uns in seinem Zimmer empfing, immer seinen Bleistift in der Hand, aber doch freundlich. Hier, in seinem Reich («nicht von dieser Welt»), war er zu Hause, und wir waren betretene, schüchterne und zaghafte Gäste. Ein solcher Besuch, selten genug, war eine bedrohliche und zugleich erhebende Situation, zumal in diesem Raum auch das tägliche Morgengebet stattfand; dort stand der Hausaltar, auf dem die große Bibel aus dem 17. Jahrhundert lag; es gab viele bedeutsame Bücher, und hier befand sich allerdings auch die Ofenbank, auf der wir uns aufwärmen konnten, wenn wir im Winter von Schnee und Regen durchnäßt waren.

Am unmittelbarsten erlebte ich meinen Vater täglich bei Tisch, wo mir als dem Erstgeborenen der Ehrenplatz an seiner Seite zustand, den ich jedoch oft an einen Gast abtreten mußte. Auch hier zeigte sich der Vater meistens streng und in sich gekehrt, oder er führte mit den Gästen lange Gespräche. Wir Kinder hatten dabei still zu sein: «Bist du gefragt?» lautete die Ermahnung; darauf konnte ich nur verstummen, denn *ich war nicht gefragt*.

Der Vater hatte als der Pfarrherr eine unangefochtene Herrschaftsstellung, auch gegenüber meiner Mutter, wie es schien. Er war schließlich der Vertreter des «himmlischen Vaters» (und neben dem «Gott-Vater» gab es ja keine «Gott-Mutter»). Als dessen Vertreter war er von diesem himmlischen Vater gar nicht zu trennen: Er steht auf der Kanzel, und dort steht er *über* mir; er *weiß* (predigt) die Wahrheit, und er *ist* die Wahrheit. Dementsprechend galt für uns Kinder der Satz: «Vater hat immer recht», und in dieser Überzeugung wurden wir von der Mutter bestärkt. Der Vater drohte auch überall präsent zu sein und alles zu erfahren (oder sowieso schon zu wissen). Deshalb wollte ich mich oft vor ihm verstecken – auf entlegenen Dachböden oder in dem hintersten Teil des riesigen Pfarrhausgartens, wo ich mir Hütten baute und Erdhöhlen grub. Und mit einem ängstlichen Blick schaute ich zum Fenster von Vaters Arbeitszimmer, ob es sich vielleicht öffnete und mich sein Blick träfe. – Aus den Psalmen, die mir durch die gottesdienstliche Liturgie geläufig waren, wußte ich jedoch, daß ich mich letztlich gar nicht verstecken kann: «Wo soll ich hinfliehen vor deinem Angesicht? Führe ich gen Himmel, so bist du da; bettete ich mich in der Hölle, siehe, so bist du auch da. Nähme ich Flügel der Morgenröte und bliebe am äußersten Meer, so würde mich doch deine Hand daselbst greifen» (Ps. 139,7ff.); und: «Du ziehest ans Licht die Wahrheit, die im Verborgenen liegt» (Ps. 51,8).

Ich wollte so werden wie der Vater, «wenn ich mal groß bin». Mir wurde erzählt, daß ich mich als Dreijähriger in der Kirche vor den Altar gestellt und gesagt hätte: «Hier stehe ich gerne.» Meine Eltern scheinen – nach den Äußerungen meiner Mutter – daraus bereits damals den Schluß gezogen zu haben, daß ich für das «geistliche Amt» ausersehen sei.

Anders erlebte ich meinen Vater später, als er mir im Garten zeigte, wie man die Rosen schneidet, Holz hackt oder mit der Säge umgeht. Dabei war er nicht der ferne geistliche Mann, sondern er stand *neben* mir. – Im Alter von 13 Jahren machte ich zusammen mit meinem Vater und meinem nächstjüngeren Bruder eine Bergwanderung in den Alpen. Auf dem Gipfel, glücklicherweise noch rechtzeitig in der Hütte angelangt, befanden wir uns mitten in einem phantastischen Gewitter – Blitz und Donner in unmittelbarer Nähe, und für Sekunden erlaubten die aufgerissenen Wolken einen Blick ins Tal. Mein Vater bestellte uns einen «Enzian», der schrecklich schmeckte, den ich aber sehr genoß, denn wir waren nun Verbündete. Der Regen hörte nicht auf, aber wir mußten zurück, um nicht in die Nacht zu kommen. Weiter unten wurde es allmählich finster, und auf einem etwas breiteren Weg, rechts eine Felswand, links der Abgrund, liefen wir in einem leichten Laufschritt, um schneller voranzukommen. In meiner Begeisterung wurde ich wohl etwas zu schnell und rief nach vorne, wo mein Vater lief: «Platz da!» Da blieb er stehen und fing mich auf, und mit dem Schwung drückte er mich an die Felswand, an der ich mir den Oberschenkel aufriß. Das Blut floß prächtig, und ich war stolz auf die bleibende schöne Narbe.

Dies geschah in den Ferien; zu Hause war jedoch die Erfahrung im Vordergrund, daß mein Vater mit mir nicht viel anzufangen wußte. Erst als ich in das Alter kam, wo ich seinen Gedankengängen folgen konnte, also ein Gesprächspartner für ihn wurde, schien er ein Interesse an mir zu haben. Diese Gespräche wurden, wie früher die Besuche im Arbeitszimmer, zu einer erhebenden und bedeutsamen Angelegenheit. Ich konnte mich begeistern für die sprachlichen oder philosophischen Zusammenhänge, die er mir erläuterte. Ich lernte die Bedeutung des «Wortes», des «Logos» kennen und erfuhr, daß das hebräische Äquivalent für den Logos (*dabar*) zugleich auch das «Tun» bedeutet (also doch: «Im Anfang war die Tat!»). Die Geheimnisse der Sprache eröffneten die Geheimnisse der Welt – wie ja auch das «Wort Gottes» der maßgebliche Zugang zu seiner Offenbarung ist.

Diesen hohen Dingen gegenüber erschienen mir meine persönlichen Fragen und Probleme als banal, unwesentlich, uninteressant, eben «ungeistig». Ich konnte mich damit auch schlecht an meinen Vater wenden – wieso sollte er für so banales Zeug wie die sexuellen Nöte eines 15jährigen zuständig sein?

Auch mein Großvater (der Vater meiner Mutter, alle anderen Großeltern habe ich nicht kennengelernt) entwickelte erst ein Interesse für mich, als ich selbst Theologe wurde. Er war ein bekannter und von vielen verehrter Pfarrer, Professor, Landesbischof, der bis ins hohe Alter mit Vortragsreisen, Konferenzen und Publikationen viel beschäftigt war. In meiner Kindheit besuchte er uns zuweilen – eine Haupt- und Staatsaktion, wenn er mit dem von einem Chauffeur gelenkten schwarzen Dienstwagen vorfuhr. Mit meinem Großvater präsentierte sich väterliche Autorität in potenziertem Maße – der bischöfliche Großvater, ein großer Über-Vater. Und da zwischen ihm und meinem Vater ein Vater-Sohn-Verhältnis bestand, verbanden sie sich für mich mit dem Bild von «Gott-Vater» und «Gott-Sohn» – und ich war der Enkel und auch für diese große theologische Aufgabe ausersehen! – Für mich als Kind war auch der Großvater nicht zuständig und noch ferner als mein Vater. Die obligatorische Tafel Schokolade, die ich zusammen mit einem jedesmal nahezu identischen Glückwunsch auf einer Kunstkarte (die er selbst von anderen erhalten und deren Rückseite er überklebt hatte) viele Jahre zu meinem Geburtstag von ihm bekam, konnte mir diese Kluft nicht überbrücken und mir ein Gefühl von Zuwendung und Angenommensein vermitteln. Aber wehe, dieses rituelle Minimum an «Gnadenerweis» hätte gefehlt! Es ging dabei ja auch gar nicht um Zuwendung, sondern nur um die Erfüllung der (von ihm selbst gesetzten) *Ordnung*.

Außer diesen beiden Vätern erlebte ich in unserem Hause noch etliche andere Pfarrer-Väter: einige Theologen-Onkel (fast alle näheren Verwandten sind Pfarrersfamilien), Kollegen und Freunde meines Vaters, Vikare, die anfangs mit im Pfarrhaus gewohnt hatten, auch manche Studenten, von denen gelegentlich einer für mehrere Wochen zu Besuch und mit am Tisch war. Diese meist hochgeschlossen schwarzgekleideten «Geistlichen» entsprachen in der Regel dem mir bekannten Bild eines ernsten, vergeistigten und dabei leidenden Herrn, das ein Wesensmerkmal dieser Vertreter Gottes zu sein schien. Sie alle zeigten mir, daß Mann-Sein vor allem heißt, geistig zu sein; Körperlichkeit, Sinnlichkeit, Sexualität gehörte zu diesem Bild von Männlichkeit nicht dazu, sondern schien minderwertig und allenfalls Sache des «schwachen Geschlechts» zu sein. Die Frauen hatten in der Kirche aber nichts zu sagen: «Mulier taceat in ecclesia» – eine Maxime, die die Kirche von Paulus (1. Kor. 14,34) übernommen und durch die Jahrhunderte hochgehalten hat. In der Kirche war es die Aufgabe der Frauen, zu dienen und sich unterzuordnen. Das galt natürlich auch für meine Mutter; ihre Bereiche waren Kinderchor, Musikkreise und Organistenvertretungen. Auch unsere Hausmusik gehörte zu ihrem Machtbereich, und bei allen häuslichen und familiären Angelegenheiten führte sie ein Regiment, dem ich mich schlecht entziehen konnte. Aber bei religiösen Fragen hat sie mich an den Vater verwiesen oder gemeint, da müsse sie selbst erst den Vater fragen.

2.

Das Reden vom «lieben Gott» und das Erleben all dieser unzugänglichen Pfarrer-Väter paßte für mich nicht recht zusammen: Der «liebe Gott» schien mir ebenso fern und für mich *nicht zuständig* – ich kannte ja vorwiegend nur seine ungnädige Seite; oder die «Gnade» kam bei mir nicht an, sie wurde nicht zu einer leibhaftigen Erfahrung. Statt dessen gab es nur das «Wort», die Lehre, die Verkündigung (eine Ankündigung, nach der aber nicht viel folgte). Und trotz der theologischen Rede von der «Inkarnation» blieb es meine Erfahrung: «Das Wort ist *nicht* Fleisch geworden»; die Zuwendung wurde nicht real, allenfalls rituell-liturgisch – aber damit konnte ich den Widerspruch zwischen dem, was gesagt wurde, und dem, was ich erlebte, nicht überbrücken. Im Vordergrund stand für mich das Bild von einem ungnädigen Herrn, der sich aus unerfindlichen Gründen gelegentlich zu den armseligen, nichtswürdigen Geschöpfen herabläßt, um mit ihnen freundlich zu reden – ein Bild, das eher an einen steifen preußischen General erinnert als an einen liebenswürdigen Mann, der «die Kinder zu sich kommen lassen» mag (Mk. 10,14). Ebenso befremdlich war für mich das Bild des «Nazarener»-Gottes bzw. -Jesus des 19. Jahrhunderts, wie es sich in vielen religiösen Kinderbüchern zeigt: ein bläßliches Bild von «Vergeistigung», in menschlichem Gewande unmenschlich (d. h. unkörperlich) und ebenso unzugänglich wie der «General».

Problematisch wurde mir auch die Begrifflichkeit der paulinisch-lutherischen Rechtfertigungslehre, nach welcher der Mensch wegen seiner absoluten, erblichen «Sündhaftigkeit» «allein aus Gnaden» (und nicht von sich aus) «gerechtfertigt» werden kann, Begriffe, die an Anklage- und Urteilsverfahren erinnern. Die Rechtfertigungslehre setzt die Vorstellung von einem strengen Gott-Vater voraus, wäre ohne die herrschaftliche Gehorsamsforderung nicht denkbar. Der Mensch wird als gegenüber der Forderung prinzipiell unzulänglicher, scheiternder Untertan verstanden, der, sofern er an den «gerechten Richter» und «Erlöser» glaubt, durch einen Gnadenerlaß dennoch angenommen wird – ja nach Paulus (Röm. 8,15ff.) wird er zum «Sohn» adoptiert und damit zum «Erben», der natürlich durch die «Erbschaft» dem «Vater» verpflichtet und weiterhin auf seine Gnade angewiesen bleibt. Was geschieht aber mit einem «verlorenen Sohn», der nicht «heimkehrt», sondern sich anderswo eine neue Heimat sucht? «Extra ecclesiam nulla salus» – außerhalb der Kirche gibt es kein Heil, heißt es seit Cyprian von Karthago im 3. Jahrhundert: Er ist also hoffnungslos verloren; für ihn gibt es keine Begnadigung, wenn er sich nicht unterwirft.

Ist die Rechtfertigungslehre vielleicht der Ausdruck eines religiösen Vaterkonflikts, des Konflikts des Gewissens mit der absoluten Gehorsams- und Leistungsforderung, vor der es nur kapitulieren und deshalb allein auf die Gnade hoffen kann? Und was soll denn diese Vollkommenheitsforderung (vgl. Matth. 5,48: «Ihr sollt vollkommen sein, wie euer Vater im Himmel vollkommen ist»), die von vornherein unerfüllbar ist? Soll damit vielleicht der «Sohn» klein und abhängig gehalten werden, da er auf den Gnadenerlaß angewiesen bleibt? Hat der «Vater» etwa Angst vor der Eigenständigkeit und Mächtigkeit des «Sohnes»? Also steht *vor* dem Vaterkomplex des Sohnes nicht ein Sohnkomplex des Vaters (ein «Laioskomplex»: der Vater Laios hat seinen Sohn Ödipus ja aus Angst vor ihm dem Tode ausgesetzt)? Und was ist das überhaupt für ein (Bild von) Gott, der seinen Sohn «auf die Schlachtbank» (Jes. 53,7; EKG 62,1) schicken mußte, um seinen eigenen Zorn zu besänftigen (vgl. die Schrift «Cur Deus Homo» des Anselm von Canterbury)?

Da Gottesbild und Vaterbild für mich so sehr miteinander verwoben waren, so daß auch das Verhältnis zwischen Vater und Sohn mit dem zwischen «Gott-Vater» und «seinem eingeborenen Sohn» etwas zu tun hatte, ging es mir gelegentlich kalt über den Rücken, wenn in dem Lied von Paul Gerhardt «Ein Lämmlein geht und trägt die Schuld» (EKG 62) der «Vater» zu seinem «Sohn» sagt:

«Geh hin, mein Kind, und nimm dich an
der Kinder, die ich ausgetan
zu Straf und Zornesruten,
die Straf ist schwer, der Zorn ist groß,
du kannst und sollst sie machen los
durch Sterben und durch Bluten.»

Und als mein Vater mir einmal scherzhaft erzählte, in früheren Jahrtausenden seien die erstgeborenen Söhne den Göttern geopfert worden (da sie sonst zu nichts Besserem zu gebrauchen seien), war mir vollends klar, daß ich in diesem Leben im Grunde nichts zu suchen hätte – es sei denn, ich würde mich durch außergewöhnliche Anstrengungen und durch ein vorbildliches Leben als würdig erweisen (und damit die «Gnade» erlangen), den seit mehreren Generationen ererbten theologischen Auftrag zu übernehmen und weiterzutragen, also mich auf diese Weise *«den Göttern zu opfern»*.

3.
Meine Überlebensstrategie unter diesen Bedingungen bestand darin, mein Leben in zwei Welten aufzuteilen: einerseits die «offizielle», väterlich-kirchliche Welt der geistigen, moralischen, religiösen und ästhetischen Werte, eine faszinierende, in sich stimmige Welt der Klarheit und Eindeutigkeit, der Wahrheit und Objektivität; andererseits eine private, innere Sonderwelt, die gegenüber der offiziellen Welt unwichtig und bedeutungslos schien, in der sich aber meine «eigentlichen» Werte versteckten – nur wurden sie von anderen nicht erkannt, und auch ich selbst konnte sie nicht richtig anerkennen, da ich ja an die höhere Gültigkeit der anderen Welt glaubte. In dieser Sonderwelt tummelten sich bunte Bilder von einem freiheitlichen, bohemienartigen Leben, von weltstädtischem Milieu, von schönen Frauen und von Leidenschaften.

Neben dieser inneren Aufspaltung in zwei Welten bestand aber noch eine äußere: Mein Elternhaus war aus der gesamten Umwelt herausgesondert; es galt gegenüber der bösen Außenwelt als etwas Besonderes, als eine Zuflucht für viele Gemeindemitglieder und andere Verehrer, die teilweise von ferne angereist kamen – wie eine Insel in einem tosenden Ozean von Irrtum, Verblendung und Gottlosigkeit. Vor den «krummen Wegen» (Ps. 125,5) dieser gefährlichen und ungesunden Außenwelt mußte man sich schützen: «Laßt euch nicht verführen» (1. Kor. 6,9), klang es mir in den Ohren. Selbst von Schulkameraden wurde ich darin bestärkt, indem sie mir bei diversen Streichen vorhielten: «Du als Pastorensohn darfst so was doch nicht.»

So fühlte ich mich im doppelten Sinne als ein Ausgesonderter: Von der «heilen» Welt wurde ich «auserwählt», den ererbten Auftrag weiterzutragen, und innerhalb dieser Sonderwelt habe ich mich selbst herausgesondert, da ich ihr gegenüber nicht genügen konnte, ich mit meinen Unzulänglichkeiten und Zweideutigkeiten.

Wo stand ich nun? In der häuslichen Sonderwelt konnte ich mich nicht behaglich fühlen, und die Außenwelt schien mir verwehrt – obgleich ich große Sehnsucht hatte, hinauszugehen (auf meinem Schulweg kam ich am Bahnhof vorbei und sah dort immer die Züge, die in die Ferne fuhren).

Diese Sehnsucht nährte sich im übrigen auch durch die humanistischen Bildungsgüter, die mir in Schule und Elternhaus vermittelt wurden. Und in dem Arbeitszimmer meines Vaters fand ich viele interessante Bücher, z. B. die Werke von Nietzsche, Karl Kraus, Schopenhauer, Thomas Mann (besonders mochte ich seine bissigen frühen Erzählungen wie «Gladius Dei» oder «Tonio Kröger» mit seinen «Wonnen der Gewöhnlichkeit») und selbstverständlich Goethe, bei dem ich überraschenderweise auch bibelkritische Schriften fand; vor allem hat die Lektüre des «Faust» ihre Spuren hinterlassen. Diese Literatur war wie eine träumerische Brücke zur «großen weiten Welt» und erlaubte mir andersartige Gedanken und Werte (ich erinnere mich an das Stutzen meines Vaters und an mein entsprechendes Vergnügen, als ich ihm gegenüber Nietzsche zitierte, Jesus sei zu früh gestorben, da er noch nicht lachen gelernt habe).

Nach meinem Abitur entfernte ich mich zumindest räumlich: Ich reiste ein Jahr lang in England und Frankreich herum, wo ich mit verschiedenen Jobs meinen Lebensunterhalt verdiente. Nun befand ich mich in den Weltstädten London und Paris, die ich bisher nur aus der Literatur gekannt hatte, und ich war im Grunde überrascht, daß diese Städte «sich mir öffneten» (als ich den Plätzen des «Felix Krull» in Paris nachging, überraschte es mich allerdings nicht, daß ich in dem Hotel «St. Johns & Albany» in der Rue St. Honoré von einem livrierten Portier zurückgewiesen wurde). Diese Flucht aus der väterlichen Welt in die andere Welt, die bisher nur meine private, innere Sonderwelt gewesen war, verband sich jedoch mit dem Gefühl, ein «verlorener Sohn» zu sein, der in der Fremde seine Erbschaft vertut. Ich lebte dabei in einer Freiheit, die ich bisher nur erträumt hatte. Die väterliche Autorität konnte mich hier nicht beeinträchtigen, denn für dieses Leben «im Ausland» schien sie gar nicht zuständig.

Aber es gab keinen Zweifel, daß ich zurückkehrte, um den alten Auftrag, den ich mir schon längst zu eigen gemacht hatte, anzunehmen und mit dem Theologiestudium zu beginnen (zwei Brüder haben ebenfalls Theologie studiert, einer ist auch Pfarrer geworden, meine Schwester hat einen Pfarrer geheiratet). Das Studentendasein gefiel mir – eine Lebensweise, die immerhin meinen Bohemien-Neigungen entgegenkam. Aber in den ersten Semestern geschahen einschneidende und unwiderrufliche Einbrüche in die Welt der Eindeutigkeit und objektiven Klarheit, und zwar durch die sogenannte historisch-kritische Erforschung der biblischen Bücher. Z. B. zeigte der Neutestamentler Willi Marxsen auf, daß das Reden vom «leeren Grab» Jesu in den Auferstehungsberichten nicht haltbar sei (es sei ja schließlich auch Unsinn, von einer «wiederbelebten Leiche» zu reden), und er verkündete, Jesus sei «in die Verkündigung der Kirche hinein auferstanden». Ich fragte daraufhin: Wie kann man denn an Jesus als den Sohn Gottes glauben, wenn damals nichts «wirklich passiert» ist, d. h. wenn das Grab Jesu «am dritten Tag» nicht tatsächlich leer gewesen ist? Und was ist denn dann mit dem, was die Väter immer gepredigt haben: Christus ist auferstanden von den Toten, die Frauen waren als erste am leeren Grab und haben ihn gesehen, und nachher auch die Jünger? Soll das auf einmal alles ungültig sein?

In München legte der Systematiker Wolfhart Pannenberg großen Wert auf die «Historizität» der Auferstehungsberichte vom leeren Grab, und der Kirchenhistoriker Hans von Campenhausen in Heidelberg behauptete, daß diese Berichte trotz ihrer Widersprüche historisch plausibel seien. Aber das konnte mich nicht mehr zufriedenstellen – die frühere Eindeutigkeit war nicht mehr möglich. Und schien mir die Aussage von Marxsen zu pietistisch, so war mir Pannenbergs Historizität zu fundamentalistisch.

Jenseits dieser historischen Zweifel behielt jedoch die große Glaubenswahrheit (Gotteslehre, Christologie, Trinitätslehre bis hin zur Lehre von der Gegenwart Christi im Abendmahl) noch ihre Gültigkeit, zumal sie durch eine faszinierende Tradition verbürgt war. Ich las Augustinus, Luther, Schleiermacher, Karl Barth und interessierte mich besonders für das Alte Testament mit all den bunten Geschichten und poetischen Texten, die oft gar nicht in ein frommes Bild von Heiliger Schrift passen. Dabei erlebte ich den «Gott-Vater» inzwischen als etwas gnädiger mit mir, denn ich gehörte ja nun zu seinen Fackelträgern, die «sein Licht in der Finsternis der Welt» (Joh. 1,5) hochhalten wollten. Aber er blieb noch der ferne Herrscher, er war oben, ich unten, und ich hatte Angst vor seiner Überlegenheit, Unfehlbarkeit, Allmacht (bzw. vor meiner Unterlegenheit, Fehlbarkeit, Ohnmacht).

Deshalb fing ich an, gegen Karl Barth mit seiner Entgegensetzung von «Glaube» und «Religion» zu polemisieren: Der Glaube an das Wort Gottes, das «senkrecht von oben» (also von der Kanzel) komme, habe nichts zu tun mit Religion, die eine menschliche Sache und damit «widergöttlich» sei. Auch hier erfuhr ich den Primat des Geistes von «Gott-Vater» gegenüber allem sinnlichen, menschlichen Erleben. Ist das «Widergöttliche» vielleicht etwas «Widerväterliches», etwas «*Materi*elles», Mütterliches, Weibliches, der dumpfe, chaotische Bereich der Gefühle? Jedenfalls hörte ich vom Katheder der Universitätstheologie: «Mit Erfahrung kommen Sie nicht weit. Die Theologie befaßt sich mit Dogmatik und Verkündigung!»

In diesem Theologiestudium ging es mir zeitweilig wirklich übel. Ich taumelte hin und her zwischen hohen Zukunftserwartungen und Versagensängsten, zwischen Bewunderung für Kommilitonen, die sich ihrer Sache sicher zu sein schienen und allerhand auf die Beine stellten, und Abscheu vor Leuten, die – pietistisch, orthodox-lutherisch oder sonst kirchenfromm – keinerlei Zweifel kannten oder zuließen. Aber auch die Perspektiven, die ich durch Mitarbeit in einer linken «Basisgruppe Theologie» (1968/69) kennenlernte, konnten mich nicht befriedigen, da ich sie letztlich für zu oberflächlich hielt. Ich wußte einfach nicht, wo ich hingehörte. Zu den «Weltlichen» fand ich keinen richtigen Zugang (bzw. diese konnten mit mir versponnenem Theologen nicht viel anfangen), und die «Kirchlichen» mochte ich oft nicht.

Ich hätte dieses Studium bereits in den ersten Semestern aufgegeben, wenn ich mir nicht immer wieder gesagt hätte (und mir von anderen hätte sagen lassen), daß diese Leiden, die gewöhnlich «Anfechtungen» genannt werden (Luk. 8,13), zum theologischen Beruf (der «Berufung») dazugehören: «Aber ich spreche doch: ich muß das leiden; die rechte Hand des Höchsten kann alles ändern» (Ps. 77,11). Ich wußte mich darin eins mit «allen Heiligen und Propheten» sowie mit den leidensvollen Gottesmännern, wie ich sie von klein auf erlebt hatte. Und mit vielen Psalmen waren die Leiden der «Gerechten und Frommen» ein wichtiges Thema in den Gottesdiensten: Die Frommen «sind geplagt täglich», und ihre «Strafe ist alle Morgen neu», während «die Gottlosen glückselig in der Welt sind» (Ps. 73,12ff.). Und: «Die *Opfer*, die Gott gefallen, sind ein geängsteter Geist; ein geängstet und zerschlagen Herz wirst du, Gott, nicht verachten» (Ps. 51,19). Vor allem ist der von Gott Beauftragte «ein Spott der Leute, verachtet vom Volk» (Ps. 22,7), denn «der Eifer um dein Haus hat mich gefressen» (Ps. 69,10). Alle diese Texte hatte ich durch die Liturgie im Sinn – noch heute spüre ich die Macht, die von ihnen ausgeht. In den Krisen des Theologiestudiums benutzte ich sie dazu, mir mein unbefriedigendes Leben zu rechtfertigen, indem ich meinte, die Leiden seien eben notwendig, ich müßte sie aushalten, wenn ich den Auftrag nicht verraten wollte.

4.

Durch einen Zufall lernte ich die Autobiographie von C. G. Jung kennen. Ich begegnete in diesem Buch einer für mich ganz neuen Betrachtungsweise von Glaubensaussagen, indem hier deren psychischer Hintergrund bzw. Fundament beleuchtet wird, und ich fand es beeindruckend, wie Jung sich als Pfarrerssohn mit seiner väterlich-kirchlichen Herkunft auseinandergesetzt hat. Vor allem aber brachte dieses Buch mich dazu, auf meine Träume zu achten. Dadurch kam einiges in Bewegung – ich erlebte so etwas wie einen Kampf zwischen dieser unteren Stimme und der viel stärkeren oberen Stimme der «offiziellen Wahrheit», die mich in Bann hielt, mir als ein innerer Ankläger und Verfolger auf den Fersen blieb; und ich war auf der Flucht vor ihr.

Mir kam plötzlich die Geschichte von Jona in den Sinn, der auf der Flucht vor «dem Herrn» ins Ausland in einen Seesturm geriet, so daß das Schiff unterzugehen drohte. Ich nahm mir den Text vor und fand dort den Satz: «Die da halten an dem Nichtigen, verlassen ihre Gnade» (Kap. 2,9). Mein Thema war die «Gnade». Und warum fehlt sie mir? Weil ich mich wohl an das «Nichtige» halte. Aber was ist denn das Nichtige? – Da drehte sich mir plötzlich alles um: Ist das Nichtige vielleicht die «offizielle Wahrheit», an die ich glaubte? Das Reden von «Gott-Vater», von seiner «Gnade und Wahrheit», von seiner «Liebe und Treue zu den Menschen»? Mir dämmerte die ferne Abstraktheit dieser Vorstellungen, die mit meinem tatsächlichen Leben gar nichts zu tun hatten: eine geordnete Begriffs-Metaphysik, die meine ungeordnete Existenz vergewaltigt.

Ein Traum machte mir meine Situation deutlich: Im Garten des Pfarrhauses (genau an der Stelle, wo ich mich versteckt und die Höhlen gebaut hatte) wurde ich von dem Vater zum Tode verurteilt, ohne daß ich den Grund der Anklage erfahren konnte, und die Mutter vollstreckte das Urteil mit einem Gewehrschuß. Aber überraschenderweise prallte das Geschoß auf meiner Brust ab, und als der Vater mit einem Dreispitz (einem «dreifaltigen» Spitz) auf mich losging, entwand ich ihm diesen und erstach ihn damit. Jetzt war ich befreit, aber ich mußte fliehen, denn nun hatte ich ja tatsächlich etwas verbrochen. Ich flog beschwingt über alle Zäune, jedoch mit der bleibenden Angst, entdeckt zu werden. Ich suchte Unterschlupf bei verschiedenen Leuten, die aber alle keinen Platz für mich hatten, bis ich schließlich auf dem Misthaufen im Hinterhof eines Landhauses landete, in dem lauter junge Leute wohnten. –

Danach ging es mir sehr gut – wie bei einem großen Aufatmen. Ich fühlte mich befreit und meinte, jetzt hätte ich es geschafft, den «Verfolger-Vater-Gott» zu beseitigen, könnte mein Vaterbild von der bedrohlichen Göttlichkeit und mein Gottesbild von der bedrohlichen Väterlichkeit lösen; ich hoffte, ich könnte jetzt frei leben und unter anderen Voraussetzungen den eingeschlagenen Weg weitergehen, also nun erst aus eigenem Antrieb die Theologie als meine Sache betrachten. Und das klappte auch – ein paar Monate lang: eine verrückte Zeit, in der ich meine erste und einzige Predigt in der Universitätskirche hielt (nach der dann ein Pfarrer zu mir kam und sich «für das gute *Wort*» bedankte); und bei einer Konferenz traf ich mit meinem Vater und meinem Großvater zusammen und empfand mich ihnen gegenüber das erste Mal als ein ebenbürtiger und von ihnen akzeptierter Partner.

Aber irgend etwas stimmte nicht: Mir kamen ständig Träume, zu fliegen und abzustürzen – das Fliegen war schön, aber ich hatte Angst vor dem Absturz, vor der Blamage, «es» nicht zu schaffen. Und als dann die Beziehung zu einer Freundin scheiterte, merkte ich, daß ich mich täuschte und einem Selbstbetrug erlag: Ich hielt mich immer noch an den hohen Begriffen der Theologie fest, die sich zwar verändert haben, denen aber «Fleisch und Blut» fehlten. Mir fehlte die Landung, die konkrete Erfahrung der «Gnade» – und vor allem das Loslassen von den hohen Anforderungen der theologischen «Berufung». In diesen verzweifelten Turbulenzen gab es schließlich nur noch eins: raus hier, so weit weg wie möglich, auf diesem Weg geht es nicht weiter! So brach ich das Theologiestudium mitten im Semester ab, verkaufte die meisten theologischen Bücher und beendete Freundschaftsbeziehungen mit einigen Theologen.

Endlich befand ich mich wirklich auf der Flucht, verließ den «umhegten Garten» und wurde tatsächlich ein «verlorener Sohn», der seine Erbschaft verriet. Damit verband sich aber ein ekelhaftes Versagergefühl: Ich hatte es eben einfach nicht geschafft, und dieses war anfangs stärker als das Gefühl der Befreiung. Außerdem war ich völlig orientierungslos – und vor allem sehr einsam, denn auch viele Freunde (die meisten waren ja Theologen) hatten kein Verständnis für das, was ich tat (von den Professoren und Pfarrern, die ich zu Rate gezogen hatte, ganz zu schweigen). Nur ein Freund, der kein Theologe war, kam eine Zeitlang fast täglich zu Besuch, um mit mir ein paar Stunden spazierenzugehen. Trotzdem war ich mir meiner Sache sicher, ich wußte, es kann jetzt nur noch bergauf gehen, und wurde darin von lauter eindrücklichen Traumbildern bestärkt. Ich träumte in leuchtenden Farben von der «Menschwerdung»: Ein Schiffbrüchiger, ein Lord mit kariertem Anzug, Melone und Regenschirm, wurde in aufrechter Haltung von einer schlammigen Flutwelle an Land gespült, wo er sich seines aristokratischen Gehabes entledigte und wie Odysseus von der schönen Nausikaa empfangen wurde. In einem anderen Traum hatte einer meiner Pfarrer-Onkel einen wunderschönen, gepflegten Garten; in der Morgensonne perlten die Tautropfen über das leuchtende Grün, aber bei näherem Hinsehen stellte ich fest, daß alles aus Plastik war. –

Ich arbeitete dann ein halbes Jahr lang als Hilfsarbeiter in einem Industriebetrieb in Mannheim und anschließend als Krankenpfleger, um vielleicht mit dem Medizinstudium einen neuen Weg zu beginnen. Ich fand neue Freunde und Freundinnen. Ich las viel bei den Pfarrerssöhnen Nietzsche und C. G. Jung, deren Sprache und Betrachtungsweisen für mich nun richtungweisend wurden, nämlich die psychologische statt der dogmatisch-moralischen und die historische statt der metaphysischen. Ich machte mir zum Motto: «Alles, was ich bin, ist meine Geschichte» – damit war mein Schicksal nicht mehr göttlich-väterlich vorherbestimmt, und mein Lebensweg konnte in alle Richtungen weitergehen. «Gott-Vater» galt nicht mehr als Gesetz, der Glaube war nicht mehr verordnet, und eine Kritik an biblischen, kirchlichen, dogmatischen Positionen bedeutete nicht mehr von vornherein ein Sakrileg. Vor allem bestand nicht mehr dieses absolute «Oben-Unten», diese göttliche Herrschaft, der gegenüber ich «armer und elender Mensch» (Ps. 109,22) nur noch armseliger und elender erschien. Ich entschied mich, niemals auf eine Kanzel zu steigen, wo ich selbst als Vertreter «Gott-Vaters» sein Wort von oben nach unten hätte verkündigen müssen.

Für die theoretische Bewältigung meiner theologischen Geschichte nahm ich mir die Schriften von Paul Tillich zu Hilfe. Wie bei Jung fand ich auch hier eine für mich neue Sprache, die mir andere Perspektiven eröffnete: Im Hinblick auf die «Rechtfertigungslehre» redet Tillich z. B. nicht von der «Sündhaftigkeit» des Menschen und schon gar nicht von der «Erbsünde», sondern von der Erfahrung der Entfremdung des Menschen von sich selbst, von seinen Mitmenschen und von Natur und Welt überhaupt; und «Gnade» heißt, sich und den anderen zu «bejahen als bejaht». Auch ist hier nicht von dem «Höchsten» die Rede, sondern von der «Tiefendimension» («in der Tiefe ist Wahrheit»); und Gott *ist* nicht der allmächtige Vater und Herr im Himmel, sondern ein *Symbol* für das, «was uns unbedingt angeht». Ich lernte von Tillich, daß religiöse Vorstellungen und dogmatische Begriffe nicht anders als symbolisch (und damit als zeitlich und kulturell bedingt) verstanden werden können, daß sie also nicht selbst absolut sind, sondern nur auf «das Absolute» hinweisen. Damit konnte ich die alten Vorstellungen und Bilder für mich entmachten, sie galten mir nicht mehr als absolute Tatsachen, für welche ich sie früher gehalten hatte, so daß sie (in Tillichs Worten) eine «dämonische», zerstörerische Macht hatten. So konnte ich mich auch auf diese Weise von dem «Gott Vater in dem höchsten Thron» (EKG 83,6) entfernen – und übrig blieb die philosophische Abstraktion des Symbols: das «Sein-Selbst». Diese Abstraktion ermöglichte einerseits die Befreiung von dem bedrohlichen, zerstörerischen Symbol, hatte aber andererseits die Folge einer noch weiteren Entfernung von der unmittelbaren Erfahrung: Das «Sein-Selbst» hat zunächst nichts mehr zu tun mit unserem konkreten, leiblichen, geschichtlichen Leben; es ist nicht mehr bildlich vorstellbar, sondern nur noch ein Fluchtpunkt der Orientierung – ein Nullpunkt, an dem alles ausgerichtet werden kann. Der Weg zurück zu neuen Symbolen (besser gesagt: der Weg hinunter und wieder hinauf) bleibt dabei also offen.

5.

Wo stehe ich heute? Welche Steine vom Trümmerhaufen des alten Hauses kann ich für den Bau eines neuen gebrauchen? Vieles ist offen, und nur einige Schlaglichter sollen zeigen, was mir heute wichtig ist.

Nach zweieinhalb Jahren Unterbrechung hatte ich das Theologiestudium wieder aufgenommen. Ohne die Absicht, Pfarrer zu werden, wollte ich es zu einem inneren und äußeren Abschluß bringen und mir außerdem mit dem Examen eine «akademische Eintrittskarte» für weitere Tätigkeiten erwerben. Theologie betrieb ich nun als eine Geisteswissenschaft – die dogmatisch-existentielle Auseinandersetzung trat zugunsten einer historischen in den Hintergrund.

Ich bleibe skeptisch und empfindlich gegenüber einem leichtfertigen Umgehen mit religiösen Begriffen, Symbolen und Empfindungen, wie es mir heute z. B. bei manchen neureligiösen Bewegungen der Fall zu sein scheint; denn ich sehe hier eine neue paternale Autoritätshörigkeit und mütterlich-regressive Gruppenabhängigkeit statt einer wirklichen persönlichen Integration. Auch halte ich es für keinen großen Fortschritt, wenn das patriarchalische Gottesbild durch ein matriarchalisches ersetzt oder ergänzt würde – beides ist «Herrschaft». Andererseits spüre ich eine gewisse innere Sicherheit, die ich theologischen Denkstrukturen zu verdanken meine, z. B. einer wohlverstandenen, von ihrem völlig abgegriffenen, moralistischen Vokabular befreiten «Gnadenlehre».

Aber seit dem theologischen Examen habe ich mich wenig um religiöse Fragen gekümmert. Es zog mich in eine andere Richtung. Ich begann eine Ausbildung in Gestalttherapie, die mir vor allem deshalb wichtig wurde, weil hier die Leiblichkeit ernst genommen wird: Ein Wort oder eine Handlung sind erst dann eine volle «Gestalt», wenn sie eine leibhaftige Erfahrung, mit dem leiblichen Erleben identisch sind. Doch mir wurde auch deutlich, daß es gar nicht so einfach ist, mir das dialogische Prinzip anzueignen und nicht «von oben nach unten» zu reden, d. h. dem anderen seine Autonomie zu belassen und ihn nicht «bekehren» oder für eigene Interessen einspannen zu wollen. – Mit der tiefenpsychologischen Orientierung erfuhr ich eine «Transzendierung» mit einer neuen Bewegungsrichtung: nicht mehr «nach oben» in den Bereich des väterlichen Geistes, sondern «nach unten», in das Unbewußte, zu der Matrix meiner Existenz und damit auch zu neuen Symbolen.

Ich kann heute nicht mehr von Gott reden (und auch nicht in die Kirche gehen). Alte Symbole sind gestorben, sie sind irrelevant geworden. Damit bleibt allerdings eine gewisse Sprachlosigkeit, eine Unsicherheit, mit Gefühlen umzugehen, die ich früher in das religiöse System einordnen konnte. Ich spüre zuweilen sentimentale Erinnerungen an vergangene Begeisterung oder ein regressives, melancholisches Gefühl für alte Geborgenheit, aber auch eine Sehnsucht, mit der ich schlecht umgehen kann, da sie zweideutig ist: Regressive und progressive Neigungen, das Gefühl einer vergangenen kindlichen Geborgenheit in einer «schönen heilen Welt» und die Sehnsucht nach einer utopischen Vollkommenheit vermischen sich. So erlebte ich bei der Beerdigungsfeier meines Großvaters fassungslos bewegt das (mir von früher gut bekannte) Lied: «Jerusalem, du hochgebaute Stadt, wollt' Gott, ich wär' in dir» (EKG 320); Melodie und Gesang, alte Erinnerungen und die eschatologischen Freudenvisionen im Text dieses Liedes verbanden sich mir zu einer ambivalenten Sehnsucht. Eine ähnliche Betroffenheit erlebe ich in den gotischen Kathedralen von Reims, Chartres oder Paris, Räume, die kosmische Geborgenheit repräsentieren. Aber auch hier spüre ich die Ambivalenz der Symbole, deren regressive Macht mit ihren progressiven Potentialen konkurriert. Das Loslassen des Alten, die Trauer um «die verlorne Schöne» ist Voraussetzung für den Weg ins Offene, der am Ende vielleicht zu einer neuen Geborgenheit führt, in welcher die beiden Bewegungen (nach «oben» und nach «unten») integriert und verbunden werden.

Christoph Joh. Schmidt. Ich bin 1947 als ältestes von fünf Kindern geboren und in einem Pfarrhaus in Bremen aufgewachsen. Nach dem Abitur am Alten Gymnasium (1966) ein Jahr lang Aufenthalt in England und

Frankreich. Seit 1967 Studium der evangelischen Theologie in Münster, München und Heidelberg. Im Herbst

1971 Studienabbruch, Tätigkeit als Industriearbeiter in Mannheim, anschließend Krankenpflegehelfer an den Universitätskliniken in Heidelberg. 1974 Wiederaufnahme des Theologiestudiums, 1975 Fakultätsexamen in Heidelberg. Nach diversen Jobs (Krankenpflege, Übersetzungen, Lektorat) und neben Studien in Erziehungswissenschaften in Düsseldorf und Frankfurt seit 1978 Ausbildung zum Gestalttherapeuten am Fritz Perls Institut. Ich lebe heute in Frankfurt und arbeite freiberuflich als Psychotherapeut im Rahmen einer psychiatrischen Gruppenpraxis und als Verlagslektor.

Thomas Webers

Sie wollten nur mein Bestes ... doch das ist mir teuer geworden

1.

Immer war es eine ungeheuer spannende Sache, solange ich mich zurückerinnern kann. Eine riesige Halle, erfüllt von mächtigem Orgelspiel, inbrünstigem Gesang oder geheimnisvoll monotoner Indianersprache von dort ganz hinten, oben. Mit offenem Mund stand ich auf der Bank, auf die sich die Erwachsenen gelegentlich niederknieten, und beobachtete das Spektakel. In meiner Hand hielt ich ganz fest ein Kindergebetbuch mit bunten Bildern. Ab und an blätterte ich um, nie ohne mir vorher die Bilder genau einzuprägen. Das war so beeindrukkend: Arme rauf, Arme runter, blablabla. Zu Hause mußte ich das üben. Warum mich meine Eltern nicht mit in die Oper nahmen, fragte ich mich erst Jahre später. Wir hatten ja noch nicht einmal einen Fernseher, wie die anderen Familien.

Dann gab es da noch den Lieben Gott, der mich irgendwoher kannte und sehr lieb hatte. Meine Mutter betete mit mir jeden Abend vor dem Schlafengehen zu ihm. Ich hatte ihn noch nie gesehen. Aber er mußte noch viel lieber sein als alle möglichen Tanten und Onkel zusammen. Er hatte extra für mich einen Schutzengel angestellt, der immer auf mich aufpaßte. Und ein ganzes Heer von Heiligen gehörte zu ihm. Immer wenn diese Namenstag hatten, gab es eine Überraschung. Die Erscheinungen des Christkinds und der Barbara hatte ich leider regelmäßig verschlafen. Sankt Martin und den Nikolaus aber, die konnte man sehen – überwältigend. Wegen dieser großen Aufmerksamkeit verzieh ich dem Lieben Gott, daß er meinen Bruder, obwohl dieser viel zu oft mein Spielzeug kaputtgemacht hatte, genauso lieb haben sollte wie mich.

Doch bald schon traute ich seinem Gerechtigkeitssinn nicht mehr ganz so sehr. Mir dämmerte, daß die Erwachsenen mit dem Lieben Gott einen geheimen Pakt abgeschlossen haben mußten. Nur, der Liebe Gott, der hielt sich da heraus, sagte kein Wort.

Eines Nachts wurde ich wach. Mein Kopf fühlte sich an wie eine überreife, zermatschte Birne auf einem Betonboden. Ich hatte furchtbare Angst um mein Leben. Wie ein Kugelblitz rannte ich die Treppe herunter, weinend und zitternd suchte ich Schutz auf dem Schoß und in den Armen meiner Mutter. «Was aber ist», fragte ich sie, «wenn es nach dem Tod gar nichts mehr gibt? Nichts, schwarz.» Meine Mutter versuchte mich zu trösten, redete eine halbe Stunde auf mich ein, ehe ich mich überreden ließ, wieder ins Bett zu gehen. Heute ist mir unbegreiflich, wie sie das fertiggebracht hat. Der Liebe Gott jedenfalls hielt sich weiterhin aus allem heraus.

Die Kommunion rückte näher. Jetzt würde ich endlich auch diesen Leib Christi empfangen dürfen. Das war eine ernste Sache. Wenn wir Jungen in der Schulmesse schwätzten oder die Mädchen an den Haaren zogen, war die Hölle los. Die Kommunion empfangen zu dürfen, war ein Schritt zum Erwachsenwerden hin.

Dieser Leib Christi war jedoch eine herbe Enttäuschung. Während die Erwachsenen sich unterhielten, widmete ich mich den Geschenken. «So nah wie heute wirst du bis zu deiner Hochzeit dem Altare Gottes nie mehr sein», sagte mein Patenonkel zu mir. «Blödmann», dachte ich, «wo ich doch Meßdiener werde.»

Es dauerte nicht lange, ehe die Meßdienerproben begannen. Ich war dem Geheimnis näher gerückt, durfte mitspielen. Was für ein erhabenes Gefühl das war, dort oben über der ganzen Gemeinde zu sitzen und einem Freund mal eben zuzunicken, damit man sich nachher draußen treffen konnte. Ganz schnell dann wieder den erhabenen Gesichtsausdruck aufsetzen.

In der Schule gab es Religionsunterricht. Was die Israeliten alles erlebt hatten, war spannend. Gott half ihnen immer. Nur mich schien er gelegentlich zu vergessen, meistens in so einer schwierigen Lage wie der einer Prügelei mit den Nachbarjungen. Während des Sieben-Tage-Krieges fragte mich eine Freundin: «Zu wem hältst du? Ich halte natürlich zu den Israeliten.» «Ich weiß nicht», sagte ich.

Das Gymnasium verunsicherte mich, die vielen neuen Gesichter. Zum erstenmal registrierte ich, wie viele «Evangelen» es gab. Doch zum Glück waren meine alten Freunde, die mit mir auf das Gymnasium gekommen waren, alle katholisch. Und ich durfte in der Schulmesse dienen. In der Schulmesse war wesentlich mehr los als in den Messen, die ich von zu Hause her kannte. Wir lernten Spirituals mit deutschen Texten. Auch im Religionsunterricht wurde es interessanter. Wir erfuhren, daß sich die alten Israeliten am Lagerfeuer Geschichten erzählt hatten. Das kannte ich aus den Karl-May-Büchern. Und ruckzuck schrumpften vor meinen Augen die drei Meter hohen Wasserwände, durch die die Israeliten gezogen sein sollten, zu einem Rinnsal zusammen. Ich begann, immer mehr an der Glaubwürdigkeit der Bibel zu zweifeln. Sicher, ich liebte Märchen- und Sagenbücher über alles. Noch viel mehr faszinierte mich jedoch die Mondlandung, die hatte ich im Fernsehen gesehen, mit eigenen Augen. Wenn ich erwachsen sein würde, Forscher würde ich werden, Naturwissenschaftler.

Ich war jetzt ein großer Junge. Meine Eltern hatten zunehmend Mühe, mir in heftigen Diskussionsattacken Paroli zu bieten. Ich wollte erwachsen werden. Mein Vater war ein Ideal für mich. Er lebte in einer unabhängigen Welt, da draußen, war sein eigener Herr. Und obwohl er viel arbeitete und ich nicht viel von ihm hatte, wollte ich genauso werden wie er. Doch das ging nur in Konkurrenz zu ihm. Auf diese Weise handelte ich mir Ehrgeiz, Selbstbewußtsein und Freiheitsdrang ein. Wo ich damit hin wollte, wußte ich nicht so genau. Nur, mein Körper schien nicht so ausbaufähig. Mit sophistischen Debatten brachte ich meinen Vater zur Weißglut. Er kapitulierte mit Machtwörtern. Das war mir zu wenig und stachelte mich noch mehr an.

Die Meßdienerprobe für die Christmette kam. Kleine, weiße Kreidekreuzchen auf dem Boden markierten unsere Standpunkte. Keiner unten in der Kirche würde sie sehen können. «Wenn ihr mal einen Fehler machen solltet», sagte der Obermeßdiener, «müßt ihr so tun, als ob alles genau so richtig wäre; je auffälliger, desto besser.» Dem Obermeßdiener schrieb nach Weihnachten ein Zwölfjähriger, daß er kein Meßdiener mehr sein wollte: Die Statistenrolle fand ich endgültig langweilig und lächerlich. Der Liebe Gott sagte zu allem wieder kein Wort. Auch wenn ich, während die ganze Kirche kniete, aus Trotz gegen das Schauspiel stehenblieb, reagierte er nicht. Er wich aus, ganz weit weg, entzog sich meinem begründeten Protest. Hätten meine Eltern mich nicht mit allen unfairen Tricks zum Kirchgang genötigt, meine Geschichte wäre hier, auf welche Weise auch immer, zu Ende.

2.

Eine unverhoffte Wendung trat ein. Ich konnte mit einer Jugendgruppe wegfahren. Das erste Erlebnis mit der Gruppe war einschneidend. Meine Mutter hatte mir einen Kuchen gebacken, den ich auf die Fahrt mitnahm. Mit Tränen in den Augen mußte ich mit ansehen, wie die anderen wildfremden Jungen meinen Kuchen aufaßen. Mit dem Kuchen aßen sie mir die Liebe meiner Mutter weg. Ich fühlte mich klein, hilflos und einsam. Aber ein großer Junge weint nicht. Meine Mutter wollte, daß ich ein großer Junge sei. Sie war stolz auf mich, wenn ich gute Schulleistungen brachte, brav und höflich, eben ein großer Junge war. Ich genoß es, daß sie stolz auf mich war, damit liebte sie mich. Der Kuchen war eine Zuwendung, von der ich unmöglich annehmen konnte, daß sie für andere Jungen, zudem unverdientermaßen, bestimmt sein könnte. Eine harte Probe für mich. So wie ich meine Tränen zu unterdrücken lernte, lernte ich von nun an immer mehr, mich zu beherrschen und meine Gefühle unter der Oberfläche zu halten.

Zusehends bekam ich Last mit Allergien: Asthmaanfälle, Heuschnupfen und Ekzem. Das überschattete die Jugendgruppenfahrten und machte mich verletzbar. Ich war doch zudem der Jüngste in der Gruppe. Aber aufregend waren die Fahrten. Eine neue Welt tat sich mir auf: Gruppenleben und Auslandsaufenthalte. In der Gruppe wurde eine für mich bisher unbekannte Art von Glauben praktiziert. Glauben hatte mit Leben zu tun, war Miteinanderleben unter der ruhigen Kuppel des Kosmos, der seine Ruhe, aber auch seine Kraft der Weite in unsere Runde strahlte. In der Gruppe wurde gefeiert, meditiert, einander geholfen, gebetet, wurden Probleme ausdiskutiert, es herrschte Gastfreundschaft. Gott war unendlich weit weg, er rührte sich nicht, tat mir aber auch nichts. Jesus aber, der war einer von uns, ein Freund. Ich kam mit völlig neuen Ideen und Lebenseinstellungen in Berührung.

Deshalb fuhr ich auch jetzt auf Glaubenswochenenden in ein Bildungshaus, das den Taizégeist atmete. Die ökumenische Kommunität Taizé in Burgund entwickelte sich seit den 70er Jahren unter ihrem Prior Roger Schutz zu einem Pilgerort und geistigem Zentrum vor allem Jugendlicher, die radikal Einfachheit, Armut und Versöhnung suchen und im pfingstlichen Geist leben wollen.

Zu Hause, in meiner Gemeinde, stürzte ich mich in die Jugendarbeit. Eine Vision von friedlichem Zusammenleben, von sozialer Gerechtigkeit und kreativem Individualismus stand mir vor Augen. Wir verstanden uns alle so gut, jeder fühlte sich wohl und geborgen. – Friede, Freude, Eierkuchen, das warfen wir dem Establishment vor.

Konflikte entstanden am Rande dieser, meiner, Welt. Da der Religionsunterricht vom Gott-und-die-Welt-Gerede über Sexualkunde zum samstäglichen Fußballspiel herunterkam, meldete ich mich von dieser blutleeren Veranstaltung ab. Auf der anderen Seite stand die blutleere Kirche, meilenweit von Jesu Botschaft entfernt. Graue, verkalkte Bischöfe im Bunde mit weinerlichen alten Mütterchen und den ewiggestrigen Sauberkeitsfanatikern. Wir aber hatten Dom Helder Camâra, Ernesto Cardenal, Roger Schutz und einen aufmüpfigen Jugendverband. Ich beschloß, Theologie zu studieren, anzupacken und alles anders zu machen. Gott tat ja nichts dagegen, daß seine Botschaft dermaßen verunstaltet wurde. Je mehr er auswich, desto mehr attakkierte ich seine «Stellvertreter», jede Sorte von Obrigkeit und Autorität. Ich fühlte mich ihnen gewachsen, es war nur eine Frage der Zeit. Wenn ich erst einmal etwas zu sagen haben würde ...

3.
Das Abitur kam und ging, ohne besondere Anstrengung, wie erwartet. Aber zur Theologie wollte ich Psychologie oder Kunst, die mich beide auch sehr interessierten, als Alternativen nicht mehr akzeptieren. Ich hatte Angst, durchzudrehen oder brotlos zu werden.

Den Zivildienst hatte ich mir als Vorbereitungszeit gewählt. Ich wollte mich der harten Schule eines Krankenhauses aussetzen. Die Pflegearbeit im Krankenhaus zehrte sehr an meinen Nerven. Auf der Inneren Station lagen fast nur alte Männer: Herzinfarkt, Schlaganfall und Krebs. Hilflos mußte ich mit ansehen, wie sie litten und starben. Ich litt selber, konnte den Schmerz aber nicht herauslassen. Mit nur wenigen konnte ich über meine Arbeit und die damit verbundenen Probleme reden, und wenn, half es kaum.

Während ich dies aufschreibe, sehe ich mir im Fernsehen ein Joe-Cocker-Konzert an: Wer so empfindliche Nerven hat, denke ich, der braucht entweder eine Valium 10, eine Klosterzelle, optimale Körperbeherrschung oder eine Mischung von allem. Ich habe mir den schwierigsten Part gewählt, die Körperbeherrschung als Generalstrategie (vielleicht wirklich der einzig mögliche Weg), aber gerade hieran mangelte es mir.

Obendrein belastete mich zusätzlich zur Arbeitssituation das Betriebsklima. Ich war der Drückeberger, der die harte Arbeit tun mußte – da er schon einmal da war. Außerdem unterhielt ich mich zu oft mit Patienten und Ärzten, hieß es. So ließ man mich «sühnehalber» die Rollstuhlspeichen achtmal blankwienern. Ich fühlte mich bis auf das letzte gedemütigt, am aufrechten Gang gehindert. Meine innere Spannung wuchs. Nach wenigen Monaten hatte ich chronische Atemnot, allergische rote Flecken im Gesicht und Ekzem am ganzen Körper. Das mußte von den Seifen und Desinfektionsmitteln kommen und vom Hausstaub, sagte mir auch meine Ärztin, die mich aus dem Zivildienst herausboxte. Daß ich, nachdem ich wieder gesund war, bei der Arbeit in der Chemieindustrie keine Allergien bekam, verstand ich damals nicht.

Eine handfeste, neue Perspektive tat sich auf. Die Kirche suchte Pastoralreferenten. Da ich nie Priester werden wollte, versprach mir dieser Beruf alles, was ich suchte: Arbeit mit Menschen, und zwar vor

Ort, gesellschaftskritisch ohne heiliges Brimborium, aber getragen von einem Geist, einer Utopie von einer erlösten Menschheit. Ich begann, Theologie zu studieren, und nutzte die Gelegenheit zum Auszug.

Bei einem Erstsemesterwochenende lernte ich Leute kennen, die ähnlich dachten wie ich. Aber im weiteren lernte ich auch die Einsamkeit kennen. Überall in der Fremde der neuen Stadt lauerte die muffige, konservativ katholische Atmosphäre. Kontakte kamen auch im Wohnheim nur oberflächlich zustande. Ich richtete mich in eine Einzelkämpferexistenz ein. Sollte das der Anfang der solidarischen Brüderlichkeit sein?

Der Unibetrieb, und speziell die Theologie, zeigte sich mir mit vielen Gesichtern. Auf der einen Seite war der aufgeblasene, intellektuelle Wasserkopf, der in den höchsten Sphären schwebte, der mir Angst machte, mich aber zur intellektuellen Höchstleistung als Gegenwehr herausforderte. Auf der anderen Seite tanzten die Englein um Gottes Thron, was nur Ekel und Abscheu in mir wachsen ließ. Allgemein bewertet differenzierte sich meine Haltung zu Religion, Glauben und Kirche; es war nicht mehr ganz so einfach wie vorher und nicht so leicht, das alles vom Tisch zu fegen. Im Gegensatz dazu lernte ich die Politische Theologie und die Theologie der Befreiung kennen, die mir wesentlich mehr zusagten. Ich begann das meiste, was mir wichtig war und wurde, an den Rändern der Theologie zu suchen, gegen den Strich der Theologie zu lernen. Der Gott an der Spitze der Pyramide (Aristoteles) war mir zuwider. Gott als das «Zwischen der Menschen» (Buber) gefiel mir schon besser, füllte sich mir aber nicht praktisch. Die Kirche organisierte sich nach der Form eines Kegelklubs, aber nicht als Basisgemeinde. Ich litt an diesem Widerspruch, wollte ich doch eine prophetische Kirche, die sich für die Armen einsetzt, eine solidarisch starke Kirche, die für das Menschliche kämpft. Aber immer saßen in den mächtigen Positionen verkalkte, gemeingefährliche oder aber nur dumme, harmlose Männer. Und das seit 2000 Jahren. Sie predigten mir scheinheilig Nächstenliebe und wollten nur meine Unterwerfung. Spaß, ausufernde und chaotische Kreativität war verboten, oder war in nur gering dosierten Mengen gnädig zu empfangen – also keinen Spaß. Erotik und Sexualität wurden lieblos ausgeklammert, instrumentalisiert, tabuisiert oder nur sublimiert zugelassen – jedem das Seine, nur für mich nichts. Ich fühlte mich unter dem Zwang von Schuldgefühlen, unfrei und gehetzt wie ein Tier. Permanent stand ich in der Situation, mich zu rechtfertigen, warum ich bei solch einem Verein mitmachte, und was meine Meinung zum neuesten «Joke» von Papst oder Kardinal sei. Aber ich wollte doch alles ganz anders machen. Mit dem

Rücken zur Wand. Allergisch reagierte ich gegenüber jedem Anspruch, den man in meine Richtung hin aussprach. Allen Autoritäten, besonders der Kirchenhierarchie und meinen Eltern, lieferte ich erbitterte Verteidigungsschlachten. Ich fand gleichgesinnte Mitkämpfer in einer Fachschaftsgruppe, unorthodox linksgrün und immer zu einem «Fight» gegen die Hierarchie und die politisch rechtsstehenden Studenten bereit. Zur Weißglut brachten mich verdeckte, moralisierende Appelle, deren Super-Ego-Nackengriff sich nicht abschütteln ließ.

Daß ich trotz aller Versuche keine persönliche Gottesbeziehung aufbauen konnte, wurde mir zum Problem. Gott, der alte Mann mit weißem Bart, war einfach weg, verschollen, tot? Nur Jesus war noch da – er hätte auch Che Guevara heißen können, oder Joseph Beuys. Ich wollte zu Gott eine freundschaftliche Beziehung haben, aber er entzog sich mir, glänzte durch Abwesenheit – um dann aus dem Nichts aufzutauchen als sein eigener Stellvertreter und mir die Keule der Gesetzestafeln in den Nacken zu schlagen. Ich schrieb damals ein Credo-Gedicht:

CREDO

Ich will nicht dein Engel sein
dir Hymnen ins Ohr säuseln
und dann
einen seichten Spazierflug
über deine Wolken veranstalten

Ich will nicht dein Schatzi sein
brav und artig die Messingknöpfe
an der Treppe zu deinem Thron putzen
und anschließend
mit Franco Frau Holle spielen

Das kannst du mit mir nicht machen!
Ich will dich an meiner Seite sehen
für Gerechtigkeit kämpfend
und danach
können wir uns eine Currywurst besorgen

Ein Schritt mußte getan werden. Ich wollte mir den alten Traum vom Psychologiestudium erfüllen. War doch ein Verdacht in mir gewachsen durch das Unbehagen, das ich bei den Kursen in der religiösen Jugendarbeit, die ich gelegentlich veranstaltete, zurückbehielt: daß die Jugendlichen eigentlich nur wegen Freundschaften zu diesen Kursen kamen. Und Jesus war ja auch ein Freund. Aber dieser ganze Zirkus drumherum, der war doch nur gruppenspezifischer Überbau. Diese Leute waren auf der Suche nach etwas. Nach Gott, sich selbst, Freunden? Ich wollte ihnen keine Illusionen verkaufen, aber ich bildete mir ein, ich hätte ihnen etwas zu sagen. Wäre ich doch mutig genug gewesen, ihnen in aller Offenheit meine eigene Ratlosigkeit mitzuteilen, und daß ich selber auf dieser Suche war. Statt dessen wahrte ich den Anschein, verlor meine Fassung nicht, und erst recht nicht die Kontrolle.

Jetzt stürzte ich mich mit aller Power in die Fachschaftsarbeit. Von der ganzen Theologie blieb «nur noch» die Theologie der Befreiung. Doch was ich suchte, fand ich nicht. Auch mit der Theologie der Befreiung stand ich schon quasi außerhalb der Kirche. Alle meine Ideen, meine Kreativität schienen in der Kirche unauslebbar. Statt Beuys gab es Liturgie. Die Theologie flirtete zwar mit manchem, aber verwandte es nur zum Ausschmücken: sie betrieb Etikettenschwindel. Von der Kunst, von Literatur, Naturwissenschaften usw. ließ sie ihre alten Gedankengebäude nicht in Frage stellen. Das war alles nur Flitter, mit dem man sich aufpäppelte, ein kosmetisches Facelifting, aber wirklich änderte sich nichts. Der muffige Geruch, der unter dem lässigen Biedermannanzug bei jeder kleinsten (falschen) Bewegung entwich, wurde für mich immer mehr zum Kreativitätsblocker. Mittlerweile war ich es einfach leid, alles durch die biblische, theologische Brille zu sehen. Mir reichte eine Soziologie, ich brauchte statt dessen keine Überhöhung als Ekklesiologie (Lehre von der Kirche). Zur Vorbereitung auf das Diplom mußte ich dann den ganzen Sermon, den ich jahrelang gemieden hatte, durch mein Hirn schleusen.

Die Erfahrungen im Bewerberkreis für Pastoralreferenten hatten mich gelehrt, daß wenig Aussicht besteht, dieses System von Theologie und Kirche zu ändern. Ich war doch nur eine Ausnahme, einer von den wenigen, die spätestens nach dem ersten Nervenzusammenbruch gehen würden. Auch die Theologie der Befreiung wurde ich auf diese Weise leid, sie war mir noch zu konventionell kirchlich, zu eng. Und mein soziales Engagement – war das nicht doch bloß ein Lippenbekenntnis, ein Projekt für später einmal? Ging es mir nicht zuallererst um mich selber? – Ich wollte geliebt werden, das war der erste Beweggrund. Das suchte ich über den Umweg, dem Wunsch nach Liebe für alle, zwischen allen, zu erreichen.

Mein Selbstverständnis, meine ganzen Zukunftspläne, alles brach unter mir ein.

4.
Langsam wurde mir klar, daß ich meine ganze Energie in einen unnützen Grabenkampf investiert hatte, am eigentlichen Leben hatte mich das gehindert. Ich war einem Programm aufgesessen: dem Kampf gegen die «väterliche» Autorität, die Macht, «die» Wahrheit. Das war der totale Krieg. Ich wollte Sieger sein. Deshalb durfte ich mir keine Schwäche leisten, mich nicht fallenlassen und mußte meine Gefühle unter Kontrolle halten. Angstfrei konnte das ja nie Wirklichkeit werden, im Gegenteil, das mußte ja ins Auge gehen, dachte ich, nachdem ich aus dem Krankenhaus entlassen worden war und meinen Körper langsam wieder aufpäppelte. – I never lost control (Nie verlor ich die Kontrolle!), sang David Bowie.

Ich beschloß, nicht mehr in der Kirche zu arbeiten. Vor mir lag zwar jetzt ein Loch, aber ich fühlte mich freier. Das spürte ich auch körperlich. Meine Bauchdecke entspannte sich öfter. Nun versuchte ich schrittweise, meine Körpersprache zu verstehen. Die Angst vor dem Schlag in die Magengrube war zumindest teilweise überflüssig geworden. Endlich nahm ich wahr, welche Kämpfe meine Gefühle in meinem Innern ausführten, mich hin und her schüttelten, weil ich sie nicht herauslassen wollte. Doch sie fanden seit Jahren ihren Weg nach draußen über das allergische Ekzem, das meinen ganzen Körper erfaßt hatte und einen permanenten Juckreiz verursachte, welcher meine innere Spannung aufrechterhielt. Ein Tropfen reichte, das Faß zum Überlaufen zu bringen und mich in den Zustand eines Amokläufers zu versetzen.

Meine Kreativität konnte sich jetzt erst richtig entfalten, da sie nicht mehr gebunden war vom Kampf gegen die Autorität und die Aussicht darauf, sich in der Gemeindearbeit nicht verwirklichen zu können. Und statt des erwarteten Nichts als Zukunftsperspektive taten sich unzählige Möglichkeiten auf.

Aber bis hierher hatte ich erst den halben Fahrpreis gelöst. Ich sah klarer, mit dem Kopf hatte ich mich entschieden. An der Theologie hatte mich nur das Philosophieren interessiert, das Jonglieren mit Denkmodellen. Innerhalb der theologischen Sachzwänge, und noch viel mehr in der kirchlichen Praxis, war das unauslebbar. Im freien, kreativen Tun war das anders: Künstlerisches ist selbst im Destruktiven noch konstruktiv. Dabei erübrigt sich auch die tödliche Wahrheitsfrage zugunsten eines spielerischen Entwerfens ohne Absolutheitsanspruch.

Der Himmel fiel mir auf den Kopf, als mich unerwartet eine Freundin verließ. Plötzlich stand ich nun doch noch vor dem Nichts. Es war auch Liebe. Aber es war auch eine Mischung aus blinder Anklammerung und panischer Verlustangst gewesen, wurde mir bewußt. Und daß mein berüchtigtes Selbstbewußtsein immer nur überspielt hatte, wie wenig ich mich selber liebte und von anderen geliebt fühlte. – Da war er nun sichtbar, des Pudels Kern.

Ich apportierte immer brav das Stöckchen für Herrchen und bekam Schappi als Streicheleinheit dafür. Daß Herrchen mir kein besseres Fressen gab, kreidete ich ihm an. Deshalb wollte ich selber Herrchen werden. Aber wenn Herrchen, der eigentlich auch mein Frauchen war, meine große Ernährerin, dies spürte, machte sie mir Vorwürfe, daß ich undankbar wäre. Ich brauchte ihre in Schappidosen abgepackte Zuneigung, und gleichzeitig wehrte ich mich gegen diese Form der Liebe in der Mogelpackung. Herrchen war Frauchen, ein Januskopf. Sie rief mich zum Tollen und war dann Er, für den ich das Stöckchen apportieren mußte. Und ich fiel immer wieder auf den Trick herein. Ich war der Trick. In meiner Gegenwehr wußte die Rechte nicht, was die Linke tat, ich stolperte über meine eigenen Füße. Kein Wunder, daß ich mich «schizophren» empfand.

Unterdrücker und Unterdrückter sind die zwei Seiten der einen Medaille, der eine kann ohne den anderen nicht sein. Und von den vielen Dimensionen der Unterdrückung ist die emotionale die hartnäckigste und zäheste Fessel, ihr wird man sich zuletzt bewußt. Ich beschloß, auszusteigen aus dem Karussell, rannte weg. Und siehe da, in mir gähnte keine Leere, mitnichten. Nackt am Strand liegend erkannte ich mich selber und fand mich liebenswürdig – so einfach. Ich hatte den Kreis durchbrochen, hatte mich außerhalb gestellt. Mein Konflikt war zuallererst ein Wahrnehmungsproblem. Abgesehen davon, ob die Bosheit der Autorität tatsächlich existierte oder nicht, ich nahm sie als boshaft wahr und als bedrohlich. Das war meine Schuld und damit zuerst mein Problem, auch wenn ich Gründe hatte, aber ich war befangen.

Mein Körper erholte sich zuerst, blühte auf, als ob er nie eine Allergie gekannt hätte. Ich begann, meinen Körper zu trainieren und zu erforschen, erste Koordinierungen zu üben. Ruhe und Anspannung stellten sich zaghaft selber ein. Meine Gefühle wurden spontaner, ich nahm sie wahr und sie bewegten mich. Ein erstes, noch labiles und anfälliges Gleichgewicht bildete sich. Jetzt hatte ich aber gelernt, die Meßgeräte zu lesen. Der verkrampften Kontrolle war eine entspannte Aufmerksamkeit gefolgt, zumindest ansatzweise. Ich fühlte mich stärker eins mit mir selber, freier und offener, und begann die Welt mit anderen Augen zu sehen: statt schwarz-weiß nun häufiger in Farbe. Mit der Haßliebe hatte ich mich selbst blockiert. Jetzt verstand ich die Zusammenhänge besser.

5.
Um zu urteilen, braucht man einen Bezugspunkt und einen Maßstab. So findet man Ursache und Wirkung, Täter und Opfer. Was aber ist, wenn schon die Täter Opfer sind. Wird dann das Urteil Straftat oder einfach überflüssig? Gibt es einen archimedischen Punkt, außerhalb? Oder gibt es «nur» Wechselwirkung, Relativität, je nachdem, welchen Standpunkt man einnimmt?

Seitdem ich mich nicht mehr von der Autorität bedroht und angegriffen fühle, bedroht sie mich nicht mehr. Ich kann verstehen, was sie zu dem gemacht hat, was sie ist: Menschen zu Vätern, Müttern und Kindern, zu Herrschern und Untertanen, die Kirche zu einem reaktionären Schützenverein und mich zu einem Stadtguerillero, usw. ... Weil ich dies besser verstehen kann, fällt es mir auch leichter, nicht nach Schuldigen zu fragen, denn dazu braucht man mindestens zwei: einen zum Schuheverteilen und einen zum Schuheanziehen.

Aber ich kann und will mich auch nicht aus der Welt herausstehlen. Ich muß das Kind beim Namen nennen, es heißt: Herrschaft des Menschen über den Menschen. Die Kirche hat dieses Spiel mitgespielt. Ob sie es wollte oder nicht, aber profitiert hat sie immer davon: daß die Sehnsucht der Menschen zu deren Opium verkam.

Als professioneller Großdealer in Sachen Religion hat sie sich immer nach den Silberlingen des Judas gebückt, und diese in ihre Geldwaschanlagen eingespeist – von den Kreuzzügen bis zum Schulterschluß mit CIA und Mafia. Sie hat die Sehnsucht der Menschen scheibchenweise verkauft: Brot für die Welt, aber die Wurst blieb ihr.

Für die Nabelschnur ist kein Mensch geboren worden, sondern zum Atmen. Das kann ich glauben, das ist Glauben. Indem ich atme, spüre ich den unendlichen Atem über den Wassern. Den kann und sollte man nicht zu fangen versuchen, aber mit ihm spielen. Gott, wenn ich schon dieses abgenutzte Wort gebrauche, habe ich immer gesucht, das war schon der erste Fehler. Daraufhin folgte die Geschichte der Entgöttlichung Gottes: Despot und Weihnachtsmann, Vater und Mutter, Sklavenhalter des Körpers und Geiselnehmer der Seele. Gott war damit erledigt. Übrig blieb ein Götzendienst. Ein in allen Spielarten totalitaristisches Verhältnis.

Immer weniger Menschen haben noch Lust, in feudalistischen Verhältnissen des Mittelalters zu leben. Sie wollen freie, ganzheitliche Menschen sein, die die Unterdrückung des Menschen durch den Menschen nicht zulassen. Die Sklaverei soll abgeschafft sein, aber noch nicht die Sklaven. Die Neue Welt liegt noch vor uns.

Ich fühle mich noch wackelig auf den Beinen, aber ich möchte weiter auf dem Weg gehen, der sich mir erst andeutet. Raus aus dem mörderischen System. Selber gehen möchte ich, mich selbst verwirklichen und nicht nach Programm funktionieren. Dazu wäre es sicher sinnvoll, daß ich mich öfter aus meinen Kreisen herauskatapultiere, mich öfter frage, nicht: was mache ich eigentlich, sondern: was macht Thomas eigentlich wieder für einen Blödsinn? Das sollte mir ein Zeichen sein, wenn mir das Lachen vergeht.

Thomas Webers, Dipl.-Theol.,
geb. 1959, Psychologiestudent in Bonn und Religionslehrer.
Jugendbildungsarbeit, Lyrik- und kleinere journalistische Veröffentlichungen.

Hans-Peter Parzybok

... und Jesus sprach: «Klerus ade!»

Ich weiß deine Werke, daß du
weder kalt noch warm bist.
Ach, daß du kalt oder warm wärest.
Weil du aber lau bist, und weder
kalt noch warm, werde ich dich
ausspeien aus meinem Munde.
Offb. 3,15–16

Aus einer Familie polnischer Beutepreußen stammend, war meine Integration in die Welt des Katholizismus vorherbestimmt. Da es in meiner Familie nie eine grundsätzliche Infragestellung des hierarchisch-patriarchalischen Apparates der römisch-katholischen Kirche gab, sollten die Meilensteine religiöser Integration Taufe, Kommunion, Firmung und kirchliche Heirat sein. Das gehörte sich so, dies war schon immer so bei ordentlichen Katholiken; ein Relikt der tiefen Frömmigkeit, die meine Großeltern wohl noch besessen hatten, als sie zu Beginn des 20. Jahrhunderts aus den Provinzen Westpreußen und Posen ins Rheinland kamen, um im Ruhrgebiet Arbeit und Brot zu finden. Schwerindustrie und Bergbau, die Branchen, in denen meine Großväter arbeiteten, brachten aber auch Auszehrung, Invalidität und frühen Tod. So lernte ich nur noch meine Großmutter väterlicherseits kennen, eine stolze, lebenslustige Frau, die Deutsch mit einem schweren slawischen Akzent sprach. Anscheinend recht rasch hatten meine Großeltern ihre polnische Identität verdrängt und sich an die Verhältnisse im Rheinland angepaßt. Hier gab und gibt es Ressentiments gegen Polen, die auch ich noch als Kind zu spüren bekam: in meiner Gegenwart sprach man abfällig von «Polacken» und «polnischer Wirtschaft». In der Volksschule lernte ich noch ohne entsprechende Hintergründe, daß die Polen den deutschen Osten besetzt hielten. So einem Volk gehörten meine Vorfahren also an. Man war sowieso ein erbsündiger Mensch, dies war ein weiterer Grund, sich klein und schlecht zu fühlen. Das polnische Erbe galt es zu verleugnen, zumindest nach außen, das machten mir meine Eltern früh klar.

Zwei Jahre nach Ende des sogenannten «Tausendjährigen Reiches» hatten sich meine Eltern kennengelernt, doch scheinbar erlaubten die Umstände weder Heirat noch Kinder. Nachdem Asche und Trümmer beseitigt waren, ging es ans Heiraten, standesamtlich und kirchlich. Ohne eigene Wohnung lagen die Prioritäten in den folgenden Jahren auf Urlaub und Aufbau einer Existenz, getreu alten preußischen Tugenden wie Fleiß, Ordnung und Pflichterfüllung.

Der mysteriöse Mord an der Frankfurter Edelprostituierten Rosemarie Nitribitt hatte gerade die scheinbar unangreifbare Prüderie und Wohlanständigkeit der Adenauer-Ära ins Wanken gebracht, als ich in D. geboren wurde. Anachronistisch mutet das Ritual der katholischen Kirche in dieser Zeit an, wenn sie Mütter zur Aussegnung in die Krankenhauskapelle bittet, der Vorgang der Geburt galt noch als unrein. Ein Mosaiksteinchen in der vielfältigen Frauendiskriminierung durch die katholische Kirche. Oder diente die Aussegnung zur Aufrechterhaltung der heiligen Ordnung der Ehe, in der es keine sittlichen Verirrungen geben durfte?

Nach Jahren der Entsagung wuchs ich in den Konsumrausch einer Kleinbürgerwelt hinein, in der die Statussymbole etwas galten. Die Rotation wurde erfunden, nur waren es damals nicht grüne Bundestagsabgeordnete, sondern die Couchgarnituren, die alle zwei bis drei Jahre ausgetauscht wurden. Nierentische, Vorhänge mit abstrakten graphischen oder italienischen Rivieramotiven als Muster, kitschige Plastikblumen in Vasen an der Hausflurwand und die aufkommende Fernsehkultur, die traditionellen Werte der katholischen Kirche hatten einen schweren Stand.

Als ich gerade laufen konnte, zogen meine Eltern nach D. Mein Vater war als Angestellter eines großen Industriekonzerns versetzt worden. Der südliche Stadtteil, in dem wir uns niederließen, wurde geprägt von Schwer- und Kleinindustrie. Wir bezogen eine Mietwohnung im ersten Stock eines Acht-Familien-Hauses. Wohnen in einem Neubau war nicht die Regel, eine Freundin von mir wohnte mit Mutter und Oma ebenerdig in einem umgebauten Hühnerstall, der abseits in einem Garagenhof lag. Der Zugang war nur über den mit Schlaglöchern übersäten und ewig schlammigen Hof möglich. Mit Bretterzäunen vernagelte Lücken in den Häuserzeilen und das provisorische Dach der neogotischen Kirche deuten noch darauf hin, wie verheerend die Bombennächte des Zweiten Weltkrieges gewesen waren.

Die Zeit zwischen 1933 und 1945 bleibt ein weißer Fleck. Kleine Tüpfel werden sichtbar, wenn meine Eltern von Kriegskameradschaftserlebnissen und den Schrecken der Bombennächte erzählen. In der Nachbarschaft schweigt man betreten über die Nazizeit. Unter dem

Siegel der Verschwiegenheit erzählt mir die Mutter einer Freundin, wie schäbig, ja schweinisch sich einer der Nachbarn während des Dritten Reiches verhalten hatte. Details bleiben im dunkeln.

Meine Eltern und meine Verwandten bildeten einen engen Kreis, in dem ich von Wärme, Herzlichkeit und gutem Essen umgeben war, zumindest solange ich klein und brav war. Hübsch artig, den Eltern gehorchend bei Tisch sitzen und das Mittagsgebet sprechen, das galt als fein. Noch vor dem gemeinsamen Besuch des Gottesdienstes waren die Hausgebete die früheste Form von religiösem Leben, an die ich mich erinnere. Den unsichtbaren Gott als Ursache allen Lebens und Seins, das vaterähnliche Wesen sollte ich schon noch rechtzeitig in der heiligen Messe kennenlernen. Dieses sonntagmorgendliche Ereignis war ein rechtes Ärgernis für mich, denn da mußte ich still sitzen und ausharren. Wir saßen immer in einer der letzten Reihen, meine Eltern und ich waren «Hinterbänkler», denn vorne in den beiden Hauptreihen saßen Männer und Frauen getrennt, die Frauen mit Kopftüchern oder Hüten bekleidet. In den letzten Bänken wich man auch schon vor dem Zweiten Vatikanum (katholisches sog. Reform-Konzil von 1962 bis 1965) von dieser Regelung ab. Eine gewisse Skepsis gegenüber der Institution Kirche leugneten meine Eltern trotz ihrer Frömmigkeit nicht ab. Bei meinem Vater hatten Hirtenbriefe aus den 50er Jahren schmerzliche Wunden gesetzt. Er empörte sich darüber, daß der Klerus sich vor Bundestagswahlen erdreistet hatte zu vermelden, jeder Katholik sei vor dem Gewissen verpflichtet, nur dem christlichen Kandidaten seine Stimme zu geben.

Meine Mutter drückte ihre Skepsis durch die Weigerung aus, weiterhin zur Beichte zu gehen. Denn sie war der Überzeugung, daß ein zölibatär lebender Priester keinerlei Kompetenz aufwies, um in Fragen der Ehe entscheidenden Rat und sein Urteil abzugeben.

Insgesamt war das Leben in der katholischen Pfarrgemeinde wenig lebendig, ja erstarrt. Das soziale Klima war drückend. In unserer Gegend wohnten nur Arbeiter und kleine Angestellte. Neid, wenn auch versteckt, war allgegenwärtig. Alle bemühten sich, sittsam und ordentlich zu erscheinen.

Beinahe nichts wurde hinterfragt, fast alles galt frag-los. So auch der lateinische Ritus in der katholischen Meßfeier.

Die lateinischen Worte, die seltsamen Gesten, der Weihrauch – das alles verstand ich damals nicht. Heute denke ich mir: Afrikanische und indianische Stammesriten können ja wohl kaum «lächerlich und primitiv» sein, wie man es uns im Kommunionunterricht erzählt hat, wenn die katholische Magie Ausdruck von «Wahrheit» sein soll. Woher nimmt man eigentlich die Berechtigung zu moralischer Überheblichkeit anderen Glaubensformen gegenüber? Ich muß nicht auf ferne Völker verweisen, denn das Ferne lag durchaus nahe. Unweit der katholischen Kirche befand sich das evangelische Gotteshaus. Wir kannten aber keine Protestanten, die dorthin gingen. Galt die Bitte um Demütigung der Feinde der heiligen Kirche, die wir am Karfreitag in unserer Kirche beteten, auch für sie?

Katholischer Kindergarten, katholisches Elternhaus und katholische Volksschule reichten, um mein katholisches Weltbild zu formen. Doch: da war tatsächlich einer meiner Mitschüler konfessionslos. Wir fanden schnell andere Begriffe für diesen bedauernswerten, hoffnungslosen Zustand. Er ist «Atheist», er ist «nichts», hieß es. Gleichsam bestritten wir seine Existenz. Jedenfalls fehlte ihm in unseren katholischen Augen ein Stück zum vollendeten Menschen. Entsetzen packte uns: der allmächtige, barmherzige Gott, der Vater, der Sohn und der Heilige Geist stehn gegen ihn! Ohne die Liebe der Mutter Kirche – wie kann man da eigentlich existieren, fragten wir uns.

Dennoch: ganz zufrieden mit meiner Religion war auch ich nicht. Die Beichte war mir verhaßt. Vor dem Beichtakt hatte ich mein Gewissen zu erforschen, das ja nach der gängigen Lehre einfach schlecht sein *mußte*. Ich erinnere mich, wie ich auf den Knien auf einer Seite des Beichtstuhles kauerte, wie ich durch ein gesichtsgroßes Holzgitter sprach, das aber so hoch angebracht war, daß ich den Hals recken mußte. Der Priester war nicht zu erkennen, denn das Holzgitterchen war von innen geschmackvoll mit einer vergilbten Plastikfolie überzogen. Da sich dieses Gehäuse noch in einer dunklen Ecke der Kirche befand, konnte kein kindliches Vertrauen entstehen. In den frühen Beichten ging es im wesentlichen um Ungehorsam gegenüber Eltern und Kirche. Ein paar Jahre später ging es dann um Unkeuschheit in Gedanken, Worten und Werken. War es sowieso schon schwierig, meine aufkeimende Sexualität zu erfassen und zu bewältigen, so geißelte der Priester diese als verderbende Fleischeslust und sinnliche Leidenschaft.

Die Todsünde des Geschlechtlichen außerhalb der Ehe schwebte drohend im Hintergrund. Und der «Herr» im Himmel sah auch noch all die kleinen Spielchen mit Klassenkameraden und Jungen aus der Nachbarschaft, das neugierige Angrabschen oberhalb und unterhalb der Gürtellinie. Die angebliche Unnatürlichkeit meines Tuns konnte ich mit der Zeit dabei immer weniger empfinden.

Dennoch verstärkte ich mein Engagement in der Gemeinde. Nach etwa einem halben Jahr der Vorbereitung wurde ich in die Schar der

Ministranten (Meßdiener) aufgenommen. Mühsam hatten wir das Glaubensbekenntnis und das Vaterunser in dem uns unverständlichen Latein gelernt. Daß es so schwierig wäre, dem Lobe Gottes zu dienen, hätte ich mir vorher nicht gedacht. Es entsprach überhaupt nicht unseren kindlichen Bedürfnissen, sonntags um 7.30 Uhr in der Messe zu dienen, zu der ja doch nur drei Mütterlein kamen, die dann den Rosenkranz beteten. Wochentagsmessen – vor der Schule um 7 Uhr – standen auch nicht hoch im Kurs. Die öde Langeweile wurde nur durch die rheinische Frohnatur des alten Pastors etwas gedämpft.

Nach drei Jahren habe ich dieses Meßdiener-Ritual hinter mir gelassen. Auch wollte ich nicht mehr in den Gottesdienst gehen. Meine Eltern ließen mich gewähren.

Eine Hinwendung zur Kirche gab es wieder kurz nach dem Abitur, als ein Schulfreund mich in die Katholische Hochschulgemeinde einlud. Doch erkannte ich relativ bald, daß diese Gemeinde nur ein Feld zum Austoben war, um die kritischen jungen Leute noch an die Kirche zu binden. Moderne Gottesdienste und die vielen Aktivitäten sollten Zugehörigkeit zur Kirche begründen, ohne an den grundsätzlichen Autoritätsverhältnissen etwas zu ändern. Das erlebte ich eindringlich, als eine Plakatwand aufgestellt wurde, auf der die Gemeindemitglieder aufschreiben sollten, was für sie Gemeinde sei – als dann jemand fragte, warum der Papst nicht «ficken» dürfe, und ein anderer aufschrieb, ob denn Asketen Sexualnormen aufstellen könnten, überklebte der Pfarrer diese Fragen sofort. Schon einen Tag später konnte man auf der Plakatwand eine neue Inschrift lesen: «Zensur?»

Als Soldat nahm ich an einer Militärwallfahrt nach Lourdes, einem Marienheiligtum in Südfrankreich, teil. Mich erschreckte zutiefst, daß zu den Hauptattraktionen der katholische Kitsch gehörte, der in den zahllosen Devotionalienläden (Geschäfte, in denen man religiösen Krimskrams kaufen kann) erhältlich war. Besonders abstoßend fand ich die Lourdes-Wasserflaschen: Madonna mit abschraubbarer Krone – aus Plastik!

Während eines Spanien-Urlaubs hatte ich die Gelegenheit, bei einem spanischen Freund das Osterfest zu verleben. Ich sah große, nächtliche Prozessionen mit betrunkenen Trommlern, die während der ganzen Nacht ihren Höllenlärm machten. Als ich die Mutter meines Freundes fragte, warum die – doch sehr fromme – Familie nicht zu den Prozessionen und Gottesdiensten ginge, antwortete sie mir: «Gott ja, Ritus nein!»

So ähnlich ist es auch bei mir. Als Christ empfinde ich mich, weil ich mich auf den armen Jesus von Nazareth berufe. Was der allerdings mit der katholischen Kirche in ihrer jetzigen Form zu tun hat, ist mir nur schwer ersichtlich. Ich glaube sogar, daß in all dem Kult und Ritus die Botschaft Jesu unkenntlich geworden ist. Was eine Botschaft der Liebe war, ist zur Arroganz der Macht verkommen.

Hans-Peter Parzybok, geb. 1958, aufgewachsen in Düsseldorf, studiert Agrarwissenschaften an der Universität Bonn

Hellmut G. Haasis

Vaterlos im Himmel wie auf Erden

Angetan hat mir der himmlische Vater eigentlich nichts. Bevor es dazu hätte kommen können, war ich ihm aus der Reichweite entwischt.

Was mir angetan wurde, tat mir schon eher meine Mutter an. So glaubte ich, bis ich mich mit der Zeit auch ihrer Übermacht entzog. Erst als ich dann geschichtlich und politisch denken zu lernen anfing, ahnte ich etwas von dem teils unbegriffenen, teils nur verschwiegenen Dunkel, in dem meine Mutter so gemacht worden war, wie sie war. Was sie mir angetan hatte, war ihr vorher von anderen zugefügt worden. Und ihr zuliebe muß ich hinzusetzen, daß ihr ungleich mehr und Schwereres angetan worden war als mir.

Meinen Vater gab es für mich von Anfang an nur im Himmel. Er war also weit weg, war tot, aber in der Familie immer gegenwärtig: in der Erinnerung und im Gebet.

Im eiskalten Januar des Jahres 1942 kam ich auf die Welt: in Mühlakker an der Enz, zwischen Pforzheim und Stuttgart. Ich wurde zu Hause geboren, in der Pfarrwohnung; denn mein Vater wünschte, wenn eines seiner Kinder berühmt werden würde, sollte man eine Gedenktafel am Geburtshaus anbringen können.

Gerade erst zweieinhalb Jahre war ich alt, als mein Vater in Straßburg fiel: August 1944. So pflegte man zu sagen. In Wirklichkeit war er nicht einfach so gefallen, schon gar nicht auf dem Feld der Ehre, dem chauvinistisch-nazistischen Moloch. Auch nicht fürs Vaterland, wie die Todesanzeige behauptete – die log wie gedruckt.

Bei einem Luftangriff der Alliierten auf Straßburg hatten die Druckwellen eines Bombenteppichs meinen Vater aus einem Bombentrichter, wo er Deckung gesucht hatte, herausgerissen und 30 Meter weit weggeschleudert. Mein Vater starb sofort an inneren Verletzungen, seine herbeigeeilten Kameraden konnten seine letzten Worte schon nicht mehr verstehen. In der Nähe stand der Lazarettzug, in dem mein Vater als Zahlmeister zu Verwundetentransporten an die russische oder an die italienische Front gefahren war. Auf den Dächern der Waggons waren riesige rote Kreuze aufgemalt, die die Amerikaner so wenig rührten, wie sie die Naziarmee irgendwo vom Morden abgehalten hatten.

Seitdem lebte unser Vater im Himmel und doch stets bei seiner Familie. Wir besuchten ihn öfters in Straßburg, wo wir ihn auf dem großen Soldatenfriedhof fanden, hinter dem Hauptbahnhof. Vom Eingangstor aus gleich links in der vierten Reihe das elfte Grab. Nicht nur dort sprachen wir mit ihm.

Andacht

So kenne ich meine Mutter nicht anders, als daß sie meinen umgebrachten Vater vertreten, es ihm recht machen und seinen Willen erfüllen wollte. Der Weg, mit unserem Vater in Verbindung zu treten, war das Gebet. Den Tageslauf durchzogen Gebete. Vor dem Frühstück ein ellenlanges Morgengebet, gemeinsam von uns vieren gesprochen, wobei man sich nicht vergaloppieren durfte. Nach dem Frühstück die Morgenandacht: die Losung des Tages mit Kurzauslegung (Losungsbüchlein) und ein Lied. Mittags Tischgebet vorher und nachher. Abends die Abrechnung des Tages. Hier wurden vor Gott und unserem Vater alle Probleme und Schandtaten der Kinder ausgebreitet. Glücklich, wer dabei besser abschnitt, indem er nur wenig oder gar nicht drankam.

Gott, der sich im Himmel alles anhörte, mein Vater neben ihm, ebenfalls bestens unterrichtet über die zurückgelassene Familie: das war ferne über mir, fast eine bergende Welt, bei weitem nicht so streng wie die Welt unten. Denn hier unten herrschte meine Mutter, energisch, mir stets auf den Schlichen; ihr entging kaum, wenn ich vom vorgeschriebenen Weg des Gehorsams, der Ehrlichkeit, der Pünktlichkeit, der Anständigkeit abwich. Sollte doch einmal etwas ihrem Überauge entwischen – natürlich nur kurzzeitig –, so bekam ich es erst recht jahrelang auf das erzieherische Butterbrot geschmiert.

So etwas mußte in mir wohl ein noch immer ungestilltes Sehnen nach Befreiung wecken und einen Drang, dafür etwas zu tun.

Der zweigesichtige Gott

Die Konstellation unter den Geschwistern war für mich denkbar ungünstig: die Schwester sieben Jahre älter, der Bruder vier. Ich, das Nesthäkchen, ein letztes Wunschkind und ab dem zweiten Monat mit der Flucht aus dem Mutterleib drohend, hatte da noch einmal eine Mutter – die eine war wirklich schon genug, da sie ja noch gleich den

Vater ersetzen wollte. Also drei Große über meinem kleinen Lockenschopf. Und auch der Bruder ließ mich nicht hochkommen.

Dabei muß ich wohl ziemlich geltungssüchtig und auch dickköpfig gewesen sein, was meine Geschwister für frech hielten. So bekam ich Druck aus allen Richtungen – und nicht so knapp.

In dieser Zwangslage schwebte über mir ein zweigesichtiger Gott. Der sprichwörtlich liebe hörte sich in Eselsgeduld alles an. Genützt hat es mir nichts. Er gehörte für mich mehr oder weniger zu meinem toten Vater, denn beide wurden im Gebet miteinander angesprochen. Das war für mich der ferne Gott, mit etwas unklaren Zügen, aber doch der angenehmere.

Daneben lebte meine Mutter, diese gewaltige, mich schier erdrükkende Doppelperson: für mich der nahe Gott, dem wirklich fast nichts entging. Dem einen, dem fernen Gesicht gegenüber konnte ich mir schon einmal Luft verschaffen, beim anderen, dem viel zu nahen, war das lange zwecklos. Hier half noch am ehesten Schweigen, mich in meinem Inneren Verstecken.

Der ferne Gott hatte, wie ich aus Gebeten und Andachten wußte, mich auf dem rechten Weg zu leiten, mich vor dem Bösen zu behüten und zu bewahren. Dafür mußte ich alle, selbst die kleinlichsten Verhaltensvorschriften peinlich genau befolgen. Ein kleinkarierter Gott, ein unentwegter Nörgler! So mußte der ferne Gott mich auch vom Herumtrödeln nach der Klavierstunde und dem verbotenen Fußballspiel abhalten. Natürlich von hundert anderen Dingen ebenfalls, die mir Spaß gemacht hätten, sich aber nach der Meinung meiner Mutter nicht gehörten.

Im Gegensatz zum nahen Gott ließ der ferne einiges durch. Mir war es recht. So geschah folgendes: Anstatt nach der Klavierstunde, wie unendlich oft befohlen, sofort nach Hause zu gehen, spiele ich wieder einmal Fußball. Ich muß ungefähr fünf Jahre alt gewesen sein. Ich laufe aus einem Hof dem Ball hinterher, über die Straße und in einen der ersten Volkswagen von Mühlacker. Ich finde mich einige Meter weiter auf dem Hinterteil wieder, rappele mich auf, packe meine Mappe mit den Klaviernoten und trotte nach Hause. An der Enz wische ich ein bißchen Blut von meiner Hand ab. Sonst habe ich nichts abbekommen.

Zu Hause komme ich gerade rechtzeitig zum Kakaotrinken. Da platzt mit einemmal eine Missionarin herein, bei der einige Kinder noch zusätzlich biblische Geschichten hörten:

«Ihr sitzt hier herum, seelenruhig, wie wenn nichts geschehen wäre. Wißt ihr denn nicht, daß euer Hellmut von einem Auto überfahren wurde und im Krankenhaus liegt?»

Meine Mutter versteht nichts, verweist nur auf meine unleugbare Anwesenheit. Ich sitze harmlos da und weiß ebenfalls von nichts. (Diese Haltung entwickelte ich zur Meisterschaft.) Aber nach und nach stellt sich alles heraus. Da ich mich davongestohlen hatte, sahen mich die Unfallzeugen schon eingeliefert im Krankenhaus.

Den fernen Gott hatte ich überlistet, der nahe hatte mich doch zu erreichen verstanden.

Die Freude meiner Mutter über den glimpflichen Verlauf des Unfalls äußerte sich darin, daß ich von da an für lange Zeit im Gebet vorgeknöpft wurde. Meine Mutter wollte das Vergehen in mein Schuldbewußtsein «einbrennen». Außerdem wurden die unfallverursachende Sünde und gleich noch ein paar ältere dazu bei jeder sich bietenden Gelegenheit aufgetischt.

Dieser Gott, der nahe, hatte ein unerträglich langes Gedächtnis, der ferne litt dagegen offenbar gehörig unter Gedächtnisschwund, dem der irdische nicht oft genug nachhelfen konnte.

Zwang überall

Meine Mutter stand unter dem Druck, uns den Vater voll ersetzen zu wollen.

Selten sah ich sie lachen. So richtig herzlich einmal, als sie mit uns – ich war um die fünf oder sechs Jahre alt – einen kleinen Zirkus der ersten Nachkriegszeit besuchte. Die Clowns mit ihrem Unfug und Mißgeschick brachten mich ganz aus dem Häuschen – schon ihr bloßes Erscheinen stürzte mich in einen See von Lachen. Noch heute strahlt meine Mutter, wenn sie erzählt, daß sie schon allein bei meinem lachenden Anblick selber loslachen mußte.

Doch das gewöhnliche Klima war von Zwanghaftigkeit geprägt. Alles war vorgeschrieben, mußte in engsten Bahnen befolgt und erledigt werden. Das Überauge konnte nicht einmal ein kleines Auge zudrücken. So lagen Erpressung und Gewalt auf meiner kleinen Seele. Wenn ich tagsüber einmal nicht folgsam war – das kam bei meinem Dickkopf natürlich öfters vor –, mußte ich abends im Bett meine Mutter um Verzeihung bitten. – Auch diesen Grundsatz verdankte ich dem toten Vater: Meine Mutter sprach dann nicht das Nachtgebet mit mir und wich nicht von meinem Bett, bis ich endlich, um einfach Ruhe zu bekommen, um Verzeihung für etwas bat, das mir keineswegs sonderlich verwerflich vorkam. Natürlich wurden bei der Erpressung am Bett auch Gott und mein Vater gegen mich bemüht.

Mein Gottesbild verband sich mit Unterwerfung, Brechung des eigenen Willens, mit Gewalt; denn wenn gar nichts mehr half, setzte es endlich auch Hiebe. – Wobei meine Geschwister bis heute halb lachend, halb empört meinen, im Vergleich zu ihnen sei ich als der Jüngste zu kurz gekommen.

Zwang und schlechtes Gewissen hingen unauflöslich zusammen. Für den Fall, daß sich eines der Kinder kurz Freiheit verschaffen wollte, sollte es in sich selbst einen Polizisten herumtragen. Um den eigenen starrköpfigen Stolz nicht aufkommen zu lassen, mußte man gedemütigt, täglich immer wieder gedemütigt werden. Lob und Anerkennung kannten wir eigentlich nicht. Das hätte nur den Hochmut gefördert, auf den ja todsicher der nächste Sündenfall gefolgt wäre.

Die Hexe

Den grundlegenden Schock meiner Kindheit, noch fast vierzig Jahre danach nicht ganz verwischt, erlitt ich im riesigen, wunderbar verwilderten Pfarrgarten. Dieses Kinderparadies war mit dem großen Haus hineingebaut in einen aufgelassenen Steinbruch. In der Mitte eine schon betagte, sehr hohe, ausladende Blutbuche, in deren Schatten mein erster Spielplatz lag: der Sandkasten. An einem Frühnachmittag im Sommer erschien mir dort eine Hexe, ein Monstrum mit scheußlichen Augen, fletschenden Zähnen, schrecklichem Keifen, mit gierigen Händen von weitem nach mir langend. Als ich aus dem ebenerdig zum Garten liegenden Keller herauskomme, sehe ich sie plötzlich von weitem. Da ist es schon zu spät. Ich will fliehen, komme nicht weg. Ich will mich umdrehen, nicht hinsehen, ich bin festgeschmiedet an den Boden. Ich will mir die Augen zuhalten, da kann ich meine Arme nicht mehr heben.

Die Hexe zieht mich mit ihren Händen erbarmungslos zu sich heran. Meine ganze Willenskraft ist mit einem Schlag gebannt, alles ist tot in mir, nur nicht meine Augen und mein rasend wachsender Schrecken.

Die Hexe zieht mich einen kleinen Schotterweg hinauf, wie ein riesiger Magnet. Kurz bevor sie mich wirklich hat und verschlingen kann, dreht sie sich um und verschwindet hinter dem starken Stamm der Blutbuche. Gerade noch kann ich ein Schild auf ihrem Rücken lesen: «Komme 6 Uhr wieder.»

Aufgelöst renne ich zu meiner Mutter. Was ich ihr auch erzählen mag, sie kommt nicht hinter das Geheimnis meiner Verstörung. Sie gibt sich Mühe, aber mein Todesschrecken lähmt wohl alle Ausdrucksfähigkeit. Ich dürfte damals nicht mehr als fünf Jahre alt gewesen sein. Meine

Mutter nahm meine Angst ernst, ging mit mir zur Blutbuche, wo sie im Gebet Gottes Hilfe gegen meine Angst anrief.

Abends kam die Hexe nicht mehr. Ich wurde wohl auch im Haus gehalten. Die nächsten zehn Jahre lang träumte ich wöchentlich von der Hexe, gelegentlich mehrmals, schreckte auf, zitternd, hilflos.

Das Gebet zu Gott hatte nichts geholfen. Erst als ich dann mit 15 Jahren in das evangelisch-theologische Seminar von Maulbronn einzog und ab und zu meine benachbarte Geburtsstadt und einen Kindheitsfreund besuchte und so auch den Garten mit der Blutbuche wiedersah, begann meine Schreckenswunde zu vernarben. Stück für Stück rekonstruierte ich, was damals geschehen war. Bei der Hexe handelte es sich um eine Freundin meiner Schwester, die eine Vorliebe fürs Verkleiden und für Schauermärchen hatte. Die Hexe konnte mich nicht gut von über zwanzig Metern aus magnetisch angezogen haben, ich war wohl von meiner großen Schwester dorthin geschoben worden. Mein Sträuben ließ sich bei dem Schrecken leicht brechen. Das Schild mit der Ankündigung der Wiederkehr hatte ich mir im Lauf der jahrelangen Angst selbst gemalt, denn damals konnte ich beileibe noch nicht lesen.

Mit dieser Erkenntnis ließen die Angstträume langsam nach und hörten dann noch in der Maulbronner Zeit auf. Der ferne Gott hatte völlig versagt, der nahe mich nicht verstanden, sondern alles auf den fernen abgeschoben. Mit meiner Not, meinen nächtlichen Schreckensbildern blieb ich allein. Niemand konnte ich davon erzählen. Wer will sich schon wegen einer Hexe lächerlich machen? Und als der Jüngste in der Familie war ich eh zur Genüge der Gegenstand des verletzenden Spottes meiner Geschwister.

Ständige Trauer

Bei aller Zwanghaftigkeit zeigte das Gottesbild unserer vaterlosen Familie noch einen anderen Zug: es trug Trauerflor. Jahrelang weinte meine Mutter bitterlich, wenn bei den Andachten der tote Vater angesprochen wurde. Wir sangen bevorzugt Trauer- und Trostlieder. – Meine Mutter ging drei Jahre lang schwarz, äußerlich; innerlich ihr Leben lang.

Bei den Andachten ließ uns die Mutter die Lieder auswählen. Wenn ich drankam, der ich noch nicht lesen konnte, blätterte ich so lange im Gesangbuch, bis ich das Lied Nr. 99 gefunden hatte: auch ein Trauerlied. Meine Geschwister wurden bald ungeduldig, die Mutter ließ mich suchen, bis ich endlich die beiden geschwungenen Zahlen nebeneinander entdeckt hatte.

Hier galt ich für ganz kurze Zeit etwas, wurde ermuntert, bestätigt, fühlte mich emporgehoben zu den Großen, geliebt und nicht bloß als Blondköpfchen abgeschleckt. Im Trauern nur zeigte sich der zweigesichtige Gott über mir liebevoll, wenn auch völlig machtlos. Immerhin kam er mir hier am nächsten.

Die ständige Trauer hatte freilich auch eine repressive Seite. Als ich mich später, ab 13 Jahren ungefähr, von der Mutter loszumachen suchte, bekam ich in Konflikten den Tod des Vaters, woran nun wahrlich nicht ich, sondern die Nazis Schuld hatten, vorgeworfen, zur Verschärfung des Schuldbewußtseins. Stehende Redewendung: «Das wäre nicht passiert, das hättest du dich nicht getraut, wenn dein Vater noch leben würde.»

Die Auflösung Gottes

Meinem allmächtigen nahen Gott entschwand ich, als ich nach Maulbronn kam. Ich geriet in eine württembergische Klosterschule, die von einem Patriarchalismus geprägt war, wie ich ihn nie gekannt hatte. Der Schulleiter, nach griechischer Sitte Ephorus genannt, war ein griesgrämiger Haustyrann. Er hatte meinen Vater gekannt. Womöglich hätte ich mir meinen Vater wie diesen Ephorus vorstellen müssen: kriegsbegeistert 1914–1918, dann antirepublikanisch, näher bei den Freikorps als bei der Weimarer Verfassung, von oben bis unten akkurat, innerlich einen langen Säbel verschluckt.

Auf den Jahrgang, der mit mir ins Seminar Maulbronn eingezogen war, wirkte der Ephorus befremdend. Wir waren zum großen Teil eine vaterlose Generation. Es ließ sich nicht leugnen, daß in der jüngsten Geschichte verheerende Kräfte bis in unsere Familien hinein gewirkt hatten. Welche und warum und wie sie sich so einfach hatten austoben dürfen, erfuhren wir kaum. Wir waren des Ephorus «Buben» – so nannte er uns –, mußten zusammen- und niedergehalten werden. Bescheidene erste Selbständigkeitswünsche, gar Kritik vertrug der Ephorus nicht.

Mein ferner Gott wurde mir noch weiter weggerückt. Zu verblassen begann er, als ich über die Geschichte und meinen Vater mehr nachdachte, nachfragte und nachlas. Das war erst in Blaubeuren möglich, dem nächsten Seminar, das ich als 17- bis 19jähriger besuchte. Maulbronn selbst spiegelte mit seinem geistigen Mief die Adenauer-Zeit wider: keine politischen, gesellschaftlichen, sozialen Fragestellungen, sondern zeitloser, unpolitischer christlicher Glaube, das Abendland mit den entsprechenden konservativen bis reaktionären Tugendvorstellungen.

Nicht aus Neigung, eher aus Ratlosigkeit wählte ich 1961 das Theologiestudium. Darüber hinausgeführt, davon befreit haben mich dann Aktivitäten gegen die «Braune Universität» (Marburg und Tübingen 1963–1965; Protest gegen Professoren, die in Amt und Würden waren, obwohl sie das NS-Regime gefördert hatten) und die gesellschaftliche wie politische Kritik der Kirche und ihres Glaubens. Je mehr ich über die autoritäre bis kräftig nazistisch gebräunte Theologie stritt und meine grundsätzlicher werdende Kritik auf jede Theologie auszudehnen begann, desto schwächer wurde der zweigesichtige Gott.

Meine Mutter wollte von alldem nichts hören: «Das würdest du nicht wagen zu sagen, wenn dein Vater noch leben würde.»

Zum Totensonntag 1963 schrieb ich aus Marburg einen Brief, in dem ich meiner Mutter auseinandersetzte, für wie sinnlos ich den Tod meines Vaters und für wie verlogen ich das Gerede am Totensonntag hielte. Sie fühlte sich tief beleidigt, war schwer verletzt. Den Brief vernichtete sie, wie später auch alle meine anderen.

Einmal stieß ich im Nachlaß meines Vaters auf eine Predigtnotiz für den Sonntag nach dem Pogrom vom 9. November 1938, nach der Reichskristallnacht. Darin hatte mein Vater, obwohl selbst von den Nazis belästigt, von der Gestapo überwacht, behauptet, der Führer sei die von Gott eingesetzte Obrigkeit. Mir gefiel das absolut nicht. Als ich das meiner Mutter sagte, vernichtete sie alle Predigtnotizen meines Vaters: ich solle nicht das Andenken meines Vaters beschmutzen können; das sagte sie mir freilich erst mehr als zehn Jahre danach.

Die Blockierung des eigenständigen, abweichenden Denkens erlebte ich nicht nur im familiären Bereich, sondern erst recht auch im Theologiestudium. Ich wurde nach und nach hinausgedrängt: alleingelassen bei der Kritik an den braunen Theologen, allein bei der Entdeckung der religiösen Sozialisten, allein bei einer sozialgeschichtlichen Relativierung theologischen Denkens. Das von mir eigentlich nur als historisches, philologisches und philosophisches Fach betriebene Theologiestudium löste den fernen Gott nach und nach im geschichtlichen und politischen Denken auf.

Ich kann nicht sagen, daß dies für mich eine schmerzliche Entwicklung gewesen sei. Eher umgekehrt: ich fühlte mich befreit. Den Platz, den der Übervater, der immer ein wenig blasse, besetzt gehalten hatte, nahm nun meine Sehnsucht nach Befreiung ein.

Mein Vater selbst, einst im Himmel angerufen, wurde für mich eine historische Gestalt. Wenn ich nun sein Grab in Straßburg besuche, kann ich Anstöße mitnehmen, die bruchlos an den Kindheitserinnerungen anknüpfen: Krieg, Elsaß, Nazis, Heimat, die heutige Welt als randvolles Pulverfaß, das Verschwinden des machtlosen Gottes, das Verständnis für das zerstörte Leben meiner Mutter. Selten gab sie uns Kindern ihre Gefühle preis. Sie selbst war als Kind von einem überaus brutalen Vater unendlich schwer hergenommen worden. Das hat ihr oft den Mund verschlossen. Einmal faßte sie ihr Lebensgefühl als Witwe in ein Bild, das tief blicken ließ: sie sei ein Baum, dem die Krone genommen worden sei.

Also vaterzentriert war mein Gottesbild nie, es war im Alltag mutterzentriert. Das dürfte bei der vaterlosen Generation der heute über 40jährigen nicht selten ähnlich gewesen sein. Dieser Gott war um nichts menschlicher, lebensfreudiger als der traditionelle Männergott. Geholfen hat mir nur das Verschwinden jeden Gottes durch die eigene Befreiung im Denken und Handeln. Was mir notwendig erscheint, ist nicht eine Muttergöttin statt des abgewrackten Männergottes, sondern überhaupt kein Gott mehr.

Hellmut G. Haasis, geb. 1942 in Mühlacker (Kreis Vaihingen / Enz) als 3. und letztes Kind einer evangel. Pfarrfamilie; 1957–1961 evang.-theol. Seminare in Maulbronn und Blaubeuren (Württemberg. Pfarrerzuchtanstalt); 1961–1966 Studium der ev. Theologie, Geschichte und Politik in Tübingen, Marburg und Bonn, Examen Tübingen; 1971 fertige Doktorarbeit (bei Jürgen Moltmann) im Zuge der Rollback-Strategie (Rache für die APO-Zeit) abgelehnt; seitdem schriftstellerisch tätig über deutsche Revolutionsbewegungen, Gewerkschaften, Italien, Sardinien, Schwäbische Mundartdichtung, letztes Werk «Spuren der Besiegten» (3 Bände, Rowohlt), lebt als Schriftsteller, Clown und Kabarettist in Reutlingen-Betzingen.

Klaus Katzenberger

Die Ubiquitären

Die Väter im U-Boot

Die Väter im U-Boot. Mit geschorenen Schläfen. Als sie gen Engeland zogen. Briefe von der Front, der Mann in Feldgrau, Fotos auf der Kommode. Meine Frau und mein Kind – sieh dir das an, Kamerad. Für die Weiber hab ich Seidenstrümpfe.

Siegreiche Väter. Vom Mississippi, vom Ural, sonstwoher. Schwarze, Kirgisen, Yankees. Vergewaltiger und Harmlose.

Besiegte Väter mit heruntergerissenen Epauletten. Überväter, Gestürzte, die in der Wochenschau das Kapitulationspapier unterschreiben.

Die Söhne tanzen Boogie-Woogie, tragen Bürstenschnitt und Ringelsocken; keine nationalen Probleme. Das Plenum übt Aufbau und Demokratie. (Wir hätten da eine Erbschuld ...) Zu Ihnen spricht unser Herr Adenauer, Berater für Frieden und Freiheit (Firma West). Drüben die Brüder und Schwestern (Firma Ost).

Die Väter GmbH; Gesellschaft mit beschränkter Haftung. Gut, daß alles mal zusammengebombt wurde. Schafft Luft für neue Märkte. Bloß der Russe (dumm) hat seine Beute nach Sibirien gekarrt. Jetzt sitzt er auf den alten Klamotten. Wir dagegen – war was? – sind wieder wer! (Mit den Juden müssen wir noch reden.)

Herr Kohl – unser neuer Vater. Man glaubt ihm die Kindheit in kurzen Hosen. Dirigiert den Männerchor am Rhein, weil – Frauen sind dort unerwünscht. Dieses Geschlecht taugt nicht für die täglichen Fragen. Bei uns is wat los, Weltpolitik und so, da braucht man Kerls. Seien wir ehrlich, diese Schnecken – Grüß Gott Gnädige Frau –, diese Schnecken sind zimperlich und obendrein grätig, wenn sie ihre Tage haben. Denk mal an Burschen wie Chruschtschow, Smirnoff, Malenkow. Der Russe spaziert mit Atombomben rein, und die stehen in Seidenhöschen da.

Wir sind für Waffen im Weltraum und für gelegentlich Dallas – das keiner hier ernst nimmt. («Wo früher deutsche Eiche wuchs ...»)

Falsett der Väter, als man ihnen die Hälse umdrehte und ihre

Glanzaugen aus dem treuglaubenden Gesicht quollen – herausgeschnitten wie aus Karpfenleibern vom feindlichen Bajonett.

Säbel, väterliches Instrument, Gerät der Ahnen. In den Feind hineinstechen. Er, im Grunde Mitmensch. Darf uns nicht kümmern; was uns Männer beschäftigt, ist – ja was eigentlich? Darauf schwören wir, trinken wir, grölen wir.

Schiffe im Strom, die Regierung am Ufer. Warum ist es am Rhein so schön? Die Stadt voller Lobbies, ein Bienenkorb. Schlägst du meinen Juden ...

Männer im Anzug: nadelgestreift, sachlich, überzeugend. Brillenträger, Gebißträger, Amtsträger. Daß ich das Eiserne Kreuz besitze, wissen Sie aus den Bewerbungspapieren. Zweireiher für Vorstandsetagen, Blazer für mittleres Management, Jeans für den Rest. (Mit meiner Nietenhose lebe ich in Symbiose; in ihr wohnt die ganze Familie – glücklich – im Westen.)

Lieb Vaterland, magst stille sein – totenstill. Massenexhumierung im Fernsehen. Die Öffentlichkeit sprachlos. Niemand sah so viele Leichen. Die Reporter mit Mundschutz. Überall Schutz. Rechtsschutz, Umweltschutz, Verfassungsschutz. Die christlich geschützte Familie: Schutz vor Karies und Empfängnis. Wir, gesetzlich geschützt mit Geschützen. Luftschutz, Sirenensonette, Atomschirme. Im Strahlungsfall die Augen schließen. Sich einbunkern für die Eiszeit.

Bleiben Sie ruhig. Sie hätten doch nicht (HÄTTEN SIE NICHT!) das Ermächtigungsgesetz unterzeichnet. Sie hätten es doch (HÄTTEN SIE ES?) zerrissen, verbrannt, zerstampft.

Die Väter im Paradies

Uns helfen Götter zu entscheiden. Vater, Sohn und Geist – als Taube bescheiden verkleidet. Seltsames Panoptikum: der Alte ganz Gott, maskulin, weißbärtig, mal gütig – mal jähzornig verzürnt, im Prinzip berechenbar. Der Jüngling halb Gott, ganz Gott, halb Nazarener (was ist das?), ganz Nazarener, komplexhaft, zartfleischlich keusch am Kreuze leidend, sitzt rosahändig in der Wolkenloge, steckt in scheußlicher Identitätskrise, muß dauernd sühnen. Soviel weiß man: beide sind gegen Ficken. Der Dritte überall und nirgends; blutleerer Drahtzieher, vermutlich Familienspion, saust durchs Weltall, sitzt dir Pfingsten auf dem Kopf.

Dann Maria und Joseph, das Alibipaar. Biedere Leute aus kindlichen

Bilderbogen. – Er: spielt null Rolle bei Himmelsentscheidungen. Sie: entschärft durch ihr Zwangsjungferntum, ein Instrument, durch das der Herr tönt wie durch eine Röhre, eine Frauentrompete, verstärkt mit zweitausend Watt für die Weiberwelt.

Gegrüßet seist du Maria (Ingrid, Jutta, Sabine), vielmals gegrüßt – und bleib so blöd wie du bist. Bleib auch in Reih und Glied (welches wir nächtens dir zeigen); hör auf den Glauben der Väter. Wie schon Muttern es tat und Muttern von Muttern.

Gebenedeit seid ihr Weiber; sieh, dein Geschlecht ist erkoren. Ein Engel kam deine Schwester besuchen. Noch heute pilgern die Männer zu ihr, weil sie so sauber ist, rein ihr Geburtskanal – und der Mann so ein Schwein. In Altötting haben sie kantige Köpfe, rot vom Suff, von Weihrauch und schlimmen Gedanken. Was Sex betrifft, sind Frauen bessere Wesen (leider auch langweilig; ach ihr Huris im Paradies, mit euch möcht ich spielen, ich, der Herr und Familienvorsteher).

Die Schwiegermutter spielt die Schwiegermutterrolle, der Schwiegervater spielt die Schwiegervaterrolle. Von Vätern erlernt, von Schwiegervätern. Das Weib schweige in der Kirche, wenn unser Herr Pfarrer die Monstranz ein Stückchen näher zu Gott hebt, der du oben bist irgendwo.

Die Väter in uns

Die Väter in uns. Am Käfig der Rippen rüttelnd. Meine Frau ist mir untertan. Mir, dem Untertan (des Königs oder sonstiger Majestät). Sie hat Herz, er verkörpert Strenge. Sie heiratet einen väterlichen Typ. In meines Vaters Haus sind viele Wohnungen, eine heißt Inzest. Väter und Töchter. Er nistet in der Wärme ihres Leibes. Du sollst deinen Vater ehren, auf daß es dir wohlergehe ...

Also wuchs ich einem Vater zu, dem seinerseits Väter wucherten wie Tochtergeschwülste. Eine Metastase ist der Chef. Sitzt in Fabrik oder Kanzlei, gibt Geld und Arbeit. Dafür hat er (Autorität) und verlangt (Unterwerfung) – vierzig Stunden die Woche, minimum. Dann ist der Christenmensch frei und sucht für den Feierabend andere Väter, denn was er braucht, ist Geborgenheit. Nach Tisch läßt der Staat Ersatzväter wie Beißhunde in die Wohnstuben. Die zeigen Zähne und der Mutter, woher das Kindergeld kommt.

Ein schwitziger Mensch, der uns seit langem regiert, droht mit fetter Pfote herein. Wortlos ertragen wir sein Rederecht. Zur Belohnung erhalten wir Erdnüsse, entspannende Filme und eine positive Handelsbilanz. Der Reporter dagegen erhält einen Rüffel, das Volk sieht zu; Vorsicht, so könnte es auch ihm ergehen. Man stelle mir passende Fragen, sonst sag ich's den Freunden im Rundfunkrat. Ich bin als Vollblut privilegiert, weil ich ein Image habe beim Wähler, unbezahlbar für die Partei. Auch der letzte im Bayrischen Wald kennt mein schnellendes Zünglein, eidechsengleich, die Faust, meine Attacken – sicher plaziert wie Kanonenschläge. Im Wahlkampf präsentiere ich mich entschlossen, notfalls brutal –, was vor allem bei Frauen wirkt. So mächtig ist nur noch der Bischof, der sich gern mit mir zeigt, wenn ich den Ring ihm küsse. Manchmal sind wir zu dritt mit dem Kultusminister. Bei ihm intervenieren die Herrn, wenn die Kultur entgleist. Das wird dann abgestellt.

Die Väter der Wilden

Natürlich ist der Himmel oben, wo die Wolken sind. Auch zu Zeiten der Quantenphysik, die unsere Feinde im atheistischen Osten in Millisekunden vernichtet. Wo die später hinkommen? Fragen an Wojtyla, Fachmann für Jenseitsbelange.

Demagogen, Demoskopen; Auftragsforschung für Diözesen. «Katholiken 1985»: Sexus, Ehe, Gottesdienst – klappt noch alles? Ja, man will es wieder, das Leben nach dem Tod. Zeitlupenverweste Ewigkeit. Wir bleiben! Sterbensmüde, aber nicht totzukriegen. Metaphysik auf Marktforschungsbasis. Psychologen, Soziologen, Theologen werfen ihr Netz über dich. Dein Verhalten im Bett, und wie es sich nutzen läßt. Religion, die baufällige Kate, gestützt von der Wissenschaft. Ihre Zeit muß erst kommen. In tausend Jahren? Später? – Die Kundschaft verlangt Mysterium, sagt Herr Ratzinger.

Eurovision aus dem Hauptquartier: Bäckermützen im Petersdom, Staffage der Käppchen und Roben – der Troß jenes Wesens, das unter dem Baldachin sitzt, mit harter Zunge Zauberformeln verlesend.

Europas Elite. Die Wilden sehen uns fliegen, hinauf mit schweren Maschinen. Der Heilige Vater, lamettabehängt, ein mächtiger Häuptling, landet im Busch. Setzt Geschichten ab und Geschenke – ein Haufen Fäkalien, der lange noch stinkt.

Die Väter im Himmel

Vom Dritten Reich ins Himmelreich. Ob dort all die Nazis sitzen? Zur Rechten der Führer, zur Linken Udet, der tapfere Flieger. Überall Uniformen: Generäle, Leutnants, Soldaten. Luftwaffe und Marine. Infanterie, Artillerie, Kavallerie. Panzertruppe und Afrikakorps. Welche Sitzordnung? Bleiben die Kameraden unter sich, oder bildet man Gruppen mit Frauen und Kindern? Wohin mit den Pferden? Weit hinten, champagnerschwenkend, SS-Mätressen, blond und bestrapst.

Und Gott sprach: «Ich erwarte von der deutschen Frau, daß sie sich in eiserner Disziplin vorbildlich in die große Kampfgemeinschaft einfügt.» Der gefährliche Gockel, gespornt, genetisch auf Leder fixiert. Zu Rot kommt Schwarz: Blut und Boden.

Was sagt der Eierstock? Nichts. Mein Mann ist optimistisch; er glaubt, daß wir den Krieg gewinnen. Endsieg: den Feind zerreißen, verbrennen, vernichten.

Und die Bischöfe sprachen (1942): «Ein Sieg über den Bolschewismus wäre gleichbedeutend mit dem Triumph der Lehren Jesu über die der Ungläubigen.»

Und die Mutter? Muß gebären. Im Katholizismus – im Nationalsozialismus. Gebärmutter; unverzichtbares Organ am Volkskörper. Schenkt den hohen Herrn Soldaten für heilige Kriege. Hilft Friedhöfe füllen. Macht sich keine Gedanken – die macht sich mein Mann, der auch die Kinder macht.

«Generalfeldmarschall Hermann Göring und Frau Emmy Göring präsentieren dem Führer sein Patenkind, die kleine Edda.»

Göttliche Hengste, die Welt germanisch besamend: ein Pint von faschistischer Größe – und im Kopf das Lied vom Westerwald.

Am Schluß nahmen sie Gift. Eine Rasse, suizidal kodiert.

Die Väter in Gold

Die Väter in Gold. Exklusiv für deutsche Sammler. Dein Minister, dein Kanzler, dein Präsident. Die ganze Riege – 24 Karat, limitierte Auflage. Dynamik und Tatkraft (Macht / Macht / Macht) ... Aus innerster Überzeugung (Geld / Geld / Geld) ... Fest verbunden mit den Vereinigten Staaten (Waffen / Waffen / Waffen) ... Jede Prägung mit Echtheitszertifikat.

Die Indianer dämmern dahin,
ratlos und ohne Zertifikate.
Eingetaucht in Feuerwasser,
von ihrem Manitu verlassen.
Die weißen Brüder sorgen für
sie; man schenkt ihnen Reser-
vate, in denen sie leben können
mit Bären. Dort darfst du sie
fotografieren, nimm Blende
fünf-komma-sechs. Farben-
gefiederte Welt. Rote Rasse,
gelbe Rasse, Herrenrasse – weiß;
Vorsicht! Verfügt über Giftgas,
Dynamit und den Strahlenpilz.
Hat den Inkas die Pyramiden zer-
stört und die Neger verschleppt.
Bringt Gelbkreuz, Rotkreuz,
Christenkreuz. Hat schon viele
Völker vernichtet.

Wir, auf Väter geprägt. Sie,
die Gewissensverwalter.
Du hast onaniert: der Herr
in Rom vergibt dir. Raffiniert
diese Absprache zwischen Gott
und Knaus-Ogino. Der Welten-
schöpfer und die Intrauterin-
spirale. Überall Präservative,
Schweinereien, die den Vätern
Kummer machen. Du, roten
Kopfs in ihren Beichtstühlen.
Ego te absolvo: Im Namen des
Vaters spricht man dich frei
(von Masturbation und Juden-
pogrom, Hexenverbrennung
und Inquisition), führt heilige
und andre Kriege – den ersten
und den zweiten Weltkrieg; wie
den dritten verhindern?

Vater war Mitläufer. Waren sie alle. Laufen noch heute. Hinter Monstranzen, Gesetzen, Programmen. Ohne Kompaß, ohne Ziel. Eisenstaub der Geschichte, in ihrem Magnetfeld ausgerichtet. Hingerichtet.

Die Väter im Futteral

Die Väter im Futteral. In Gehpelz, Limousine, Flugzeug. Im Fürstenschloß, in der Wall Street, im Vatikan. Aktien und Affären. Wir: Ziffern im Zahlenspiel.

Der Untergang von Hiroshima: Endsieg – 200000 Leichen. Der Pilot, irre geworden, psychiatrisch gestützt; man läßt seine Bomber nicht hängen.

Was meint der päpstliche Lehrstuhl?

«Wenn man den Büstenhalter in der Öffentlichkeit abnimmt, so ist das eine Sünde.»

«Alte Geister nix gut», sagt der Papst den Negern, die ihm Schweinezähne schenken. Sie bekommen dafür einen nagelneuen Glauben und die christliche Einehe. Verzeiht uns Früheres (was kommt, wird nämlich schlimmer werden), zum Beispiel das mit den Sklaven. Ich zeige euch jetzt, wie mich ein Triebwerk in die Lüfte hebt. Weiß segelt er davon – Meister Proper und Gott in einer Person.

Herr Teller und Herr Wojtyla, der heilige und der Bombenvater, im Futteral ihres Glaubens. Sie glauben an Waffen und Religion (was schreckt wohl mehr?).

Vati muß zur Arbeit. Er produziert ABC-Waffen. Hat einen Henkelmann und darf nicht zu spät kommen. Muß hart kämpfen gegen die anderen Vatis. Alle rennen hin und her für ihr Essen und das neue Auto, das metalliclackierte. Schlimm ist arbeitslos und jugendlich; denen geben wir Telespiele. Väter im Wunderland, doch wohin mit den Söhnen?

Vati ist Kardinal. Gibt Audienz und muß viel telefonieren. Zieht an feinen Fäden. Wenn er verreist, klaut man ihm die Wohnung aus; dann fehlen eins-komma-fünf Millionen.

Vati ist Richter. Kontrolliert den Geschlechtstrieb von 120 Millionen. In Japan sind die Wände ohnehin aus Papier. Verbietet Bilder aus der Edo-Periode (1600–1867) über Liebe – weil Sexualorgane sexuell erregen.

Vati ist Sektenführer. Trägt einen Vollbart und muß ständig erleuchtet sein. Jetzt trägt er sogar Handschellen.

Vati ist Massenmörder. Muß sich viel waschen. Schlachtet all die Schweine, die wir essen (360000 täglich in den USA). Tötet Tiere in Labors (300 Millionen jährlich), damit wir gesund bleiben und Mutti vom Make-up kein Ekzem kriegt.

Vati ist Präsident. War früher im Showgeschäft. Wirkt jünger, hat gefärbtes Haar und viele Berater. Hat öfter Krebs, soll aber trotzdem lächeln. Soll ein guter Junge sein, die Wahl gewinnen und die Nerven nicht verlieren.

Vati ist Gott.
Sieht alles, hört alles.
Reguliert uns an feinen Schräubchen.

Die Väter im Glück

Sie haben sich mit Orden behängt, mit Tressen, Litzen und Kordeln. Haben die Hacken geknallt, Sieg Heil gebrüllt, die Hand an die Mütze gerissen. Dann haben sie andere umgelegt – Kinder waren dabei – und selbst in die Hose geschissen.

Der deutsche Landser: ehrlich, tüchtig, genasführt. Kann sich nicht artikulieren. Marschiert auf Befehl nach Sibirien oder springt aus dem Flugzeug.

Der deutsche Offizier: intelligent, preußisch, integer. Erwartet Weisung aus dem Hauptquartier. Schießt sich bei Versagen Kugel in den Kopf.

Der deutsche Führer: neurotisch, elend, bizarr.
Der italienische Führer: egomanisch, labil, verkommen.
Zwei Führer – zwei Väter.

Zwei Völker, durch Alpen getrennt, an geschichtlicher Achse wuchtend. Als der Staub sich legte, war Friede – Friede, verdichtet zu Schutt. Glocken schwangen, an den Kirchen gingen die Kläppchen auf, und goldene Vögel traten heraus. Stelzten gravitätisch umher, zwitscherten Spiritus sanctus, verpufften duftende Wölkchen. Das Volk schnupperte und zahlte. Sinterte zusammen; führerlos, doch mit neuem Glauben. Der Kohlkopf im Garten war näher als die Eroberung Rußlands.

Deutschland, kein Märchen. Wir wohnen zwischen Berg und See. Wir stecken in Stuben und warten. Beruhigend spricht man zu uns. Die Metaphysik des Glücks und Filme aus Amerika. Nachts sind die Bildschirme leer, unbemerkt flimmern Sterne.

Die Väter im Traum

Ich bin der Herr, dein Gott, sagt das Radio. Sonntags wird der Schöpfer erhört mit seinem Flehen, die ganze Woche hat er gewartet. Auch die Alten warten; auf einen Anruf oder den Fußpfleger – weil sie meinen, es sei Montag. Überall tremolieren Pastöre; man verkauft das Gleichnis vom Rebstock, und abends braucht deine Gattin Nutritivcreme für die devitalisierte Haut; ihr kann der Pfarrer nicht helfen.

Die Väter wollen dir gut; lächeln von Litfaßsäulen, drängen durch viele Kanäle.

Der Minister gibt ein Statement ab. Der Text stammt vom Staatssekretär, der Inhalt vom Demoskopen, der Stil vom Imageberater. Der Rest: Beleuchtung und Maske.

Man sorgt sich um dich; daß du richtig denkst, glaubst, wählst. Man will dich Labilen stabilisieren.

Wir wohnen im Wohngebiet, in festgelegten Zäunen. Wir arbeiten im Arbeitsgebiet, haben Steckkarten und sind kooperativ.

Mittleres Management – mittlere Jahre. Mein Mann reibt sich auf für die Firma. Very Important Person mit Krokokoffer und Credit-Card. Zerrütter der Kleinfamilie; privilegiert, dynamisch, verödet.

Das Wochenende gehört den Lieben. Deine Seele strömt ein in die Doppelhaushälfte, steuerbegünstigt, vollfinanziert. Du, familienüberflutet; ein Tränenwrack, in mühevollen Nächten aufgebaut. Die Schubkraft der Gattinnen. Der leitende Mensch – ein Übermensch im Grenzbereich. Seine Träume tragen Trauerränder.

Die Väter am Ziel

Zehntausend Jahre tot. Schweigend im Stein. Jetzt sitzen sie strengen Blicks in ihren Trevira-Blazern, stehen mit rutschender Brille am Ziel, bei den Hürden. Richter, Rechner in Zehntelsekunden, Matadore der Organisation. Sie, die Verbrauchten im Wettlauf des Lebens. Halten Täfelchen hoch, wenn Kinder gläubig ihre Körper schinden. Gedopt und verwertet wie Hühnerfleisch lassen wir euch auf Treppchen steigen und winken. Momente des Glücks – ihr bleibt zurück. Leicht finden wir andre, die sich am Reck überschlagen.

Spruchbänder brennen dir Eiernudeln ins Hirn, wenn die Läufer sich trockenen Munds in die Kurve fädeln. Rudelhaft äsen Reporter am keuchenden Sieger. Auch der Kanzler greift zu.

Abends quellen Bäuche über Hosenbünde. Männerbünde. Gelben Blicks werden die Phasen des Tages wiederverdaut, Ziffern und Zahlen getauscht wie heraldische Kürzel. Turnermädchen warten glanzlos, zarte Fischchen im Zitterlicht. Bald kommt die Strumpfhosenfirma, das Freizeitgewerbe, der Schallplattenhit. Willkommen auf der Bank der Väter; du, unser fleischlicher Wanderpokal, ruhmreich geschändet.

Die Väter im Nest

Was ich noch sagen wollte: mir hängt ein Sack zwischen den Beinen, ein merkwürdig häutiges Ding, das schon die Eltern verlegen machte, Tadel brachte von Pfaffen. Auch die andern hatten solche Säcke – nie zu sehen, denn zeigen war schlimm. Glücklich die gütigen sacklosen Mütter; selig und sackfrei die Gottesgebärerin. Mächtig dagegen der sacktragende Schöpfer. (Sehet die armen Nonnen, wie sie ohne Säcke sitzen und sich sehnen.) Unklar bis heute: Ist Sackbesitz

Sünde? Jedenfalls Macht. Denk an Pfaffen und Militärs: Säcke, die über Vulven herrschen.

Aus dem MG-Nest der Hoden vögeln wir euch zu Tode; ihr schutzlosen Gefäße unseres Samens.

Gottes Segen tropft herab, sammelt sich in vielen Strömen.

Die Väter im Ruin

Die Väter im Ruin. Rituale. Das Denken zum Feind. Schlachten, Massaker, Katastrophen. Der Glaube an Werte. Götter, Idole, Autoritäten. Kaum hat einer ein Amt, lecken sie ihm die Füße. Auf den Bürostühlen eine Mischung aus Aggression und Unterwerfung.

Das Gefüge der Väter – Schrott, Schweiß, Lüge. Alles früh schon in mein Hirn gestopft; jetzt bin ich innerlich verdreckt. Den Schädel müßte man aufstemmen mit Brechstangen.

Die Väter verneinen, kategorisch und strikt. Sie morden, damit das Kyrieleis verstummt, das Schwalbenzwitschern aus ihren unbedarften Kehlen.

Die Väter auf Fotos

Die Väter auf Fotos. Bleich und weit weg. Die Frau sitzt tiefer. Sieht stumm in das Loch der Kamera. Vergilbte im Frack. Zugeknöpfte, vor Kakteen stehend. Die Mütter mit blumigen Blusen.

Lebensreste. Gewesene, jeder mit Tuch umhüllt. Bärtige streng blickende Herren – Fremde. Du, von ihnen abgesprengt. Dein vergänglicher Leib. Die Zeit, die sie dir gaben. Eine Nabelschnur, durch die es herüberpulsiert.

Bilder in silbernem Rahmen; fotografische Grüfte. Der Kopf steht steif über dem Kragen, Augen stecken darin und eine Denkmechanik. Sieh, so sind wir erzogen. Ein Mann und eine Frau, beide gehen dahin, durchs Foto, dann weiter.

Die Väter, versteckt hinter Sirius, Mars und Orion. Gern hätte ich mit ihnen gesprochen. Leider sind sie vorausgegangen.

Klaus Katzenberger, geb. 1936. Studium der Psychologie und Medizin. Als Arzt tätig. Nebenher kritische Essays und Kleinpamphlete – z. B. «Unter den Alpen gesungen» (in Rowohlt Taschenbuch 7899), «Killing me softly» (in Fischer Taschenbuch 3844). Arbeit an einem Roman.

Männerbücher

Eine Auswahl

Matthias Frings
Liebesdinge
Bemerkungen zur Sexualität des Mannes (7861)

M. Frings/E. Kraushaar
Männer.Liebe.
Ein Handbuch für Schwule und solche, die es werden wollen (7658)

Rodrigo Jokisch (Hg.)
Annäherungsversuche (7803)
Mann-Sein
Identitätskrise und Rollenfindung des Mannes in der heutigen Zeit (7500)

Wolfgang Körner
Noch mal von vorn anfangen
Männer erzählen, wie sie ihr Leben veränderten (7870)

Tor Nœrretranders
Hingabe
Über den Orgasmus des Mannes (7759)

Volker Elis Pilgrim
Manifest für den freien Mann
(7763)

Martin Siems
Coming out
Hilfen zur homosexuellen Emanzipation (7808)

Gerhard Vinnai
Das Elend der Männlichkeit
Heterosexualität, Homosexualität und ökonomische Struktur (7076)

sachbuch rororo

C 2120/3